W0040845

Darrell R. Jobman

Die ganze Welt der Technischen Analyse

Erfolgreich mit Indikatoren, Charts & Co.

FinanzBuch Verlag

Bibliografische Information der Deutschen Bibliothek:
Die Deutsche Bibliothek verzeichnet diese Publikation in der
Deutschen Nationalbibliografie; detaillierte bibliografische
Daten sind im Internet über http://dnb.ddb.de abrufbar.

© 1995, Darrell Jobman
Das Originalbuch erschien unter dem Titel
»The Handbook of Technical Analysis« bei McGraw-Hill,
a division of The McGraw-Hill Companies.

Lektorat: Bettina Gawron
Druck: Druckerei Joh. Walch, Augsburg
Satz/Layout: satz & repro Grieb, München
Covergestaltung: Melanie Feiler

1. Auflage 2008
© 2008 FinanzBuch Verlag GmbH
Frundsbergstraße 23
80634 München
Tel. 089/65 12 85-0
Fax 089/65 20 96
info@finanzbuchverlag.de

Für Fragen und Anregungen:
Jobman@finanzbuchverlag.de

ISBN 978-3-89879-400-8

www.finanzbuchverlag.de
Gerne übersenden wir Ihnen unser Verlagsprogramm!

Inhalt

Vorwort

Nach 15jähriger Tätigkeit als Redakteur einer Publikation wie dem *Commodities/Futures*-Magazins glaube ich, dass einiges im Trading zwangsläufig auf mich abfärbte. Jeden Monat erfuhr ich von neuen Handels-Strategien oder neuen Anwendungen für alte Strategien und wie Menschen erfolgreich – und erfolglos – gehandelt haben. Ich hatte die Gelegenheit, einfache Konzepte zu sehen, die den Handel so mühelos aussehen lassen sowie komplexe Formeln und Diagramme, die wahrscheinlich genauso erfolgreich gehandelt werden, wenn man sich mit ihnen auskannte.

Für diejenigen, die erwarten, dass jemand, der sich mit hunderten guter Handels – Ideen auseinandersetzt, nun schließlich das Geheimnis des erfolgreichen Tradings kennt, dürfte dieses Buch eine Enttäuschung sein.

Redakteure neigen dazu, ein bisschen über Vieles zu lernen, wissen gewöhnlich aber eine Menge über Wenig und wissen häufig nicht wirklich viel über irgend etwas. Und – bestimmt nicht viel über alles. Dies trifft besonders auf den Handel zu, wo es viele Wege zum Erfolg gibt, jedoch keine magische Antwort, trotz allem, was Sie vielleicht sonst so mitbekommen.

Ich hatte als Redakteur das Ziel, Leute mit den besten Handelsstrategien zu finden, sie zu überzeugen, ihr Wissen mit den Lesern zu teilen und dann dieses Material auf möglichst verständliche Art zu präsentieren. Obwohl ich die Märkte studiert und selbst gehandelt habe, kann ich nicht behaupten, einen Millionen-Dollar-Trade gemacht zu haben wie andere und eine Art Analyse-Genie zu sein, wie es andere sind. Ich fungiere bei dem Versuch die besten Quellen anzuzapfen bestenfalls als Filter, um Ihnen in diesem Buch ein reichliches Angebot an Strategien der Technischen Analyse zu bieten.

Da Bücher über das Trading häufig eher als Referenz dienen und selten wie ein Roman von vorne bis hinten gelesen werden, habe ich versucht, jedes Kapitel als separate Einheit zu gestalten. Im realen Handel können Sie allerdings keine Dinge in nette kleine Behälter stecken. In diesem Buch verhält es sich so: Viele Themen beziehen sich auf weitere Bereiche – von Saisonalität bis zu Zyklen und umgekehrt, von Börsenstimmung bis zu Marktstuktur, zu Chartmuster usw. Nichts in der Technischen Analyse kann isoliert angewendet werden und Technische Analyse ist nur ein Aspekt des Trading.

Und – worauf Sie mehrmals in diesem Buch hingewiesen werden – Technische Analyse ist eine Kunst, keine Wissenschaft. Also erwarten Sie auch keine definitiven Regeln für den Handelserfolg.

Nachdem Sie all die verschiedenen Aspekte der Technischen Analyse in diesem Buch gelesen, studiert und – hoffentlich – gelernt haben, werden Sie noch einer Herausforderung gegenüberstehen: Solche Dinge herauszufiltern, die zu Ihnen passen und sie zusammen in einem System und auf eine Art zu integrieren, nach dem *Sie* erfolgreich handeln können. Kein Händler kann jede Facette der Technischen Analyse in ein Handels-System aufnehmen. Deshalb müssen Sie auch nicht glauben, Sie würden etwas verpassen, wenn Sie einige Ansätze in diesem Buch übergehen.

Glücklicherweise gibt es nicht die eine richtige Handelsstrategie; da gibt es viele Wege zum Erfolg. Aber Sie müssen eine Karte haben – einen Plan, der Ihnen *Ihre* Route zeigt. Ich hoffe, dass Sie – wenn Sie Ihren Plan entwerfen – genügend aus diesem Buch entnommen haben, um etwas von jedem der vier Haupt-Abschnitte zu integrieren.

Darrell Jobman, Waterloo, Iowa

Danksagung

Besonderer Dank für dieses Buch gilt Merrill J. Oster und dem *Futures*-Magazin. Erst einmal, weil sie mir die Gelegenheit gaben, Redakteur beim *Commodities/Futures*-Magazin zu sein, um über dieses faszinierende Geschäft zu erfahren und zum zweiten für die Erlaubnis, Artikel und Illustrationen aus dem Magazin zu benutzen. Das gesamte Material aus dem Magazin ist urheberrechtlich geschützt und die Erlaubnis ihres Gebrauchs ist vom Herausgeber erteilt worden.

Als seit 1972 bedeutendste Publikation der Future- und Optionen-Industrie ist das Magazin immer eine wichtige Informations- und Ideenquelle für große und kleine Händler gewesen. Die Erlaubnis, deren Magazin anzuzapfen, um ein paar ihrer besten Ressourcen zu benutzen, war eine wichtige Hilfe um einige Gebiete in diesem Buch abzurunden.

Zweitens muss ich mich über die Jahre für die Beiträge anderer Herausgeber, Autoren und Mitarbeiter bedanken. Ihre Namen werden nicht am Anfang eines Kapitels genannt, aber sie waren diejenigen, die die meiste Forschungsarbeit leisteten, schrieben und mich mit dem notwendigen Hintergrundwissen versorgten, um ein Buch wie dieses entstehen zu lassen. Über all die Jahre dienten sie als Quelle der Bildung und Inspiration.

Drittens muss besonderer Dank natürlich an die Mitarbeiter dieses Buchs gehen, die zu den bekanntesten Händlern und Analysten der

Terminmarkt-Industrie gehören und die jahrelang für das Magazin geschrieben haben. Sie sind die Experten, diejenigen mit den Handels-Ideen und der -Erfahrung und – dankenswerterweise – mit dem Willen, das was sie wissen, mit anderen zu teilen. Andere Quellen könnten möglicherweise herangezogen worden sein, aber mit diesen Leuten hatte ich während meiner Zeit als Redakteur im Wesentlichen zu tun. Ich bin dankbar für die Gelegenheit mit ihnen zusammengearbeitet und von ihnen gelernt zu haben – von jedem von ihnen.

Einführung

Warum Technische Analyse?

Lassen Sie uns annehmen, Sie haben sich entschieden, ein Spekulant am Kupfermarkt zu werden, und wollen nun alles wissen, was es über Kupfer zu wissen gibt.

Da die Versorgung mit Kupfer offensichtlich ein kritischer Faktor ist, machen Sie sich auf, um alles über die Produktion herauszufinden. Sie entdecken, dass – obwohl die Vereinigten Staaten einer der größten Weltproduzenten sind – Chile, Kanada, Russland, Zaire, Sambia und Peru ebenfalls bedeutsame Anteile an der weltweiten Kupferförderung besitzen. Wenn Sie also die Lage der gesamten Kupferversorgung sicher einschätzen wollen, muss ihre Studie die Weltproduktion umfassen.

Sie wissen, dass sich die Bedingungen in Russland in den letzten paar Jahren dramatisch verändert haben. Sie hörten über Verbesserungen innerhalb der chilenischen Wirtschaft. Irgendwo haben Sie einen Bericht gelesen, der behauptet, dass AIDS die Anzahl der Minenarbeiter und Schmelzer in Zentralafrika dezimieren wird. Und was ist mit diesem Bericht, dass Regierungen, die derzeit einen gehörigen Anteil an der Weltproduktion kontrollieren, die Lieferung von Kupfer einschränken könnten, um auf diesem Weg die Preise zu erhöhen und größere Einnahmen für ihre Staatsschatulle zu erzielen? Und was ist an dem Gerede über eine Minenstillegung wegen eines Arbeitsstreiks dran? Oder dass die letzten Zahlen eine enorme

Menge verfügbarer Kupfervorräte zeigen, die an der Londoner Metallbörse geliefert werden können?

Ihre Analyse fördert einige nützliche Statistiken über die historische Kupferproduktion zu Tage. Sie bekommen aber ein Problem mit der Handhabe der aktuellen Situation. Wieviel Kupfer ist derzeit verfügbar? Wie könnten einige der oben genannten Vorfälle, oder Dutzende anderer vorstellbarer Dinge morgen den Markt beeinflussen?

Das Angebot – wie weit verbreitet es sei – ist nicht einfach ein Gegenstand, auf den Sie Ihre Hoffnung setzen können. Besonders, wenn Sie nicht in dieser Branche sind, wenden Sie sich deshalb der anderen Seite der Gleichung, der Nachfrageseite zu. Wieder haben Sie eine Ladung Statistiken (sind die wirklich akkurat?), die zeigen, wie der vergangene Verbrauch gewesen ist. Aber Konsum ist nicht dasselbe wie Nachfrage, und Sie werden in Ihrer Recherche nicht sehr weit kommen, bevor Sie nicht lernen, dass der Zustand der US-Wirtschaft – eine Schlüssel-Ökonomie – ein wichtiger Faktor in diesem Markt ist.

Zusätzlich zu den Kupfer-Statistiken müssen Sie nun ein Wirtschaftsexperte werden, der einige Einschätzungen über die Baubeginne, die Kapazitätsauslastung, die Aufträge für langlebige Wirtschaftsgüter und verschiedene andere Wirtschaftszahlen formuliert. Und was passiert dann mit der Nachfrage, wenn eine neue Anwendung für Kupfer gefunden wurde, oder wenn die US-Münzanstalt beschließt, keine Kupfer-Münzen mehr herzustellen.
Es bedarf nur wenig Nachforschung, um zum Schluss zu kommen, dass die Nachfrage noch schwerer zu erfassen ist, als das Angebot.

Als Außenseiter finden sie es vielleicht fast unmöglich, eine genaue Analyse all der Fundamentaldaten zu bekommen, die den Kupfermarkt betreffen. Sie haben vermutlich nicht die Zeit und nicht die Mittel, um irgendwie an all diese Informationen zu kommen. Also entscheiden Sie sich vielleicht, sich auf nur einige der Faktoren, die am wichtigsten zu sein scheinen, zu konzentrieren. Als erstes müssen Sie entscheiden, was das für Faktoren sind. Dann müssen Sie jede Veränderung dieser Faktoren gewichten, um zu kalkulieren, wie sie den Wert des Kupfers beeinflussen würden.

Natürlich, selbst wenn Sie ein Insider wären, und perfekte Statistiken für jeden Angebots- und Nachfrage-Faktor hätten, eine Menge anderer Marktteilnehmer hat sie nicht. Deren Vorstellungen und Meinungen könnten von den Ihren weit abweichen, und deren ermittelter Wert könnte gut außerhalb der Grenzen liegen, die die aktuellen Angebots- und Nachfrage-Diagramme nahe legen.

Der Fundamentalanalyst, der sich für Angebot und Nachfrage interessiert, steht vor mehreren gewaltigen Herausforderungen: Zuerst das Erlangen rechtzeitiger, zuverlässiger Informationen und zweitens, das Kalkulieren des Marktes, auf den so viele Faktoren einwirken, wenn Sie die Informationen hätten. Es gibt in einem freien Markt jedoch ein Element, das jede Veränderung in einem fundamentalen Faktor, groß oder klein, und jede Auswertung von diesen Faktoren verbindet. Was noch wichtiger ist – dieses Element ist kein Geheimnis der Insider, sondern für alle leicht verfügbar, ohne Rücksicht auf ihr Wissen über die Fundamentaldaten des Kupfermarktes.

Dieses Element ist der Kurs. Alle marktrelevanten Daten einer bestimmten Zeitperiode sind im Kurs enthalten.

Das ist das Reich des Technikers, der in der Jagd auf fundamentale Informationen nur wenig Sinn sieht, wenn alles in nur einem eingeschlossen und eingebrannt ist – dem Kurs. Natürlich treiben die Fundamentaldaten letztendlich den Markt und bestimmen den Kurs, aber statt zu versuchen, Angebot und Nachfrage und all die anderen Faktoren die den Markt bilden, einzuschätzen, studiert der technische Analyst das Verhalten der Kurse und des Marktes selbst. Technische Analysten schauen auf den Kurs, und was er in der Vergangenheit gemacht hat und nehmen an, dass er sich unter ähnlichen Umständen in der Zukunft ähnlich verhalten wird.

»Jeder Kurs repräsentiert eine vorübergehende Übereinstimmung über den Wert bei allen Marktteilnehmern, d. h. großer wirtschaftlicher Interessen und kleiner Spekulanten, fundamentaler Analysten, Techniker und Spieler, im Moment der Transaktion,« hat Dr. Alexander Elder in *Trading for a Living*, einem der besten unlängst entstandenen Bücher über das Trading geschrieben.

In diesem flüchtigen Moment des Geschäfts sind die optimistischen und pessimistischen Kräfte gleichmäßig ausgewogen. Aber einen Augenblick später, entscheidet sich vielleicht jemand – oder viele »Jemands« –, dass der Kurs höher oder niedriger ist, als der Wert, wie sie ihn empfinden, sein sollte oder in Zukunft sein wird. Motiviert von Gier – dem Wunsch ihr Bankkonto zu erhöhen – oder Furcht – dem Versuch, das zu retten oder zu sichern, was sie haben –, kaufen oder verkaufen die Marktteilnehmer. Egal, wo Ihr Sitz auf dem Marktplatz ist – sie können nicht alle Motive kennen, die hinter den Kauf-/Verkaufsentscheidungen stecken. Aber Hunderte oder Tausende dieser Entscheidungen hinterlassen Spuren – Kurs und Kursmuster. Das Studieren dieser Fährten ist die Kunst, die als technische Analyse bekannt ist.

Analysten nutzen mehrere Methoden, um Kurse und Vorgänge am Markt zu betrachten. Dieses Handbuch deckt ein breites Spektrum von Vorgehensweisen der technischen Analyse ab, und bringt sie in vier Hauptkategorien unter.

- *Kurs und Darstellung:* Charts. Während Balkencharts die weitaus bekannteste Methode für die Präsentation der Kurse und Kursveränderungen sind – sie sind nicht die einzige Chartform. Natürlich muss jedes Handbuch über technische Analyse mit Balkenchart-Formationen anfangen, aber Trader nutzen auch Kerzencharts, Point-and-Figure-Charts und *Market Profile, um den Kursverlauf grafisch darzustellen.*
- *Kurs und Tempo:* Indikatoren. Häufig ist es nicht der Kurs selbst oder eine Chartformation, die am wichtigsten sind, sondern wie schnell oder wie langsam sich der Kurs bewegt oder wie weit die Kursbewegung vom Normalverlauf abweicht. Das Momentum der Kursveränderung, die sich in vielen technischen Indikatoren wieder spiegelt, ist ein lebenswichtiger Input für

viele Trader geworden, besonders seit die Computer in der technischen Analyse eingesetzt wurden.

▪ *Kurs und Akteure:* Stimmung. Manchmal liegt ein wichtiger Anhaltspunkt über die Markt-Richtung darin, wer handelt, und was sie denken. Einige analytische Ansätze konzentrieren sich auf das Volumen und das open interest (die Zahl offener Terminkontrakte), die Höhe der Positionen der bedeutenden Spieler oder die Ansichten der Experten, die beurteilen wie die Spekulanten den laufenden Markt sehen und wie sie sich danach verhalten könnten.

▪ *Kurs und Prognose:* Struktur. Erfahrene Trader erkennen, dass Kursmuster, Indikatoren und Stimmung, die auf dem Marktverlauf in der Vergangenheit basieren, vielleicht in Zukunft hilfreich sind – wenn sie sie richtig interpretieren können. Aber einige fühlen sich wohler, wenn sie eine Struktur in den Märkten erkennen, wie sie durch Zyklen und saisonale Muster gezeigt wird, oder in langfristigen naturgegebenen Mustern, wie sie durch die Studien von R. N. Elliott, Fibonacci oder W. D. Gann populär gemacht wurden. Anstatt erst abzuwarten, welches Muster der Kurs ausbildet, achten sie lieber auf Strukturen und Muster, in welches die Kurse einmünden dürften.

Technische Analyse kann offensichtlich nicht so akkurat in vier Teile zerlegt werden, weil sich einige Bereiche überschneiden. Zum Beispiel können Chartformationen Teil einer Elliot-Welle- sein, wie sie von Akteuren mit einer besonderen psychologischen Gemütsverfassung erzeugt wurden. Das Thema könnte auch auf andere Weise in Trendfolge- und Trendumkehr- Ansätze zusammen gewürfelt werden. Aber wir werden das oben umrissene Gerüst benutzen, um die Ideen und Methoden von einigen der besten technischen Analysten, die heute in den Futureshandel tätig sind, vorzustellen.

Kurs und Kursdarstellung:
Charts

Kapitel I

Chart (und Kunst) Formen

Auf ein Koordinatennetz aufgezeichnet, repräsentiert ein Punkt den Kurs eines Rohstoffs oder eines Terminkontrakts und versorgt den Händler mit verschiedenen wertvollen Informationen: ein Wert und ein Zeitpunkt, zu welcher dieser Wert entstand – im Beispiel auf Seite 4 sind das am 31. Oktober 380 Dollar pro Unze für den April-Kontrakt des Gold-Futures an der Commodity Exchange in New York.

Ohne weitere Daten gleicht das Ganze einem »Sie befinden sich hier«-Schild in einem großen Einkaufszentrum ohne graphische Darstellung wo »hier« ist. Oder dem Aufwachen auf einem Floß mitten im Ozean, ohne Anhaltspunkt wo Sie sind oder wo sie hingetrieben werden.

Ist der Kurs hoch? Oder tief? Wie hoch? Wie tief? Geht der Kurs hoch? Oder runter? Ist eine Unze Gold historisch wirklich mehr wert? Oder weniger?

Ein isolierter Kurs, ohne weitere Anhaltspunkte und ohne Erfahrung, auf die man sich verlassen könnte, nutzt wenig, wenn Sie ein Trader sein wollen. Noch ein Kurs mehr zu einem weiteren Zeitpunkt würde Ihnen etwas sagen: Der Trend ist aufwärts-, abwärts-, oder seitwärtsgerichtet. Wenn Sie eine Methode kennen, jeden neuen Kurs, dann aufzuzeichnen, wenn Sie ihn bekommen, dann können Sie analysieren, ob der letzte Kurs im Vergleich zu den früheren Kursen fair ist.

Viele Händler benutzen verschiedene Charttypen, um diese Kursaktionen darzustellen. Ein Chart ist einfach ein Bild der Kurs-Historie – eine Straßenkarte der Kurse und ein Werkzeug, das viele Händler

Abbildung 1.1. Gold-Future, April-Kontrakt an der Comex

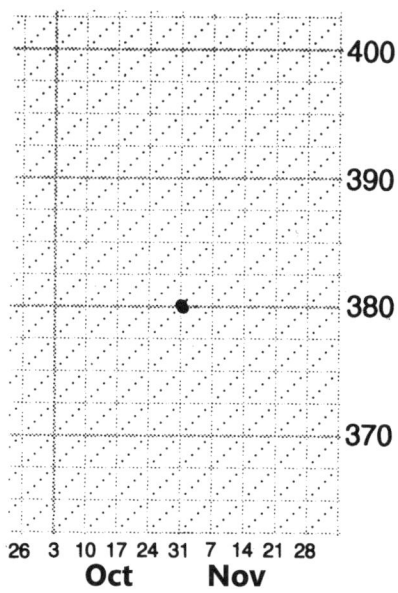

benutzen um – basierend auf dem, was sie in der Vergangenheit beobachtet haben – zu antizipieren, wohin die Kurse gehen könnten.

Egal was ein Markt gemacht hat, er kann in der Zukunft nur eine von zwei Dingen tun: Fortsetzen, was er getan hatte, oder sich verändern. Ebenso wie sich die Massenpsychologie, die Summe aller Handelsentscheidungen von allen Marktteilnehmern, verschiebt, verschieben sich die Kurse, und über die Zeit bilden sich Kursmuster als ein Resultat dieser Verschiebungen und münden in neuen Handelsaktivitäten. Wenn Sie ähnliche Muster in der Vergangenheit anschauen, können Sie vielleicht vermuten, was ein Markt wahrscheinlich als nächstes machen wird, weil auf diese Art die handelnden Massen in der Vergangenheit auf ähnliche Umstände reagiert haben.

Dies ist die »technische Analyse« von Kursen und Kursaktionen im Gegensatz zu einer Analyse von Kursen, die auf Angebot-Nachfrage- oder anderen fundamentalen Faktoren basiert. Kurse können –

abhängig von der Quelle Ihre Kursdaten, ihrem Zeitfenster für das Handeln und dem Charttyp, der Ihnen etwas sagt – auf verschiedene Arten dargestellt werden.

Charts auf Basis der Schlusskurse – Nur der Schlusskurs einer Zeitperiode ist wichtig. Sie zeichnen einfach die Schlusskurse (wie den im Beispiel des Gold-April-Kontrakts) auf, und verbinden die Punkte. Die Kurve die Sie bekommen, könnte vielleicht in einigen Fällen ausreichen. Aber heutzutage werden im Trading Charts auf Schlusskursbasis normalerweise für Kassakurse, Spread-Charts für die Kursdifferenz zweier Kontrakte oder Basis-Charts, für die Differenz zwischen dem Kurs des Underlying und dem Futurekurs selbst verwendet.

Abbildung 1.2. Cash Crude Oil der Sorte WTI

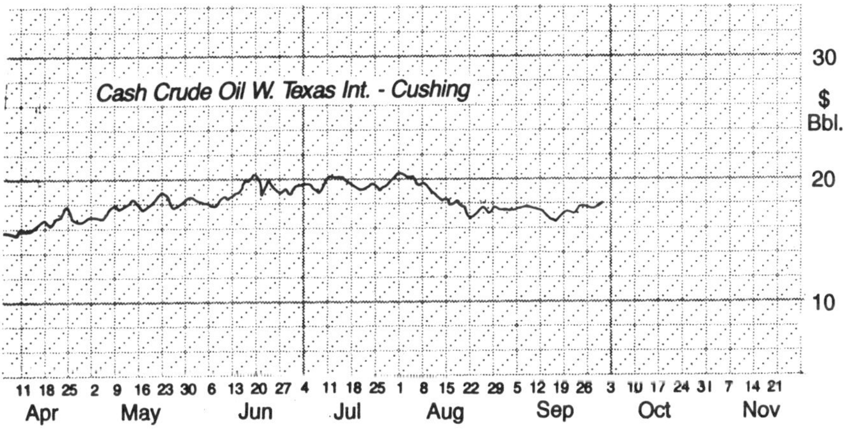

Quelle: Commodity Price Charts

Balkenchart – der häufigste Charttyp. Traditionelle Balkencharts konzentrieren sich auf den Hoch-, Tief- und Schlusskurs einer Zeitperiode. Die Zeitspanne ist vielleicht eine Minute, einen Tag oder einen Monat lang, aber die Kursmuster, die sich entwickeln und der Weg, wie sie analysiert werden gelten für alle Zeitperioden.

Point-and-figure-Charts – nur die Hoch- und die Tiefkurse sind bedeutsam. Der Eröffnungs- und der Schlusskurs haben keinen Einfluss darauf, wie diese Charts gezeichnet werden. Die Zeit ist ebenfalls kein Faktor wie sie es bei anderen Charttypen ist.

Kerzencharts – der Eröffnungskurs ist – besonders im Verhältnis zum Schlusskurs – ein Schlüsselmerkmal für diese Charts. Die Hoch- und Tiefkurse sind für einen Betrachtungszeitraum Teil des Charts, aber sind nicht annähernd so wichtig wie die Spanne zwischen Eröffnungs- und Schlusskurs.

Market Profile – Jeder Kurstick wird bewertet. Wenn die Kurse während des Handelstages verschiedene Niveaus erreichen, bilden sie bestimmte Formen und Muster, die eine besondere Art von Handelstag andeuten.

Die folgenden Kapitel im ersten Teil dieses Buches gehen mehr ins Detail dieser Charts. Bevor es jedoch weitergeht, müssen einige Punkte betont werden:

Erstens: Es sind ganze Bücher über all diese Chartarten geschrieben worden. Als Handbuch deckt dieses Buch nur die wichtigsten ab. Jedoch ist ein gewisses Verständnis von Charts die Essenz der technischen Analyse.

Zweitens: Was Sie auf einem Chart »sehen«, ist vielleicht nicht das, was andere Händler »sehen«. Einen Chart zu konstruieren, ist relativ mechanisch und einfach. Zu lesen, was er sagt, ist eine Kunst, egal welchen Charttyp Sie verwenden. Manchmal erfordert das Interpretieren dieser Chart-Kunst vielleicht so viel Kreativität wie die Entschlüsselung einiger Figuren von Moderner Kunst.

Drittens: Ein Kurschart allein könnte für eine Handelsentscheidung nicht ausreichen. Jeder kann im Nachhinein auf einen Kurschart zeigen, und sagen, »Wenn Sie hier am Boden gekauft und am Top hier verkauft hätten, könnten sie ... gemacht haben«. Die visuelle Analyse eines Charts ist nur ein Werkzeug für den Handel. In der heutigen Computerwelt, wollen Sie vielleicht andere Beiträge als einen einfachen Chart, um eine Handelentscheidung zu treffen. Davon handeln die anderen drei Teile dieses Handbuchs.

Abbildung 1.3. Wie sich die Kurse im Verlauf eines Handelstages verhalten

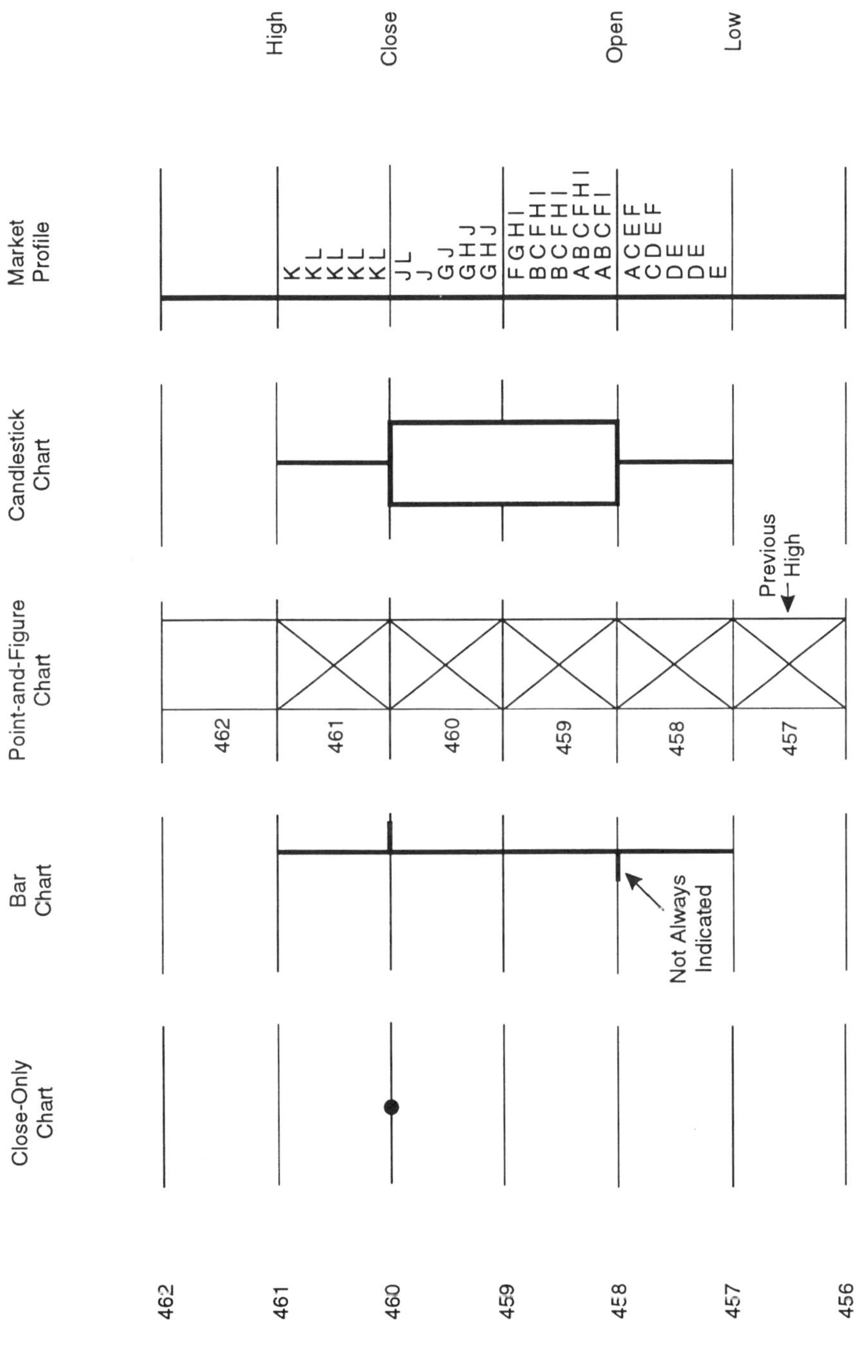

Kapitel II

Balkenchart – Grundlagen

Legen Sie nahezu jedem Neuling – selbst Ihren Ehegatten –, der sich im Trading nicht auskennt, einen traditionellen Balkenchart vor, können sie Ihnen wahrscheinlich auf einem Blick die Entwicklung der Kurse sagen. Wenn sie es nicht können, stehen die Chancen nicht schlecht, dass der Markt in so einer Seitwärtsbewegung oder Konsolidierungsphase ist, so dass es für Sie sowieso nicht sehr attraktiv sein mag zu handeln. Aber wenn der Markt in eine dieser langen Bewegungen, die Sie manchmal auf einem Chart sehen, ausbricht, kann selbst ein Laie darin eine Trading-Gelegenheit erkennen.

Der Balkenchart ist für Händler mit Abstand die populärste Methode, um zu sehen, wie der Kursverlauf aussieht. Wir haben schon angedeutet, dass ein Balken für jede beliebige Zeitperiode – eine Minute, ein Tag, ein Monat – den Hochkurs für die Periode an der Spitze des Balkens zeigt, den Tiefkurs für die Periode am Boden des Balkens, und der Schlusskurs am Schluss der Periode wird durch eine horizontale Linie auf der rechten Seite des Balkens angezeigt. Manchmal ist auch der Eröffnungskurs durch eine horizontale Linie auf der linken Seite des Kursbalkens angedeutet. Wir haben außerdem schon erklärt, dass während der Zeitperiode, die der Balken abdeckt, jeder Faktor im Markt – jeder fundamentale, jede Vorstellung, jede Furcht – in diesem einen Kursbalken enthalten ist.

Setzen Sie eine Reihe dieser Balken für eine Anzahl von Zeitperioden Seite an Seite zusammen, dann haben Sie einen Chart. Blicken Sie von rechts nach links auf dem Chart, dann erkennen Sie ohne Hexerei, wo die Trends oder die Seitwärtsbewegungen sind. Sie sind schön leicht zu sehen, wenn Sie auf die vergangenen Kurse zurückschauen. Wenn Sie nach vorne schauen, von links nach rechts, dann kommt es auf die richtige Interpretation an. Technische Analyse – die Beobachtung des Kurses und seines Verhaltens in der Vergangenheit – kann Ihnen helfen, den künftigen Kursverlauf vernünftig einzuschätzen. Aber es gibt keine garantierten Antworten, egal wie viele Charts Sie in der Vergangenheit untersucht haben.

Ganze Lehrbücher über die Analyse von Balkencharts sind geschrieben worden, und viele Bücher über das Trading decken diesen Aspekt der Technischen Analyse in irgendeiner Art ab. Was folgt, ist die Standartkost der Balkenchart-Analyse. Es ist beabsichtigt, das Chartlesen zu entmystifizieren und eine Grundlage für die Diskussion von Charts in anderen Kapiteln zu schaffen.

Zu organisatorischen Zwecken wird dieses Kapitel zuerst die Trendlinien und Fortsetzungsformationen und dann die Umkehrformationen behandeln. Sie werden wahrscheinlich nicht überrascht sein zu erfahren, dass ein Muster sich manchmal umkehren kann, um eines von beiden zu sein, und nur im Nachhinein können Sie den Unterschied analysieren. Es verhält sich wie bei jeder Kunst – nur die Praxis wird Ihnen hier helfen.

Trendlinien

»Handeln Sie mit dem Trend« ist ein grundsätzliches Dogma des erfolgreichen Spekulierens. Mit der Identifikation des Trends beginnt die Balkenchart-Analyse. Wenn ein Chart sonst nichts für Sie tut – sein Wert liegt darin, Ihnen den Trend zu zeigen, selbst wenn Sie zu diesen Leuten gehören, die nach wie vor der Überzeugung sind, dass Technische Analyse Hokuspokus ist. Für viele Händler ist die Handelsstrategie einfach: So lange der Trend intakt ist, folgen Sie ihm.

Ein Aufwärtstrend ist eine ununterbrochene Kette von höheren Hochs und höheren Tiefs; ein Abwärtstrend eine Kette von tieferen Hochs und tieferen Tiefs. Um zu sehen, wohin ein Markt auf einem Balkenchart vielleicht geht, verbinden Sie die Tiefs mit einer geraden Linie, um die Trendlinie in einem Aufwärtstrend zu bilden. Wenn der Markt nach unten geht, zeichnen Sie die Trendlinie über die Hochs.

Nahezu jeder Balkenchart zeigt gewisse Arten von Trends. Der Chart des Rohöls im Dezemberkontrakt hat mehrere. Am meisten fällt die Abwärtstrendlinie (A) von über 19 Dollar je Barrel im Oktober bis unter 16 Dollar im März, und die Aufwärtstrendlinie (B) von dem Tief bei unter 15 Dollar Ende März bis wieder gut über 19 Dollar Ende Juli auf. (Abbildung 2.1). Eine andere Aufwärtstrendlinie, die die Tiefs im Juni und Juli (C) verbindet, entspricht in etwa einer 45-Grad-Winkel, den Chartisten als wichtig erachten.

Je länger die Trendlinie ist, und je häufiger die Kurse sie berühren, desto zuverlässiger ist sie, und umso mehr »Unterstützung« bietet sie dem Markt, wenn die Kurse sie testen. In einem Abwärtstrend ist die Trendlinie, die über die fallenden Hochs gezeichnet wird, ein Punkt des »Widerstands« – eine Linie, an der sich die Kursavancen wahrscheinlich umkehren lassen, bis der Markt stark genug wird, über sie auszubrechen, wie er es hier Anfang April tat.

Die Haupt-Trendlinien im Ölchart haben – so wie sie gezogen sind – wenigstens drei Berührungspunkte. Erinnern Sie sich: Chartanalyse ist ein Kunst, und es gibt einigen Spielraum in der Auswahl unerlässlicher Punkte und im Einzeichnen der Linien. Einige Analysten betrachten den Schlusskurs als den wertvollsten Kurs, und sie benutzen nur die Schlusskurse für Trendlinien und ignorieren die Hoch- und die Tiefkurse, die andere Analysten für Trendlinien-Punkte definieren. Die Benutzung der Hoch- und Tiefkurse würde etwas andere Niveaus von Unterstützungs- und Widerstandslinien und so eine ein wenig andere Sicht, wann die Ausbrüche stattfinden, generieren. Das gehört zur Kunst der Chartanalyse.

Der erste Spurt weg vom Boden produziert eine steile kurzfristige Trendlinie auf dem Rohöl-Chart – ein typisches Zeichen, dass ein Markt aus einem alten Trend ausbricht. Aber je steiler die Trendlinie ist, desto schwieriger ist es, sie durchzuhalten, und der Markt wechselt

Abbildung 2.1. Rohöl Dezemberkontrakt 1994

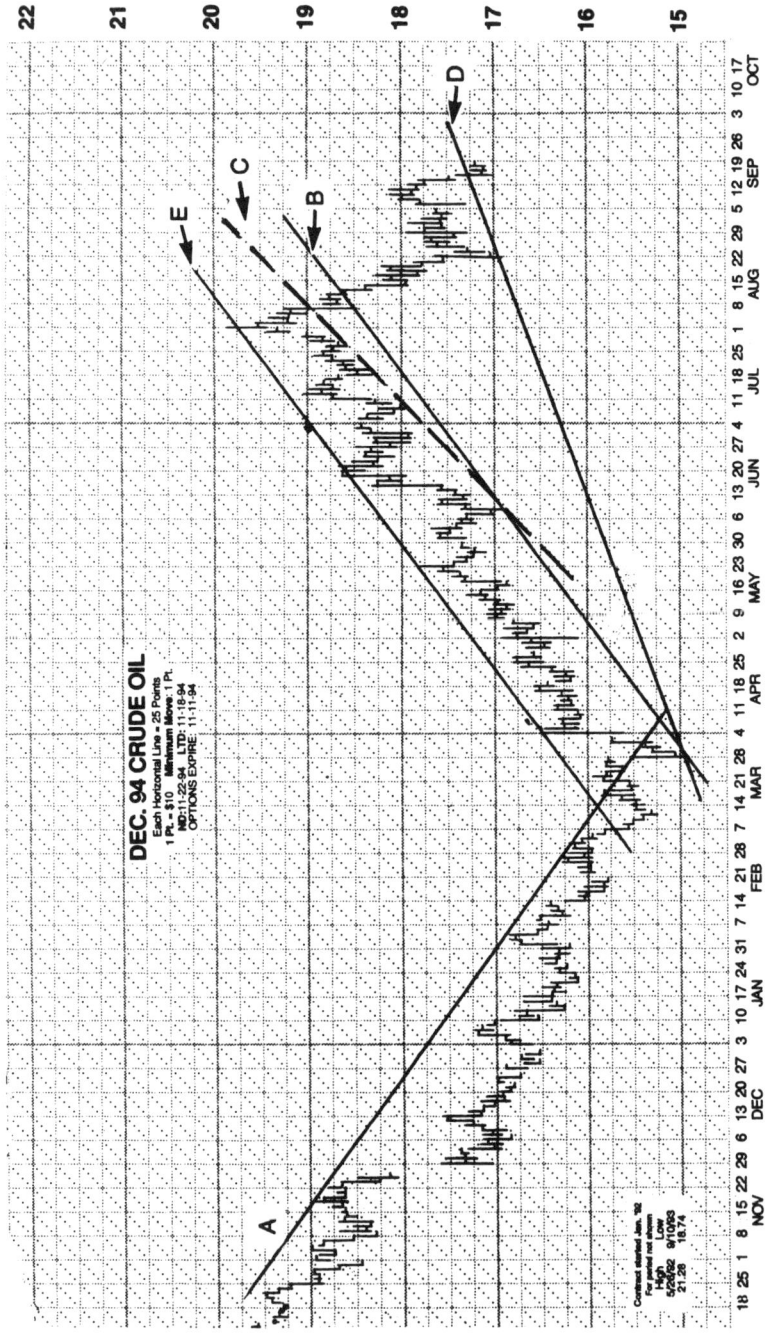

Quelle: Commodity Price Charts

daher schnell in eine moderatere Gangart. Nachdem die Trendlinie B gebrochen ist, könnte, sobald ein neues Tief erreicht zu sein scheint, eine neue Trendlinie auf der niedrigeren Ebene D als Unterstützung entstehen. Übrigens, dieses Tief kann projiziert werden, wie wir in der Diskussion über Korrekturen unten erläutern werden.

Eine Besonderheit einer Trendlinie auf einem Balkenchart besteht darin, dass eine Parallel-Linie (E) sehr oft einen wohl definierten Kanal (ein relativ enges Band von Kursbewegungen innerhalb zweier paralleler Trendlinien) generiert. Wenn ein Kanal einmal etabliert ist, könnten die Trader, die Schlusskursen folgen, Ausbrüche aus dem Trendkanal nutzen, um Positionen zu eröffnen. Ein Ausbruch über das obere Aufwärtstrendkanallinie würde einen noch stärkeren Markt als er ohnehin bestanden hat, nahe legen, und eine Kaufgelegenheit darstellen. Ein Ausbruch aus dem Kanal nach unten deutet Schwäche und ein mögliches Verkaufssignal an.

Oder Sie könnten nach einer Weile annehmen, das sich die Kurse wahrscheinlich innerhalb des Kanals weiterbewegen: Kaufen Sie, wenn sich die Kurse dem Boden des Kanals nähern, verkaufen sie, wenn sie das Top des Kanals erreichen. Achten Sie auf Ausbrüche aus dem Trendkanal.

Eine Seitwärtsbewegung ist eine andere Art Trend oder Kanal-Formation. Der Kurs des Gold-Futures, Dezember-Kontrakt (Abbildung 2.2) blieb 1994 die meiste Zeit innerhalb eines Kanals von 25 Dollar pro Unze. Tops (A und B) und Böden (C und D) scheinen den Markt zwischen ungefähr 380 und 405 Dollar je Unze »eingesperrt« zu haben. Die Händler, die glauben, dass das ein Seitwärtsmarkt ist, nutzen – in der Annahme, dass der Markt an diesen Widerstands- und Unterstützungspunkten umkehren wird, um innerhalb der Bewegung zu bleiben, sobald eine von beiden Trendlinien getestet wird – die Tops des Kanals oder der Seitwärtsbewegung zum Kauf, und den Boden zum Verkauf.

Die Breite des Kanals hilft Ihnen zu bestimmen, ob das eine brauchbare Handelsstrategie ist. Die 25-Dollar-Schwankungsbreite des

Abbildung 2.2 Gold Dezember-Kontrakt 1994

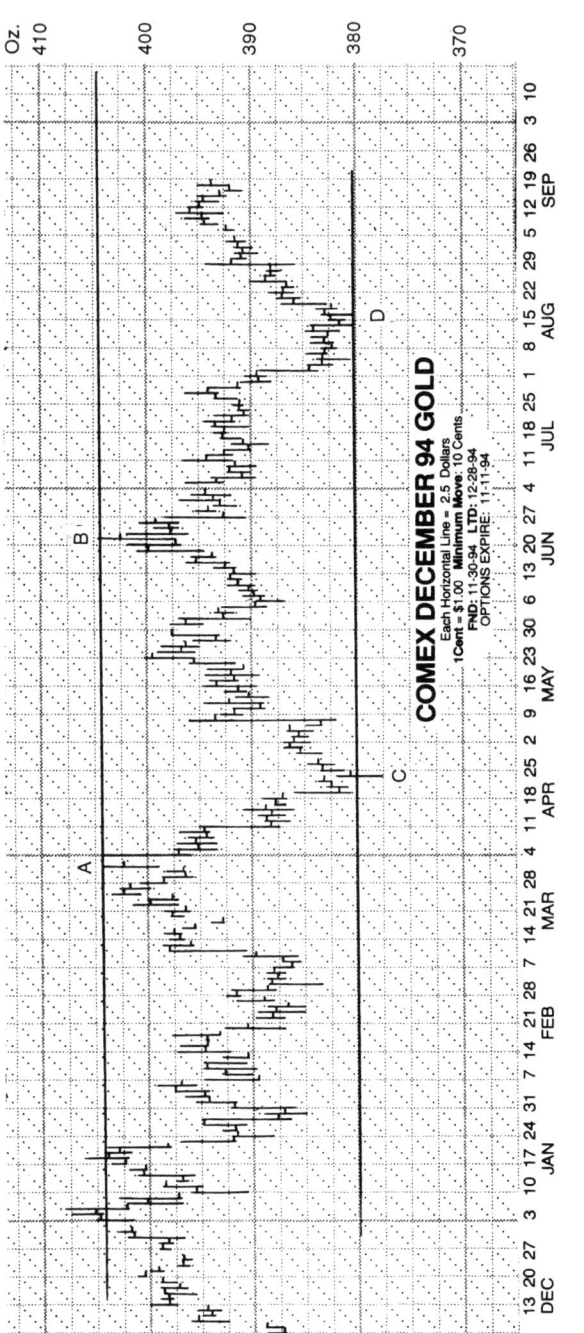

Quelle: Commodity Price Charts

Goldpreises entspricht 2500 Dollar pro Kontrakt. Das ist ein für Sie ausreichender Betrag zum Handeln, auch wenn Sie nur einen Teil der Bewegung abgreifen wollen. In einigen Fällen ist die Schwankungsbreite so eng, dass Ihr Konto von den Drehungen innerhalb des Kanals aufgezehrt werden könnte, selbst wenn Sie korrekt festgestellt haben, welcher Typ Markt es ist. Der Future auf Rinder beispielsweise bewegte sich 1994 wochenlang seitwärts innerhalb einer Spanne von einem halben Cent oder 200 Dollar pro Kontrakt. Es ist sehr schwer, in einem solchen Markt Positionen einzugehen, und bedeutet für keinen Händler eine reizvolle Situation, außer vielleicht für jemanden, der Optionen verkaufen will.

Es mag Sie nicht reizen, doch müssen Sie eine Seitwärts-Formation besonders aufmerksam beobachten: Je länger sich ein Markt seitwärts bewegt, desto mehr Energie pflegt er aufzubauen. Wenn ein Markt von einen Doppel-, Dreifach- oder Mehrfach-Top oder -Boden einer Handelsspanne ausbricht, kann die aufgestaute Energie eine markante Bewegung in Richtung des Ausbruchs erzeugen.

Fortsetzungs-Formationen

Wenn Sie auf einem Balkenchart als erstes auf den Trend achten, werden Sie sich zweitens wahrscheinlich so etwa fragen wie: »OK, da ist der Trend. Nun, wird er sich fortsetzen oder umkehren?«. Ihre logische Folgefrage könnte lauten: »Und, wenn der Trend sich fortsetzt, wie lang oder wie weit wird er sich fortsetzen? Wenn der Trend dreht, wie weit oder wie lang wird diese Umkehr dauern?« Technische Analyse wird Ihnen einige Anhaltspunkte geben, aber behalten Sie im Hinterkopf, dass dies eine subjektive Kunst ist und die Antworten nicht absolut sind.

Die Märkte gehen selten schnurstracks nach oben oder unten. In den meisten Fällen wird ein Trend vielleicht für Tage oder selbst für einige Wochen von Konsolidierungsphasen, Pausen oder Ruheperioden unterbrochen, wenn die Kurse gegen den Haupttrend reagieren. Während sich die Bären und Bullen Klarheit über die tonangebende psychologische Kraft auf dem Markt verschaffen, entwickeln

Abbildung 2.3 Rohöl Dezember-Kontrakt 1994

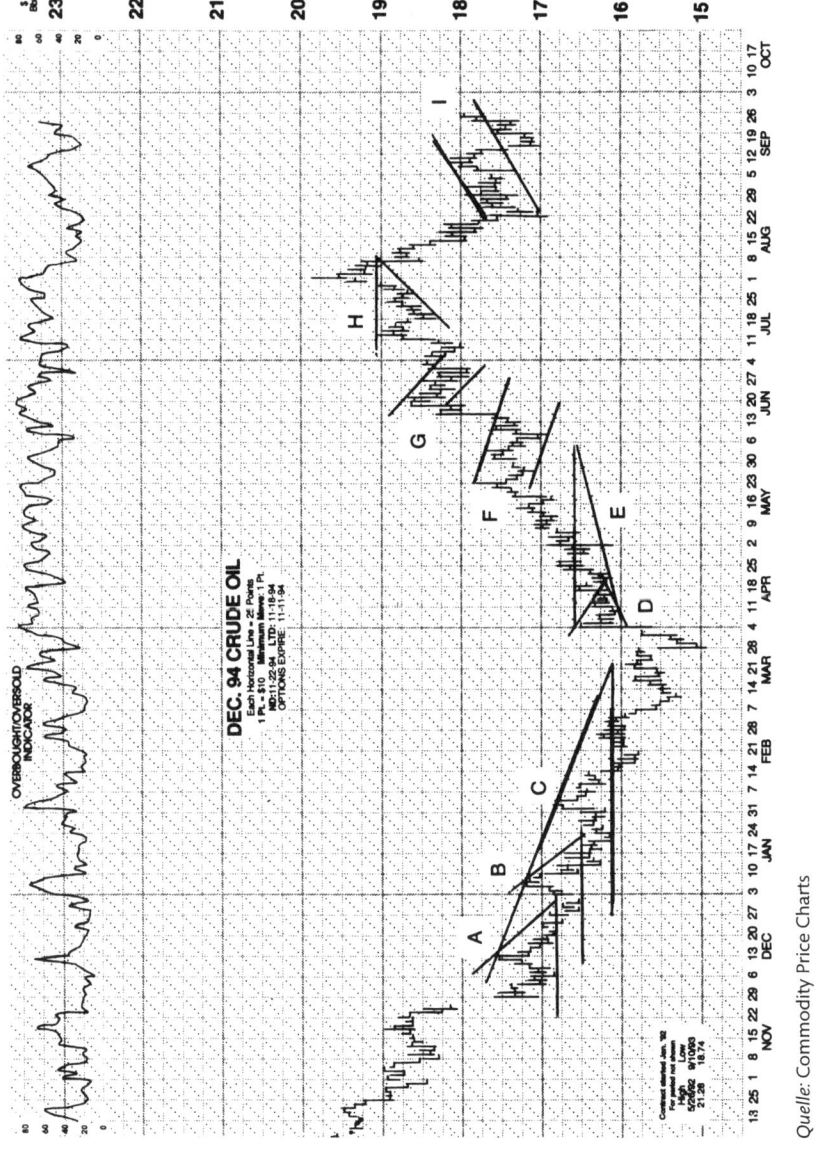

Quelle: Commodity Price Charts

sich vielleicht Chartmuster, die bereits einen Wendepunkt in der Richtung oder eine Fortsetzung des größeren Trends andeuten. Selbst wenn ein Trend intakt bleibt, finden Sie vielleicht gegen den Trend gerichtete Bewegungen, die Sie – abhängig von Ihrem Handels-Stil – ausnutzen wollen.

Balkenchart-Muster, die andeuten, dass eine Bewegung sich fortsetzen wird, umfassen Symmetrische Dreiecke oder Wimpel, steigende Dreiecke und fallende Dreiecke und Flaggen. Manchmal wird sich eine Formation in eine andere weiter entwickeln. Sie können einige Beispiele von diesen Mustern auf demselben Rohöl-Chart, den wir benutzten um Trendlinien zu zeigen (um die Unordnung zu reduzieren, ist die Haupttrendlinie nicht gezeigt), sehen (Abbildung 2.3). Dies sind weder die einzigen Beispiele von Formationen auf diesen Charts noch die Besten. Ihr Auge mag einige andere auswählen.

Die Namen beschreiben sehr schön wie die Formationen aussehen. Vieles hängt davon ab, wo diese Muster auf dem Gesamtchartbild entstehen. Generell tendieren die Kurse bei Dreiecken dazu, in einen schmaler und schmaler werdenden Bereich hineinzulaufen oder sich hineinzuschlängeln, bevor sie mit einer anderen starken Bewegung herausspringen. Die Aussage einer solchen Formation ist überzeugender, wenn das Niveau des Volumens meistens denselben Mustern folgt wie das Niveau der Kurse. Vorsicht: Ein Ausbruch findet vielleicht nicht in die Richtung des aktuellen Trends statt; Dreiecke können ebenfalls Umkehr-Formationen sein.

Der Ausbruch aus einem ansteigenden oder absteigenden Dreieck, das sich während eines Trends entwickelt, ereignet sich gewöhnlich auf der flachen Seite des Dreiecks (A, B, C, E, H auf dem Ölchart). In einem absteigenden Dreieck werden die Kurse mehrere Male auf die Grundlinie heruntergedrückt, und erholen sich jedes Mal weniger, bis sie die Grundlinie durchbrechen. Nach dem Ausbruch kommen die Kurse häufig zu der Grundlinie zurück, um sie zu testen. Aber die wird vielleicht zu dem neuen Widerstands- (bei einem absteigenden Dreieck) oder Unterstützungsbereich (bei einem ansteigenden Dreieck), wenn die Kurse wieder umkehren. Das ist die Anpassungsperiode für Trader, wenn sie beginnen, das neue Kursniveau zu akzeptieren.

Ein Wimpel oder ein symmetrisches Dreieck spiegeln Unsicherheit wieder; somit eine Zeit für Spekulanten zu pausieren, und sich dem Markt anzupassen. Eine Folge niedrigerer Hoch- und höherer Tief-kurse spult die Vorgänge im Chart in ein straffes kleines Wickelmuster um den Scheitelpunkt des Dreiecks. Wenn der Markt aus dem Wimpel heraustritt, geschieht der Ausbruch oft mit einem großen Aktionsradius des Tages und in dieselbe Richtung wie der Trend, der in den Wimpel geführt hat. Dies ist eine der zuverlässigsten Chartmuster.

Eine Flagge ist eine kurzfristige Formation gegen den vorherrschenden Trend – eine Bären-Flagge mit niedrigeren Hoch- und tieferen Tiefkursen in einem größeren Hausse-Trend (F und G auf dem Rohöl-Chart) oder eine Bullen-Flagge mit höheren Tief- und höheren Hochkursen während der gesamten Baisse-Bewegung (I auf dem Rohöl-Chart). Die besten Beispiele kommen nach einer scharfen Bewegung, die tatsächlich aussieht wie eine Fahnenstange an der die Flagge hängt (G ist ein besseres Beispiel als F auf dem Rohöl-Chart). Der Markt scheint eine bisschen Erholung zu benötigen, um sich Klarheit darüber zu verschaffen, was er nach dem schnellen Spurt machen wird, und bewertet, ob die Bewegung nachhaltig ist.

Sobald er seine Kräfte konsolidiert hat, ist er bereit für die nächste Phase seines ursprünglichen Trends.

So messen Sie einen Fortsetzungs-Trend

Ich nehme eine Frage vorweg, die Sie an diesem Punkt haben mögen – Ja, es ist möglich, zuviel in einen Balkenchart hineinzudeuten, und sich ein Muster einzubilden, das Ihre Markteinschätzung stützt. Wenn sich die Marktbewegung entfaltet, ist es – offen gestanden – häufig sehr schwierig das aktuelle Chart-Muster zu bestimmen. Die Kursbewegung auf dem Rohöl-Chart nach H ähnelt sehr früheren Bewegungen auf dem Chart. Es stellte sich aber als Top heraus (zumindest für die gezeigte Zeitspanne), während Handlungen bei

D, E, F und G zu Dreiecken und Flaggen führten, die den Aufwärts-trend fortsetzten.

Wenn Sie sich in der Mitte von F befinden, ist es schwierig diese Phase als Flagge und nicht als potentielles Top zu erkennen. Geben Sie aber an diesem Punkt die Technische Analyse nicht auf. Wenn sich diese Formation entwickelt, bekommen Sie einige wertvolle Informationen:

1. Am Anfang einer gegen den Trend gerichteten Bewegung ist noch nicht klar, was passieren wird. Wenn Sie über die April- und Mai-Tiefs eine Aufwärtstrendlinie gezogen hatten, wären Sie vielleicht sogar mit einer Long-Position ausgestoppt worden, als die Kurse in der dritten Woche der Gegenbewegung unter die Trendlinie fielen. Wenn die Kursgrenzen des Gegentrends offensichtlich werden – erst ein Tiefkurs, dann ein tieferer Hochkurs, dann ein tieferer Tiefkurs – begann eine Flagge wie eine Tradinggelegen-heit auszusehen, aber sie war noch keine Selbstverständlichkeit.

Selbst ohne zu wissen, was die entstehende Formation war – Sie hat-ten jedoch – egal was passierte – wenigstens logische Punkte um Stoppkurse zu setzen: Einen Kaufstopp an die obere Linie, einen Verkaufsstopp unter die niedrigere Linie oder den unteren Punkt der Gegenreaktion. Sie haben vielleicht eine Meinung über die nächste Bewegung gehabt, die auf einer anderen Analyse basierte, aber mit der Balkenchart-Aussage allein wissen Sie noch nicht, ob dies eine Flagge in einem übergeordneten Aufwärtstrend oder das Top des Aufwärtstrend nach drei Wochen ist. Alles was Sie wissen ist, dass Ihre Stoppkurse Sie in eine Bewegung hineinziehen – in welche Richtung auch immer.

2. Nachdem der Ausbruch über das Top passiert ist, und Ihr Stopp Sie auf die Long-Seite geholt hat, kann die Analyse von dem, was offensichtlich eine Flaggen-Formation ist, Ihnen einen Anhalts-punkt über die zweite wichtige Frage geben, wie weit könnte der Aufwärtstrend noch gehen? Das ist auch keine exakte Wissen-schaft, aber Formationen wie Wimpel und Flaggen tendieren

Abbildung 2.4 Rohöl Dezember-Kontrakt 1994

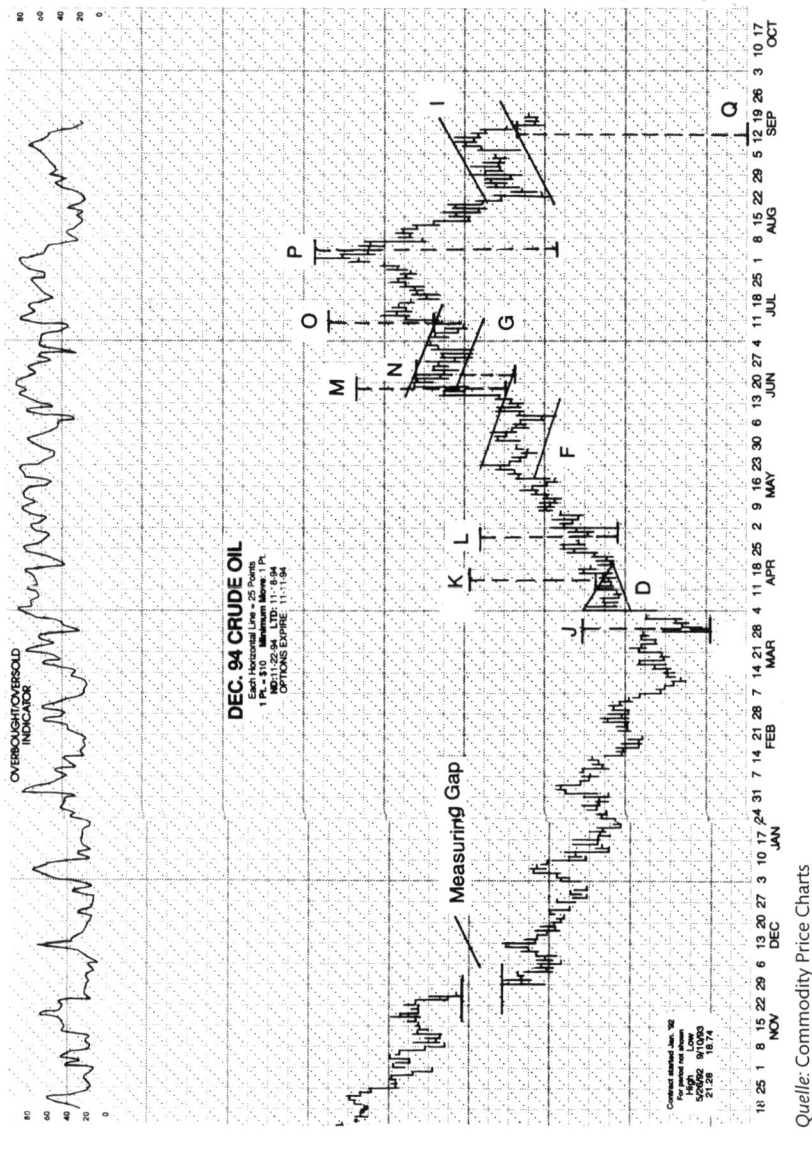

Quelle: Commodity Price Charts

Abbildung 2.5 Rohöl Januar-Kontrakt 1995

Quelle: Commodity Price Charts

dazu, auf dem halben Weg einer Bewegung zu entstehen. Die Länge einer Fahnenstange kann außerdem genutzt werden, um die nächste Bewegung zu projizieren.

Schauen Sie wieder auf den Rohöl-Chart (Abbildung 2.4), beginnend mit dem durch den Buchstaben D beschrifteten Wimpel/symmetrischen Dreieck auf dem vorherigen Chart. Die Fahnenstange, die durch den Kursanstieg vom Boden weg entstanden ist, misst über 160 Punkte (senkrechte Linie J). Addieren Sie diesen Betrag zu dem Ausbruchs-Punkt bei 16,30 Dollar pro Barrel nahe dem Scheitelpunkt des Dreiecks hinzu, so bekommen Sie ein Kursziel von 17,90 Dollar (senkrechte Linie K). Nachdem die Kurse über das Dreieck D ausgebrochen sind, fallen sie zurück, um diesen Bereich erneut zu testen und sinken Anfang Mai beinahe unter die Tiefkurse des Dreiecks, bevor sie sich bis fast zu dem Ziel hoch bewegen, das durch das symmetrische Dreieck projiziert wurde.

Die nicht so markante Fahnenstange, die in die Flaggen-Formation F führt, misst über 175 Punkte (senkrechte Linie L). Zu dem Punkt hinzugezählt, an dem die Kurse über die Flagge ausbrechen, liegt die Vorhersage bei einem Hoch von ungefähr 19,30 Dollar (senkrechte Linie M). Ebenso setzt die 125-Punkte-Fahnenstange für die Flagge G (senkrechte Linie N) ein Ziel bei einem Hoch von über 19,50 Dollar (senkrechte Linie O).

Dieses Konzept kann genauso gut bei fallenden Kursen angewendet werden. Die »Rutschbahn« vom Top bis zu dem Beginn von dem, was eine Bären-Flagge zu sein scheint (I), umfasst circa 300 Punkte (senkrechte Linie P). Ziehen Sie diesen Betrag von dem Punkt ab, an dem die Kurse unter den Boden der Flagge durchbrechen, und das projizierte Tief liegt in der Nähe von 14,50 Dollar (senkrechte Linie Q). Möglich? Im Zeitpunkt des Ausbruchs im September ist alles was Sie sagen können, dass es – basierend auf der technischen Analyse von Flaggen-Formationen in der Vergangenheit – wohl so aussieht. Einen Monat später fragen Sie sich vielleicht, ob überhaupt eine Flaggen-Formation vorlag (Abbildung 2.5).

Sie können ähnliche Berechnungen mit ansteigenden und absteigenden Dreiecken anstellen. Ermitteln Sie die Differenz zwischen dem Hoch und dem Boden (Unterstützung) von einem absteigenden Dreieck und subtrahieren Sie diese Zahl von dem Boden, um ein Kursziel des Abwärtstrends zu bekommen, nachdem die Kurse unter den Boden gesunken sind. Finden Sie in einem ansteigenden Dreieck die Differenz zwischen dem Tief zu Beginn des Dreiecks und der Basislinie (Widerstand) und addieren Sie diesen Betrag zu der

Basislinie, um ein Ziel nach oben zu bekommen, nachdem die Kurse über die Basislinie ausgebrochen sind.

Messlücken *(Measuring gaps)*

Eine andere Fortsetzungs-Formation endet im »Nichts«. Das heißt, dass es da eigentlich keine Formation gibt sondern eine Lücke (*»Gap«)* oder ein Kursniveau, an dem während eines Handelstages kein Trade stattfindet. Dies kann eine Messlücke sein.

Für einen Fundamentalanalysten ist das ein Punkt, an dem etwas so Dramatisches passiert ist, dass keiner auf diesem Niveau überhaupt handeln will. Die Angebots- oder Nachfrage-Situation hat sich so drastisch verändert, dass die Kurse plötzlich auf ein völlig neues Niveau springen – ohne dass auf dem dazwischen liegendem Niveau überhaupt ein Handel stattgefunden hat.

Für einen Techniker erfüllt eine Messlücke ein wenig denselben Zweck wie ein Wimpel oder ein symmetrisches Dreieck: Sie markiert typischerweise die Hälfte einer Bewegung zwischen einem Boden und einem Top oder umgekehrt. Die größte Kurslücke auf dem Rohöl-Chart ist die ungewöhnlich große Lücke im November (Abbildung 2.4). Die Kurse lagen in der Nähe von 20 Dollar, und zu der Zeit der Kurslücke in der Nähe von 18 Dollar – ein Absturz von zwei Dollar. Um ein Ziel, basierend auf dieser Messlücke, zu berechnen, subtrahieren Sie zwei Dollar vom Boden der Kurslücke: 17,50 Dollar minus zwei Dollar- so liegt das Abwärts-Ziel im Bereich von 15,50 Dollar.

Wie Sie es in dieser subjektiven Welt erwarten dürfen, sind Kurslücken auf Balken-Charts ziemlich häufig, und nicht jede Kurslücke hat eine Bedeutung. Einige Messlücken können sich als Erschöpfungs-Lücke herausstellen, die eine Umkehr, aber keine Fortsetzung eines Trends andeuten. Eine korrekt diagnostizierte Messlücke kann aber sehr hilfreich sein in der Vorhersage eines Kursziels.

Umkehr-Formationen

So wie ein Surfer nach der großen Welle Ausschau hält, träumt ein Chartist davon, einen großen Trend frühzeitig zu erwischen und dann lange dabei zu sein. Das scheint relativ leicht zu sein, wenn Sie im Nachhinein auf einen Balken-Chart schauen. Aber, wie wir bereits erwähnt haben, was aussieht wie eine Fortsetzungs-Formation, mag stattdessen zu einem Umkehr-Signal werden. Wenn die große Welle vorbeikommt, sieht sie anfangs nicht verlockend aus, und die Trader können oft den Einstieg nicht finden.

Wie im vorherigen Kapitel gezeigt, deuten die Kursmuster entlang des Weges manchmal eine Bewegung an, die fortgesetzt wird, und bieten auch einen Anhaltspunkt dafür, wie weit sie gehen könnte. Offenbar setzen sich Trends jedoch nicht ewig fort. Was Sie brauchen, sind Signale, die Ihnen sagen, wann ein Trend beendet ist und ein anderer beginnt, so dass Sie eine neue Position eingehen oder eine alte Position schließen können, wenn Sie den Trend »ausgeritten« haben. Die Technische Analyse enthüllt auch solche Signale, aber – noch einmal – erinnern Sie sich an die Warnung: Chartanalyse ist eine Kunst und keine Wissenschaft. Es ist davon auszugehen, dass nicht alle Spekulanten einen Chart auf exakt dieselbe Weise lesen werden.

Um Umkehr-Muster zu entdecken, müssen Sie an exakt derselben Stelle beginnen, wie Sie es machen, um Fortsetzungs-Muster zu finden. Der durch die Trendlinie dargestellte Trend ist eine gerade Linie, die über die Tiefpunkte der Kursbewegungen gezeichnet wird, wenn es eine Folge höherer Tief- und höherer Hochpunkte gibt. Oder, wenn es ein Abwärtstrend ist, d. h. eine gerade Linie, die über die Hochpunkte gezeichnet wird, wenn der Markt niedrigere Hoch- und niedrigere Tiefpunkte macht.

So lange die Trendlinie intakt bleibt, setzt sich der Trend fort, und die Position-Trader finden es vielleicht riskant, gegen den Trend zu handeln. In der Schlacht zwischen Bullen und Bären wird eine Trendlinie häufig zu einem entscheidenden Unterstützungs- oder

Widerstandspunkt in der Analyse, ob sich ein Trend fortsetzen oder umkehren wird. Je häufiger eine Trendlinie getestet wird, und je mehr Berührungspunkte sie hat, umso stärker ist sie. Aber alle Trendlinien werden auch einmal an einigen Punkten durchbrochen. Wenn das passiert, kann die Unterstützung zu einem starken Widerstand werden und umgekehrt.

Der Bruch einer Trendlinie ist das einfachste Basis- Umkehrmuster. Es könnte sich natürlich um eine irreführende Bewegung oder eine Falle handeln, aber ein Trendlinien-Bruch signalisiert gewöhnlich neue Marktbewegungen, die Sie beobachten müssen: einen neuen Trend in die Gegenrichtung, eine Pause oder eine kurzfristige Konsolidierung in die Richtung des längeren Trends oder vielleicht bloß ein Übergang zu einem Seitwärtsmarkt.

Wenn einem der Rohöl-Chart (Abbildung 2.6) hier vertraut vorkommt, dann sollte er es auch:
Es ist derselbe Chart, den ich am Anfang des Kapitels benutzt habe, um Fortsetzungsmuster zu zeigen. Nach einem fast 6-monatigen Abwärtstrend(A) sausten die Kurse nach mehreren Börsentagen schließlich unter großen Schwankungen durch die Abwärtstrendlinie, und bildeten die Fahnestange, die im Kapitel oben besprochen wurde. Dann, nachdem Rohöl vier Monate nach oben tendierte, brachen die Kurse unter die bedeutendsten Aufwärtstrendlinien (B und C) – wieder unter großen Schwankungen. Es mag fast zu einfach aussehen, aber wird eine derartige Trendlinie durchbrochen, entsteht eine der wichtigsten Umkehr-Formationen in Balken-Charts.

Korrekturen
Ein Thema, das hier behandelt muss, ist die Frage nach der Rückkehr bzw. den Korrekturen.

Wenn eine Trendlinie gebrochen worden ist, und ein neuer Trend beginnen wird, würde ein Chartanalyst natürlich gerne eine Methode kennen, um zu erkennen, wie weit der neue Trend gehen, und an welchem Punkt dieser neue Trend umgekehrt werden könnte. Das Kapitel über die Struktur des Marktes wird – besonders in der Diskussion über die Fibonacci-Zahlen und -Verhältnisse – detaillierter auf dieses Thema eingehen, aber hier spielt dieser Punkt eine Schlüsselrolle in der Analyse, ob es sich um ein Fortsetzungs- oder den Umkehrmuster handelt

Jedes Mal wenn sich der Markt bewegt, reagiert er gewöhnlich. Der Umfang der Reaktion hängt von der Stärke oder Schwäche des Marktes ab. Eine Flagge ist ein Beispiel einer relativ kleinen Reaktion gegen den Haupttrend, während der Haupttrend weiterläuft.

Die häufigste Reaktion, die auf vielen Balkencharts beobachtet wurde, ist eine 50-Prozent-Rückkehr oder eine Korrektur, die 50 Prozent der vorherigen Marktbewegung (Abbildung 2.7) zurücknimmt. Die 50 Prozent sind keine Hexerei- einige benutzen nur Achtel der vorherigen Bewegung oder Fibonacci-Verhältnisse oder Gann-Techniken, aber dies ist ein Chart-Punkt, an dem die Erfahrung einigen Analysten nahe legt, neue Unterstützungen oder neue Widerstände zu erwarten, die den neuen, kürzeren Trend umkehren könnten.

Der bedeutendste Aufwärtstrend auf dem Rohöl-Chart trieb den Kurs um ungefähr fünf Dollar pro Barrel hoch; von etwas unter 15 Dollar bis fast auf 20 Dollar. Nachdem die Kurse 25 Prozent von dieser Bewegung wieder abgaben und unter die bedeutendste Aufwärtstrend-Linie fielen, dürften Analysten nach einer 50-Prozent-Korrektur als dem nächsten möglichen Niveau für eine Unterstützung geschaut haben. Beachten Sie außerdem, dass die Pause (Flagge I) in dem Abwärtstrend ungefähr auf demselben Kursniveau eintrat, wie die Pause (Flagge F) in dem Aufwärtstrend, zu dem es etwa drei Monate früher gekommen war.

Korrektur-Niveaus können Hinweise zu den Zielen von Fortsetzungs- oder Umkehrmustern liefern. Eine andere verwandte Möglichkeit zur Berechnung entweder eines Fortsetzungs- oder eines Umkehrziels ist die Messlücke, die wir oben als ein Fortsetzungsmuster diskutierten, weil es gewöhnlich in etwa auf halbem Weg während einer Bewegung vorkommt. Wenn die Lücke auf dem Rohöl-Chart im Bereich von 17,50 bis 18 Dollar eine Messlücke ist,

Abbildung 2.6 Rohöl-Dezember-Kontrakt 1994

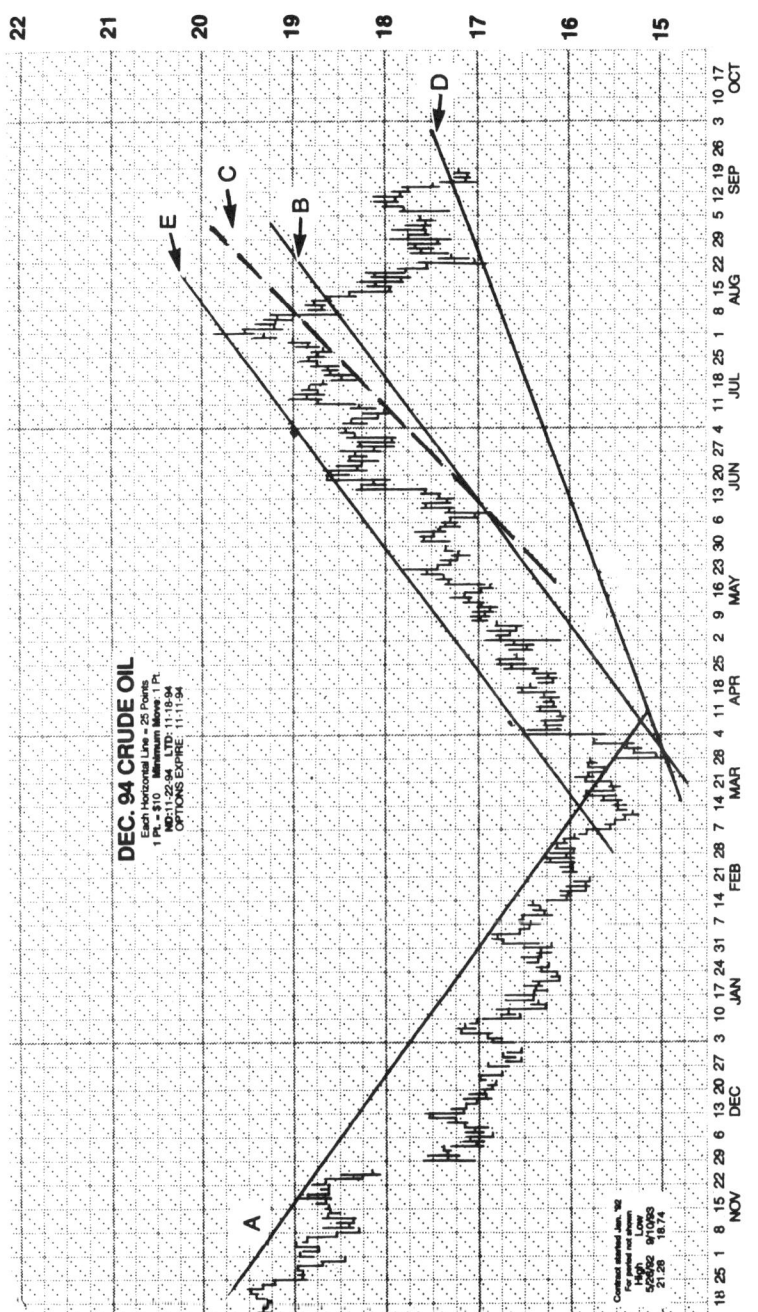

Quelle: Commodity Price Charts

Abbildung 2.7

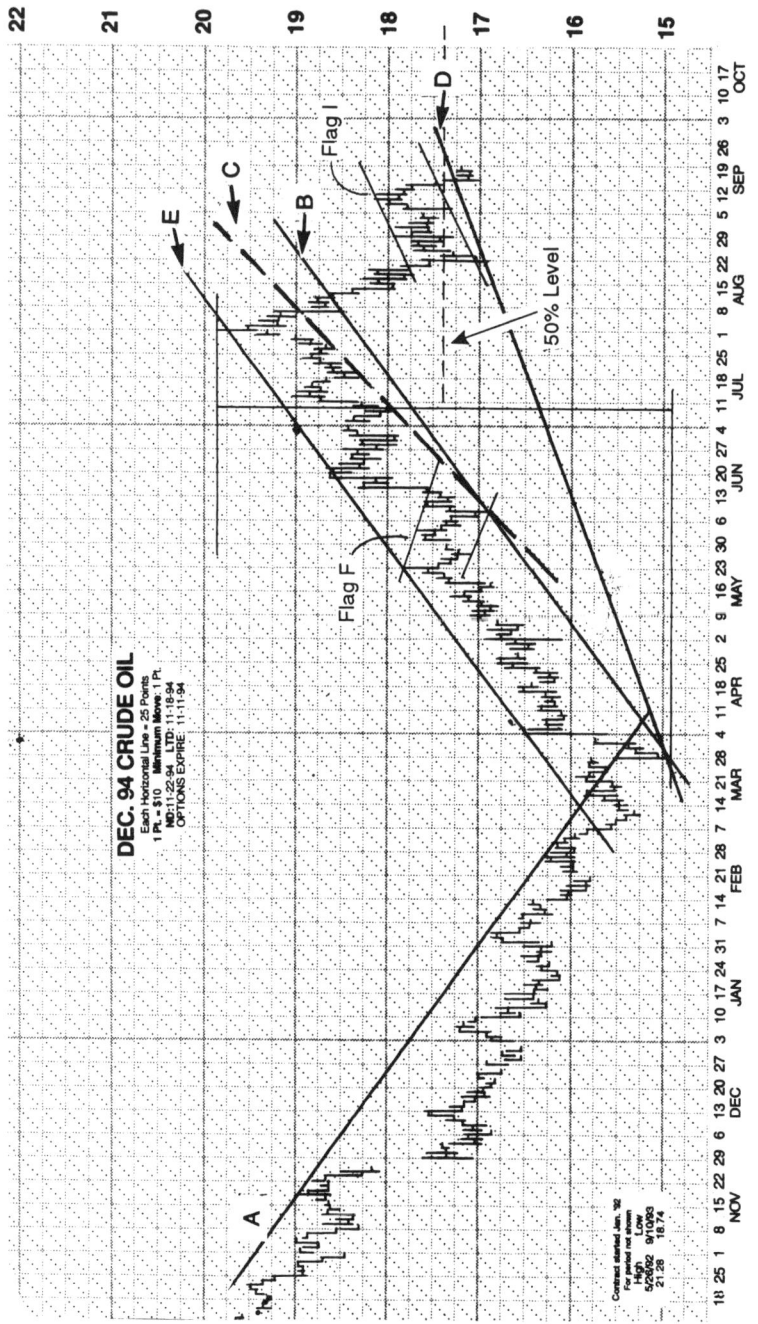

Quelle: Commodity Price Charts

würde das Ziel des Fortsetzungsmusters (wir haben das schon erwähnt) im Bereich von 15,50 Dollar liegen. Das ist nicht nur das Ziel für diese Hauptbewegung, sondern auch die Stelle, um auf die nächste bedeutende Kurswende acht zu geben. Der Anhaltspunkt eines Spekulanten für die Fortsetzung eines Trends, mag für einen anderen Trader zur Vorhersage einer Trendumkehr dienen.

Außerdem kann die Messlücke auch ein Umkehr-Ziel anderer Art liefern. Lücken sind manchmal unangenehm zu füllen – das bedeutet: auf dem Niveau, wo früher keine Käufe oder Verkäufe stattfanden, muss es zu einem Handel gekommen sein. Wenn sich Märkte durch eine Lücke quälen, verhält sich die Kurslücke selbst manchmal wie ein Unterstützungs- oder Widerstands-Bereich. Weil die Messlücke gemäß Definition auf dem 50-Prozent-Rücklaufs-Niveau liegt, gibt es vielleicht ein paar Argumente, zumindest einige Umkehr-Aktionen an dieser Stelle in dem folgenden Aufwärtstrend von April bis Juli zu erwarten, wie es von der Flagge bzw. Pause, die mit F beschriftet ist, angedeutet wurde.

Schlüssel-Umkehr *(Key reversal)*

Ein Chart-Merkmal, das in Marktkommentaren oft erwähnt wird, ist die Schlüssel-Umkehr. In einem Aufwärtstrend jagt der Markt zu neuen Hochs und schließt dann am oder in der Nähe des Tiefs und unter dem Tief der vorherigen Periode; in einem Abwärtstrend erreicht der Markt neue Tiefs und kehrt dann um, um am oder in der Nähe des Hochs und über dem Hoch der vorherigen Periode zu schließen. Während sie unter Tradern ein heiß diskutiertes Thema sind, sind jedoch Schlüssel-Umkehrungen ein sehr zuverlässiger Indikator. Einige würden sagen, dass sie im Projizieren aktueller Trends nicht besser als 50 zu 50 sind.

Insel-Umkehr *(Island reversal)*

Eine Insel-Umkehr, welche vielleicht einige Tage dauert, um sich zu entwickeln, neigt dazu ein zuverlässigeres Umkehrmuster zu sein. Die Kursbewegung in einer solchen Formation wird von dem, was vor oder nach dieser Periode passiert, isoliert und tritt auf einem Balkenchart deutlich hervor (Abbildung 2.8).

Abbildung 2.8

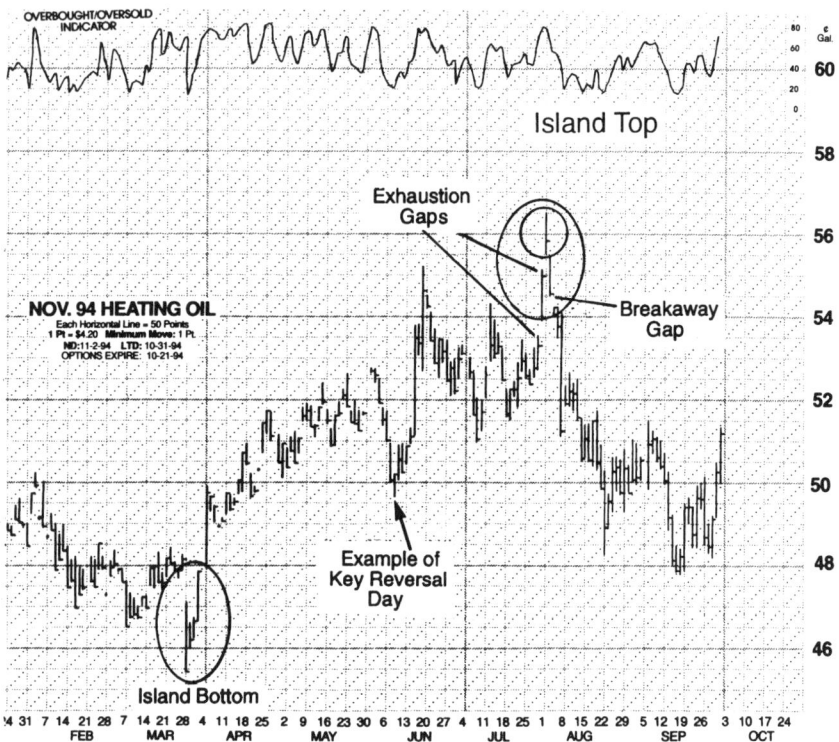

Quelle: Commodity Price Charts

Auf der linken Seite, die in die Formation geht, ist eine Erschöpfungs-Lücke (exhaustion gap). Das ist ein Kursniveau, wo kein Handel stattfindet, weil die Spekulanten letzte Kräfte sammeln, um den Trend fortzusetzen. Die Insel sind ein oder mehrere Balken, die sich auf ein neues Hoch oder Tief vorankämpfen bevor sie an einem Tief oder Hoch schließen. Auf der rechten Seite ist eine Ausreißer-Lücke *(breakaway-gap),* ein gewohnter Anblick, wenn sich ein Markt vom vorherigen Trend wegzubewegen beginnt und in Fahrt kommt – manchmal fast wie ein panisches Verlassen des alten Kursniveau. Der Rohöl-Chart, den wir benutzt haben, erzeugte beinahe dieses Muster am äußersten Tiefstand und am äußersten Hochpunkt. Das Muster taucht im Heizöl-Chart klarer auf.

Mehrfach-Tops und Böden

Ein anderer allgemein anerkannter Grundsatz empfiehlt: »Verkaufe an Doppel- oder Dreifach-Tops; kaufe an Doppel- oder Dreifach-Böden«. Das setzt natürlich voraus, dass das Konzept von Unterstützung und Widerstand den Markt lenkt. In diesem Fall verkaufen Sie, sobald sich die Kurse den vorherigen Tops oder den Tops eines Kanals oder Seitwärtsmarktes nähern; jedes Mal wenn sich die Kurse den vorherigen Tiefsständen oder dem Boden eines Kanals oder einer Seitwärtsbewegung nähern, kaufen Sie.

Schauen Sie wieder auf den Goldchart in dem Abschnitt über die Fortsetzungsformation (Abbildung 2.2). Die Verkäufe an A und B und die Käufe an C und D sehen wie gute Schachzüge aus, die die Extrempunkte des Kanals wie Umkehrziele behandeln. Aber was machen Sie beim nächsten Stich in die Kanallinie? Wird es der sein, der ausbricht oder der alles ändert? Eine Vorgehensweise wäre – bis ein Markt etwas anderes zeigt –, dass Sie die kürzere Bewegung als Möglichkeit einer Umkehr behandeln. Aber wie wir oben warnten, müssen Sie besonders beweglich sein, wenn Sie in diesen Situationen traden wollen: Ein Ausbruch aus einem Seitwärtsmuster kann eine explosive Bewegung in jede Richtung erzeugen, und was eine ausgedehnte Fortsetzungsformation war, kann zu einer großen Umkehrbewegung werden. Dies ist der Fall, wo sich Ihre Fähigkeit zum Money Management auszahlt.

V-Formationen und Untertassen

Einige volatile Märkte neigen nach oben oder nach unten vor zu stoßen, und reagieren dann fast unmittelbar in einer Umkehraktion, die aussieht wie ein »V« auf einem Balkenchart (Abbildung 2.9). Andere Märkte scheinen sich ewig Zeit zu nehmen, etwas auszubilden, das rundlich aussieht oder wie Untertassen oder Böden. Es ist schwierig ein V-Top oder einen V-Boden genau zu erwischen, und ein Untertassen-Top oder -Boden kann so langsam entstehen, dass es die Geduld der Spekulanten auf eine harte Probe stellt.

Der Silberchart bringt eine Fülle von V-artigen Umkehrformationen hervor, als die Kurse innerhalb weniger Wochen mehrere Male in

Höhe von 3000 Dollar pro Kontrakt hoch und runter rasten. Der Boden und das Top auf dem Rohölchart sehen ebenfalls wie Vs aus. Sie müssen Ihren Markt kennen und andere Aspekte der technischen Analyse benutzen, um einen guten Einstieg in solche Märkte zu finden.

Auf der anderen Seite bewegte sich Kupfer leicht nach unten, und dann über eine Zeit von mehreren Monaten nach oben, bevor es aus seinem *»Rounding bottom«* herauskam (Abbildung 2.10). Beachten Sie, dass der Markt, als er sich über die rechte Seite der Untertasse bewegte, eine Kurslücke hinterließ, während er hoch sprang und nie mehr zurückkehrte.

Kopf-Schulter-Formation
Vielleicht ist es nur der Name, der sie unvergessen macht. Aber Kopf-Schulter-Tops oder Böden zählen zu den bekanntesten Chartumkehrformationen. Manchmal strecken sich die Trader nach der Decke um eine Kopf-Schulter-Formation zu sehen, aber eine perfekte ist schwierig zu finden. Wenn eine jedoch richtige Kopf-Schulter- auf einem Chart auftaucht, pflegt der Bruch einer Nackenlinie einen guten Hinweis zu geben, dass der Markt in die Richtung des Ausbruch weiterziehen wird.

In einem Kopf-Schulter-Top erreicht der Markt ein Hoch und geht dann nach unter in etwas über, was eine Konsolidierungsformation in Form einer Flagge sein kann, um die linke Schulter zu formen. Dann schießt er nach oben auf ein neues Hoch und bildet den Kopf aus. Wenn die Kurse fallen, um den Kopf abzuschließen, erreichen sie ein Tief auf dem Niveau des Bodens der Bewegung zwischen der linken Schulter und dem Kopf. Dann reagiert der Markt in etwas, was eine andere Flagge sein mag, wieder nach oben, um die rechte Schulter zu formen. Das Top von der rechten Schulter liegt in der Nähe von dem Top der linken, aber nicht so hoch wie der Kopf.

Der Schlüsselpunkt liegt in der Nackenlinie, die die zwei Tiefs, die durch die Schultern gebildet wurden, verbindet. So wie die Kurse von der rechten Schulter fallen, und die Nackenlinie nach unten

Abbildung 2.9 COMEX Silber – März-Kontrakt 1995

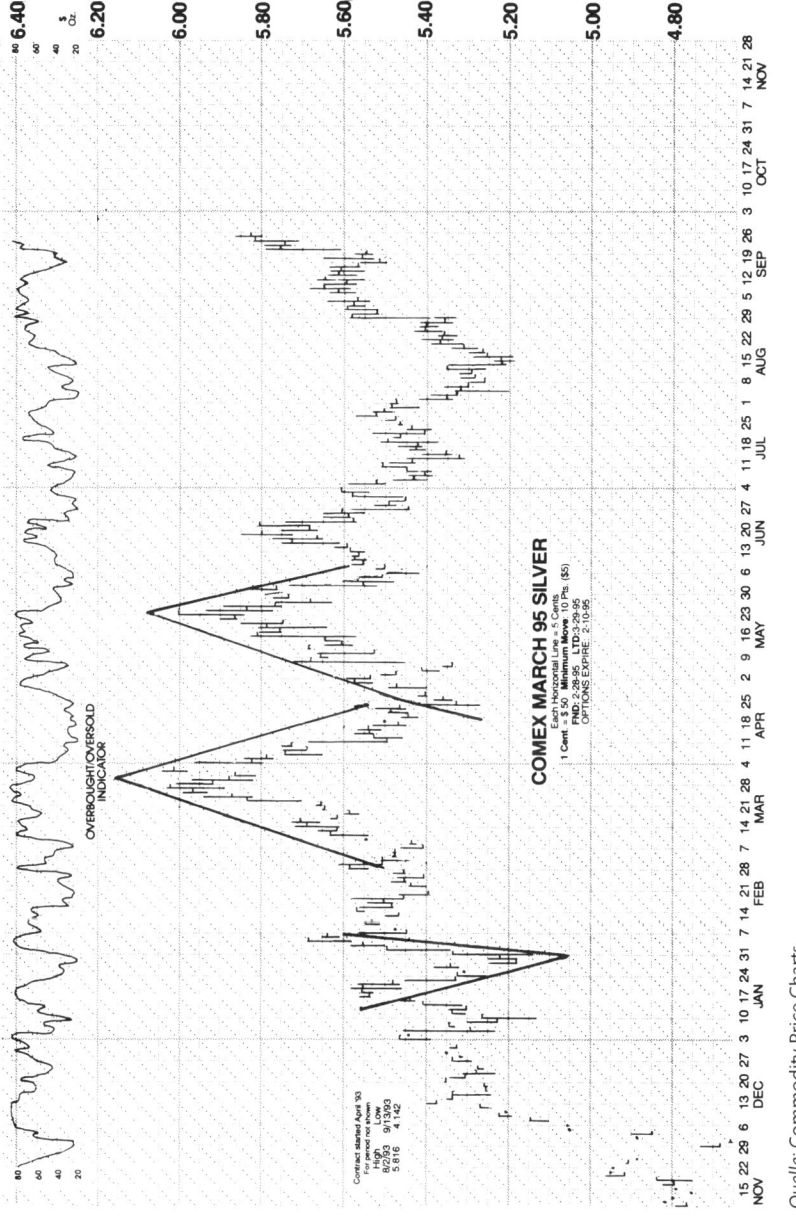

Quelle: Commodity Price Charts

Abbildung 2.10 High Grade-Kupfer März-Kontrakt 1995

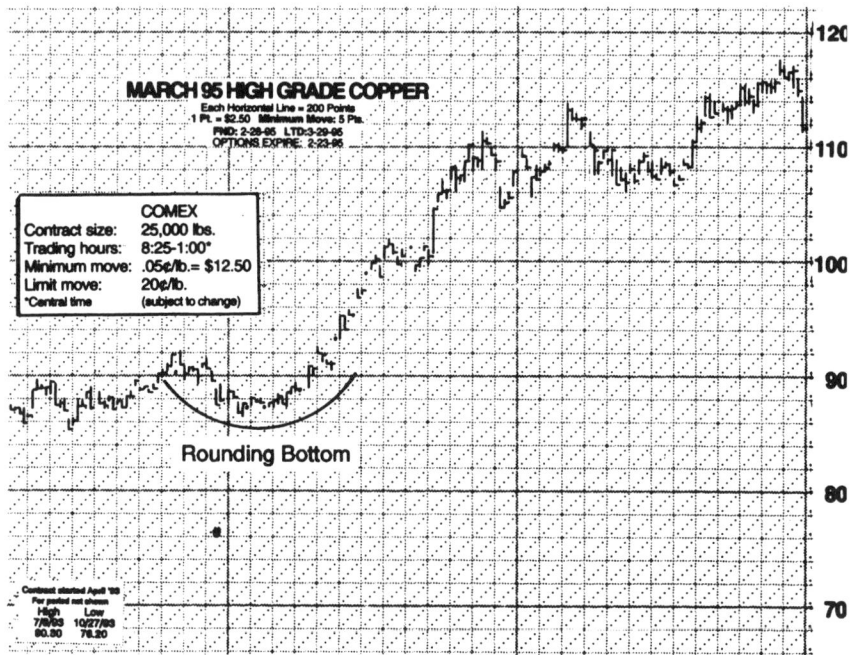

Quelle: Commodity Price Charts

durchstoßen, wird ein Verkaufsignal generiert. Einige Analysten messen den Abstand vom Top des Kopfes zur Nackenlinie und projizieren, dass der Boden im selben Abstand unter der Nackenlinie sein wird.

Um eine richtige Kopf-Schulter zu sein, sollte die Formation am Ende einer ausgedehnten Bewegung zustande kommen, und das Muster des gehandelten Volumens sollte ungefähr dem Kursmuster entsprechen.

Die Kopf-Schulter ist nicht immer so schön oder exakt wie die Beispiele illustrieren (Abbildung 2.11 und 2.12). Auf dem Kakaochart auf Tages-Basis ist die linke Schulter nur wenig erkennbar, der Kopf enthält ein Doppel-Top, und die Nackenlinie hat in der Version 1 eine ziemliche Steigung. Aber wenn die Nackenlinie gebrochen ist, entspricht die Entwicklung der Kurse das, was Sie von einer Kopf-Schulter erwarten würden. Wenn Sie den Chart ein bissschen anders betrachten, könnten Sie eine andere Version von einer Kopf-Schulter mit einer waagerechteren Nackenlinie (Abbildung 2.12) ausmachen. Das ist nur ein Beispiel wie subjektiv Chartanalyse sein kann.

Wenn Sie diese Umkehrformation benutzen, um einen Zielbereich für den Tiefstkurs nach dem Ausbruch zu ermitteln, messen Sie die Distanz von der Spitze des Kopfes zu der Nackenlinie und subtrahieren diese Summe von dem Punkt, an dem sich der Ausbruch unter die Nackenlinie ereignete. In Version 1 des Kakao-Tagescharts legt

Abbildung 2.11 High Grade-Kupfer März-Kontrakt 1995

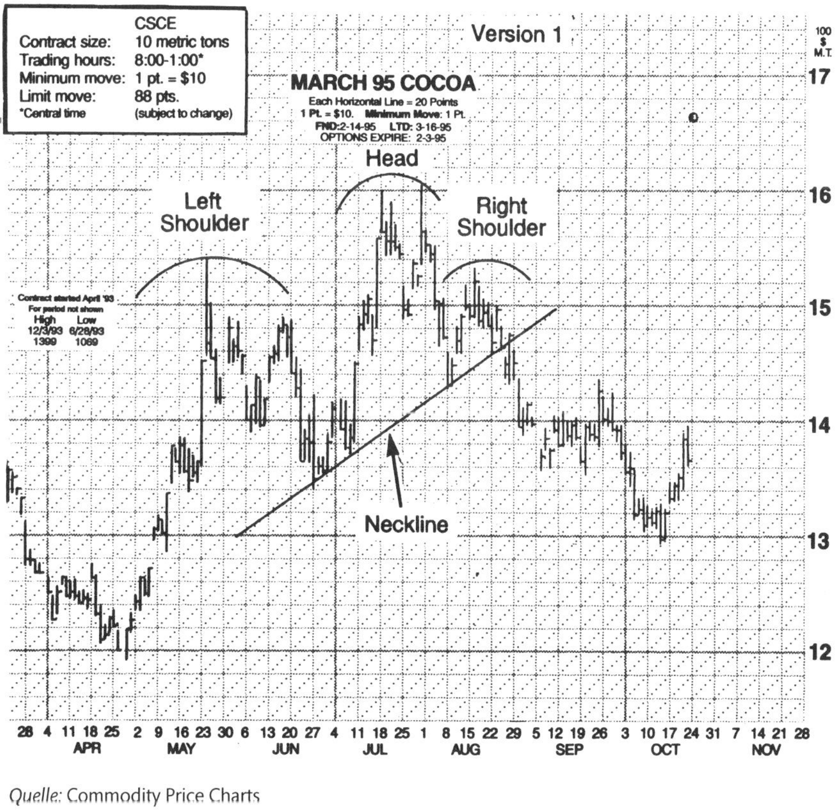

Quelle: Commodity Price Charts

Abbildung 2.12 Kakao-März-Kontrakt 1995

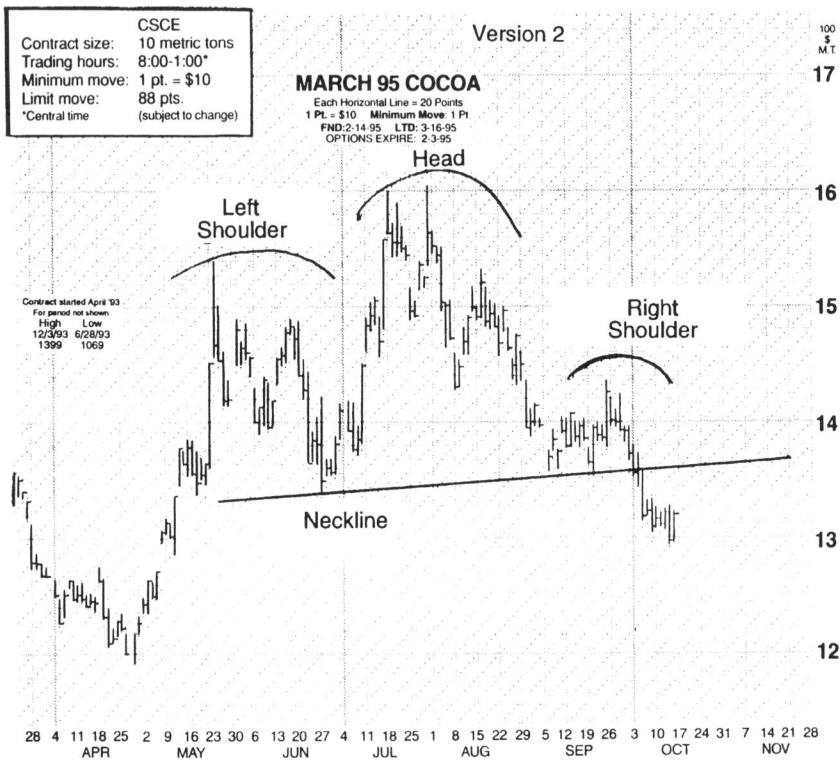

Quelle: Commodity Price Charts

diese Rechnung das Ziel für einen Boden auf 1260 Dollar je metrischer Tonne fest. In der Fassung 2 würde der Boden unter 1100 Dollar liegen und mit dem vorherigen Boden zusammen fallen.

Der Kakaochart auf Wochenbasis liefert Ihnen einen anderen Blick auf die gerade entstehende Kopf-Schulter-Formation (Abbildung 2.13). Sie sehen, dass die früheren Böden die Nackenlinie von einem Gebilde umfassten, das nach einer anderen Kopf-Schulter-Tops aussah, aber der Ausbruch durch die Nackenlinie – um das Top abzuschließen – missglückte. Manchmal können Sie solche eindeutigen Formationen sehen, wie sie ihre endgültige Gestalt annehmen, aber Sie müssen flexibel bleiben. Einer der Vorteile der Chartanalyse ist

Abbildung 2.13 Kakao unvollendete –Schulter-Kopf-Formation

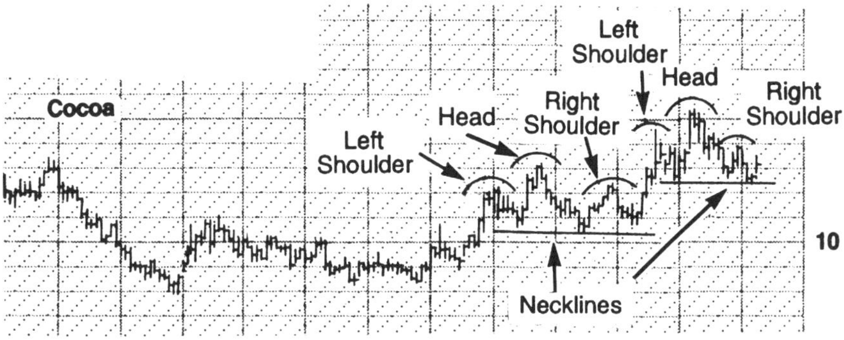

Quelle: Commodity Price Charts

der, dass Sie, selbst wenn sich die von Ihnen antizipierte Formation nicht verwirklicht, sie benutzen können, um die Marktstimmung einzuschätzen, und um geeignete Handelsstrategien für die neuen Bedingungen zu entwickeln. Auf dem Kakaochart zeigt die Tatsache, dass eine mögliche Kopf-Schulter nicht zustande kam, einen stärkeren Markt und höhere Kurse.

Der Kupferchart auf Wochenbasis zeigt, dass dieselben Regeln, die am Top gelten, auch an einem Kopf-Schulter-Boden angewendet werden (Abbildung 2.14).

M- und W-Formationen, 1-2-3 Schwünge

M-Tops und W-Böden, die nicht vollkommen sind, können ebenfalls zuverlässige Chartumkehrmuster sein. Sie sehen den oben beschriebenen Doppel-Tops oder -Böden ziemlich ähnlich, aber die rechte Seite des M oder des W ist nicht lang wie die linke. M- und W-Formationen ähneln außerdem der Kopf-Schulter-Formation, aber ihnen fehlt eine Schulter. Einige Analysten identifizieren diese Formation als 1-2-3-Schwung und haben Beratungs-Unternehmen gegründet, die Taktiken entwickeln, mit denen auf diese Schwünge spekuliert werden kann.

Während eines M-Tops – zum Beispiel auf dem T-Bond-Wochenchart (Abbildung 2.15) – erreichen die Kurse ein Hoch, sinken bis zu

Abbildung 2.14 Kupfer-Wochenchart umgekehrte Schulter-Kopf-Formation

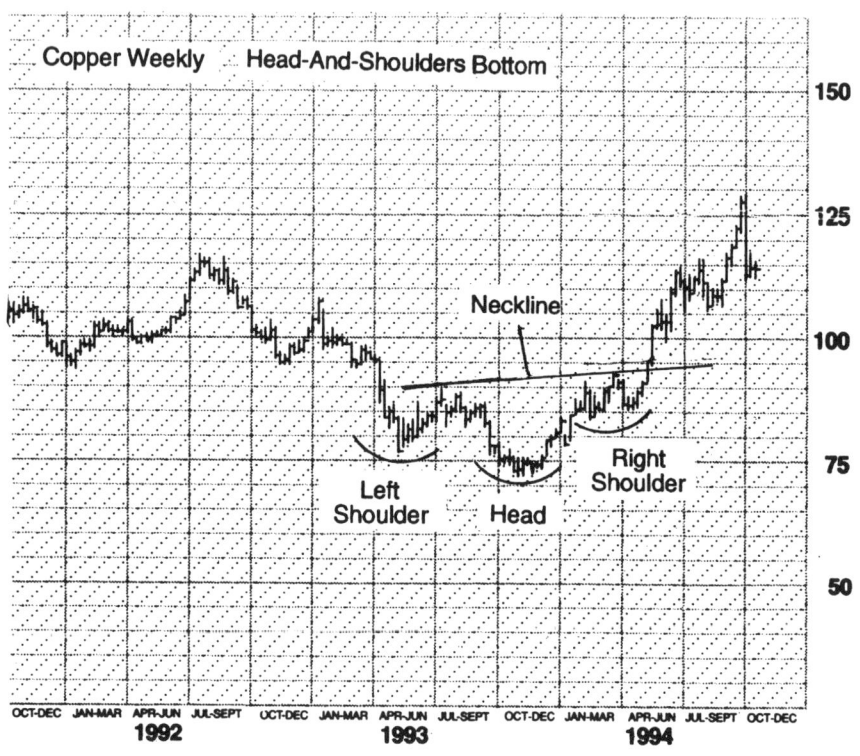

Quelle: Commodity Price Charts

einem Reaktionstief (1), erholen sich bis zu einem Hoch, das nicht ganz so hoch ist wie das vorherige (2) und fallen wieder. Wenn die Kurse unter das Reaktionstief gehen, so ist das ein Verkaufssignal. (3). Der p wird bei dem sekundären Hoch (2) platziert.

In diesem Fall sind zwei M-Formationen über die Spitze des Charts gelegt worden, die das Doppel-Top bei 122 Punkten als Hochpunkt für die erste Spitze des M benutzen, und dieses Muster in die größere M-Formation einbinden. In dem größeren M ist der Rutsch unter 114 Punkte das Reaktionstief (1), und der schwache Sprung auf 117 Punkte das sekundäre Hoch (2). Das Verkaufssignal (oder die Stelle, wo der Verkaufsstopp liegen sollte) entsteht, wenn die Kurse unter das Reaktionstief (1), bei 114 Punkte (3) fallen. Einmal short, also auf der Verkaufsseite, würde man den vor allzu großen Verlusten schützende Stopp bei etwa 118 Punkten oberhalb des sekundären Hochs platzieren.

Wenn das Hoch bei 2 über das vorherige steigt, oder wenn 3 nicht unter 1 sinkt, dann verwerfen Sie die M-Formation und begegnen dieser Situation mit einem anderen Plan. Ein Top und ein M schienen sich im ersten Halbjahr 1993 (gestrichelte Linien) auf dem wöchentlichen T-Bond-Chart zu bilden. Ihr Verkaufstopp unter dem Reaktionstief um 108 Punkten (1) wäre jedoch nicht ausgelöst worden, da die Kurse in einer möglichen Etappe (3) nicht unter das Reaktionstief (1) gingen. Als sich die Kurse über das sekundäre Hoch (2) bewegten, sah es mehr wie eine W- Formation aus, und Ihr Stopp über dem sekundären Hoch könnte stattdessen ein Stopp zum Kauf gewesen sein.

Dieselbe 1-2-3-Regel gilt auch bei W-Formationen: Die Tageskurse auf dem Kansas City Weizen-Chart (Abbildung 2.16) steuern auf ein

Abbildung 2.15 T-Bond-Wochenchart

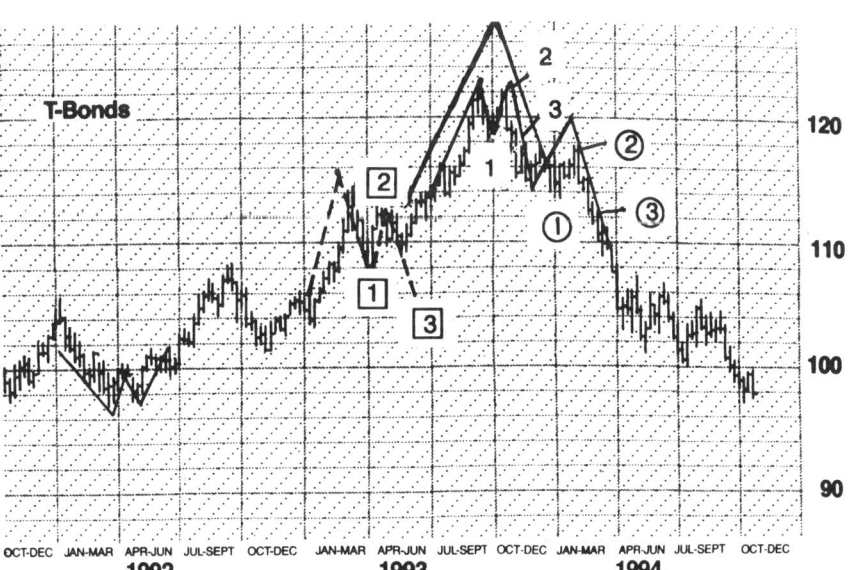

Quelle: Commodity Price Charts

Tief zu, springen zu einem Reaktionshoch (1) zurück, gehen wieder
zurück, aber nicht unter das erste Tief (2) und bewegen sich dann –
ein Kaufsignal liefernd – über das Reaktionshoch (1) hinaus. Einmal
long, also auf der Kaufseite, wird der schützende Stopp, bei dem verkauft wird, unter dem sekundären Tief platziert.

Retests
Jedes Mal wenn die Kurse eine Trendlinie oder die Grenzen einer
Chartformation durchstoßen, sollten Sie beachten, dass der Markt
oft zu den Schlüssellinien und -punkten, an denen sich der Ausbruch
ereignete, zurückkommt um sie wieder *zu testen*, bevor er durchstartet. Diese Aktionen bieten Ihnen oft mehrere Gelegenheiten der
Positionierung an dem Ausbruchspunkt. Aber es kann auch ein
heikler Bereich zum Spekulieren sein. Die Marktbewegungen mögen
volatiler werden, wenn Spekulanten in unterschiedlicher Weise auf
den Ausbruch reagieren. Oder die Kurse könnten sich vielleicht spi-

Abbildung 2.16 Kansas City Weizen-Chart Märzkontrakt 1995

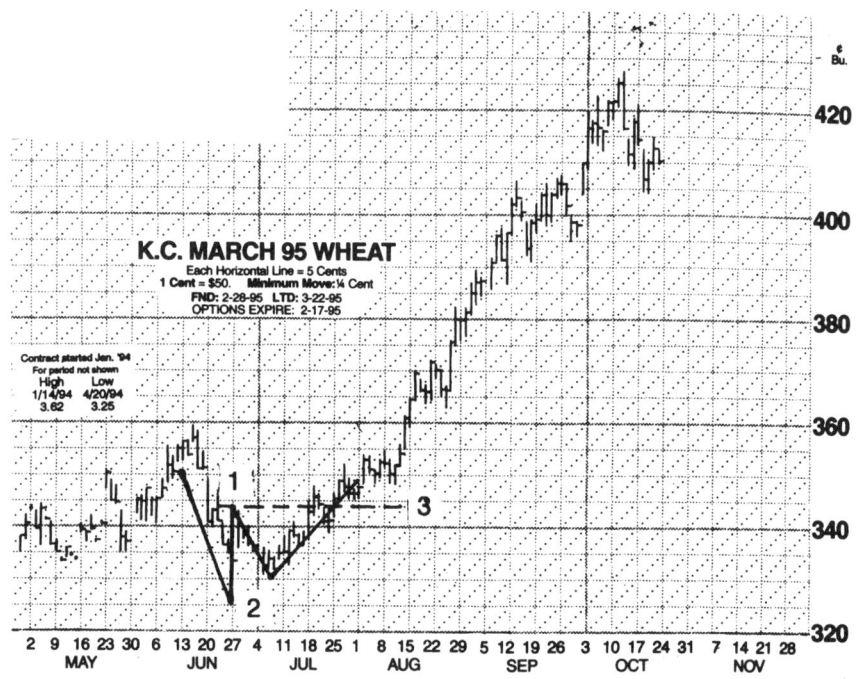

ralförmig in einer Konsolidierung bewegen, während der Markt herausfindet, was er tun will. Egal welcher Weg: Häufig ist die Kursbewegung bei signifikanten Ausbrüchen stark genug, um die Geduld eines Spekulanten sowie sein Konto auf eine harte Probe zu stellen.

Manchmal arbeiten die am besten Methoden technischer Analysten wie eine Zauberformel. Aber – erinnern Sie sich – dies ist eine Kunst, keine exakte Wissenschaft. Mit diesem Dilemma müssen Sie sich immer auseinandersetzen.

Kapitel III

Balkenchartanwendungen

Die Balkenchartanalyse wird sich durch zahlreiche Diskussionen während dieses Buches ziehen. Deshalb werden Sie viele andere Beispiele von Balkenchart-Techniken in praktischen Anwendungen sehen. Sie können ferner wesentlich mehr über Balkenchartanalyse in Lehrbüchern lesen, die ausdrücklich diesem Thema gewidmet werden. Im Laufe der Jahre hat das *Commodities/Futures magazine* hunderte von Charts und zahlreiche, Artikel über Charts gedruckt, von denen sich viele mit den gegenwärtigen Marktsituationen beschäftigen. Dieses Kapitel präsentiert drei Artikel, die mir besonders interessant zu sein scheinen.

Der erste beschäftigt sich mit einem der komplexesten Probleme und faszinierendsten Herausforderungen in der technischen Analyse: Wann ist ein Chartmuster wirklich ein Chartmuster, und wann ist es »erfolgreich«? Was macht eine Flaggen-Formation aus? In welcher Zeit finden verschiedene Formationen statt? Wie lange funktionieren sie? So subjektiv Chartanalyse ist, wie können Sie – selbst mit Computern aus der Heutzeit – ihre Ergebnisse quantifizieren? Darum handelte es sich in einem Artikel in einer der ersten Ausgaben von *Commodities* im Jahre 1972, und auch heute noch haben die Analysten damit zu tun. Deshalb meine ich, dass Sie der Artikel »Die Wahrscheinlichkeit von Mustern« von Curtis Arnold interessieren wird.

Die anderen zwei Artikel konzentrieren sich auf die Balkenchartanalyse für kurzfristige Trades und dem Handel während Konsolidierungsphasen. Beides sind interessante Themen für eine wachsende Anzahl von immer aktiveren Spekulanten, die Dienstleistungsunternehmen in Anspruch nehmen, die Daten in Echtzeit (real time) anbieten.

Die Wahrscheinlichkeit von Mustern
Von Curtis Arnold

Curtis Arnold, Portfoliomanager und Autor, ist der Entwickler des »Pattern Probability System«. Seine Firma, die London Financial Inc. wurde in Jupiter, Florida gegründet. Dieser Artikel erschien 1994 in der Augustausgabe des Future Magazins. *Ich drucke diesen Artikel mit seiner Genehmigung ab.*

Wie ein moderner Kolumbus navigiert ein Trader durch Charts, beruhend auf dem, was er aus Büchern und Artikeln gelernt hat. Alle Händler nehmen die Meinungen unkritisch hin, und glauben »Wenn es niedergeschrieben wird, muss es stimmen«. Aber dann öffnen wir unseren täglichen Kontoauszug und zucken zusammen. Wir blicken auf unseren Bildschirm zurück, und wundern uns, was schief lief.

Nach einem Jahrzehnt des Spekulierens, brachte mich meine Recherche nach sinnvollen Antworten auf Chartmuster. Die Wahrheit ist – in 50 Jahren war auf diesem Gebiet nur wenig Forschungsarbeit veröffentlicht worden. Moderne Texte sind mit Hinweisen auf klassische Chartmuster reichlich ausgestattet – häufig mit begleitenden Richtlinien, die ihren Beitrag zur Vorhersage erläutern. Aber fast alle diese Texte beinhalten seltsamerweise dieselben Dinge.

Ich fand, dass die meisten Autoren die Schlussfolgerungen von Edwards und Magee in ihrem Buch *»Technical Analysis of Stock Trends«* einfach umschreiben. Zuerst im Jahre 1948 veröffentlicht, ist es die Bibel der Chartisten. Es ist eine einmalige originäre Quelle, die von modernen Rohstoff-Autoren endlos umgeschrieben worden ist – vielleicht die Ursache der Besorgnis bei Terminmarkt-Händlern.

Dieses Buch basiert auf Aktien- nicht auf Rohstoffcharts. In der Tat gaben die Autoren an, dass ihre Analyseergebnisse wegen der dem Markt innewohnenden Differenzen nicht auf Rohstoffe anwendbar waren. Bis jetzt haben zahllose Trader – möglicherweise in Unkenntnis der Vorbehalte des Originals – die Schlussfolgerungen mit Hingabe an den Rohstoffmärkten umgesetzt. Ich habe sowohl mit Aktien als auch mit Rohstoffen gehandelt, und ich stimme Edwards und Magee zu, dass sich Rohstoffe nicht wie Aktien verhalten. Aber es bedurfte eines wissenschaftlichen Tests.

Strenge Definitionen wurden gebraucht, um den Erfolg oder Misserfolg zu bestimmen. Muster mussten mathematisch quantifiziert werden. Stopps und Ausstiege mussten definiert werden. Nach einem Jahr Forschung häuften sich die Beweise, die meine ursprüngliche Hypothese unterstützten: Klassische Chartmuster an sich haben nur einen geringen Prognosewert.

Warum funktionieren einige Muster über einige Zeit perfekt und dann gar nicht bei anderen Gelegenheiten? Es beschäftigte mich. Ich studierte jedes Muster als ob es in einem Vakuum existierte. Es war nur, dass die Formationen konsistente Ergebnisse lieferten, wenn ich ein Muster in ein Marktszenario oder in eine spezielle Marktstruktur einbettete. Als ich den Erfolg jeder Formation in einem Aufwärtstrend gegenüber der Performance in einem Abwärtstrend untersuchte, fand ich erstaunliche Unterschiede.

Edwards und Magee erklärten Aufwärts- und Abwärtstrends als jeweils gegenseitige Spiegelbilder. Für sie bot ein ansteigendes Dreieck in einem Aufwärtstrend dieselben Implikationen wie ein abfallendes Dreieck in einem Abwärtstrend. Dies ist nicht der Fall bei Rohstoffen. Zwei bedeutende Unterschiede existieren zwischen beiden: 1. Das ansteigende Dreieck bietet eine weit höhere Erfolgs-Wahrscheinlichkeit als das abfallende Dreieck. 2. Bei Rohstoffen zeigen Aufwärts- und Abwärtstrends deutlich andere Verhaltenscharakteristika als es die Kursmuster in ihnen tun (das ist wegen des in Terminmärkten außergewöhnlichen Kursdrucks, der sich aus dem Verhalten der Kleinspekulanten und institutionellen Investoren an der Börse ergibt).

Die Antwort, warum Formationen manchmal funktionieren und manchmal nicht, kam, als ich diese Marktszenarien, die existieren müssen, bevor das Entstehen eines Musters erwartet werden kann,

isoliert betrachtete, und sie eine hohe Erfolgswahrscheinlichkeit
zeigten. Die Muster sollten im Rahmen eines bestehenden Trends
vorliegen. Als wir Trend-Filter (einfache Gleitende Durchschnitte)
implementierten, konnten wir solche Muster, die sich innerhalb
wohl -definierter Trends ereigneten von solchen, die das nicht taten,
unterscheiden.

Um im realen Handel von Nutzen zu sein, muss genau definiert werden, wann ein Muster funktioniert oder nicht. Der Punkt, an dem
ein Ausbruch aus einer Formation stattfindet, wird zu einem Einstiegspunkt. Aber was kommt als nächstes? Ein erster Stopp muss
festgelegt werden. Denn genau wie im realen Handel kann in der
Hoffnung, dass die Muster schließlich funktionieren werden, kein
unbegrenztes Risiko übernommen werden. Schließlich, sollte der
Trade in die richtige Richtung laufen, muss der Ausstiegspunkt festgelegt werden. Für jede Formation ist die Erfolgswahrscheinlichkeit
bei jeder sich anbahnenden Spekulation genauso gut bestimmbar
wie das Risiko/Ertrags-Verhältnis. Jene Muster, die auf beiden Ska-
len hoch lagen, wurden ausgewählt, Teil des *Pattern Probability
Systems (PPS)* zu werden.

Hoch eingestufte Muster

Durch das Benutzen des *Pattern Probability Systems* stellte sich
heraus, dass einige Kursmuster entweder in Aufwärts- oder
Abwärtstrends zuverlässigere Indikatoren waren. Eine Aufgliederung der populärsten Typen:

In Aufwärtstrends:	**In Abwärtstrends:**
Symmetrisches Dreieck	Symmetrisches Dreieck
Rechteck	Rechteck
Ansteigendes Dreieck	Kurzfristige Tops:
Fallender Keil	Doppel-Top
Steigender Keil	Abfallendes Dreieck

Zusätzlich zu den anfänglichen Elementen des PPS – Trendfilter, einem Einstiegs- und einem Ausstiegssystem – kam ein viertes, das Money-Management-System hinzu. Hier sind im Detail die Bestandteile:

Trendfilter – Die Forschung zeigt eindeutig, dass Formationen eine größere Erfolgswahrscheinlichkeit aufweisen, wenn sie in etablierten Trends gefunden wurden. Trendfilter setzen einen gesicherten Trend voraus, bevor über einen Einstieg über eine Formation nachgedacht wird. Gleitende Durchschnitte sind ein einfacher und logischer Weg, um Trends herauszufiltern. Die spezifische Länge des Gleitenden Durchschnitts ist nicht das Entscheidende. Der PPS diktiert nur, dass ein Kaufsignal oberhalb des 28-Tage-Durchschnitts und das Verkaufsignal unter dem 28-Tage-Durchschnitt entsteht.

Einstiegssystem – Das Herzstück des Systems, das Einstiegssystem, besteht aus den Formationen selbst. Deren Zweck ist es mit minimalem Risiko in einen Handel hereinzukommen. Um long zu gehen, werden in Aufwärtstrends ansteigende Dreiecke, Rechtecke und fallende Keile verwendet. Um in Abwärtstrends short zu gehen, wird auf Doppel-Tops, Kopf-Schulter-Tops und abfallende Dreiecke spekuliert (nur wenn sich eine kurzfristige Kurserholung ereignet hat). Das symmetrische Dreieck wird in beiden, in Auf- und Abwärtstrends gehandelt. Der steigende Keil obwohl er nur selten vorkommt, ist wichtig, weil er das einzige Muster ist, das es dem PPS – Trader ermöglicht, gegen den Trend zu gehen – z. B. in einem Aufwärtstrend nach oben zu gehen. Es gibt jedoch keine Formation, um in einem Abwärtstrend long zu gehen.

Ausstiegssystem – Wie in vielen anderen Systemen ist das Ausstiegssystem beim PPS vielleicht die kritischste Komponente des ganzen Systems. Im Gegensatz zum Einstiegssystem, das nur eine Entscheidung ermöglichen muss –nämlich, wann man in den Markt reingeht –, muss das Ausstiegssystem täglich die Grundlage für die kritische Entscheidung liefern: Drinbleiben oder rausgehen. Und jeden Tag ändern sich die Vorgaben: Wieviel Buchgewinn steht auf dem Spiel? Wieviel Potenzial steckt noch in dem Trade? Diese Fragen sind schwierig zu beantworten. PPS verwendet getrennte Algorithmen, die davon abhängen, ob das Engagement neu ist oder seit einiger Zeit besteht.

Ein neuer Trade wird in das Gebiet des »*initial Stop*« fallen. Dieser Stopp, der von Größe und Gestalt jeder einzelnen Formation bestimmt wird, wird zu der Zeit gesetzt, in der der Trade eingegangen wird. Wenn dieser mechanische Stopp – beispielsweise während einer Zeit hoher Volatilität – zu viel Risiko birgt, wird er von einen Money-Management-Stopp außer Kraft gesetzt. Wenn die Kurse dann in die richtige Richtung laufen oder eine Zeit lang nichts Bedeutendes passiert, greift ein »Breakeven Stop« der das Risiko so schnell wie möglich auf Null reduziert.

Wenn ein Engagement seit einiger Zeit läuft, kommt der zweite Algorithmus ins Spiel, der entworfen wurde, um die Gewinne abzusichern. Dieser Algorithmus besteht aus zwei Teilsystemen. Die jeweilige Marktsituation legt fest, welches Teilsystem an diesem Tag zum Einsatz kommt. Diese Teilsysteme – das eine auf dem Kurs und das andere auf der Zeit basierend – werden dafür sorgen, dass sich der Stopp seitwärts bewegt, nachgezogen wird oder auf ein -charttechnisch bestimmtes Kursniveau springt.

Denken Sie daran: Ein Ausstiegssystem existiert nicht in einem Vakuum. Es muss Ihr Einstiegssystem vervollständigen. Wenn es Ihr Ziel ist, die großen Trends zu erwischen, nachdem Sie den Markt verlassen haben, müssen sie einen Weg haben, wieder in den Markt hereinzukommen, wenn sich der Trend fortsetzt. Wenn das PPS ausgestoppt wird, wechselt es in einen »Wiedereinstiegs-Alarm-Modus«, der ein Wiedereinstiegssignal aktivieren wird, sollte der Markt plötzlich wieder Stärke erlangen, bevor sich ein neues Muster entwickeln kann.

Das PPS handelt ein diversifiziertes, dynamisches Portfolio, das sich ständig verändert. Über 30 Märkte werden überwacht. Der Trendfilter eliminiert Trades in Märkten, die nicht bereits in starken Trends

Abbildung 3.1

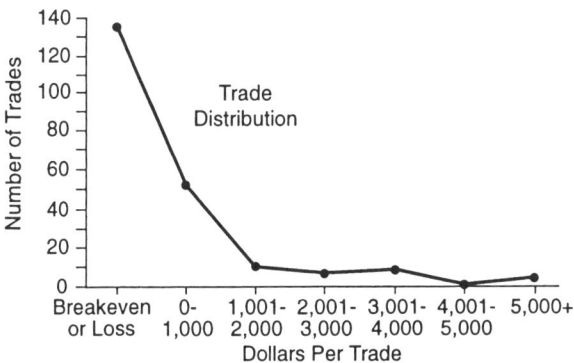

The majority of PPS trades result in breakevens or small losses.

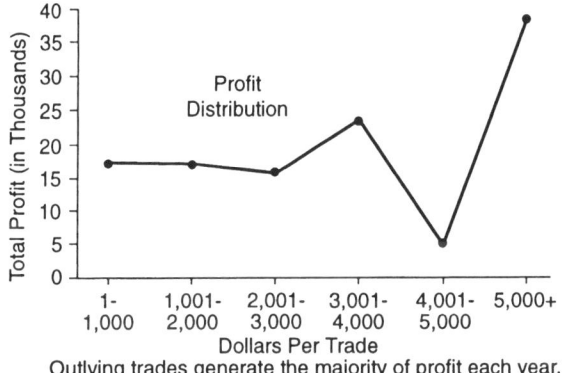

Outlying trades generate the majority of profit each year.

sind. Da das System nur am Erwischen bedeutender Bewegungen interessiert ist, geht es nur sehr wenig Risiken ein, indem es vor dem Eintritt in den Markt eine Trendbestätigung verlangt.

Das PPS verfolgt die Marktsektoren Zinsen, Währungen, Metalle, Getreide, Weichwaren, Fasern und Erdöl. Aktienindizes und Fleisch werden nicht gehandelt. Systeme, die mit den meisten Rohstoffen funktionieren, arbeiten im Allgemeinen nicht gut mit Aktienindizes, die zu einem Hin und Her neigen. (Unterstützungs- und Widerstandsgebiete werden nur durchbrochen, um den Markt schnell in die Konsolidierungszone zurücklaufen zu sehen). Außerdem würden uns die Volatilität und die Kontraktgröße ein Risiko jenseits unserer feststehenden Limits vorschreiben. Die auf der Technischen

Analyse basierenden trendfolgenden Ansätze funktionieren nicht bei Fleisch.

Die Logik des PPS basiert auf vier Prinzipien des erfolgreichen Tradens: Handle mit dem Trend, halte die Verluste gering, lass' die Gewinne laufen und benutze ein gutes Money Management. Jedes Element dieses Systems korrespondiert mit einem dieser Grundsätze: 1. Trendfilter schreiben vor, dass Trades nur in Richtung des Trends eingegangen werden; 2. Initial und Breakeven-Stopps zwingen dazu, die Verluste klein zu halten; 3. Die langsame Gangart des Ausstiegssystem lässt die Gewinne laufen; 4. Die Regel »maximal zwei Prozent Verlust je Trade« entspricht klugen Money-Management-Richtlinien und stellt sicher, dass das Konto finanzielle Einbrüche verkraftet.

Nehmen Sie sich eine Minute Zeit, um einige historische Charts zu untersuchen. Sie werden jedes Jahr unter diesen 30 Märkten mehrere bedeutende Bewegungen finden – mindestens drei, manchmal mehr. Die meisten trendfolgenden Systeme werden sicherstellen, dass Sie solche Bewegungen, wenn sie eintreten, auch erwischen. Die Stärke des PPS liegt in seiner straffen Kontrolle des Risikos. Die kleineren Bewegungen im 1000 bis 3000 Dollar-Bereich gleichen normalerweise die zahlreichen kleinen Verluste aus, die anfallen, wenn das System an Trends »herumnagt«. Aber die Trades im 5000 bis 10 000 Dollar-Bereich generieren die meisten Gewinne pro Jahr.

Die meisten Top-Spekulanten in der Welt werden als »Misch«-Trader beschrieben. Das heißt – sie handeln hauptsächlich mit einem mechanischen System, vielleicht zu 95 Prozent, aber sie sind sich bewusst, dass jedes mechanische System Beschränkungen unterliegt. Sie verfügen außerdem über einen »Geschicklichkeits-Faktor«, so dass zu fünf Prozent andere Mittel in ihre Handelsentscheidungen einfließen.

Methodisch umfasst das PPS auch zusätzliche Überlegungen wie den inneren Aufbau des Marktes *(open interest)*, Basis- und Spread-Beziehungen und first notice/option.

Die Analyse von Staugebieten, um bei den großen Bewegungen einen guten Start zu haben

Von Holliston Hill Hurd

Holliston Hill Hurd ist die Tochter von John Hurd, eine bekannte technische Analystin und selbständige Vermögensverwalterin auf eigene Rechnung. Die Informationen für diesen Abschnitt stammen aus ihrem Artikel, der im April 1985 im Futures magazine *abgedruckt und hier durch aktuellere Charts ergänzt worden ist. Er wird mit ihrer Erlaubnis abgedruckt. Als Erläuterung einiger Balkenchart-Grundlagen ist er heute genauso gut anwendbar wie er es damals war.*

Jeder Markt – Gold- oder Soyabohnen-Futures, die IBM-Aktie oder der Dow Jones Industrial Average – geht durch Phasen, in denen weder die Bullen noch die Bären unter vollständiger Kontrolle sind.

In der Tat machen diese trendlosen Perioden, die als Staugebiete, Konsolidierungsphasen oder Zeiten der Ansammlung und Verteilung bekannt sind, selbst bei den meistgehandelten Terminkontrakten etwa 85 Prozent der Börsenzeit aus. Die Fähigkeit, die verschiedenen Arten von Konsolidierungsphasen zu erkennen, und das Wissen, wohin sie führen können, kann Ihnen helfen, große Gewinne einzufahren.

Ein Staugebiet bildet sich, weil ein Markt keine Meinung hat, in welche Richtung er gehen will. Konsolidierungsphasen sind Pausen im Kampf an der Börse, da viele Trader am Rande des Spielfeldes stehen und abwarten, was als nächstes passieren wird.

Während der Markt in der Konsolidierungsphase ist, schwankt er innerhalb einer ziemlich engen Kursspanne. Typischerweise signalisieren diese Phasen entweder eine Fortsetzung der vorherigen Marktrichtung oder eine Kursumkehr. Die Analyse von Staugebieten kann auf Aktien oder Waren oder auf jeden Zeitrahmen angewendet werden, egal, ob es sich um ein Fünf-Minuten, ein Stunden-, Tages-, Wochen- oder Monatschart handelt.

Märkte haben klare Etappen: eine Anlaufphase, Ansammlung, eine Herunterkommen – Periode und Verteilung. Ansammlung und Verteilung, oder das Säumen des Staugebiets, geschehen in der meisten Handelszeit. Obwohl die Rohstoffe für große Bewegungen bekannt sind, nehmen diese Anläufe nur ungefähr 15 Prozent der Zeit ein. Da liegt das Pozential für die größten Gewinne, wenn Sie prognostizieren können, wenn ein Markt durchstartet.

Abbildung 3.2

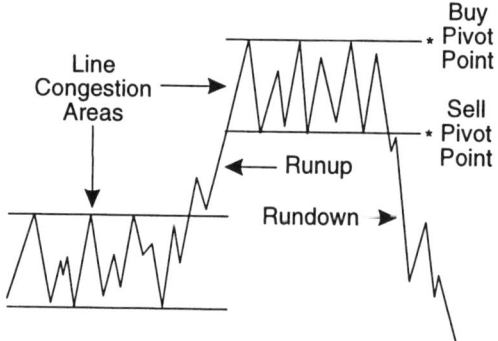

Der Markt ist unschlüssig, wenn Angebot und Nachfrage die Kurse zwischen Unterstützungs- und Widerstandpunkten innerhalb einer begrenzten Handelsspanne festhalten. Wenn diese Kräfte zwischen dem Top und dem Boden pendeln, tragen sie so zur Bildung eines Staugebiets bei. Sobald entweder das Angebot oder die Nachfrage stärker werden, und die Unterstützungs- und Widerstandslinien durchbrochen sind, steht eine Umkehr unmittelbar bevor. Je mehr Zeit in einem Linien-Staugebiet verbracht wird, und je größer diese Konsolidierungsphase, desto dramatischer wird der Anlauf in der Regel sein.

Eine Umkehr aus diesem Bereich würde bedeuten, dass ein Top oder ein Boden gebildet worden ist. Ein Schlusskurs außerhalb des Staugebiets würde bestätigen, dass sich ein echter Ausbruch ereignet hat. Aber die Techniker müssen sich vor falschen Ausbrüchen hüten.

Abbildung 3.3

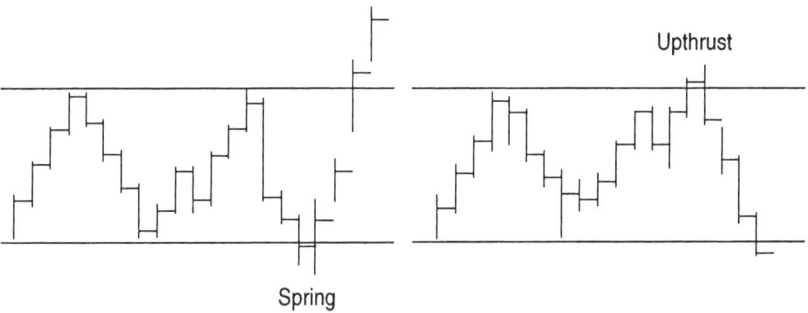

Sehr oft finden Ausreißer in die entgegen gesetzte Richtung (siehe Abbildung 3.3) der folgenden großen Bewegung statt. Kurssprünge durch eine Linie markieren ein Ende der Seitwärtsbewegung. Dann fallen sie in die andere Richtung durch die gegenüberliegende Linie durch und signalisieren eine Kursumkehr.

Das große Bild zeigt es immer noch: Die Anläufe enthalten kleine Konsolidierungsphasen. Häufig wird die Kurssteigerung eine Serie von umgekehrten »L«-Formationen bilden, und das Herunterkommen wird eine Serie von »L«-Formationen formen. (Der Dezemberkontrakt des S&P 500 Aktieindexfutures aus dem Jahr 1994 (Abbildung 3.4) liefert ein Beispiel dieser Muster während einer Kurssteigerung und Korrektur.)

Wenn Sie diese Formationen genau studieren, dürften Sie feststellen, dass die Dauer der echten Anläufe (angedeutet durch ein »X«) nahezu gleich sind. Außerdem ist die Breite des Staugebiets (angedeutet durch ein »Y«) ebenfalls ungefähr gleich. In einem langen Anlauf könnten von zwei oder mehr dieser Glieder der Durchschnitt ermittelt werden, um das nächste Glied in der Bewegung vorherzusagen (Der S&P-Future-Markt ist gewöhnlich erratischer und volatiler als andere Märkte. Aber sonst sind »X« und »Y« häufig ebenfalls hinsichtlich des Umfangs nahezu gleich. Folglich könnte der Techniker entweder den eigentlichen Anlauf oder die kleine Konsolidierungsphase benutzen, um das Ausmaß des nächsten Gliedes vorherzusagen.)

Abbildung 3.4

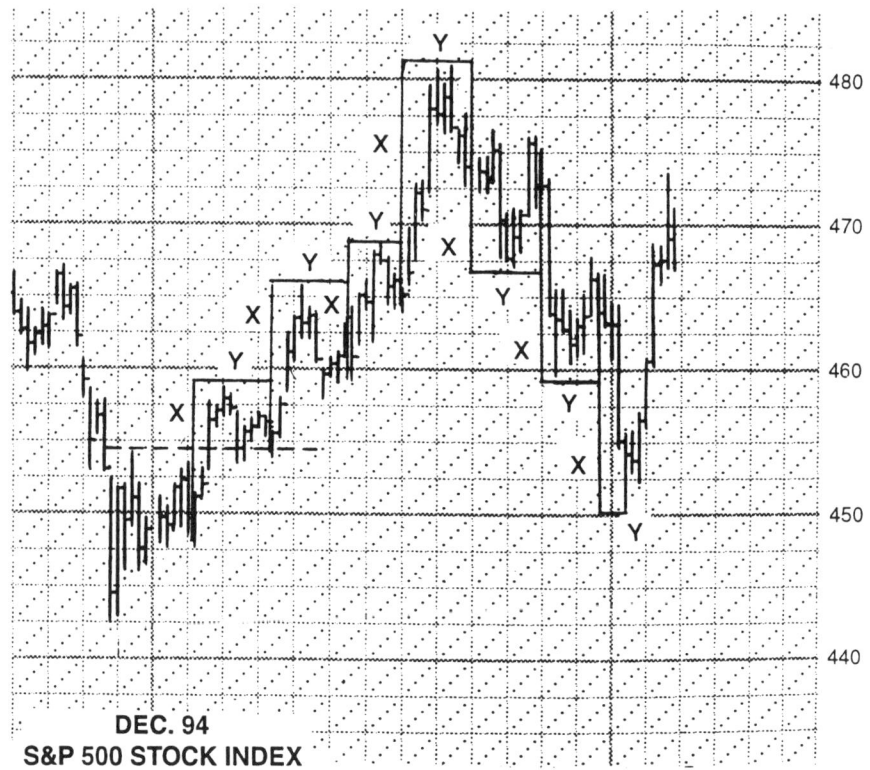

Quelle: Commodity Price Charts

Es ist jedoch wichtig, die unterschiedlichen Arten der kleinen Staugebiete, die entstehen, zu kennen, so dass Sie das Ende einer Bewegung vorausberechnen und eine Umkehr vorhersagen können. Es gibt fünf Arten von kleinen Konsolidierungen.

Die ersten zwei Staugebiete sind die absteigenden und ansteigenden Kanäle (Abbildung 3.5) Diese Muster können entweder nach einem Absturz oder während eines Anstiegs der Kurse vorkommen.

Häufig entstehen diese zwei Arten von Konsolidierungsphasen mit drei Schwüngen zum Top oder zum Boden innerhalb der Konsolidie-

Abbildung 3.5

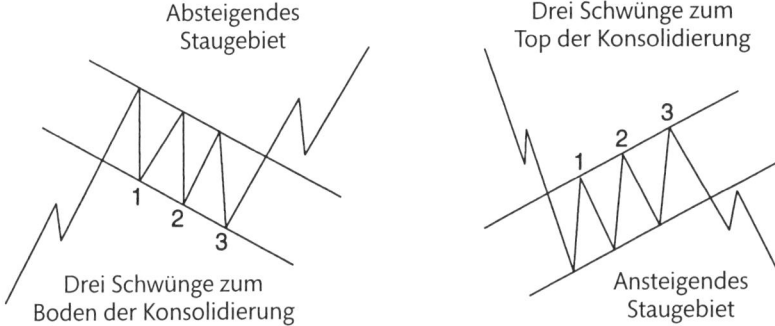

Absteigendes Staugebiet · Drei Schwünge zum Boden der Konsolidierung · Drei Schwünge zum Top der Konsolidierung · Ansteigendes Staugebiet

rung, bevor der Ausbruch stattfindet. Das absteigende Staugebiet (einige nennen es eine Flagge) signalisiert häufig eine Bewegung nach oben; das ansteigende Staugebiet kündigt typischerweise eine unmittelbar bevorstehende Bewegung nach unten an, wenn die Trendlinie gebrochen wird.

Drei der kleinen Staugebiete sind in der Form von Dreiecks-Formationen (Alle drei Typen sind auf dem Kupferchart sichtbar – siehe Abbildung 3.6). Dreiecke sind gewöhnlich Pausen während eines Kursanstiegs oder -rückgangs. Der Markt wird aus der Formation ausbrechen und seinen Weg in dieselbe Richtung fortsetzen, in die er gegangen war, bevor das Dreieck gebildet war.

Das sich verjüngende Dreieck wird gebildet, wenn der Markt korrigiert. Die Tagesschwankungen werden immer kleiner und bewegen und enden im Apex des Dreiecks. Aber ein Ausbruch ereignet sich gewöhnlich schon bevor der Apex gebildet wird.

Das Unterstützungsdreieck findet sich am häufigsten während einer Abwärtsbewegung. Der Markt erreicht einen Unterstützungspunkt, den er nicht unterschreiten kann. Die Kurse springen von diesem Niveau zwei oder dreimal zurück, aber erholen sich jedes Mal immer weniger. Wenn der Markt das Unterstützungsniveau unterschreiten kann, ist ein Ausbruch möglich.

Das Gegenstück zu diesem Dreieck ist das Widerstandsdreieck. Es kommt in der Regel während einer Aufwärtsbewegung vor, und hat eine Widerstandslinie, die das Top des Dreiecks bildet. Dies entsteht, da der Markt dieses Widerstandsniveau mehrere Male testet, und jedes Mal immer weniger nach unten fällt. Ein Anstieg über das Widerstandsniveau könnte zu einem Ausbruch führen.

Ausbrüche müssen aber bestimmte Kriterien erfüllen, um sich als echte Ausbrüche zu qualifizieren. Solche Ausbrüche vorherzusagen, ist der Zweck der Staugebiets-Analyse. Hier sind einige Faktoren, die Sie beobachten sollten, die zu einem echten Ausbruch führen:

- Erhöhtes Volumen. Entweder die Bullen oder die Bären haben sich durchgesetzt, und eine Marktentscheidung ist getroffen worden. Die Leute an der Seitenlinie kommen in den Markt zurück und erhöhen das Volumen.
- Weil sich oft fehlerhafte Ausbrüche ereignen, bestätigt erst ein Schlusskurs über oder unter dem Konsolidierungsgebiet den Ausbruch.
- Eine einer fortschreitende Kursbewegung über zwei oder drei Tage sollte den Ausbruch begleiten.
- Eine signifikante Bewegung über oder unter den Pivotpunkt des jeweiligen Staugebiets wird benötigt (sehen Sie die Pivotpunkte, die auf dem Diagramm angedeutet sind).
- Innerhalb von vier bis sechs Tagen sollte der Kurs nicht wieder in das Staugebiet zurückkehren.

Wie können Sie, nachdem Sie die Konsolidierungsphasen und Ausbrüche auf dem Chart definiert haben, diese Analyse profitabel nutzen? Der schwierigste Teil liegt zu allererst darin, ein Staugebiet zu erkennen, und zu wissen, welcher Art es ist. Auf das Gesamtbild zu schauen, kann Ihnen hier helfen. Wenn ein Markt gerade eine bedeutende Abwärtsbewegung hinter sich hat, ist eine Bodenbildung wahrscheinlich. In diesem Fall achten Sie auf eine konsolidierende, ziellose Kursbewegung. Während eines Anlaufs, schauen Sie nach Unterbrechungen – Dreiecken – oder nach irgendeiner Art von Umkehrsignal wie Konsolidierungskanäle.

Abbildung 3.6. Hogh Grade-Kupfer Dezember-Kontrakt 1994

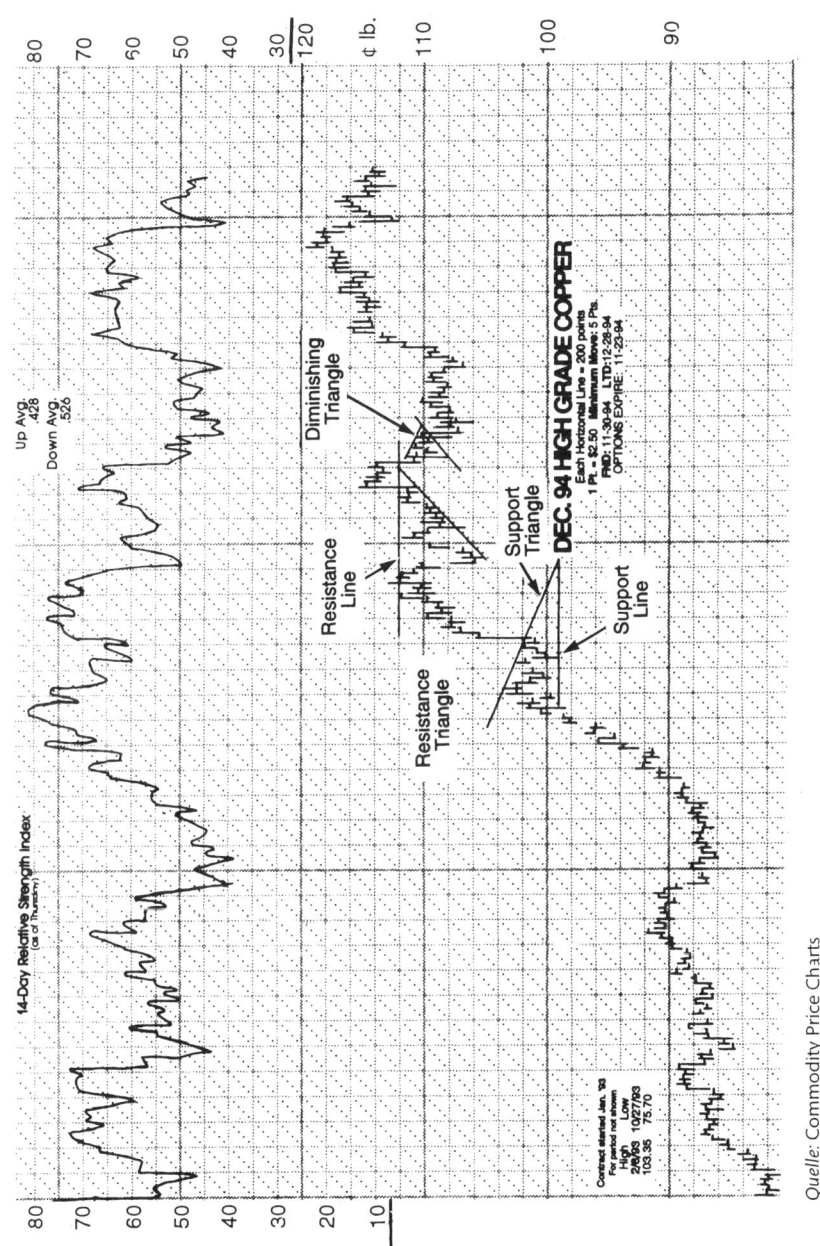

Quelle: Commodity Price Charts

Abbildung 3.7

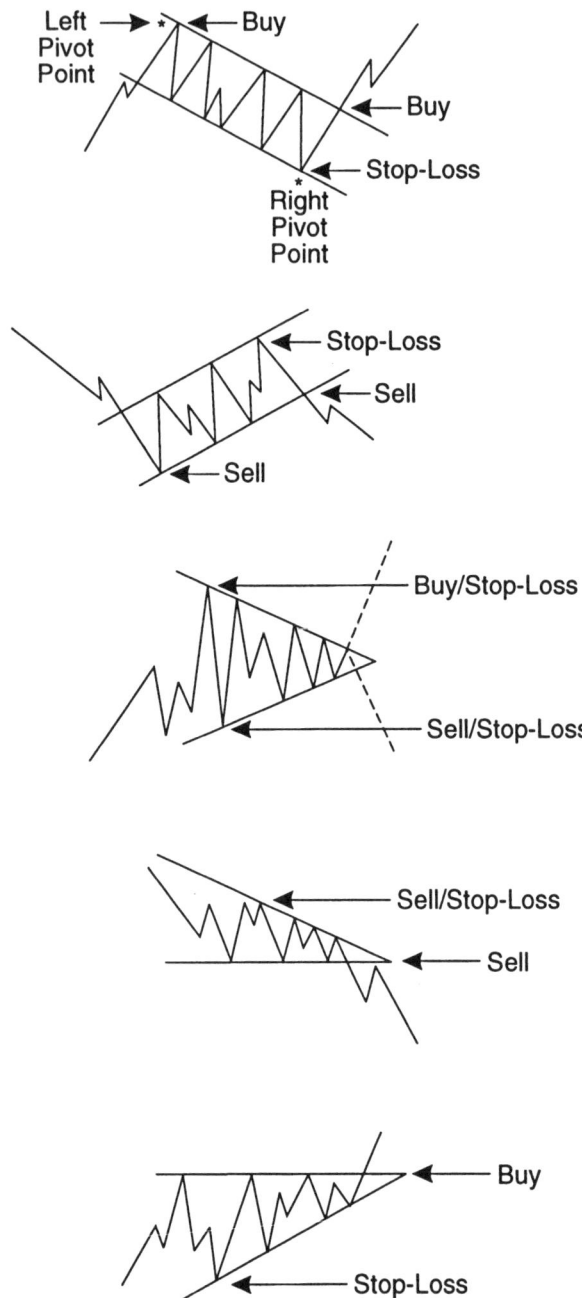

Wenn Sie eine Konsolidierung auf Schlusskursbasis im Linienchart identifizieren, schauen Sie nach »Sprüngen«, »Emporschleudern« und Umkehrphasen, die Ausbrüche signalisieren. Gehen Sie eine Position ein, wenn ein Unterstützungs- oder Widerstandsniveau gebrochen wird. Setzen Sie einen Stopp zur Verlustbegrenzung *(Stop-loss)* in der Mitte des Staugebiets oder an ein Unterstützungs- oder Widerstandsniveau. Eine Umkehr zusammen mit einem Stoploss wäre für den Fall klug, dass sich der Ausbruch als Fehlsignal erweist und tatsächlich ein »Sprung« oder ein »Emporschleudern« ist, und so eine unmittelbar bevorstehende Bewegung in die entgegengesetzte Richtung andeutet.

Wenn Sie absteigende oder ansteigende Konsolidierungsphasen identifizieren, gehen Sie eine Position erst ein, wenn der Markt die Kanallinie oder die Pivotpunkt-Linie kreuzt. Eine Bewegung über oder unter die linke Pivotlinie deutet einen stärkeren Ausbruch an. Der Stopp bei diesem Engagement sollte an der rechten Pivotpunkt-Linie gesetzt werden (Abbildung 3.7).

Die sich verjüngenden Dreiecke zeigen häufig Unentschlossenheit. Kaufen oder Verkaufen Sie bei einer Bewegung über oder unter den Eckpunkten des Dreiecks. Plazieren Sie einen Stop-loss am gegenüberliegenden Eckpunkt.

Wenn sich ein Unterstützungs- oder Widerstandsdreieck bildet, kaufen oder verkaufen Sie, wenn der Markt die jeweilige Gerade kreuzt. Setzen Sie einen Stop-loss an der Pivotpunkt-Linie, die vom Top oder Boden gezogen wird, je nachdem, welches Dreieck Sie haben.

Kurzfristige Chartumkehrmuster

Von John R. Hill

Folgendes stammt aus einem Artikel, der 1979 von John R. Hill in der Februar-Ausgabe des Commodites Magazins *geschrieben wurde – in Anlehung an Hill's Buch* Stocks and Commodity Market Trend Trading by Advanced Technical Analysis. *Hill ist der Vorsitzende der Futures Truth Co. in Hendersonville, N.C. Ursprünglich Chemie-Ingenieur, konnte er die Gewinne aus Terminmarkt-Spekulationen zu nutzen, um Unternehmen zu gründen, die Marktbewegungen näher studieren, Börsenprogramme entwickeln, und Geld verwalten. Hill und seine Partner haben wahrscheinlich seit den späten 50er-Jahren mehr Handelsmethoden und -systeme analysiert und getestet als irgendeine andere Organisation. Die Berichte ihrer Forschungen, wieviel die Systeme an der Börse tatsächlich erbrachten, wird in dem* Newsletter Futures Truth, *der alle zwei Monate erscheint, publiziert.*

Umkehrsignale auf einem Balkenchart mögen auf einer Kursbewegung von nur einigen Tagen beruhen. Jedoch ist hier Vorsicht angebracht: Sie sollten auf diese Signale immer in Verbindung mit dem gesamten Kursmuster und anderen Indikatoren achten und anstatt nur sie zu benutzen.

Wenn Sie irgendeins von den folgenden Mustern sehen, die sich gegen den vorherrschenden Trend entwickeln, zeigt es anfangs nur den Beginn einer Konsolidierungsphase. Für eine echte Umkehr, brauchen Sie mehr Anhaltspunkte. Schauen Sie immer nach vollständigen Bewegungen, um das Signal zu bestätigen oder nach anderen Zeichen, dass das Signal ungültig sein könnte, und die eingegangene Position, die auf ihm beruht, geschlossen werden sollte.

Hier sind neun Basis-Chartmuster, die einen Trendwechsel ankündigen:

1. **Insel-Umkehr** *(island reversal)*
   Eine Topbildung wird angezeigt, wenn der Hoch-, der Tief- und

Abbildung 3.8 Insel-Umkehr

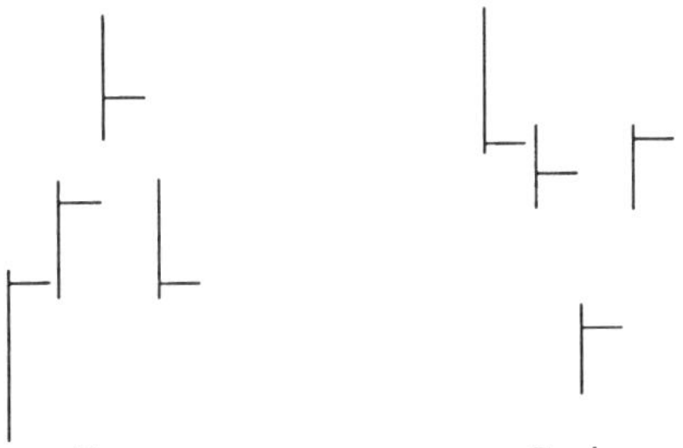

Top   Boden

der Schlusskurs der vorangegangenen Betrachtungszeitraums und die Periode, die dem Tag mit dem höchsten Kurs folgt, ganz unterhalb des Hochs liegt. Die Kurse des letzten Tages sollten wenigstens über zwei Schlusskursen liegen, und der Schlusskurs sollte unterhalb des Eröffnungskurses und des Mittelwertes dieses Tages notieren. (Natürlich sollten am Boden die Tiefkurse der vorangegangenen und folgenden Tage beide höher sein, als der Hochkurs des am tiefsten liegenden Tages.)

Dies ist eine der stärksten Formationsarten. Die »Insel« kann einen oder viele Tage vorliegen. Sie repräsentiert einen drastischen Stimmungswechsel und kann eine Falle bedeuten. Die Verlierer werden gewöhnlich entweder an diesem Tag oder in der nächsten Reaktion ihre Positionen schließen.

2. **Umkehr-Lücke** *(reversal gap)*
   Dies ist auch als Ausreißer-Lücke *(breakaway gap)* bekannt. In einer Bodenformation liegt der tiefste Kurs des letzten Tages

Abbildung 3.9 Umkehr-Lücke

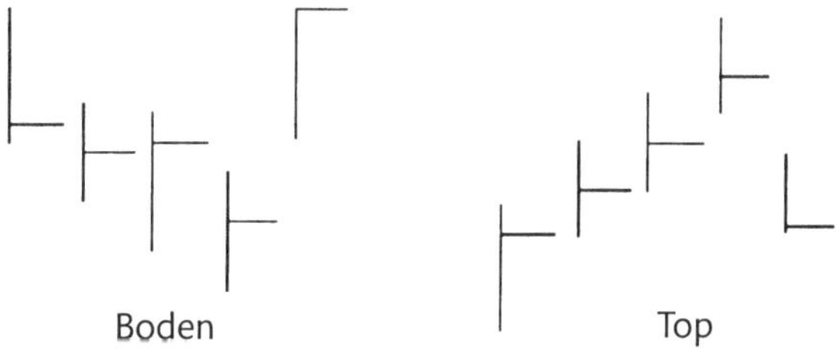

Boden   Top

völlig oberhalb des Handelsverlaufs des vorausgehenden Börsentages. Der Schlusskurs sollte wenigstens zwei Schlusskurse unter sich lassen, und über dem Eröffnungskurs und dem Mittelwert dieses Börsentages liegen.

Umkehr-Lücken können eine der stärksten Indikatoren für einen Trendwechsel sein, und führen selten in die Irre. Sie deuten einen abrupten starken Stimmungswechsel an. Dieses Signal ist am Besten, wenn die vorangegangene Marktbewegung eine immer enger werdende Handelsspanne der Kurse zeigt und das Volumen zurück gegangen ist.

3. **Modell-Lücke** *(Pattern gap)*
   Dieses Muster ähnelt fast der Umkehr-Lücke, außer dass der Tiefkurs des letzten Tages nach unten in die Tagesschwankung des vorherigen Börsentages (in der Boden-Formation) hinein reicht. Der Tiefkurs liegt über dem vorherigen Tagesschlusskurs. Der Schlusskurs notiert oberhalb des Hochkurses des vorausgehenden Tages und über dem Eröffnungskurs und dem Mittelwert der Tagesschwankung der letzten Börsensitzung. Auch sollte der Schlusskurs wenigstens über zwei vorangegangenen Schlusskursen liegen.

Abbildung 3.10 Modell-Lücke

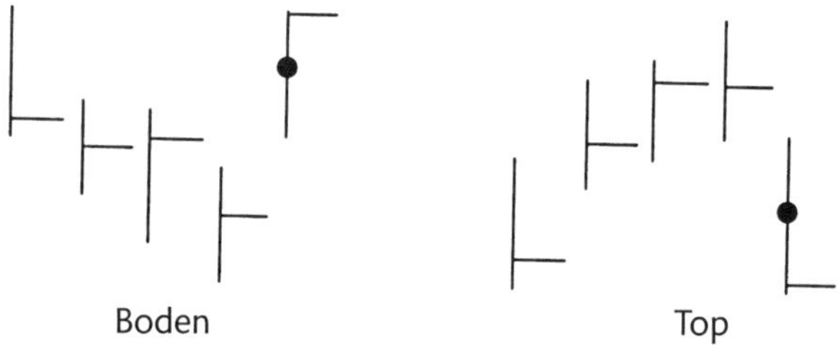

Boden   Top

4. **Drei-Tages-Hochkurs-Umkehr** *(Three-day high reversal)*
   Drei Tage verhältnismäßig schmaler Kursbewegung werden von einem Tag mit einer weiten Handelsspanne und einem Schluss-

Abb 3.11 Drei-Tages-Hochkurs-Umkehr

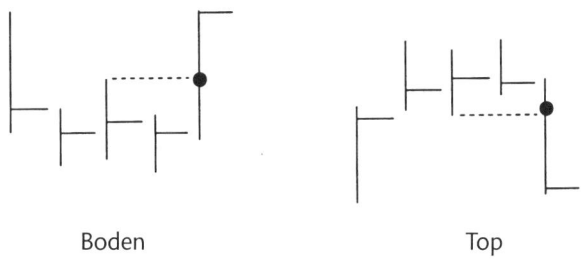

Boden   Top

kurs, der oberhalb des Hochkurses der vorherigen drei Tage liegt, gefolgt (während einer Bodenformation). Der Schlusskurs sollte über dem Eröffnungskurs und dem Mittelwert liegen.

5. **Drei-Tages-Schlusskurs-Umkehr** *(Three-day close reversal)*
   Der Schlusskurs liegt über den Schlusskursen der vorhergehenden drei Tage (während einer Bodenformation). Der Hochkurs ist über dem Hoch der vorhergehenden drei Tage, und der Tiefkurs liegt über dem Tief der vorherigen drei Tage. Der Schlusskurs sollte über dem Eröffnungskurs und dem Mittelwert der Tagesschwankung notieren, und die Tagesschwankung selbst sollte größer als die durchschnittliche Schwankungsbreite der vorhergehenden drei Tage sein.

Abbildung 3.12 Drei-Tages-Schlusskurs-Umkehr

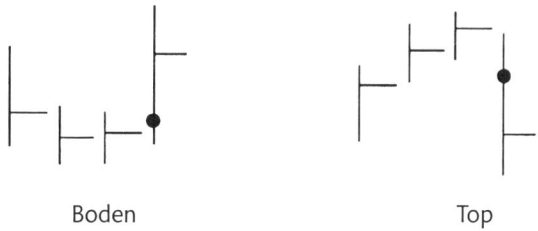

Boden   Top

6. **Vier-Tages-Schlusskurs-Umkehr** *(Four-day close reversal)*
   Ein Schlusskurs am fünften Tag ist höher als die Schlusskurse der vorherigen vier Tage (während einer Bodenformation).

Abbildung 3.13 Vier-Tages-Schlusskurs-Umkehr

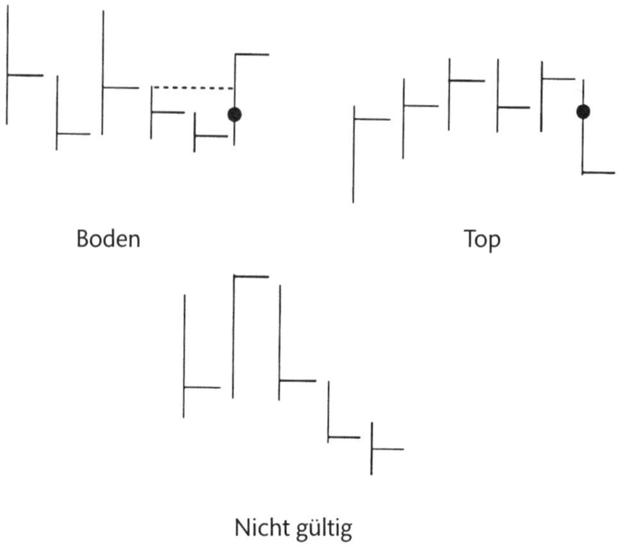

Boden   Top

Nicht gültig

Außerdem sollte der Schlusskurs über dem Eröffnungskurs und der mittleren Schwankungsbreite an diesem Tag liegen. Die vier Schlusskurse sollten sich in enger Nachbarschaft zueinander befinden.

7. **Top- oder Boden»schwänze«** *(Top or bottom tails)*
   Während einer Bodenformation schließt der Markt drei Tage lang höher, und zwar im oberen Bereich der Handelsspanne eines jeden Tages. Am Top schließt der Markt drei Tage lang im unteren Bereich der Handelsspanne.

Abbildung 3.14 Top- oder Bodenschwänze

Boden   Top

An einem Top deutet eine solche Formation hereinkommende Verkäufe an. Am ersten Tag ist das nicht so bedeutsam. Aber wenn dies zwei oder dreimal passiert, zeigt es zunehmenden Verkaufdruck an. Es ist ein größeres Schwächezeichen, wenn jeder aufeinander folgende Handelstag auf einem niedrigeren Stand endet und dabei das Volumen zulegt.

8. **Enge Handelsspanne nach steigenden oder fallenden Kursen** *(Narrow range after advance or decline)*
   Diese Formation benötigt eine enge Schwankungsbreite, die einem scharfen Kursanstieg folgt. Nach einem Handelstag mit geringer Spanne kommt eine entgegen gesetzte Bewegung, in der die Schwankungsbreite zunimmt.

Während einer Topformation sollte der Schlusskurs des letzten Tages unter dem Mittelwert der Handelspanne, unter dem Eröffnungskurs und unter dem Tiefkurs des Tops mit schmaler Schwankungsbreite liegen. Wenigstens zwei Schlusskurse sollten über dem aktuellen liegen. Wenn sich ein Markt nach oben bewegt und dann scharf beschleunigt, und der folgende Tag nur eine schmale Handelsspanne aufweist, dann ist die Aufwärtsbewegung vorübergehend erschöpft. Da nervöse Leerverkäufer alle Positionen geschlossen haben, ist dort ein Vakuum entstanden. Ein vorläufiges Ende der Bewegung ist fast sicher anzunehmen, wenn Sie nach einem Tag mit enger Schwankungsbreite so etwas erleben. In diesem Fall übersteigen die Verkaufsorder die Kaufaufträge.

Abbildung 3.15 Enge Schwankungsbreite nach Kurssteigerung oder -abschwächung

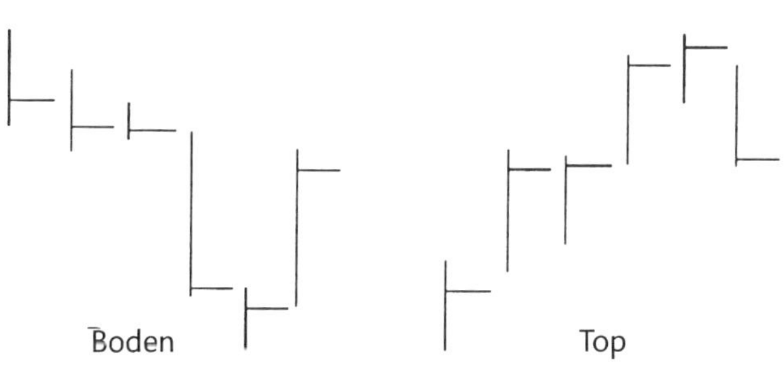

Boden   Top

9. **Neue Fünf-Tages-Hoch- und Schlusskurse** *(New five-day highs and closes)*
Der Markt macht an fünf aufeinander folgenden Tage neue Hochkurse (In diesem Fall ignorieren Sie die *inside days*). Die Schlusskurse sollten die neuen Hochkurse nach oben begleiten. Dies deutet auf eine Verlagerung der Schwungkraft zur Aufwärtsseite hin. Im Allgemeinen ist der Markt während der ersten Reaktion ein Kauf.

Abbildung 3.16 Neue Fünf-Tages-Hoch- und Schlußkurse

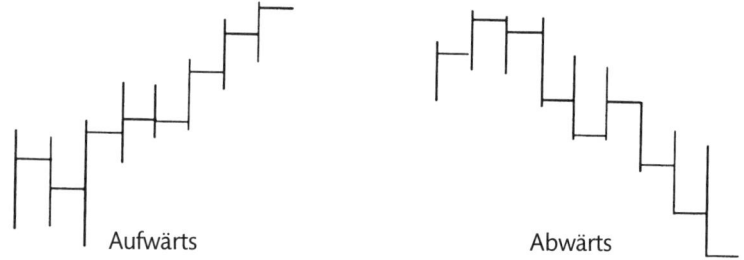

Hochschießendes Umkehr Muster *(Upthrust reversal patterns)*

Natürlich treten manchmal Kursbewegungen auf, die auf einen Trendwechsel hindeuten und zu einer Bullen- oder Bärenfalle führen können. Diese Falle können Sie jedoch umgehen und zu Ihrem Vorteil nutzen.

Abbildung 3.17 Hochschießendes Umkehr Muster

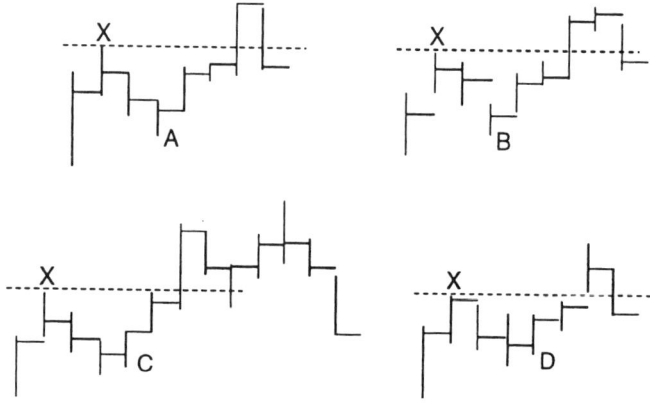

Ein Beispiel ist das hochschießende Umkehr-Muster. Folgende Voraussetzungen müssen für dieses Muster vorliegen:

- Der Markt muss einen vorausgegangenen Pivot-Punkt (»X« in den Charts) haben.
- Die Marktbewegungen führen den Kurs über den Pivot-Punkt.
- Eine übliche Umkehr ergibt sich wie folgt:

1. Zwei vorhergehende Schlusskurse sind umgekehrt.
2. Der Schlusskurs ist unter dem Pivot-Punkt.
3. Der Schlusskurs ist unter dem Eröffnungskurs und dem Mittelwert der Schwankungsbreite
4. Die Schwankungsbreite sollte größer als die des vorausgegangenen Tages sein.
5. Ein – idealerweise – beim Ausbruch starkes Volumen würde üppiges Kaufinteresse signalisieren.

A. In diesem Beispiel brechen die Kurse an einem Tag über das Top einer vorangegangenen Erholung (rallye) aus. Das Volumen nimmt zu, und der Schlusskurs liegt über dem Top der vorangegangenen Erholung. Aber am folgenden Tag eröffnet der Markt vielleicht etwas höher und den Rest des Tages kommt es zu einem Ausverkauf. Er schließt nahe seines Tagestiefs unter dem Tiefkurs des vorangegangenen Tages.

B. Die Verkäufer brauchen in diesem Beispiel zwei Tage, um das Kaufinteresse zu überwältigen. Am ersten Tag bricht der Kurs zwar über das Top einer vorhergegangenen Erholung hinaus aus. Am zweiten Tag ist generell das Volumen hoch, die Schwankungsbreite oder der Spread (Differenz zwischen Future und underlying, d. Ü.) sind eng. Am dritten Tag gewinnen aber die Verkäufer die Schlacht. Es kommt den ganzen Tag lang zu einem Ausverkauf und die Tagesschwankung vergrößert sich. Der Schlusskurs notiert am oder nahe dem Tagestief und unter dem Schlusskurs des Tages, als der Kurs aus der Formation ausbrach.

C. In diesem Beispiel überschreitet der Kurs ein vorausgegangenes Rallye-Top aufgrund einer hohen Marginzahlung – und alle Techniker reden über den großen Ausbruch. Aber am nächsten Tag geht es nicht mehr weiter. Es kommen innerhalb der Handelsspanne des Ausbruchstages eine Reihe von *inside days*. Vielleicht sehen Sie darin einen Versuch, das Top zu überwinden. Wenn dieser aber fehlschlägt, lässt das Kaufinteresse nach. Sie haben einen Tag hoher Verkäufe bis der Kurs unter dem Top der Rallye zurückfällt und am oder nahe dem Boden und unter dem Tiefkurs des Ausbruchtages schließt.

D. In diesem Fall wird das vorangegangene Top der Rallye durch eine Kurslücke überschritten. Die Tagesbewegung zeigt eine enge Schwankungsbreite und starkes Volumen, was auf üppige Verkäufe hindeutet. Die Käufer geben am folgenden Tag auf. Die tägliche Schwankungsbreite nimmt zu, und der Schlusskurs liegt am oder in der Nähe des Tiefkurses. Er liegt unter dem Top der Rallye und unter dem Schlusskurs des Tages, der gerade den Ausbruch einleitete.

»Sprung« – Umkehr Muster *(Spring Reversal Patterns)*
»Sprung« – Umkehr Muster liefern ähnliche Aktionen am Boden. Die Anforderungen für diese Muster folgen denen der hochschießenden Umkehr Muster:

Abbildung 3.18 »Sprung« – Umkehr Muster

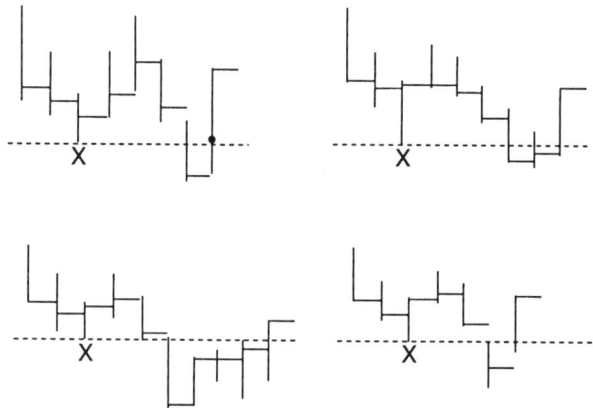

▪ Der Markt muss einen vorhergehenden Pivot-Punkt haben.

▪ Kursbewegungen finden unter dem Pivot-Punkt statt.

▪ Eine übliche Umkehr ergibt sich wie folgt:

1. Zwei vorhergehende Schlusskurse sind umgekehrt
2. Der Schlusskurs liegt über dem Pivot-Punkt
3. Der Schlusskurs liegt über dem Eröffnungskurs und in der Mitte der Handelsspanne.
4. Die Handelsspanne sollte größer als die des vorangegangenen Tages sein.

Wenn ein Markt unter einen vorangegangenen unbedeutenden Tiefkurs fällt und dann mit zunehmenden Schwankungsbreiten und Volumen auf ein neues Hoch springt, zeigt das erstklassiges Käuferinteresse und der Markt sollte bei der ersten Reaktion gekauft werden. Dann liegt es nahe, dass die gesamte letzte Marktbewegung ein Prozess des Kumulierens gewesen ist.

Kapitel IV

Das Dilemma der langfristigen Analyse

Aktienhändler, die einen historischen Überblick über eine einzelne Aktie wollen, können einen langfristigen Chart dieser Aktie in die Hand nehmen, und bekommen für die gesamte Dauer der Unternehmensexistenz ein exaktes Bild des Börsenkurses. Es mag vielleicht Aktiensplits oder andere Kapitalmaßnahmen geben, doch ist es verhältnismäßig einfach, einen daran angepassten Kursverlauf für Aktien zu bekommen.

Dasselbe gilt für einen Aktienindex, obwohl es in Zeiten, in denen Aktien wegen Fusionen oder anderen ökonomischen Faktoren hinzugekommen oder entfernt worden sind, zu Schwankungen kommen könnte. Gleiches gilt auch für die Kassakurse der meisten Rohstoffe und Terminkontrakte.

Gerade Futures stellen für einen Analysten, der traditionelle Analysemethoden auf eine mehrjährige Zeitreihe historischer Kurse anwenden will, ein ganz besonderes Problem dar. Terminkontrakte laufen nämlich regelmäßig aus, und hinterlassen – anders als die Kassakurse des zugrunde liegenden Rohstoffs oder Wertpapiers – keinen kontinuierlichen Kursverlauf.

Gewöhnlich benutzt man für Futures langfristige Wochen- oder Monats-Balkencharts. die auf dem Spot-Kurs des zugrunde liegenden Objekts oder auf dem Kurs des als nächsten auslaufenden Futurekontraktes basieren. Wenn ein Futurekontrakt ausläuft, nimmt der Chart einfach den Kurs des Terminkontrakts für den nächsten Monat auf, bis auch dieser endet. Dann geht der Chart auf den nächsten Monat uber, usw. Viele Chartdienste bieten solche, immer auf

dem als erstes auslaufenden Terminkontrakt basierende, Future-
zeitreihen an.

Aber das Hauptproblem liegt jedoch darin, dass diese Charts
manchmal gewaltige Kursänderungen haben, wenn der kurz vor der
Fälligkeit stehende Kontrakt ausläuft und der Chart deshalb auf den
nächsten Liefermonat umgestellt werden muss. Zum Beispiel
scheint 1994 der wöchentliche Eurodollar-Chart (Abbildung 4.1)
signifikante Kursstürze am Ende jeden Quartals zu zeigen. Die Kurse
verfielen tatsächlich, aber vieles von dem, was wie ein kleiner Crash
aussieht, kann dem jeweiligen Kontraktwechsel zugeschrieben werden, als die aktuellsten Futuremonate ausliefen.

Abbildung 4.1. Eurodollar-Chart

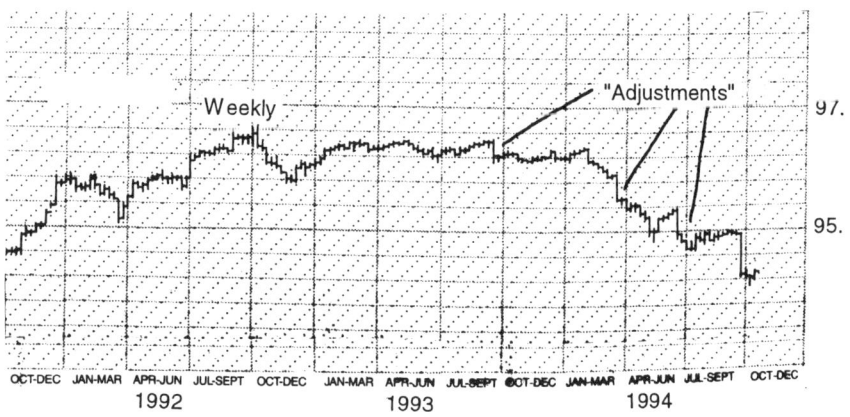

Quelle: Commodity Price Charts

In einigen Fällen dürften diese Veränderungen in der Gesamtanaly-
se nicht viel auszumachen. Für Rohstoffe wie Schweinebäuche, wo
nach dem August der nächste Verfallsmonat der Februar ist, oder
Getreide, wo der Wechsel in den Kontraktmonaten vielleicht zwei
Ernte-Jahreszeiten widerspiegelt, können die Kursänderungen dramatisch sein. Für den langfristigen technischen Analysten können
diese drastischen Kursänderungen durch das Auslösen von Fehl-
signalen die Ergebnisse eines Handels-Ansatzes verzerren.

Um diese Probleme zu lösen, und ein besseres langfristiges Bild der Futurekurse zu erzeugen, versuchen mehrere Ansätze eine von Kontraktwechseln bereinigte, ruhige Darstellung von langfristigen Futurekursen zu schaffen. Am besten bekannt ist der *perpetual contract* (hier Endlos-Kontrakt 1 genannt). Ein anderer ist der *continua future* (Endlos-Kontrakt 2 genannt).

Während diese »Kontrakte« Kursänderungen herausfiltern, sollten Sie noch auf andere Darstellungen zurückgreifen. Beachten Sie außerdem, dass dies abgeleitete Kontrakte, keine echten Kontrakte mit real handelbaren Zahlen sind. Nach der Analyse dieser Charts, müssen Sie vor dem Eingehen eines Trades all Ihre Analyseergebnisse auf einen aktuellen Futurekontrakt übertragen. Die Übertragbarkeit von der Theorie in die Praxis mag vielleicht nicht exakt sein.

Diese Ansätze behandeln die komplexen Probleme der langfristigen technischen Analyse von Futurecharts, aber sie bieten vielleicht nicht die endgültige Antwort.

Der Endloskontrakt 1 *(The Perpetual Contract)*
Von Robert Pelletier

Robert Pelletier ist Präsident der Commoditiy System Inc. (CSI) *in Boca Raton, Florida, und seit vielen Jahren ein führender Anbieter von Aktien- und Futuredaten. Folgendes wird von einem 1983 erschienenen Artikel Pelletier's, dem Entwickler des Endloskontraktes, aus der Märzausgabe des* Commodities *Magazins übernommen. Der Artikel wird hier mit seiner Genehmigung abgedruckt.*

Der Endloskontrakt wird wie ein zeitgewichteter Durchschnitt aus zwei verschiedenen Terminkontrakten (ohne die am wenigsten gehandelten Kontrakte) kalkuliert, die eine gegebene Zeitspanne in der Zukunft umgibt. Spekulanten mit einem spitzen Bleistift und Millimeterpapier können ihn selbst jeden Tag errechnen oder sie können die Daten per Telefon erhalten.

Tägliche und historische Daten dieser simulierten Zeitreihe werden aus zwei Futurekontrakten kombiniert, um einen Endloskontrakt bereitzustellen, der nicht verfällt. Der Chart kann die Liquidität, Kosten zur Haltung einer Ware im Futures-Geschäft und Zinssätze wieder spiegeln und mag einen gleichzeitigen Geschmack alter und neuer Weizen-Futures geben. Sie stehen mitten in den Handelsaktivitäten, in dem Sie von einem Kontrakt zum nächsten wechseln, wenn die Zahl der offenen Terminkontrakte (open interest) höher wird, als bei dem vorangegangenen Kontrakt.

Das Konzept des Endloskontraktes ist nicht neu. Banken stellen Zinssätze als Lieferverpflichtung für Zeitspannen von 30, 60 oder 90 Tage in der Zukunft. Genauso notiert die Londoner Metall-Börse *(London Metal Exchange)* Terminkurse *(forward prices)* für Metalle wie Kupfer, Zinn, Blei oder Zink auf einer 90-tägigen Lieferbasis. Und einige ausländische Währungen beruhen häufig auf konstanten Zeitperioden, an denen zu liefern ist. Der Endloskontrakt ermöglicht es, alle Waren auf dieselbe Weise zu analysieren.

Der Endloskontrakt wird vielleicht für Perioden von zwei bis elf Monaten in der Zukunft berechnet. Er kann benutzt werden, um den Markt aus Sicht der Long-oder Short-Seite zu analysieren. Er kann auch benutzt werden, um Gelegenheiten im Spread – Trading einzuschätzen.

Wenn Sie den Endloskontrakt für das technische Trading benutzen wollen, möchten Sie wahrscheinlich Signalen folgen, die mit dem Endloskontrakt entwickelt wurden, der ungefähr mit dem Liefermonat zusammenfällt, den Sie für den Trade wählen. Mit anderen Worten: Wenn Sie gewohnt sind, Kontrakte bis zu einer Fälligkeit von zwei bis vier Monaten zu handeln, dann sollten Sie dem zwei, drei oder vier Monate nach vorne gerichteten Endloskontrakt folgen.

Benutzen Sie kurzfristige Endloskontrakte für Metalle, Währungen, Staatsanleihen und andere nicht-landwirtschaftliche Gegenstände. In diesen Märkten ist es sehr wünschenswert, die Aktionen des Marktes in der Nähe des Lieferdatums zu überwachen.

Endloskontrakte, die für eine längere Zeit nach vorne gerichtet sind, sind besser für landwirtschaftliche Produkte, weil Sie vielleicht die kombinierten Wirkungen des alten und neuen Getreides gleichzeitig beobachten wollen. In Märkten, in denen historisch gesehen, eine deutliche Differenz zwischen der Kursbewegung des alten und neuen Getreides besteht, sollten die Endloskontrakte sparsam benutzt werden. Ihr Gebrauch verlangt die Analyse sowohl des zeitlich nahen als auch des entfernteren Endloskontraktes. Vielleicht können Sie Spread – Gelegenheiten durch das Benutzen der Differenz zwischen zwei beliebigen Endloskontrakten aufdecken.

Vermeiden Sie bei monatlichen Zeitspannen Endloskontrakte, die nicht das Maximum der vergangenen Zeit zwischen jedem Paar von angrenzenden Liefermonaten abdecken. Zum Beispiel sollte keine Währung oder kein Termingeschäft einen Zwei-Monats-Endloskontrakt benutzen, weil die Liefermonate dieser Futures, drei Monate auseinander liegen. Genauso sollten Endloskontrakte bei Schweinebäuchen – wegen der sechsmonatigen Pause zwischen den Lieferungen zwischen dem August- und dem Februarkontrakt – nicht weniger als sechs Monate umfassen.

Um zu veranschaulichen, wie ein Endloskontrakt berechnet wird, nehmen wir an, dass Sie am 11. August den Kupfer-Future an der Comex analysieren. Drei Monate im Voraus gedacht (eigentlich 91 Kalendertage nach dem Computer) wäre der 10. November. Die offenen Kontrakte verfallen unmittelbar davor, und nach diesem Datum sind die September- und Dezember- Terminkontrakte aktuell (dies sind Kontrakte für die dazwischen liegenden Monate, aber das Volumen ist gewöhnlich dürftig und es wird nicht empfohlen diese Future zu handeln).

Abbildung 4.2 Die Berechnung eines Endloskontraktes

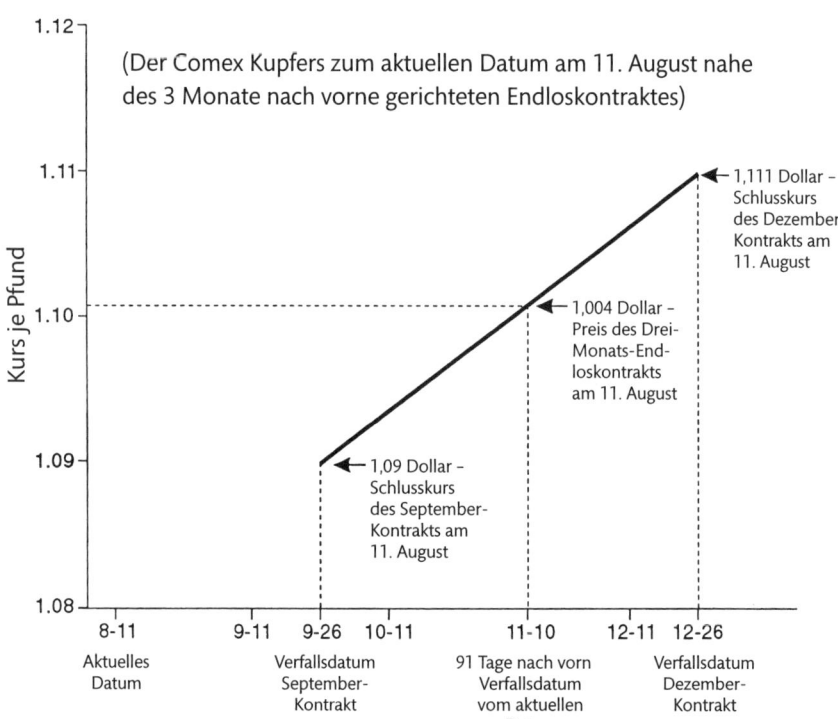

Nehmen Sie an, dass der Kurs für den September-Future am 11. August bei 1,09 Dollar je internationales Pfund (lb) *(= 0,45 Kilogramm, d. Ü.)* und bei 1,1110 Dollar je lb für den Dezember-Future. Benutzen Sie einen einfachen Graphen, der eine Kurs- und Zeitachse besitzt und zeichnen diese Kurse an die Stelle des Datums, an dem der Terminkontrakt ausläuft. Dann verbinden Sie die zwei Schlusskurse mit einer geraden Linie. Wo eine senkrechte Linie von dem früher ausgewählten Datum, das drei Monate im Voraus liegt, die gerade Linie schneidet, ist die Kursnotierung für den Endloskontrakt.

Der graphisch berechnete Drei-Monats-Terminkurs von 1,1004 Dollar je lb (siehe Abbildung 4.2) liegt ein bisschen enger am Kurs des September-Future, weil der 10. November etwas näher zum 28. September, dem Verfallsdatum des September-Kontraktes, als zum 28. Dezember, dem Verfallsdatum des Dezemberkontraktes liegt.

Dieselbe graphische Kalkulation muss für den Eröffnungs-, den Hoch- und den Schlusskurs durchgeführt werden, um ein komplettes Bild des Endloskontraktes zu erhalten.

Obwohl der Endloskontrakt bedeutet, dass noch einige Zahlen kontrolliert werden müssen – hier sind einige Gründe, warum es sich doch lohnt:

- Ersetzt die Kurse des als nächstes auslaufenden Terminkontrakts (mit ihren potentiell drastischen Kursdifferenzen) als ein Analyse-Element.
- Einsatz wie ein feststehendes Marktbarometer. Sie können die nach vorne gerichtete Positionierung Ihres Marktbarometers durch die Auswahl eines geeigneten Endloskontrakts von zwei bis elf Monaten im Voraus kontrollieren. Wegen des innewohnenden stationären Zustands der sich ergebenden Zeitreihen können Sie den Markt in dem Bereich überwachen, wo Volumen und Liquidität fast konstant sind, und die reger gehandelten Kontrakte Ihnen signalisieren, wann Trades eingegangen werden sollten.

- Deckt Marktchancen mit minimalem Aufwand auf. Sie können verschiedene Märkte durch das Benutzen einer einzigen Zeitreihe überwachen und vergleichen. Dies lindert die Not, viele verschiedene Kontrakte für jede Ware zu bearbeiten, weil nur ein Endloskontrakt das gewünschte Ziel schafft.

- Vereinfacht den Spread – Handel. Traditionelle Spread – Händler haben zu wenig Daten zur Verfügung, weil sie warten müssen, bis beide Kontrakte gehandelt werden. Die Art der Spreadanalyse verkürzt überdies die erforderliche Analysezeit für eine Zeitreihe. Endloskontrakte können benutzt werden, um die Stärke oder Schwäche von Terminkontrakten, die bald oder erst später verfallen, zu analysieren. Ein klarer Vorteil für Spread – Händler. Sie müssen nicht jedes Mal die Analyse wiederholen, wenn der nächstgelegene Kontrakt verfällt. Der Endloskontrakt bewertet sofort, welcher Kontrakt stärker ist.

- Erlaubt Flexibilität. Um Stopps, Kauf- oder Verkaufspunkte oder Ziele zu berechnen, müssen Sie nur die gleichen Unterscheidungsmerkmale, die mit dem Endloskontrakt berechnet werden, auf den aktuellen Future – Kontrakt, den sie handeln möchten, anwenden. Sie folgen nur den Signalen, die vom Endloskontrakt kommen. Das einfache Wissen, ob Sie long oder short gehen wollen, lässt Sie frei sein, sich auf Marktstrategien zu konzentrieren und den geeigneten Kontrakt für Ihren Trade auszuwählen.

- Hilft Geschäfte mit den viel versprechenden Gewinnen auszuwählen. Konventionelle Kontrakte der verschiedenen Rohstoffe fallen nicht immer eng genug zusammen, um eine angemessene Untersuchung des Gewinnpotenzials der verschiedenen Alternativen von Spekulationsgeschäften zu erlauben. Das immer gegenwärtige Problem der Langlebigkeit von Kontrakten, begrenzt vielleicht auch Ihre Analysemöglichkeiten stark. Die Fähigkeit Waren mit derselben Terminbasis über einen ausgedehnten Zeitraum zu vergleichen, macht den Endloskontrakt zu einer attraktiven Alternative.

- Erlaubt die wirtschaftliche Verwendung von Daten. Der Endloskontrakt kann zu jeder Zeit in der Vergangenheit beginnen, selbst vor dem ersten Tag des Handels mit dem Kontrakt in dem

Sie eine Position eingehen werden. Deshalb verlieren Sie nie irgendwelche Daten, mit denen begonnen worden ist. Beispielsweise brauchen Systeme für konventionelle Kontrakte, die auf Gleitenden Durchschnitten basieren, wenigstens so viele Tage Daten-Versorgung zu Beginn, wie der längste Gleitende Durchschnitt, der in dem System benutzt wurde. Erst dann kann auf die Signale dieses Systems gehandelt werden.

Natürlich hat der Endloskontrakt auch einige Nachteile:

- Die Kursdaten stehen in keinen Zeitungen. Generierte Kurse müssen berechnet werden, und werden deshalb nicht von den Börsen oder den Zeitungen veröffentlicht.
- Die Abrechnung ist nur ungenau. Da die Kurse des Endloskontraktes keine aktuellen Terminkontrakt-Kurse sind, können Sie die abgerechneten Kurse im Voraus nicht genau berechnen. Sie können den Zahlen nur nahe kommen.
- Intraday Stops and Ziele sind schwierig einzuschätzen. Wenn Sie den Endloskontrakt benutzen, um Handelspunkte zu berechnen, müssen Sie das auf einer ungefähren Basis machen. Wenn der Endloskontrakt einen Verkaufs-Stopp 50 Punkte unter den aktuellen Tagesschlusskurs vorschlägt, sollte auch im Futurekontrakt, in dem die Position gehalten wird, der 50-Punkte-Stopp unter seinem Schlusskurs liegen. Wegen der Durchschnittsberechnung, der bei der Kalkulation des Endloskontraktes verlangt wird, könnte der 50-Punkte-Stopp um fünf Prozent oder mehr abweichen. Man sollte das bei solchen Prognosen beachten.

Der Endloskontrakt 2 *(The Continua Contract)*
Von Donald Jones

Donald Jones ist Präsident von CISCO *(Commodity Information Services Co.), ein Daten- und Researchunternehmen für Rohstoffe in Chicago. Folgende wird aus einem Artikel von Jones und Norman Strahm in der Novemberausgabe des* Futures *Magazins mit deren freundlicher Genehmigung abgedruckt.*

Der Endloskontrakt 2 gleicht Kurse von jedem Future – Kontrakt einheitlich an, so dass am Tag der Umstellung die adjustierte Abrechnung des Kontraktes, der ausläuft, genau mit der adjustierten Abrechnung vom nächsten Terminkontrakt am selben Tag übereinstimmt.

Alle Kurse innerhalb jedes Kontraktes werden mit demselben Betrag angeglichen. Dieses System bewahrt alle grundlegenden Beziehungen zwischen den Kursen innerhalb eines Rohstoffs, genauso wie es die Aktienkursänderungen während der Umstellung von einem zum anderen Kontrakt richtig widerspiegelt.

Im Entwurf oder in der Anwendung eines automatischen Handelsmodells werden die Kursdaten gebraucht, um zwei Funktionen zu vollenden: 1) Erzeugen von Kauf- und Verkaufssignalen und 2) Berechnung von Kursänderungen, die diese Handelssignale mit sich bringen werden. Dieselbe Datenzeitreihe muss nicht benutzt werden, um beide Aufgaben zu erfüllen.

Handelssignale für die T-Bonds könnten zum Beispiel von einem Index erzeugt werden, der aus verschiedenen Anleihen gebildet wird, aber die Konsequenzen für den Handel mit T-Bonds müssten Sie mit geeigneten T-Bond-Kursen berechnen. Es ist jedoch äußerst praktisch, dieselbe Zeitreihe zu benutzen, um beide Aufgaben durchzuspielen.

Alle drei Versionen von Endlos-Daten (der nächste auslaufende Future, Endlos1 und Endlos2 Kontrakte) könnten für die erste Aufgabe benutzt werden, aber nur die Zeitreihe des Endlos2-Kontraktes führt die zweite genau durch.

Das Ziel eines Analysten könnte darin liegen, den Charakter eines Rohstoffs darzustellen – eine zyklische Zeitspanne, einen optimalen Stopp, ein charakteristisches Umkehrmuster usw. Dies wird erreicht durch das Studium des vergangenen Verhaltens des Rohstoffs über eine ausreichend lange Zeitperiode, so dass die bedeutenden Ereignisse, die in die Charakteristik des Rohstoffs eingehen, alle in Erfahrung gebracht werden.

Natürlich würden die Perioden mit hoher Volatilität, mit niedriger Volatilität, die flauen Börsenphasen, die Trendphasen, kurzfristige Squeeze, usw. mit einbezogen werden. Da Charakteristiken über den Zeitrahmen eines Future-Kontrakts – sagen wir, ein Jahr oder weniger – generell schlecht dargestellt werden, benötigt man dafür die Daten mehrerer Terminkontrakte. Um die Verzerrungen, die diese Charakteristiken verschleiern, zu umgehen, benötigt man lange Datenreihen.

In einigen Fällen erleichtern einige Durchschnittsbildungs- oder Daten-Glättungs-Verfahren wie eine Durchschnittsbildung über mehrere verschiedene Liefermonate die Erstellung einer Charakteristik. Genauso wie auf einer Illustration, können Sie eine zyklische Periodizität durch einen Oszillator einfacher finden als durch die rohen Kursdaten. Weil der Durchschnittsbildungs-Prozess die Verzerrungen, ohne die Zeitperiode zu verfälschen, genauso reduziert, wie die Zeitskala des Gleitenden-Durchschnitt-Filters weit von der Zeitskala des Zyklus entfernt ist.

In anderen Fällen kann ein Durchschnittsbildungs – Prozess einige der gewünschten Informationen zerstören. Eine von den geglätteten Daten erhaltene Charakteristika, die Daten durch einen Gleitenden Durchschnitt filterte oder den Durchschnitt wie den Endloskontrakt 1 ermittelte, könnte wegen des Fehlens wichtiger Merkmale zweifelhaft sein. Zum Beispiel: Wenn die Stopps im realen Handel benutzt werden, kann die Festlegung idealer Stopps, die geglättete Daten verwenden, sehr irreführend sein. Der Endlos 1-Kontrakt wendet einen Durchschnittsbildungs-Prozess über die ersten zwei rege gehandelten Future – Monate an. Der Endlos 2-Kontrakt besitzt eine solche Durchschnittsbildung nicht. Wenn es aber gewünscht wird, können mehrere Versionen von Durchschnittsbildungen integriert werden.

Eine Übersicht erkennt, das der Endlos 2-Kontrakt aus nichts anderem als spread – adjustierten Endlos-Daten besteht. Der Betrag des Spread – Ausgleichs innerhalb des Umstellungs-Verfahrens ist nur der Wert des Spreads zwischen den Abrechnungskursen (settlement prices) von zwei Kontrakten am Tage der Umstellung.

Um das Ergebnis weniger empfindlich im Bezug auf den speziellen Wert des Spreads an diesem einen Tag zu machen, will der Analyst vielleicht effizient wechseln, sagen wir – ein Zehntel eines Kontrakts jeden Tag an zehn aufeinander folgenden Tagen. Entsprechend spiegeln die ständigen Kursreihen dann den Wert einer Longposition von zehn Kontrakten wieder, in der ein Future zehn Tage lang jeden Tag gerollt wird (die Kurse werden jedoch auf der Basis eines Kontraktes ausgedrückt).

Eine andere Art von Durchschnittsbildung wird mit einer Serie erzielt, die einen oder mehrere Kontrakte von – sagen wir – zwei, drei oder vier Verfallsmonaten enthält. Jeder Kontrakt wird kurz vor der Fälligkeit auf den Kontrakt des nächsten Verfallsmonat umgestellt.

Wie diese Übersicht veranschaulicht, wird – wenn eine Durchschnittsbildung gewünscht wird – ein Kompromiss notwendig, in dem der Endlos 2-Kontrakt mehrere Positionen besser als eine einzelne widerspiegelt. Diese Übersicht enthält die Endlos 2-Kontrakt-Philosophie, dass die Kurszeitreihe am nützlichsten ist, wenn sie tatsächlich die Transportkosten zeigt und den Wert von einigen speziellen Handelssequenzen widerspiegelt, ebenso wie ein normaler Balkenchart den Wert einer ununterbrochen gehaltenen Longposition wieder spiegelt. Weder der Future, der zuerst verfällt, noch der Endlos 1-Kontrakt reflektieren den Wert von jeder Handelssequenz.

Um deutlich zu zeigen, wie die Daten des Endlos 2-Kontrakts entwickelt werden, werden wir ein Beispiel benutzen, das mit dem T-Bill Future – Dezemberkontrakt beginnt, und nacheinander in den März- und dann in den Juni-Kontrakt rollt. Die jeweiligen Abrechnungskurse sind:

Dezember	30.11.	91,65
März	30.11.	91,11
März	28.02.	92,12
Juni	28.02.	92,19

Beginnen wir mit dem Dezemberkontrakt bis einschließlich 30. November – die kumulative Änderung ist Null und die Kurse sind unverändert.

Am 30. November rollt er in den Märzkontrakt. Die kumulative Änderung ist 0,54 (der Kurs des Dezemberkontrakts von 91,65 minus dem März-Kurs von 91,11). Alle März-Kurse werden bis zum 28. Februar, an dem der adjustierte Abrechnungskurs 92,66 beträgt (der aktuelle Kurs von 92,12 plus 0,54), um diesen Betrag erhöht. Am gleichen Tag ist der Abrechnungskurs für den Juni-Kontrakt 92,19 bei einem neuen Wechsel von 0,47 (92,66 minus 92,19). Dieses Verfahren geht solange weiter bis die Liste des Endloskontraktes entwickelt wird.

Weil alle Übertragungen bloß Additionen oder Subtraktionen sind, ist es einfach, alle Kurse zu adjustieren, damit der jüngste Future-Kontrakt seinen aktuellen (unveränderten) Wert hat und die weiter zurück liegenden verändert werden. Dies kann durch das reine Benutzen der letzten Änderung und das Anpassen aller Preise in der Reihe mit diesem Betrag geschafft werden.

Vielleicht wollen Sie so die Kurse passend für den Chart des letzten Future-Kontrakts machen. In jedem Fall haben alle Charts aller Endlos 2-Futures exakt dieselbe Form wie ihre Gegenstücke, die auf Roh-Daten basieren, weil es nur eine einheitliche Angleichung nach oben oder nach unten stattfindet.

Der Endlos 2-Ansatz ist sehr praktisch für den Händler, der keinen Zugriff auf einen Computer hat. Es bedarf nur einer Addition oder Subtraktion, und dieselbe Größe wird für die ganze Future-Datenreihe benutzt. Dieses System ist sogar geeigneter für computergestützte Analyse, da eine riesige Menge von Daten erfasst werden kann.

Kapitel V

Point-und-Figure Charts: Kurs ohne Zeit

Balkencharts sind eindeutig die am meisten benutzten Charttypen, aber mit dem Point-and-Figure-Chart können die Kurse auf andere Weise dargestellt werden. Während Balkencharts einen Kursbalken haben, der die Hoch-, Tief-, Schlusskurse zu jeder Periode zeigen, hat der Point-and-Figure-Chart kein Zeitelement, und benötigt keinen Eröffnungs- oder Schlusskurs wie andere Charts. Auf diesen Charts ist die Zeit unwichtig; es kommt nur auf den genauen Kurs für die Hochs und Tiefs der Betrachtungsperiode an.

Anfangs sieht diese Art der Chartdarstellung vielleicht komplizierter aus, als der Versuch Balkenchart-Formationen zu entschlüsseln. Aber es könnte Ihre Handelsentscheidungen tatsächlich erleichtern, weil Point-and-Figure-Charts Ihnen genaue Kurse liefern, zu denen gekauft oder verkauft wird, ohne die Signale aus einer Formation interpretieren zu müssen.

Kursbewegungen auf einem Point-and-Figure-Chart werden durch eine Reihe von X und O innerhalb von Kästchen auf Millimeterpapier angezeigt – eine senkrechte Spalte von X, wenn der Markt nach oben geht, eine andere senkrechte Spalte von O, wenn er sich nach unten bewegt.

Im Gegensatz zu einem Balkenchart, der einen Balken für jeden Zeitraum hat, mögen vielleicht Tage oder selbst Wochen vergehen, ohne dass es überhaupt zu irgendeinem Vermerk auf einem Point-and-Figure-Chart kommt. Um einen Point-and-Figure-Chart zu beginnen, müssen Sie gerade am Anfang zwei bedeutende Entscheidungen treffen.

▪ Welchen Wert sollten Sie jedem Kästchen oder Kurseinheit geben?

▪ Wie viele Kästchen oder Kurseinheiten sollte es dauern, um eine Umkehr von den X eines Aufwärtstrends zu den O eines Abwärtstrends anzudeuten?

Jeder Kontrakt, den Sie handeln, wird – abhängig von der Auswahl der Faktoren – verschiedene Werte haben. Nachdem Sie in die Point-and-Figure-Analyse eingestiegen sind, werden Sie wahrscheinlich jeden dieser Faktoren optimieren wollen. Denken Sie dabei aber daran, dass die optimalen Werte sehr wahrscheinlich zu verändern sind, wenn sich die Märkte verändern.

Lassen Sie uns annehmen, dass Sie Anfang 1994 den Beschluss fassen, einen Point-and-Figure-Chart für den Eurodollar-Terminkontrakt Dezember zu beginnen. Sie sind sich vielleicht nicht sicher, wie groß der Wert für jedes Kästchen sein sollte, oder wie hoch die Anzahl der Kästchen sein sollte, die bis zu einer Umkehr benötigt werden. Zur Illustration werden wir mit den Werten, die von *Commodity Price Charts* geliefert wurden, arbeiten: Jedes Kästchen wird einen Wert von 10 Punkten haben und es wird drei Kästchen oder 30 Punkte für eine Umkehr brauchen – ein 10:3-Chart. (siehe Abbildung 5.1)

(Wenn Sie nicht Ihre eigenen Charts führen wollen – etliche Chartdienste liefern wöchentlich Point-and-Figure-Charts zusammen mit anderen Indikatoren. Einige Online-Dienste und technische Analyse-Programme bieten ebenfalls Point-and-Figure-Analysen an).

Wenn Sie den Vorgang für den Eurodollar Dezember beginnen, wissen Sie nicht, ob die erste Spalte X'e für einen Aufwärtstrend oder O's für einen Abwärtstrend enthalten wird. Schauen Sie auf die Kursschwankung des Tages – die Spanne zwischen dem Hoch- und dem Tiefkurs. Wenn die Schwankungsbreite drei oder mehr Kästchen bedeckt und wenn der Schlusskurs über der Mitte der Schwankungsbreite liegt, würden Sie mit einer Spalte von X'n beginnen. Wenn die Schwankungsbreite drei oder mehr Kästchen bedeckt und

Abbildung 5.1 Dezember-Eurodollar Point & Figure 10X3 – Chart

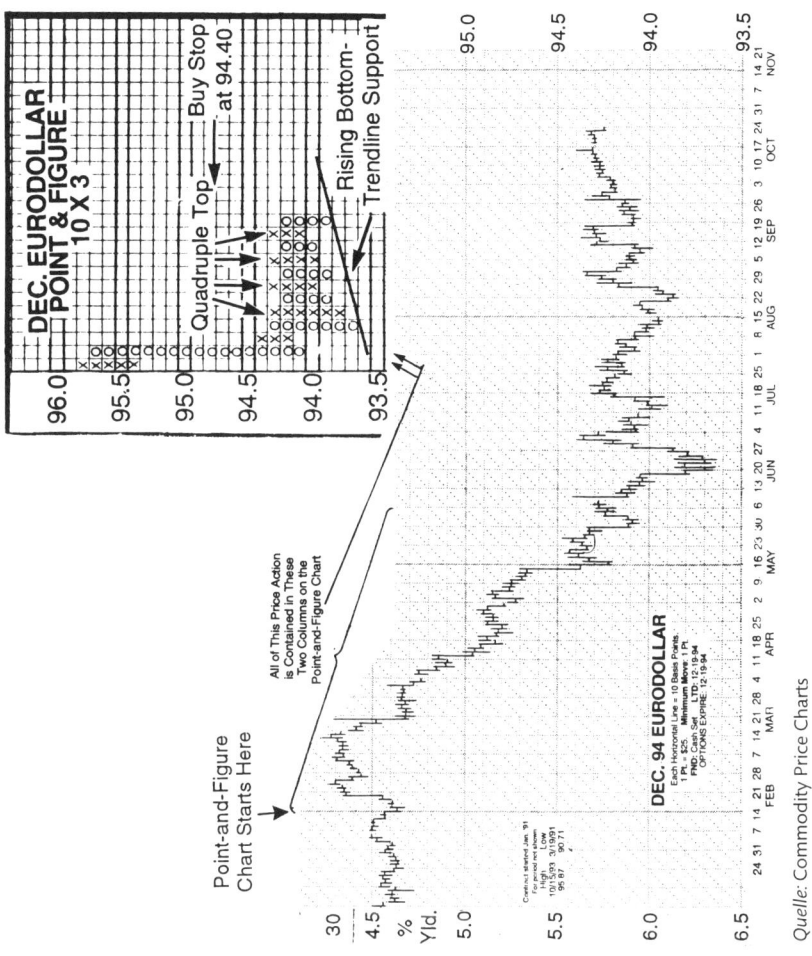

Quelle: Commodity Price Charts

wenn der Schlusskurs unter der Mitte der Schwankungsbreite liegt, würden Sie mit einer Spalte von O's beginnen.

In dem Eurodollar-Beispiel ist 95,40 das einzige Kurskästchen, das anfänglich erreicht wird. Da Sie noch nicht die Richtung kennen, setzen Sie am ersten Tag einen Punkt in dieses Kästchen – die einzige Markierung, die Sie für mehrere Tage haben. Dann, am Ende der ersten Woche, haben Sie einen Tag mit einer größeren Schwankungsbreite, die durch 95,50 und 95,60 geht. Jetzt besitzen Sie drei

Kästchen, die Sie ausfüllen können. Der Schlusskurs ist eindeutig am oberen Ende der Schwankungsbreite, so dass drei Kästchen für jene bestimmten Kurse mit X gefüllt werden sollten. Wenn die Kurse auf 95,30 und 95,20 gerutscht wären, hätte die erste Spalte bei 95,40 mit O begonnen

Nachdem die erste Spalte aufgestellt ist, wird es ein wenig einfacher. Jeden Tag schauen Sie weiterhin auf die Hoch- und Tiefkurse. Wenn Sie mit einer X-Spalte arbeiten, gucken Sie zuerst auf den Hochkurs. Wenn der Hochkurs es zulässt, wenigstens ein Kästchen auszufüllen, das über dem höchsten X in der Spalte liegt, fügen Sie ein X in das oder die entsprechende (n) Kästchen ein. Wenn Sie ein X hinzusetzen können, ignorieren Sie an diesem Tag den Tiefkurs. Solange Ihre aktuelle Spalte eine X-Spalte ist, fahren Sie fort, zuerst auf den Hochkurs zu sehen, und fügen der Säule X bei, solange wie jedes neue X ein oder mehr Kästchen höher ist als das letzte X in der Spalte.

Natürlich ist an vielen Tagen der Hochkurs vielleicht nicht hoch genug, um ein X in ein neues Kästchen setzen zu müssen. Nur dann spielt der Tiefkurs eine Rolle. Wenn Sie an irgendeinem Tag kein anderes X eingeben können, dann achten Sie auf den Tiefkurs. Wenn der Tiefkurs mit einem Wert von mindestens drei Kästchen (in unserem Eurodollar-Beispiel) niedriger als das höchste X liegt, dann ist das Umkehrkriterium ausgelöst worden, und Sie beginnen eine O-Spalte. Das erste O wird eine Spalte zur Rechten der X-Säule platziert und ein Kästchen unter dem höchsten X.

Mit einem Blick auf das Eurodollar-Beispiel können Sie sehen, dass diese Kurse bis 95,70 hoch liefen und die X-Spalte vergrößerten. Während einiger Tage waren die Hochkurse dann nicht hoch genug, um noch ein X hinzuzufügen, aber die Tiefkurse waren auch nicht tief genug, um den Gegenwert von drei Kästchen zu bedecken. Ihr Chart blieb für ungefähr drei Wochen unverändert. Anfang Februar hatte der Markt dann an einem Tag eine ungewöhnlich große Schwankungsbreite von 50 Punkten und schloss nahe seines Tiefs – ein Balkenchart-Chartist würde dies einen Schlüsselumkehrtag *(key reversal day)* bezeichnen. Aber weil die aktuelle Säule eine mit X-Spalte war, mussten Sie zuerst auf den Hochkurs achten. Der Hochkurs erreichte 95,80, so, dass Sie ein X zu Ihrer X-Spalte hinzufügen könnten. Darum ignorierten Sie den Tiefkurs an diesem Tag, obwohl gerade dieser Kurs vielleicht angedeutet hätte, dass eine Umkehr in Luft lag.

Am nächsten Tag gab es jedoch offensichtlich kein Hoch, das zu einem weiteren X geführt hätte. Am Tief können Sie sehen, dass 95,30 tatsächlich in einem Gesamtbetrag von wenigstens drei Kästchen unter dem höchsten X liegt. Deshalb beginnen Sie eine O-Spalte. Das erste O geht in das 95,70er-Kästchen und ferner platzieren Sie ein O in die Kästchen 95,60, 95,50, 95,40 und 95,30.

Jetzt ändert sich die Situation. Da Sie gerade an einer O-Spalte arbeiten, schauen Sie jeden Tag zuerst auf den Tiefkurs. Wenn dieser Kurs für ein weiteres O niedrig genug ist, fügen Sie es am tiefsten Punkt dieser Säule an und ignorieren den Hochkurs. Wenn der Tiefkurs nicht tief genug ist, um ein weiteres O beizufügen, bewerten Sie den Hochkurs. Erkennen Sie, dass dieser wenigstens den Gegenwert von drei Kästchen über dem niedrigsten O liegt, so schreit das nach einem weiteren Umschwung hin zu einer neuen X-Spalte. Sie werden immer zwischen X- und O-Säulen abwechseln.

Im Falle des Eurodollar setzten Sie die O-Spalte über zwei Monate fort, als die Kurse bis etwa 94,10 zurückgingen. Das bedeutet: Fast vier Monate Kursbewegung des Eurodollar, die vielleicht 90 Balken auf einem herkömmlichen Balkenchart auf Tagesbasis abdecken, waren in nur zwei Säulen eines Point-und-Figure-Chart enthalten. (Der Chart des Schweinebauch-Dezember Future) ist sogar noch dramatischer: Fast die gesamte Kurshistorie des Kontrakts ist in nur drei Spalten eines Point-und-Figure-Charts enthalten (Abbildung 5.2.).

Handelssignale

Sie haben nun vielleicht erkannt, dass dies ein komplizierter Weg ist, um Trends zu zeigen, und Sie wundern sich vielleicht, wie X und O Ihnen helfen können, Handelsentscheidungen zu treffen. Es geht

Abbildung 5.2 Schweinebauch Dezember-Kontrakt 1994

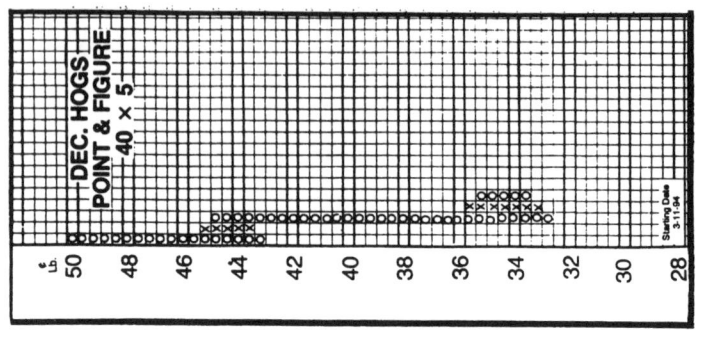

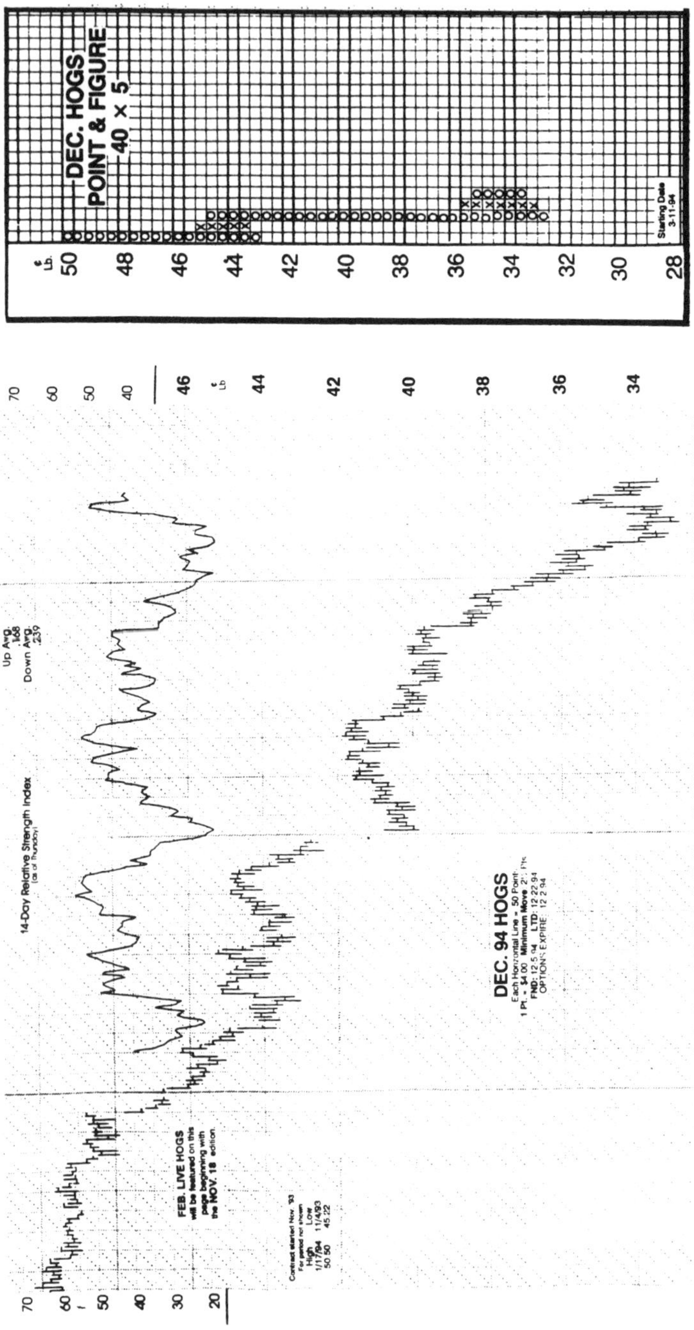

Quelle: Commodity Price Charts

nicht nur darum Long zu sein, wenn da eine X-Spalte ist, und Short zu gehen, wenn Sie eine O-Säule beginnen – aber die elementaren Point-und-Figure-Signale sind ziemlich einfach:

- Wenn die laufende X-Spalte ein Kästchen über die vorige X-Säule steigt, kaufen Sie. Viele Spekulanten gebrauchen den Kurs dieses Kästchens für eine Stop-Buy-Kauforder.
- Wenn die laufende O-Spalte ein Kästchen unter die vorige O-Säule fällt, verkaufen Sie. Wiederum: Hier würde ein Stop-Loss-Order platziert.

Diese Regeln gelten sowohl für den Einstieg in eine neue Position wie für den Ausstieg aus Positionen. Sie liefern gute Punkte, um Stop-Loss-Aufträge zu platzieren.

Beachten Sie die Signale auf dem Weizen-Chart Dezemberkontrakt (Abbildung 5.3). Wie auch bei den meisten anderen Methoden, ist nicht jedes Signal erfolgreich. Sie müssen also auf jeden Fall über ein fundiertes Money-Management-System verfügen, da einige von den Kursen mehr schwanken könnten, als Ihr Konto es verkraften kann. Aber wenn Sie die Kästchen- und Umkehrwerte der *Commodity Price Charts* benutzt hätten und den traditionellen Point-und-Figure-Signalen gefolgt wären, sind Sie aus Shortpositionen herausgekommen oder mit 36,5 Dollar je Bushel Long gewesen, um von dem netten Kursanstieg zu profitieren.

Da die X- und O-Spalten die Schlacht zwischen Bullen und Bären widerspiegeln, sind die Formationen auf Point-und-Figure-Charts ziemlich klar. Eine Säule von X'n zeigt, wie hoch der Markt gehen wollte. Wenn die nächste X-Spalte höher als die vorherige ist, zeigt das einen stärkeren Markt. Wenn die nächste Säule mit X'n tiefer ist, signaliert das einen schwächeren Markt. Sie können etliche Verfeinerungen auf Point-und-Figure-Charts anwenden, aber in diesem Grundlagentext werden wir uns nur vier ansehen.

Eines der zuverlässigsten Signale, auf die Point-und-Figure-Analysten achten, sind Dreifach- (und Mehrfach-) Tops und -Böden.

Abbildung 5.3 Weizen Dezember-Kontrakt

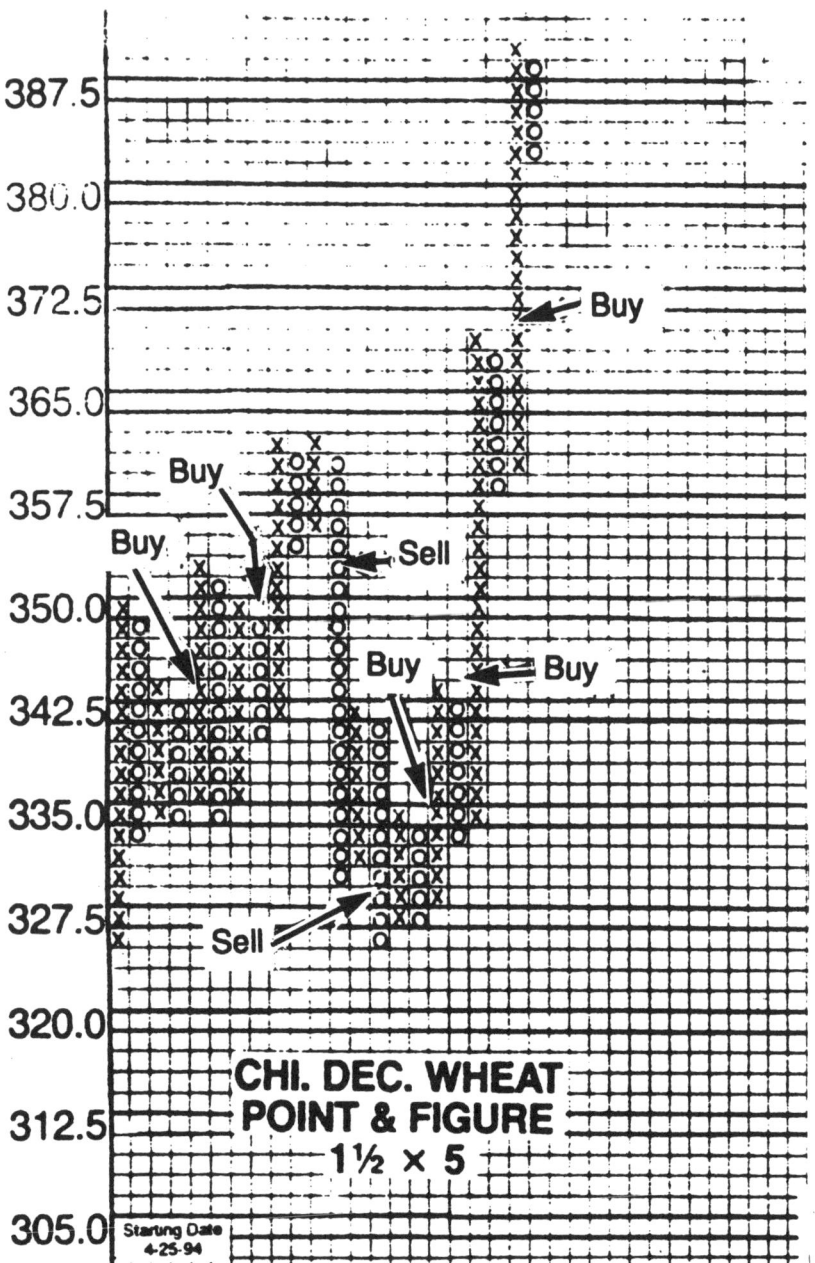

Quelle: Commodity Price Charts

Wenn die laufende X-Spalte zwei oder mehrere vorangegangene X-Säulen überschreitet, gilt der Ausbruch als ein starkes Kaufsignal. Das bedeutet, dass der Markt nun bereit ist, höhere Kurse als zuvor zu bieten. Wenn Sie sich den Eurodollarchart anschauen, werden Sie verstehen, warum einige Analysten empfahlen, das Niveau von 94,40 zum Einstieg zu nutzen. Ein Verkaufssignal erfolgt ähnlich: Verkaufen Sie zu dem Punkt, an dem eine O-Säule unter die vorherigen zwei (oder mehr) O-Spalten fällt.

Den zweiten Anhaltspunkt, den der Point-und-Figure-Chart zum Analysieren der Stärke oder Schwäche eines Marktes gibt, sind die Muster der Tops und Böden. Der Eurodollarchart liefert ein gutes Beispiel eines ansteigenden Bodens: Eine Serie höherer Tiefs, wohin jeder Aufwärtsschub zurück prallt. Das zeigt, dass bei jedem Versuch, unter die alten Tiefs zu gehen, die pessimistischen Kräfte beständig schwächer werden. Die Formation entspricht einem ansteigenden Dreieck auf einem Balkenchart, aber ohne ein Zeit-Element.

Trendlinienanalyse

Das dritte nützliche Element innerhalb der Point-und-Figure-Analyse ist die Trendlinie, die eher als bullische und bärische Unterstützungs- und Widerstandslinie charakterisiert werden könnte. Obwohl einige Analysten Balkenchart- Trendlinien auf Point-und-Figure-Charts anwenden – spielt nur die 45-Grad-Linie eine Rolle.

Nachdem Sie Ihren Point-und-Figure-Chart eingerichtet und ein Kaufsignal bekommen haben (eine X-Spalte übersteigt die vorherige X-Säule), gehen Sie auf dem Chart zu dem leeren Kästchen unter der tiefsten O-Spalte. Zeichnen Sie einen Strich von der unteren linken Ecke des Kästchens zu der oberen rechten Ecke desselben Kästchens – ein 45-Grad-Winkel – und verlängern die Linie über den Chart.

Beachten Sie: Sie verbinden nicht die Tiefs oder irgendwelche Kurse wie Sie das bei einer Balkenchart-Trendlinie tun würden, sondern zeichnen nur eine 45-Grad-Linie. Das ist Ihre bullische Unterstützungslinie. Sie können andere kurzfristige Unterstützungslinien auf höheren Niveaus hinzufügen, wenn Sie neue Kaufsignale bekommen.

Sie können die Linien auf verschiedene Art benutzen. Einige Analysten raten, nur die Kaufsignale zu befolgen, die Verkaufssignale aber zu ignorieren, solange die Kurse oberhalb dieses Strichs bleiben. Wenn die Kurse unter die bullische Unterstützungslinie fallen, werden sie die Verkaufssignale nutzen und die Kaufsignale nicht beachten.

Das Gegenstück der bullischen Unterstützunglinie ist die bärische Widerstandslinie, die als 45-Grad-Winkel (oder als 135 Grad) von dem leeren Kästchen über dem höchsten X auf Ihrem Chart gezeichnet wird, sobald Sie ein Verkaufssignal (eine O-Spalte unterschreitet die vorherige O-Säule) bekommen. Solange die Kurse unter dieser bärischen Widerstandslinie bleiben, ist die Stimmung des Marktes insgesamt pessimistisch und entsprechend sollte gehandelt werden.

Bewegungen messen

Das vierte Element, das die Analyse von Point-und-Figure-Charts liefern kann, ist die Messung eines Kurszieles (so wie die Kurslücken oder Flaggenformationen auf einem Balkenchart). Benutzen wir wieder den Eurodollarchart als Beispiel: Nehmen Sie an, dass der Kurs 94,40 erreicht und Sie wüssten gerne, wie weit die Kurse steigen könnten. Das X in dem 94,40er-Kästchen wäre das vierte X in dieser Spalte. Multiplizieren Sie diese vier mit drei (der Anzahl der Kästchen, die für eine Umkehr notwendig sind), und das Ergebnis mit 0,10 (der Größe jedes Kästchens). Addieren Sie diesen Betrag von 1,20 zu dem Kurs von 93,70 am Fuß der Formation und Sie erhalten ein Kursziel von 94,90.

Ferner können Sie eine Messung durch das Abzählen der waagerechten Kästchen an dem breitesten Punkt bekommen. In diesem Fall sind es zehn Kästchen. Folgen Sie demselben Verfahren wie oben – multiplizieren Sie zehn mit drei und dann mit 0,10 und addieren Sie das Ergebnis drei zu dem niedrigsten Kurs, um ein Kursziel von 96,70 zu erhalten – ein eher unrealistischeres Kursziel als die 94,90 des ersten Beispiels.

Vielleicht ist das zuviel erwartet von einem Chart, dessen Stärke das Bereitstellen von klaren und exakten Kauf- und Verkaufsignalen ist, ohne Seitwärtsbewegungen von Kursen, die häufig viel Raum auf einem Balkenchart einnehmen. Der Schlüssel zu einer erfolgreichen Spekulation mit Hilfe von Point-und-Figure-Charts bleibt jedoch die Größe des Kästchens (die Kursänderung, die es darstellt) und die Anzahl der Kästchen (oder der Gesamtkurs), die sich der Markt bewegen muss, bevor eine Umkehr signalisiert wird. An die richtigen Zahlen zu kommen, ist ein laufender nie endender Prozess, der auch künftig die Trader fordern wird.

Kapitel VI

Kerzencharts: Ein erleuchtender Blick

Japanische Kerzencharts gibt es schon seit Jahrhunderten, aber sie wurden erst Ende der achtziger Jahre in der westlichen Welt bekannt. Steve Nison – zu dem Zeitpunkt Technischer Analyst bei Merrill Lynch Futures in New York – war einer der ersten Analysten, die Kerzenchart-Techniken dem US-Markt präsentierten, als er den Lesern des *Futures* Magazins in der Dezemberausgabe 1989 Kerzencharts vorstellte. Der Ansatz zog sofort starkes Händlerinteresse auf sich, vielleicht weil Kerzen einen besseren visuellen Blick für die Marktbewegungen bieten, und möglicherweise wegen der auffälligen Namen der Kerzensignale. Nison, der zu Daiwa Securities America als Leiter der Research-Abteilung für ihre Nikkhah Gruppe wechselte, folgte mit weiteren Artikeln und Seminaren und hat außerdem mehrere Bücher über Kerzenchart-Techniken geschrieben.

Kerzencharts sind in nur wenigen Jahren zu einem der Hauptansätze innerhalb der Technischen Analyse geworden, nachdem viele elektronische Kursanbieter, Analysedienste und Softwarepakete sie als Chartart aufgenommen haben. Und – etliche andere Analysten und Dienste spezialisieren sich nun auf Kerzenchart-Techniken. Zusätzlich zu Nison, enthält dieses Kapitel Beiträge von Daniel Gramza, dem Präsidenten der *Gramza Capital Management* in Evanston, sowie Gary Wagner und Brad Matheny von der *International Pacific Trading Co.* in San Clemente, Calif.

Während sich Point-und-figure-Charts auf den Hoch- und den Tiefkurs einer Zeitperiode konzentrieren und den Eröffnungs- und Schlusskurs völlig ignorieren, heben Kerzencharts den Eröffnungs-

und den Schlusskurs hervor, und legen wenig Wert auf den Hoch-
und den Schlusskurs. Wie traditionelle Balkencharts benutzen
Kerzencharts Eröffnungs-, Hoch-, Tief- und Schlusskurs, aber die
Eröffnung ist viel wichtiger für den Kerzenchart-Chartisten.

Die Differenz zwischen dem Eröffnungs- und dem Schlusskurs bildet den Körper, der so die Schwankungsbreite einer Zeitperiode
darstellt. Er sieht tatsächlich häufig wie eine Kerze aus mit einem
Docht oder einem Schwanz an einem der Enden, der als Schatten bekannt ist. Wenn der Schlusskurs über dem Eröffnungskurs
liegt, ist der Körper hell oder weiß. Wenn der Kurs zum Schluss
unter dem zur Eröffnung liegt, ist der Körper massiv oder schwarz
(Abbildung 6.1).

Generell zeigt eine Serie heller oder weißer Kerzen einen Aufwärtstrend oder Hausse an; die Bullen haben die Macht, solange die
Kurse fortlaufend auf einem höheren Niveau schließen, als sie eröff-

Abbildung 6.1

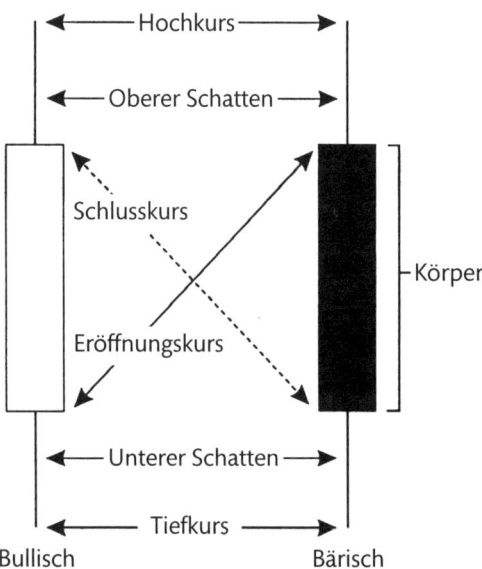

Je länger der Körper, desto bullischer oder bärischer
könnte die folgende Kursbewegung ausfallen.

neten. Eine Serie massiver oder schwarzer Kerzen deutet auf einen Abwärtstrend oder eine Baisse hin; die Bären treiben die Kurse nach unten, wenn die Schlusskurse in einem schwachen Muster unter die Eröffnungskurse fallen. Die Farbe und die Länge der Kerzen selbst bietet einen schnellen visuellen Anhaltspunkt, ob Käufe oder Verkäufe den Markt dominieren.

Von da an gibt es etliche Deutungen für einzelne Kerzen. Während sich Balkencharts auf Trendlinien und Formationen konzentrieren, schaut die Kerzenchartanalyse eher auf Stimmungen der Spekulanten wie sie sich während eines Handelszeitraum ausdrückte. Jeder Kerzenchart-Analyst wird Ihnen jedoch sagen, dass eine Kerze nicht ausreicht, um eine Handelsentscheidung zu treffen. Sie müssen auch auf die Kerze vor und auf die Kerze nach der Kerze zu schauen, die Sie analysieren. Und – Sie müssen die Kerzen im Zusammenhang mit dem Bild des Gesamtmarkts zu sehen, bevor Sie beurteilen, was eine einzelne Kerze bedeuten könnte.

Obwohl Kerzen eine frische neue Perspektive der Kursbewegungen bieten, sollten sie auch nicht isoliert von anderen technischen Beweisen betrachtet werden. Kerzen sind nicht der heilige Gral. Unglücklicherweise ist die Interpretation von Kerzencharts häufig noch mehr eine Kunst als die Auslegung anderer Charttypen.

Behalten Sie im Gedächtnis, dass Sie auf jeden dieser Punkte als Teil des Gesamtbildes schauen müssen. Hier sind die wichtigsten Kerzenchart-Muster und was sie aussagen:

Doji

Es entsteht, wenn Eröffnungs- und Schlusskurs zusammen fallen. So deutet das Doji einen unsicheren Markt an, der nicht weiß, in welche Richtung er gehen will. Der Markt eröffnet zu einem bestimmten Kurs, notiert dann höher oder tiefer oder beides und kommt zurück zu dem Eröffnungskurs, um dort zu schließen. Wenn der Markt einen Trend hat, empfiehlt das Doji Schwächen als Phasen vor der Fortsetzung des Trends zu sehen, signalisiert häufig aber auch einen Wendepunkt.

Abbildung 6.2 Doji

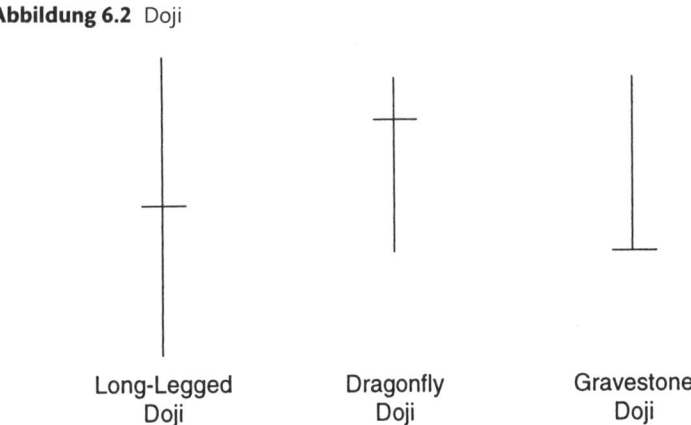

Long-Legged   Dragonfly   Gravestone
Doji   Doji   Doji

Spinning tops *(Drehtop)*

Ein Drehtop ist ein bisschen wie ein Doji in der Art, dass es auf Ungewissheit hindeutet, oder es zeigt, dass der Markt an Schwung verliert. Aber es hat einen kleinen Körper. Mit anderen Worten: Es spiegelt einen Tag geringer Kursschwankung mit einiger Differenz zwischen Eröffnungs- und Schlusskurs wider. Wenn der Markt auf oder in der Nähe eines neuen Hochs ist – besonders nach einem steilen Anstieg –, könnte ein Drehtop signalisieren, dass die Bewegung ausläuft.

Wenn zu einem Drehtop geringes Volumen hinzu kommt, deutet das darauf hin, dass das Kaufinteresse schwindet; fällt das Drehtop

Abbildung 6.3 Spinning tops

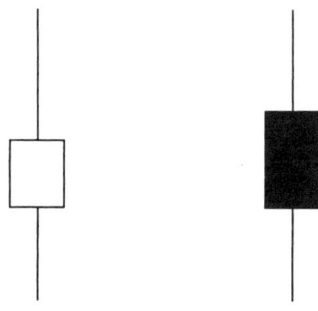

mit starkem Volumen nach einem steilen Anstieg zusammen, meint das, dass die Käufe weiter stark ansteigen werden, doch die hereinkommenden Verkäufe sind bedeutend genug, um eine Fortsetzung der Hausse zu verhindern.

Hammer *(Hammer)*
Ein Hammer bringt ebenfalls ziemlich eng beieinander liegende Eröffnungs- und Schlusskurse und einen kleinen echten Körper hervor. Der untere Schatten hat aber wenigstens zweimal die Höhe des eigentlichen Körpers. Er zeigt einen Markt an, der einen Schub auf niedrigere Niveaus erzwungen hat, aber die Bewegung nicht durchhalten konnte, und nahe am Hochs schließt. Er kommt am Boden eines Marktes vor und deutet eine Wende nach oben an.

Abbildung 6.4 Hammer

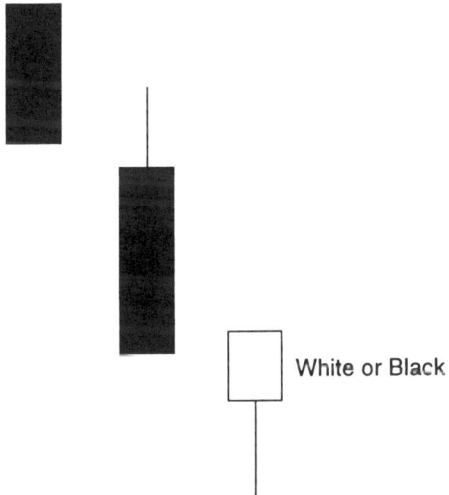

White or Black

Hanging man *(Hängender Mann)*
Ein hängender Mann ähnelt einem Hammer, außer dass er am Top eines Trends vorkommt. Der schmale Körper und das hängende Bein an der Spitze eines Aufwärtstrends erinnern an seinen Namen und signalisieren seine bärische Natur.

Abbildung 6.5 Hanging Man

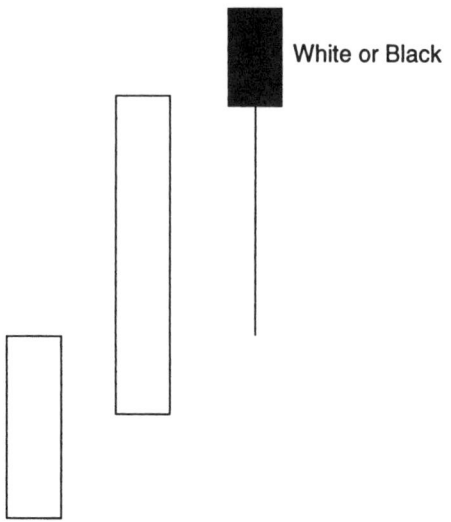

White or Black

Stars *(Sterne)*

Der Basis-Stern entsteht, wenn ein Tag mit einem schmalen Körper, eine Kurslücke (Kerzenchartanalysten würden das Gap ein Fenster nennen) nach einem Tag mit einem viel größeren Körper hinterlässt. Die Farbe des Körpers am ersten Tag sollte dieselbe haben, wie der zu dieser Zeit vorherrschende Trend (weißer Körper in einem Aufwärtstrend, schwarzer Körper in einem Abwärtstrend), aber der Körper des »Sternentags« kann entweder weiß oder schwarz sein. Die Schatten der beiden Kerzen können überlappen, aber die Körper tun das nicht – wenn es ein Stern ist.

Es gibt vier bedeutende Stern-Kombinationen. Sie alle indizieren, dass ein Markt an Fahrt verliert und zu einer Trendwende bereit ist. All diese Kombinationen sind besonders bedeutsam, wenn sie nach einer langen Bewegung entstehen.

Der »*evening star*« *(Abendstern)* und der »*morning star*« *(Morgenstern)* haben idealerweise Kurslücken vor und nach dem Stern – ein Balkenchartanalyst würde diese Formation ein »Insel-Top« und einen ›Insel-Boden‹ nennen.

Abbildung 6.6

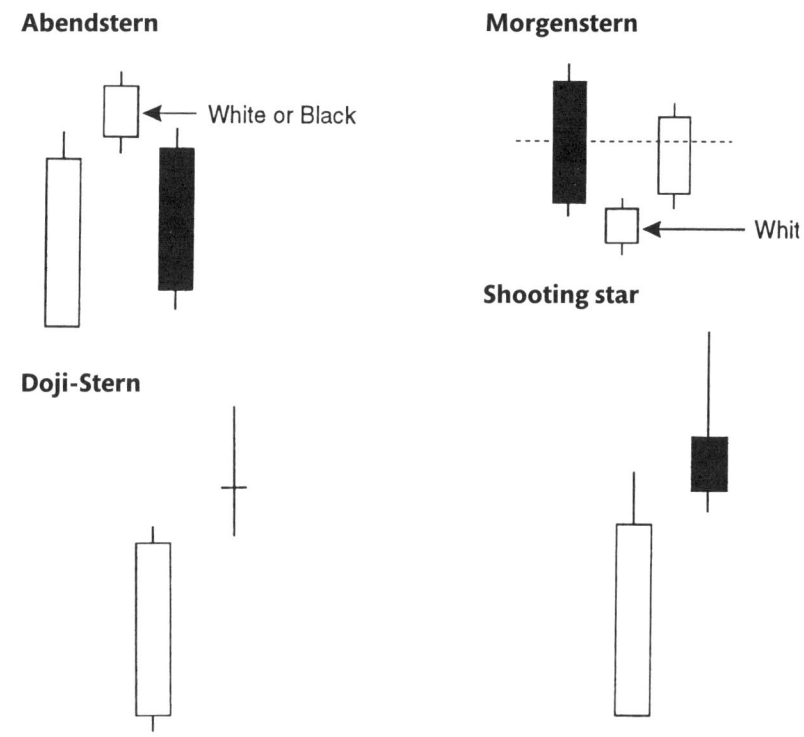

Der Abendstern bringt eine Kerze mit einem schmalen Körper nach einem Tag mit einem größeren weißen Körper hervor, und wird gefolgt von einer Kerze mit einem größeren schwarzen Körper. Er bestätigt ein Markt-Top. Ein Morgenstern kommt am Boden eines Trends vor, wenn ein großer schwarzer Körper von einem Stern mit einem schmalen Körper und einem größeren weißen Körper gefolgt wird. Das Top dieses Körpers (der Schlusskurs am dritten Tag) erstreckt sich über mehr als die Hälfte des am ersten Tag entstandenen schwarzen Körpers. Wenn der Körper am dritten Tag schwarz anstatt weiß wäre, würde eine größere Schwäche erwartet werden.

Das oben beschriebene Doji kann auch Teil einer Sternenformation sein, wenn es eine Kurslücke weg vom Körper des vorherigen Tages reißt. *»Doji stars« (Dojisterne)* pflegen wichtiger an Markttops zu sein, aber konservative Händler sollten auf die Bewegung des nächsten Tages warten, um einen Trendwechsel zu bestätigen.

Ein »*shooting star*« *(Sternschnuppe)* zeigt sich an Tops. Sie hat einen schmalen Körper mit einem langen oberen Schatten, der das Hoch des Tages darstellt – die Trader versuchten die Kurse nach oben zu treiben, aber die Bewegung verpuffte zum Börsenschluss. Eine Sternschnuppe, die aussieht wie das Gegenteil eines Hammers, ist in der Regel ein kurzfristiges Umkehrmuster.

Dark cloud cover *(Dunkle Wolkendecke)*

Wie der Name schon andeutet, versetzt die dunkle Wolkendecke einem Aufwärtstrend einen bärischen Dämpfer. Sie tritt auf, wenn auf einen Tag mit einer sehr hohen Schwankungsbreite, wo der Schlusskurs höher als der Eröffnungskurs liegt (eine weiße Kerze), ein Tag mit einer sehr hohen Schwankungsbreite, wo der Schlusskurs niedriger als der Eröffnungskurs ist (schwarze Kerze) folgt. Dieses Muster ist umso signifikanter, wenn der Fuß des schwarzen Körpers (der Schlusskurs) unter das Zentrum des vorausgehenden weißen Körpers fällt. Diese Formation signalisiert zumindest eine Verlangsamung des Aufwärtstrends, wenn nicht gar eine Umkehr.

Das bullische Gegenteil der dunklen Wolkendecke ist die *piercing line (durchstoßene Linie):* Eine Kerze mit langem schwarzen Körper

Abbildung 6.7 Dark cloud cover

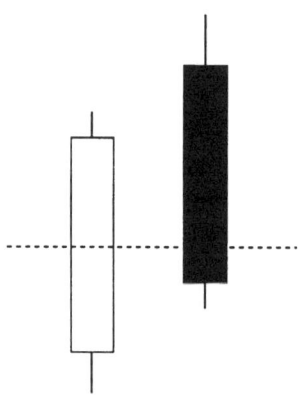

Abbildung 6.8 Piercing Line

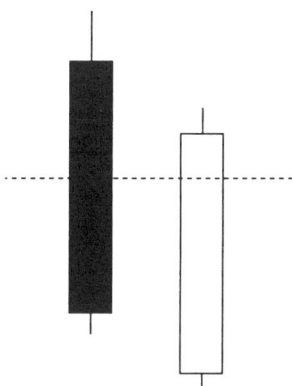

am Boden eines Abwärtstrends wird von einem Tag mit einer weißen Kerze gefolgt. Diese eröffnet tiefer, schließt aber oberhalb der Mitte der vorangegangenen schwarzen Kerze.

Dunkle Wolkendecken scheinen häufiger vorzukommen als durchstoßene Linien.

Engulfing lines *(Verschlingende Linien)*

Abhängig von ihrer Farbe und Lage gibt es verschiedene Arten. Eine bärische verschlingende Linie ist eine große schwarze Kerze, die im Laufe eines Aufwärtstrends vorkommt und die weiße Kerze des Vor-

Abbildung 6.9 Bearish Engulfing Pattern

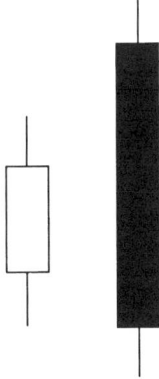

Abbildung 6.10 Bullishes Verschlingungsmuster

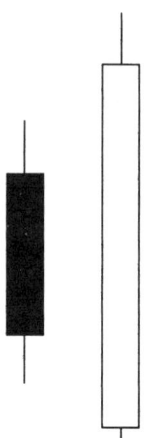

Abbildung 6.11 Die zwei Arten von letzten Verschlingungsmustern
Bärisches Verschlingungsmuster nach einem Abwärtstrend

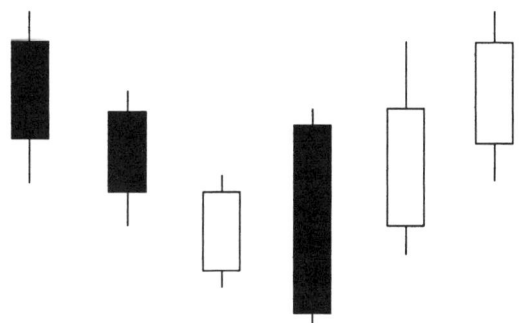

Bullisches Verschlingungsmuster nach einem Aufwärtstrend

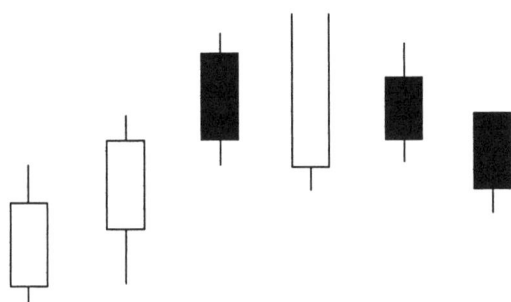

tages verschlingt. Der Markt eröffnet im Vergleich zum Schlusskurs des Vortages höher und schließt dann tiefer als der Eröffnungskurs des vorherigen Tages – das macht seinen Körper größer als den Körper des Vortags.

Eine bullische verschlingende Linie ist eine große weiße Kerze, die sich während eines Abwärtstrends zeigt und den schwarzen Körper des vergangenen Börsentages verschlingt.

Wenn sich ein bullisches ›Verschlingungsmuster‹ im Laufe eines Aufwärtstrends oder ein bärisches ›Verschlingungsmuster‹ in einem Abwärtstrend zeigt, können es die letzten ›Verschlingungsmuster‹ sein. Auf den ersten Blick mögen sie aussehen wie Fortsetzungsmuster, aber sie zeigen vielleicht die letzten Atemzüge einer Bewegung, bevor eine Umkehr stattfindet. In einem Aufwärtstrend entsteht ein Verkaufssignal, wenn der Markt im Vergleich zum Schlusskurs des bullischen ›Verschlingungsmuster‹ (es würde auf einem Balkenchart eine Kurslücke hinterlassen) niedriger eröffnet. Sogar wenn der Markt höher eröffnet und nach dem bullischen ›Verschlingungsmuster‹ in einem Aufwärtstrend niedriger schließt – es würde eine dunkle Wolkendecke entstehen, aus der sich ein Verkaufssignal ergibt.

Harami *(Harami)*

Für einen Balkenchartanalysten ist ein *inside day* gewöhnlich neutral. Einem Kerzenchartanalysten ist derselbe Formationstyp jedoch als »harami« bekannt und der deutet an, dass ein Trendwechsel vielleicht unmittelbar bevorsteht.

Das Harami-Muster kommt vor, wenn sich ein schmaler Körper innerhalb des Körper des Vortages ausbildet – harami bedeutet auf Deutsch »schwanger«. Wie verschiedene andere Kerzenchart-Muster zeigt es, dass ein Markt launenhaft ist.

Abhängig von ihrer Lage auf dem Chart, unterstellt es, dass die vorherige Bewegung an *Momentum* (Schwung) verliert. Wenn ein Harami-Muster eine Doji beinhaltet, wird es »harami cross«

Abbildung 6.12 Harami

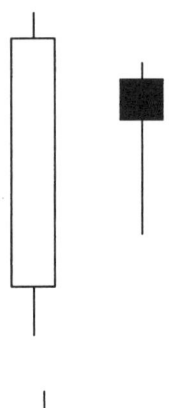

Abbildung 6.13 Harami Cross

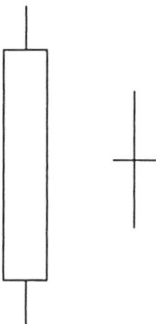

genannt. Dies ist ein wichtiger Indikator für einen Trendwechsel, besonders nach einem starken Anstieg.

Breaking the record (*den Rekord brechen*)

Sie müssen nicht notwendigerweise Kerzencharts benutzen, um eine Folge höherer Hochs oder tieferer Tiefs zu sehen, aber eine Serie von weißen oder schwarzen Körpern macht die Aufgabe einfacher. Nach der Kerzenchart-Theorie können Sie – besonders wenn ein bärisches Kerzensignal in einem Aufwärtstrend oder ein bullisches in einem Abwärtstrend erscheint – eine Korrektur erwarten, wenn ein Markt acht bis zehn Rekordsitzungen (höhere Hochs oder tiefere Tiefs) aufweist. Diese müssen nicht unbedingt aufeinander folgen.

Die Kerzenchart-Strategie schlägt vor, dass Sie nach acht Rekordhochs die Hälfte Ihrer Longpositionen liquidieren sollten; nach dem zehnten Rekordhoch sollten Sie aus allen Longpositionen rausge-

Abbildung 6.14 Zehn Rekordhochs

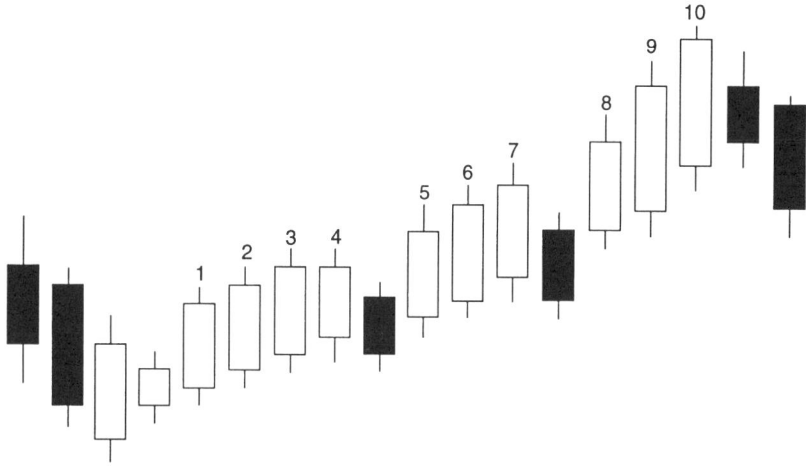

hen. Wenigstens sollten Sie – nach diesen vielen Rekordhochs – sehr konzentriert auf bärische Kerzenchartsignale achten. (Siehe Tom DeMarks Sequential Program im nächsten Abschnitt für eine ähnliche Taktik).

Putting pieces together *(die Teile zusammensetzen)*
Erinnern Sie sich, dass obwohl Kerzen das visuelle Verfolgen eines aktiven Marktes verbessern, die Kerzenchartmuster nicht alleine dastehen. Wie Steve Nison in einem seiner Artikel warnte:

»Die schwarze Kerze eines bärischen Verschlingungsmusters hüllt den weißen Körper des Vortags ein, und die schwarze Kerze der dunklen Wolkendecke geht nur teilweise in den vorherigen weißen Körper. Das suggeriert, dass die Bären aggressiver in dem bärischen Verschlingungsmuster sind als bei der dunklen Wolkendecke. Auf dem basierend, könnten Sie ein bärisches Verschlingungsmuster negativer als eine dunkle Wolkendecke erachten.

Aber eine dunkle Wolkendecke, die eine Widerstandszone anzeigt, ist bedrohlicher als ein bärisches Verschlingungsmuster, das keinen Widerstand bestätigt. Deshalb wird das technische Gesamtbild dann, wenn sich eine Kerzenformation bildet, die Bedeutung dieses Musters beeinflussen.«

Kapitel VII

Market Profile

Die technische Analyse argumentiert, dass alles was auf einen Markt einwirkt – von Fundamentaldaten, über Chartsignalen bis zur Politik – sich im Kursbalken einer bestimmten Zeitperiode niederschlägt. Einige Analysten wollen jedoch präzisere Informationen aus diesem Kursbalken ziehen. Durch den Fortschritt des Computers und der Versorgung mit Real-time-Daten, die online von Dienstleistungsunternehmen geliefert werden, können *daytrader* (Tageshändler) nun einen täglichen Kursbalken auf kleine und kleinere Zeiteinheiten runter brechen. So können sie Wellen, Chartformationen und all die anderen vertrauten technischen Signale auf einer Skala, die das Format eines Mikrokosmos hat, innerhalb des Tageshandels anwenden.

Ein Ansatz, um die Tagesschwankungen runter zu brechen, hat die Techniker seit den frühen 80er-Jahren angelockt. Market Profile (auch bekannt als Marktlogik) ist eine andere Kurs-Darstellungsart, der überhaupt nicht wie andere Charts aussieht. Market Profile analysiert die Kurse, die Zeit und das Volumen – wie viel Handel findet zu welchem Kurs und zu welcher Zeit während der Börsensitzung statt? Viele Analysten haben diese Methode übernommen, aber sie wird am engsten mit ihrem ursprünglichen Entwickler J. Peter Steidlmayer und dem *Chicago Board of Trade (CBOT)* in Verbindung gebracht.

Steidlmayer, ein langjähriger Parketthändler an der CBOT, wurde 1980 der Leiter des Börseninformationskommittees und half die Liquiditätsdatenbank (LDB) zu entwickeln. Die LDB zapfte die riesige Datenmenge an, die die Börse jeden Tag erzeugte, um zu zeigen, wie viel Volumen zu jedem Kurs stattfindet und wie viel Volumen auf die Rechnung von unabhängigen oder kommerziellen Händlern ging. All die Zahlen, Statistiken und Daten waren schwer zu begreifen, aber das Market Profile half, sie zu visualisieren.

Aufgrund seiner Handelserfahrung wusste Steidlmayer, dass der Wert oder Preis das Ergebnis von Zeit plus Volumen war – je mehr Zeit ein Markt bei einem Kurs verharrt und je größer das dort gehandelte Volumen ist, umso wahrscheinlicher ist es, dass das sein wahrer Wert ist. Das Market Profile teilt die Börsensitzung in halbstündige Gruppen ein. Alle Kursnotierungen bzw. Ticks, zu denen während der ersten halben Stunde ein Handel stattfindet, werden mit einem A etikettiert, die Ticks, zu denen in der zweiten halben Stunde gehandelt wird, bekommen ein B, Ticks in der dritten halben Stunde ein C, ... Wie sich der Markt entwickelt, zeigen die Buchstaben, die sich in waagerechten Reihen an den jeweiligen täglichen Kursniveaus Haufen bilden. Sie offenbaren Muster, die jenen geläufig sind, die sich mit den Feinheiten dieses Ansatzes auskennen (Abbildung 7 .1).

Steidlmayer beabsichtigte bei der Entwicklung des Market Profile, den Wert, basierend auf dem Kurs, zu welchem der meiste Umsatz stattfand, darzustellen. Er wollte kaufen, wenn die Kurse unterbewertet waren und verkaufen, wenn sie überbewertet waren. Er entdeckte vier Handelsmuster: Normale Tage, die zu 80 Prozent vorkommen, zwei Arten von Trendtagen, die ungefähr zu 15 Prozent der Zeit vorkamen und trendlose Tage, die fünf Prozent ausmachen.

An normalen Tage wird die Handelsspanne gewöhnlich während der ersten Stunde oder so etabliert. Trendtage sind entweder länglich, mit allmählichen Bewegungen, die sich zu neuen Hochs oder Tiefs hin entwickeln, oder aber eine Kursänderung führt zu einer starken Reaktion (vielleicht wegen einer Nachricht oder weil Stopps ausgelöst werden), worauf die Kurse auf ein höheres oder tieferes Niveau springen. Ein trendloser Tag zeigt einen Handel auf relativ wenigen Kursniveaus, bei dem der Markt den ganzen Tag hin und her wechselt. Das Ziel dieser Analyse: den Trendtag früh genug zu erkennen, um mit ihm zu gehen.

Abbildung 7.1

Normal Day		Trend Day	
110		110	B D E
109	B	109	A B C D E
108	B	108	A B C D E
107	B E	107	A C E
106	A B E F	106	A E F I
105	A B E F I	105	A E F G I
104	A B E F H I	104	A F G H I
103	A B D F G H I L	103	F G H I J
102	A B D G H I L M	102	G H I J K
101	A B D G H I L M	101	G I J K L
100	A B D G H I L M	100	J K L
99	A B D G H J K	99	J K L M
98	A B D H J K	98	K L M
97	A B D H J K	97	K L M
96	B C D J K	96	
95	C D J K	95	
94	C D K	94	
93	C	93	
92	C	92	
91	C	91	
90		90	

Trend Day		Non-Trend Day	
112	L	105	
111	L	104	D E
110	H L	103	A B C D E F J K
109	H J K L	102	A B C D E F G H I J K L
108	H J K L M	101	A B C D E F G H I J K L M
107	H I J K L M	100	A B F G H K L M
106	G H I J K L	99	A B F H L M
105	G H I J K	98	A
104	G	97	
103	F G		
102	F G		
101	F G		
100	B D E F G		
99	B D E F		
98	B C D E F		
97	A B C D E F		
96	A B C D E F		
95	A B		
94	A B		
93	A		
92	A		
91	A		
90	A		

Über die Jahre haben Steidlmayer und andere die Konzepte ver-
feinert und andere Profile und Kategorien von Börsensitzungen
definiert. Natürlich erachtet nicht jeder Market Profile-Konzepte als
wertvoll oder übernimmt ihre Handelsstrategien für unterbewertete
und überbewertete Situationen. So bedeutet dieser Handelsstil, wie
andere auch, nicht für alle Trader das Ei des Kolumbus. Manchmal
hängt der Wert eines Ansatzes wie der des Market Profils vom Auge
des Betrachters ab.

Der Gebrauch von Market-Profile-Daten ist spezifisch, der Handels-
zeitrahmen und die Chancen sind kurzlebig und es braucht gewöhnlich ziemlich viel Zeit und Erfahrung, um mit dem System vertraut
zu werden. Infolgedessen konnte das Market Profil unter den Spekulanten, die keine professionellen Börsenhändler waren, kaum an
Popularität gewinnen. Aber es ist ein anderer interessanter Weg, um
Kurse zu präsentieren und darzustellen, der einige Händler interessieren dürfte.

Kurs und Tempo:
Indikatoren

Einführung

Wahrscheinlich können Sie Future- und Optionshändler in drei große Gruppen aufteilen, oder Sie dürften die Entwicklung vieler Trader über drei ähnliche Stadien verfolgen können:

1. Diejenigen, die nach dem Instinkt oder nach dem Bauchgefühl handeln. Aus welchem Grund auch immer – diese Händler haben beschlossen, dass der Kurs einer Ware für eine Bewegung bereit ist (gewöhnlich scheinen sie überzeugt zu sein, dass die Bewegung nach oben gehen wird), und sie wollen dabei sein. Vielleicht lesen sie manchmal in einer Zeitung oder einem Informationsbrief, vielleicht hatte ein Schwager einen heißen Tipp, vielleicht haben sie auf einen Chart geguckt und beschlossen, dass die Kurse nicht viel tiefer fallen können oder sie sehen nur, dass die Kurse höher gehen müssen. In jedem Fall ist die Handelsentscheidung meistens das Resultat eines subjektiven, emotionalen Prozesses.

2. Diejenigen, die versuchen ihre Handelsentscheidungen systematischer und weniger emotional zu gestalten. Diese Spekulanten sind – was das Geschäft angeht – ein bisschen ernsthafter geworden und wollen etwas Zuverlässigeres als ein gutes Gefühl. Sie mögen den Handel auf der Grundlage von Fundamentaldaten versucht haben. Sie haben vielleicht Kurscharts benutzt, blieben aber verwirrt und frustriert zurück. Sie brauchen einen »Anzeiger« – etwas, um ihre Handelsentscheidungen auszulösen. Deshalb verwandeln sie sich in Experten, die Indikatoren entwickelt

haben, um ihnen präziser zu sagen, wenn sie einen Zug machen sollen.

3. Jene, die eigenes Research betreiben und ihre eigenen Methoden kreieren, um ihre Handelsentscheidungen zu treffen. Sie haben vielleicht die Indikatoren und Ideen anderer Leute getestet und verbessert. In einem fortgeschritteneren Stadium mögen sie sogar ihre eigenen geschützten Handelssysteme entwickelt haben.

Da es in jeder Gruppe erfolgreiche und erfolglose Händler gibt, ist dies natürlich kein Plädoyer für irgendeine Gruppe, ob sie richtiger als andere handeln. Wenn Sie dieses Buch lesen, sind die Chancen jedoch gut, dass Sie zur zweiten Gruppe gehören: Sie haben genug Erfahrung oder Vorbildung um zu wissen, dass Emotionen und Spekulation nicht gut zusammenpassen, und Sie suchen vielleicht nach etwas Hilfe, weil Sie ein Stadium erreicht haben, wo Sie feststellen, dass technische Analyse viel mehr ist, als nur ein beiläufiger Blick auf einen Chart.

Der erste Abschnitt dieses Buchs zeigte verschiedene Methoden, um Kurse als einen Wert an unterschiedlichen Punkten im Zeitablauf zu präsentieren. Der nächste Schritt in der technischen Analyse betrifft die Analyse der Bewegung und der Kursqualität genauso wie der Kurse selbst.

Mit anderen Worten: Das Tempo der Kursbewegung und wer die Bewegung antreibt, könnte wichtige Signale für die zukünftigen Kurse liefern. Wie schnell werden sich die Kurse ändern? Was sagt dies über die Stärke oder Schwäche einer Bewegung aus? Wie viel Schwung hat ein Markt?

In vielen Fällen versuchen Indikatoren dies zu entschlüsseln. Die Analyse von Charts (Abschnitt I) oder Marktteilnehmern (Abschnitt III) oder der Marktstruktur (Abschnitt IV) mag vieles von diesen Informationen aufdecken, aber die Indikatoren quantifizieren es, und können ein klareres Gesamtbild über die Kräfte, die am Markt agieren, liefern.

Im vorherigen Abschnitt wurden traditionelle Balkenchart-Muster in zwei elementare Gruppen gegliedert: Fortsetzungsformationen, die unterstellen, dass der vorherrschende Trend bleiben oder sich nach einer Pause oder Konsolidierungsphase fortsetzen würde. Und Umkehrformationen, die anzeigen, dass ein Trend endete und ein neuer beginnt. Dieser Abschnitt wird genauso aufgespalten. Er erörtert zuerst die Indikatoren, die mit den Trend (Kapitel 8) und dann auf solche, die hauptsächlich die Kursbewegung analysieren, um einen Wechsel in der Kursrichtung zu signalisieren. Die Trendumkehr-Indikatoren werden ferner aufgeteilt in zwei Kapitel. Eines konzentriert sich auf die traditionellen Überkauft/Überverkauft-Oszillatoren, deren Interpretation typischerweise auf einer 0-100-Index-Skala beruht (Kapitel 9). Das andere konzentriert sich auf eine Auswahl eigenentwickelter Indikatoren, die eher in der Lage sind, von sich aus Handelssignale zu geben (Kapitel 10). Ein angehängtes Kapitel zeigt wie mehrere Analysten auf verschiedene traditionelle Indikatoren blicken und diese im Handel anwenden.

Ein Punkt muss hier betont werden: Kein Indikator ist der Heilige Gral! Ich habe niemals einen erfolgreichen Trader oder Analysten behaupten hören, dass irgendein Indikator, den er benutzte, der einzige Weg zu Spekulationsgewinnen wäre. Gleichzeitig beachten Sie, dass viele Indikatoren auf Kursen basieren und dieselben Informationen aus verschiedenen Blickwinkeln zeigen. Lassen Sie sich nicht in die Irre führen, indem Sie denken, dass die Anwendung vieler Indikatoren, die dasselbe aussagen, ein Handelssignal bestätigen.

Indikatoren können einige unbezahlbare Einblicke liefern, aber Sie sollten sie – wie jedes andere Hilfsmittel der technischen Analyse – nachprüfen. Leser, die tiefer in der Mathematik dieser und anderer Indikatoren und Systeme schürfen wollen, wollen sich vielleicht das Buch von Perry Kaufman, *The New Commodity Trading Systems and Methods,* näher anschauen – für künftige Trader ein umfassendes Werk.

Kapitel VIII

Dem Trend folgen

Selbst der sehr erfahrene Händler, der ein Gefühl dafür entwickelt hat, was die Charts sagen, wird zugeben, dass es eine sehr subjektive Kunst sein kann, aus einem Chart die Trends herauszulesen.

Einige Trends, Trendlinien und Kursformationen mögen – wie Sie es im vorherigen Abschnitt bemerkt haben – im Nachhinein eindeutig sein. Aber selbst wenn Sie einen Trend früh erkennen, ist die Chartanalyse häufig nicht sehr präzise, egal ob Sie auf einen Chart am Bildschirm schauen, oder einen spitzen Bleistift und ein Radiergummi auf einem gedruckten Chart verwenden.

Was Sie brauchen, ist ein Weg, spezifischere Anhaltspunkte für einen Trend zu finden: Besteht er noch oder aus einer Perspektive des Handels vielleicht wünschenswerter: an welchem Punkt hat er aufgehört.

Gleitende Durchschnitte

Ein Gleitender Durchschnitt ist einer der gebräuchlichsten und bekanntesten Trendfolge-Indikatoren. Sie sind wahrscheinlich schon ziemlich vertraut mit einem Durchschnitt – »das numerische Ergebnis, erhalten durch die Summe von zwei oder mehr Größen dividiert durch die Anzahl der Größen«, wie es *Websters* Wörterbuch definiert. Ein Gleitender Durchschnitt ist einfach ein Durchschnitt der Kurse, der sich »bewegt«, sobald ein neuer Kurs hinzukommt.

Für ein mechanisches Handelssystem liefert ein Gleitender Durchschnitt genaue Kurse, um in einen Markt hinein zu gehen, oder ihn zu verlassen. Sie »starren« nicht auf den Charts wegen Trendlinien und fällen auch kein subjektives Urteil darüber, dass vielleicht eine Chartformation gegeben sei. Infolgedessen sind Gleitende Durchschnitte die Basis vieler Trendfolge- Handelssysteme gewesen.

Es gibt verschiedene Typen von Gleitenden Durchschnitten, hunderte von Zeitperioden zu erwägen, und endlose Kombinationsmöglichkeiten von Gleitenden Durchschnitten oder der Organisation von Handelsstrategien, die auf Gleitenden Durchschnitten basieren. Viele der heutigen Spekulanten werden bloß ihre Computer oder Börsenprogramme anwenden, wenn sie an der Berechnung und dem Test von Gleitenden Durchschnitten interessiert sind (oder irgendeinem der anderen Indikatoren). Wenn eine Sache nicht so attraktiv wie eine andere scheint, lassen sie es einfach von ihrem Computer optimieren. Sie können zu den besten Ergebnissen kommen, ohne zu wissen, wie sie selbst den Gleitenden Durchschnitt oder einen Indikator zu berechnen hätten.

Um jedoch Vertrauen in die Anwendung irgendeines Ansatzes zu gewinnen, sollten Sie einiges Verständnis von diesem haben. Dieses Kapitel wird die elementaren Details von Gleitenden Durchschnitten abdecken. (Beachten Sie: Jeder Bezug auf »Tag« wird auf jede gewählte Zeiteinheit von einer Minute bis zu einem Monat angewendet; der Begriff »Tag« wird nur bequemlichkeitshalber gebraucht.)

Welche Kurse sollten Sie benutzen?

Bevor auch Sie sich mit einem System Gleitender Durchschnitte befassen, müssen Sie bestimmen, welche Kurse Sie anwenden werden. Viele Gleitende Durchschnitte benutzen Schlusskurse am Ende des Tages (Zeitperiodeeinheit). Doch der Schlusskurs repräsentiert vielleicht nicht völlig die Stimmung des Marktes. Sie wollen vielleicht einen Durchschnitt aus Eröffnungs-, Hoch-, Tief- und Schlusskurs verwenden. Oder Sie könnten einen Gleitenden Durchschnitt der Hochkurse benutzen wollen und einen anderen Gleitenden Durchschnitt der Tiefkurse, um eine Hülle oder einen Kanal auf dem Chart zu erzeugen. Oder Sie wollen einen Gleitenden Durchschnitt von fünf oder zehn Durchschnittskursen benutzen.

Sie haben die Qual der Wahl, und die ist nicht nur auf den Kurs beschränkt. Sie können auch Gleitende Durchschnitte konstruieren, die das Volumen, technische Indikatoren oder andere Börsendaten mit einbeziehen. Ihre einzige Einschränkung ist Ihre Phantasie. Welche Kurse Sie auch immer benutzen – behalten Sie im Gedächtnis, das Ihr Gleitender Durchschnitt dem Markt verzögert folgen wird, weil alle Zahlen, die Sie benutzen, aus der Vergangenheit sind. Ihre Wahl der Kurse wird das nicht ändern.

Wie viele Kurse sollten Sie verwenden?

Die Anzahl der Tage, die in einem Gleitenden Durchschnitt enthalten sind, ist ein anderes zu prüfendes Thema. Je kürzer die Zeitperiode, umso wahrscheinlicher ist es, dass der Gleitende Durchschnitt erratisch schwanken wird, und umso mehr Handelssignale werden Sie – besonders in den Futuremärkten – bekommen. Ein längerer Zeitrahmen wird Ihnen einen ruhigeren Gleitenden Durchschnitt geben, aber er könnte für Ihren Einstieg oder Ausstieg in den Trade zu langsam sein.

Viele der angesprochenen Möglichkeiten hängen davon ab,, wie eng Sie am Markt sein wollen. Einige Händler wählen Zeitperioden, die mit Kurszyklen verbunden sind, und haben vielleicht verschieden lange Gleitende Durchschnitte für jeden Markt. Einige traden mit den populären Studien wie den 4-9-18- oder den 5-10-20- Gleitenden Durchschnitten. Die Länge des Gleitenden Durchschnitts wird eine Ihrer bedeutendsten Entscheidungen in der Entwicklung eines Systems für Gleitende Durchschnitte sein.

Welche Art von Gleitendem Durchschnitt sollten Sie benutzen?

Ein *einfacher Gleitender Durchschnitt* gewichtet jeden Kurs für die gewählte Zeitspanne gleich. Sie zählen alle fünf, zehn, 15 oder so viele Kurse Sie wollen zusammen und dividieren die Summe durch die Anzahl der von Ihnen verwendeten Kurse. Wenn Sie einen neuen Kurs bekommen, fügen Sie ihn der Berechnung hinzu und lassen den ältesten Kurs aus. Bei einem einfachen 10-Tage-Durchschnitt ist der Kurs vor zehn Tagen genauso wichtig wie der heutige Kurs (Abbildung 8.1). Mit den modernen Computern werden jedoch nicht viele Händler mit nur einem einfachen Gleitenden Durchschnitt zufrieden sein.

Abbildung 8.1 Einfacher Gleitender Durchschnitt

Ein einfacher Gleitender Durchschnitt ist bloß der Durchschnitt einer gewählten Anzahl von Kursen.

MA = (P1 + P2 + ... Pn)/n

wobei P1 der Kurs für den ersten Tag, P2 der Kurs für den zweiten Tag, usw., und n die Anzahl der Tage des Gleitenden Durchschnitts ist.

Das Beispiel zeigt die Berechnung, die die Schlusskurse für einen 10-Tage-Durchschnitt zu Beginn des T-Bond-Charts benutzt. Am 2. Juni addieren Sie den Schluss dieses Tages und werfen den Schluss des 18. Mai raus. Am 3. Juni zählen Sie den Schlusskurs hinzu und lassen den des 19. Mai weg, usw. während sich der der Durchschnitt über die Zeit fortbewegt.

Tag	Schlusskurs			
18. Mai	105,0625			
19. Mai	105,620			
20. Mai	105,625			
21. Mai	105,15615			
24. Mai	105,6875			
25. Mai	105,5			
26. Mai	105,63125			
27. Mai	106,5			
28. Mai	105,78125	Summe		
1. Juni	107,25	105,84999 dividiert durch 10 =	105,84999	**105,27**
2. Juni	107,25	106,06874	106,06874	106,2
3. Juni	107,468875	1062,53115	106,253115	106,8
4. Juni	106,90625	106,38124	106,38124	106,12

Einfacher 10-Tage-Gleitender Durchschnitt

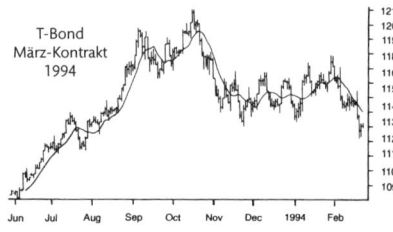

Einfacher 20-Tage- Gleitender Durchschnitt

Quelle: Future Source

Nehmen wir an, Sie glauben, dass die neuesten Kurse wichtiger sind, als die älteren. Ein **gewichteter Gleitender Durchschnitt** betont den heutigen Schlusskurs mehr als den Schlusskurs vor zehn Tagen. Das Beispiel (Abbildung 8.2) zeigt dafür eine Methode, aber Sie können einen Gleitenden Durchschnitt auf viele Arten gewichten, um ihn für die aktuellen Kursbewegungen empfänglicherzu machen.

Abbildung 8.2 Gewichteter Gleitender Durchschnitt

Ein gewichteter Gleitender Durchschnitt verleiht den letzten Kursen mehr Gewicht – in diesem Fall wird der Kurs am 1. Juni mit zehn multipliziert, der des Vortags mit neun bis zurück zum Kurs des zehn Tage zurückliegenden 18. Mai, der nur mit eins multipliziert wird. Die Summe wird durch 55, der Anzahl der Gewichte dividiert. Das Ergebnis ist ein gewichteter Gleitender Durchschnitt von 106,4 verglichen mit 105,27 für den einfachen Gleitenden Durchschnitt derselben Periode.

Tag	Schlusskurs	Gewicht		Summe
18. Mai	105,0625	x 1 =	105,0625	
19. Mai	105,625	x 2 =	211,25	
20. Mai	105,625	x 3 =	316,875	
21. Mai	105,15615	x 4 =	420,6246	
24. Mai	105,6875	x 5 =	528,4375	
25. Mai	105,50	x 6 =	633	
26. Mai	106,3125	x 7 =	744,1875	
27. Mai	106,5	x 8 =	852	
28. Mai	105,78125	x 9 =	952,03125	
1. Juni	107,25	x 10 =	1072,5	5835,96835
		Summe 55		dividiert durch 55
				= 106,108515 **106,4**

Wenn ein neuer Kurs hinzugefügt wird, fällt der älteste Kurs sowohl bei dem einfachen als auch dem gewichteten Gleitenden Durchschnitt aus dem Zeitfenster. Das könnte ein wertvolles Stück Information eliminieren. Der aktuelle Wert in einem **exponentiellen Gleitenden Durchschnitt** beinhaltet praktisch alle der vorangegangenen Kurse eines z. B. Future-Kontraktmonats, selbst Monate

Abbildung 8.3 Exponentieller Gleitender Durchschnitt (zehn Tage)

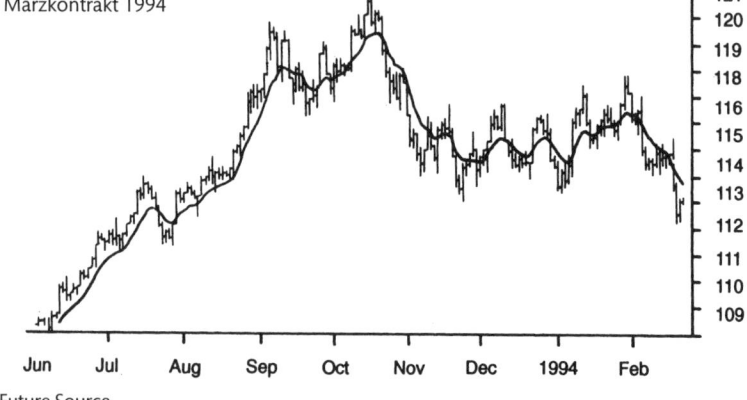

Quelle: Future Source

Ein exponentieller Gleitender Durchschnitt enthält alle vorausgegangenen Kurse und zeichnet sich durch eine Konstante, die den Durchschnitt glättet, aus.

$EMA_t = EMA_{t-1} + (k*(PI - EMA_{t-1}))$

dabei ist EMA_1 – der heutige exponentielle Gleitende Durchschnitt
             EMA_1 – der gestrige exponentielle Gleitende Durchschnitt
             PI – der heutige Kurs
             k – der durch die Formel k=2/(n+1) errechnete Gewichtungsfaktor, wobei n die Länge des Gleitenden Durchschnitts ist.

Für einen 10-Tage-Durchschnitt:
k = 2/(10+1)=2/11=0,1818
Für einen 20-Tage-Durchschnitt wäre k 0,09523.

Oder – mit einem einfachen 10-Tage-Durchschnitt an irgendeinem Punkt beginnend:

$EMA_1 = ...$ $(PI*k) + ((MA_{t-1}*(I-k))$

dabei ist EMA_1 – der heutige exponentielle Gleitende Durchschnitt
             PI – der heutige Schlusskurs
             k – der Gewichtungsfaktor(k=2/n wobei n die Länge des Gleitenden Durchschnitts ist)
             MA_{1-I} – der vorausgegangene einfache 10-Tage-Durchschnitt

Wenn Sie die Zahlen aus dem Beispiel des einfachen 10-Tage-Durchschnitts anwenden, errechnet sich der exponentielle Gleitende Durchschnitt am elften Tag wie folgt:

$$107,8 \text{ oder } 107,25 * 0,2 = \quad 21,45$$
$$+ \ 105,84999 * 0,8 = \quad \underline{84,679992}$$
$$\overline{106,129992} \text{ oder } \mathbf{106,4}$$

Der 10-Tage-EMA auf diesem Chart hängt enger an den Kursbewegungen als der einfache 10-Tage-Durchschnitt.

vor der Zeitperiode des Durchschnitts, obwohl sich der Einfluss der älteren Daten natürlich verringert sobald neue Punkte hinzugefügt werden.

Ein exponentieller Gleitender Durchschnitt verwendet einen Gewichtungsfaktor, der gewöhnlich zwischen 0,01 und 0,30 liegt – das variiert mit der Länge des Gleitenden Durchschnitts. Der heutige Wert ist abhängig von dem Wert, der für gestern errechnet wurde.

Was erzeugt ein Handelssignal?

Ohne Rücksicht auf den Typ, den Sie wählen – die elementare Regel jedes Systems, das auf Gleitenden Durchschnitten beruht, lautet: Wenn mehr Kauf- als Verkaufsdruck da ist, werden die Kurse oberhalb des Durchschnitts liegen, und der Markt befindet sich in einem Aufwärtstrend; wenn mehr Verkaufsdruck da ist, werden die Kurse unter den Gleitenden Durchschnitt fallen, was auf einen Abwärtstrend hindeutet.

Systeme, die auf Gleitenden Durchschnitten beruhen, nutzen diese Überschneidungen: Kaufen Sie, wenn die Kurse den Gleitenden Durchschnitt von unten nach oben schneiden; verkaufen Sie, wenn die Kurse unter diese Linie fallen. Mit anderen Worten, in seiner einfachsten Form: wenn sich die Kurse auf dem Chart oberhalb des Gleitenden Durchschnitts befinden, sind Sie long; wenn die Kurse unterhalb der Durchschnittslinie sind, sind Sie short.

Beachten Sie, dass auf den beiden Charts mit einfachen Gleitenden Durchschnitten (Abbildung 8.1), der 10-Tage-Durchschnitt während des langen Aufwärtstrends mehrere Fehlsignale auslöst. Der 20-Tage-Durchschnitt ist weiter vom Markt weg und liefert weniger Signale. Er braucht aber länger, um Handelspositionen einzugehen und aus ihnen raus zu gehen. Keiner konnte sich während der unruhigen Börsenphase, die im November begann, gut schlagen.

Wenn sich der Markt schnell in eine Richtung bewegt, brauchen Sie einen schnellen Gleitenden Durchschnitt (einen mit weniger Tagen Länge), um den Trend zu erwischen. Wenn sich der Markt seitwärts bewegt oder unbeständig verläuft, brauchen Sie einen langsameren Gleitenden Durchschnitt (mehr Tage), um zu vermeiden, dass Sie durch die zahlreichen Signale »zerhackt« werden. Idealerweise möchten Sie natürlich einen Gleitenden Durchschnitt, der sich an die Veränderungen der Börsentendenz und der Volatilität anpasst, um die optimale Anzahl von Tagen herauszufinden, die in dem Durchschnitt enthalten sein sollten.

Eine Faustregel lautet, dass die Länge des Gleitenden Durchschnitts die Hälfte der Länge des Marktzyklus (siehe Kapitel 18 für Zyklus-informationen) sein sollte. Wenn ein Zyklus von Boden zu Boden 28 Tage dauert, sollte der Gleitende Durchschnitt 14 Tage sein. Natürlich machen Sie nun zwei Annahmen – die Dauer des Zyklus und die Länge des Gleitenden Durchschnitts. Deshalb werden Sie einige Tests machen, bevor Sie sich für die Zahl der Tage entscheiden, die Ihr Gleitender Durchschnitt abdecken sollte.

Um die Sägezähne zu reduzieren, wenden einige Analysten bei Gleitenden Durchschnitten Kniffe an. Der Kurs muss sich zum Beispiel um eine bestimmte Prozentzahl bewegen oder die Kurserhöhung, über oder unter den Gleitenden Durchschnitt bewegen, bevor eine Position eingenommen wird, oder ein Stopp aktiviert wird. Oder das System könnte verlangen, dass das durch Geleitende Durchschnitte zustande gekommene Signal, durch ein Signal von anderen Indikatoren, ein spezielles Volumen-Niveau, ein saisonales Muster oder durch einige andere Kriterien bestätigt wird.

Reicht ein Gleitender Durchschnitt aus?

Ein einfaches System könnte die Beziehungen zwischen den Kursen mit nur einem Gleitenden Durchschnitt benutzen, um seine Signale zu erzeugen. Aber einige verbinden mehrere Gleitende Durchschnitte – kurz-, mittel- und langfristige –, um den Nachweis zu verbessern, dass ein Signal wirklich einen neuen Trend anzeigt.

Beliebte Kombinationen enthalten vier, neun und 18 Tage und fünf, zehn und 20 Tage. Der verstorbene Richard Donchian machte Gleitende Durchschnitte vor mehreren Jahrzehnten bei Future-Händlern beliebt, als er ein System, das Fünf- und 20-Tage-Durchschnitte beinhaltete (und mehrere andere Parameter – siehe Seite 126), entwickelte und erfolgreich damit handelte.

Besonders wenn Sie mehrere Kontrakte handeln, können Sie eine Kombination Gleitender Durchschnitte auf vielfältige Weise benutzen. Die Hauptsignale kommen, wenn sich ein kürzerer Gleitender Durchschnitt über oder unter einen längeren bewegt.

Idealerweise möchten Sie, dass die Kurse und Gleitende Durchschnitte in einer Reihe stehen – in einem Aufwärtstrend liegen die

Abbildung 8.4 Das Kombinieren von Gleitenden Durchschnitten für Handelssignale

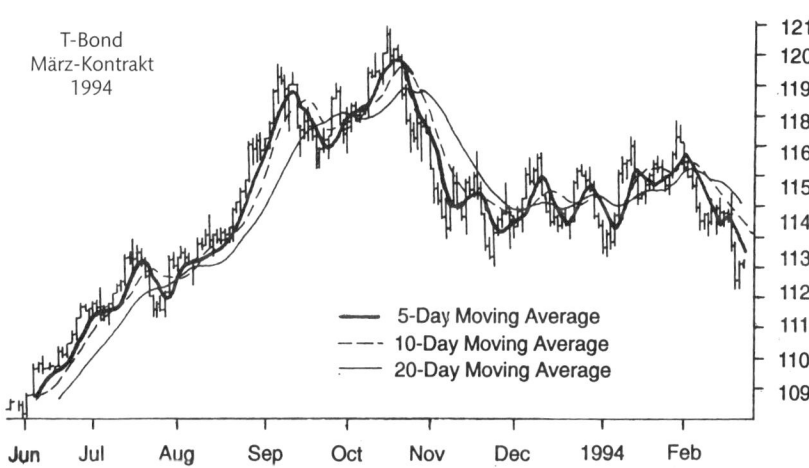

Quelle: Future Source

Mehrere Gleitende Durchschnitte zusammenzulegen, ist ein Versuch zuverlässigere Signale zu bekommen. Dieser Chart benutzt Schlusskurse für einfache Fünf-, Zehn- und 20-Tage-Durchschnitte. Der Aufwärtstrend zeigt eine saubere Ausrichtung der Kurse und der Gleitenden Durchschnitte bis Juli. Dann fällt der empfindlichste Gleitende Durchschnitt (fünf Tage) durch den Zehn- und 20-Tage-Durchschnitt und der Zehn-Tage-Durchschnitt sinkt kurz unter den 20-Tage-Durchschnitt. Das wäre normalerweise ein Signal von Long auf Short zu drehen. Der Fünf-Tage-Durchschnitt klettert jedoch schnell wieder über die anderen Durchschnitte – das Signal für noch eine Umkehr auf die Longseite, als der Aufwärtstrend wieder Fahrt aufnimmt.

Abbildung 8.5 Hoch-Tief Gleitende Durchschnitte

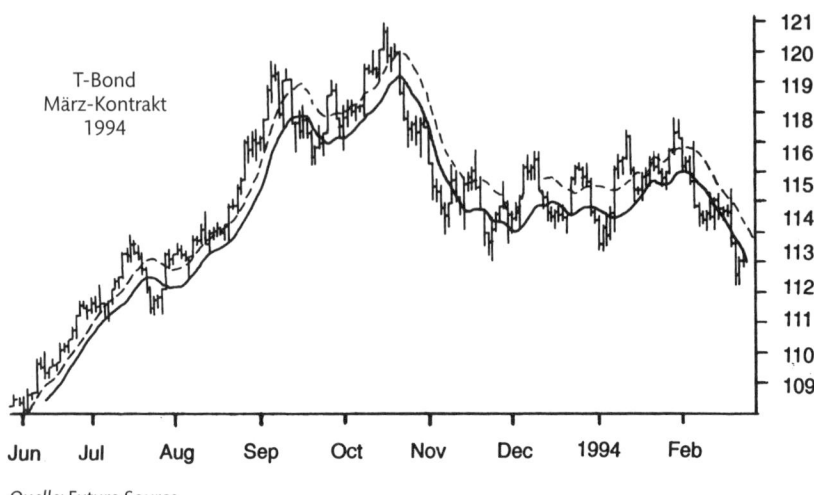

Quelle: Future Source

Dieser Kanal wird durch einen einfachen Gleitenden Durchschnitt aus den Hochkursen der letzten zehn Tage gebildet und ein anderer einfacher Gleitender Durchschnitt aus den Tiefkursen der letzten zehn Tage. Das ist ein anderer Weg, um Gleitende Durchschnitte zu kombinieren. Üblicherweise würden Sie den untersten Gleitenden Durchschnitt (der aus den Tiefkursen errechnet wurde) als »Signal-Linie« in einem Aufwärtstrend benutzen und die obere Gleitende Durchschnittslinie (die aus den Hochkursen errechnet wurde) in einem Abwärtstrend. die Kurse tauchen während des langen Aufwärtstrends mehrere Male in den Kanal ein. Aber sie produzieren nur ein Fehl- Umkehrsignal, als sie im Juli unter den aus den Tiefkursen errechneten Gleitenden Durchschnitt fallen.

Kurse über den kurz-, mittel- und langfristigen Gleitenden Durchschnitte. (Abbildung 8.4). Wenn der kurzfristige Durchschnitt unter den mittelfristigen fällt, kann das Ihr Signal sein, beispielsweise aus einigen Kontrakten raus zugehen oder vollständig auszusteigen, anstatt Ihre gesamten Positionen zu drehen, wie es einige Systeme, die immer im Markt engagiert sind, diktieren würden. Wenn der kurzfristige Durchschnitt weiter bis zu dem langfristigen Durchschnitt fällt, dann könnten Sie aus allen Longpositionen raus- und short gehen.

Sie können außerdem mehrere Gleitende Durchschnitte benutzen, um Hüllen oder Kanäle zu bilden, und dann die Beziehungen der Kurse zu diesem Kanal (Abbildung 8.5) zu handeln. Sie können ein Setup aller Arten von anderen Kriterien in Kombination mit Gleitenden Durchschnitten erstellen.

Welchen Bezug sollte der Durchschnitt zu den aktuellen Kursen haben?

Manchmal arbeitet ein Gleitender Durchschnitt am besten, wenn Sie den heutigen Wert des Gleitenden Durchschnitts zu einem etwas anderen Punkt als gegenwärtig verschieben. Zum Beispiel: Ein einfacher Gleitender Durchschnitt für eine Zehn-Tages-Periode spiegelt eigentlich die Kursbewegung für die letzten zehn Tage wieder.

Abbildung 8.6 Gleitende Durchschnitte verschieben

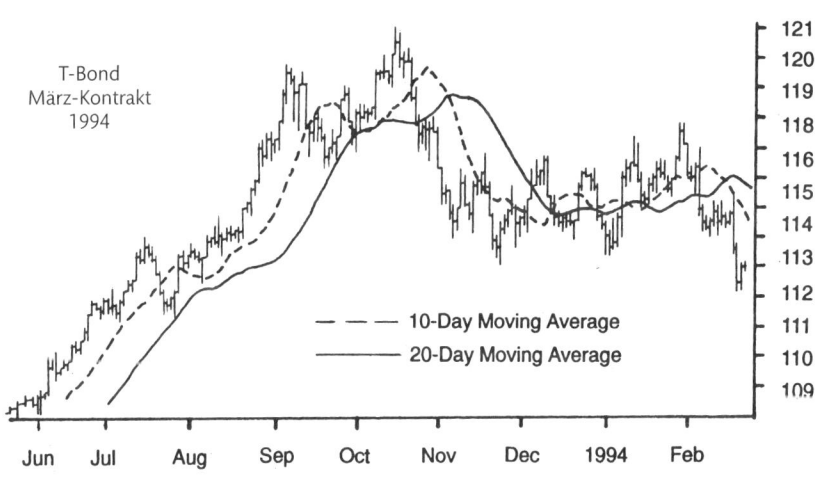

Quelle: Future Source

Dieser Chart zeigt einfache 10- und 20-Tage-Durchschnitte, die um die Hälfte ihrer Länge nach vorn verschoben wurden. Der heutige Wert des 10-Tage-Durchschnitts wurde fünf Tage vor den heutigen Kurs gezeichnet und der 20-Tage-Durchschnitt wurde zehn Tage in die Zukunft verschoben. Bei diesem Ansatz bleiben Sie trotz des Kursrückschlags im Juli während des langen Aufwärtstrends in Ihrer Longposition. Aber die Wendepunkte erscheinen zu lang und kostspielig zu sein, und auf der rechten Seite des Charts sieht nichts gut aus.

Deshalb sollte der Wert des heutigen Gleitenden Durchschnitts –
um für die Gesamtperiode repräsentativer zu sein – vielleicht auf
der halben Strecke während dieser Zeit am fünften Tag platziert
werden. Die Linie des Gleitenden Durchschnitts würde dann immer
fünf Tage hinter dem Tageskurs sein.

Oder Sie wollen vielleicht den Gleitenden Durchschnitt einige Tage
nach vorne verschieben. Als langsamer nachlaufender Indikator liefern typische Gleitende Durchschnitte keine Kursziele für die
Zukunft. Aber die Verschiebung des Wertes des heutigen Gleitenden
Durchschnitts nach vorn, schafft einen anderen Referenzpunkt für
die Kurse und könnte die Anzahl der Fehlsignale reduzieren (siehe
Abbildung 8.6). Wie mit anderen Techniken, die auf Gleitenden
Durchschnitten beruhen, haben Sie viele Möglichkeiten, die Sie auf
diesem Gebiet testen können.

Verwendung von Gleitenden Durchschnitten

Wie erwähnt, kann der Gebrauch von Gleitenden Durchschnitten in
einem Handelssystem sehr einfach oder ziemlich kompliziert sein.
Dennis Dunn, der Präsident von *Dunn & Hargitt* in Lafayette, Ind.,
berichtete einmal, dass eine der am einfachsten zu verstehenden
und gleichzeitig lukrativsten Methoden eine Technik war, die auf
einem Sieben-Wochen-Durchschnitt beruhte: Kaufen Sie wenn der
Donnerstags-Schlusskurs über der Durchschnittslinie liegt, und verkaufen Sie, wenn der Donnerstags-Schlusskurs unter dem Gleitenden Durchschnitt liegt. Wenn die Börse am Donnerstag geschlossen
ist, nehmen Sie den Mittwoch-Schluss.

Der Sieben-Wochen-Durchschnitt wurde nicht in Übereinstimmung
mit dem Schlusskurs dargestellt, sondern hatte einen Vorsprung von
zwei Wochen, um eine Handelsentscheidung zu erleichtern. Alles
was Sie nach einem Donnerstags-Schlusskurs zu tun hatten, war
Ihre Order für den kommenden Donnerstag (oder Freitag-Morgen)
aufzugeben. Sie waren immer im Markt.

Ob diese eigentümliche Technik zu allen Zeiten in allen Märkten
funktionieren würde, müsste natürlich überprüft werden. Aber es

illustriert, wie einfach ein System, das auf Gleitenden Durchschnitten beruht, sein kann.

Andererseits hatte Richard Donchian viele Bedingungen in seine bekannten Fünf- und 20-Tage-Durchschnitts-Systeme der 70er-Jahre eingebaut. Donchian, ein Pionier der technischen Analyse und Trendfolge-Systeme im Futureshandel, brach sogar die Regeln der Fünf- und 20-Tage-Methode in allgemeine und ergänzende runter. Hier ist eine gekürzte Version:

Allgemeine Regeln

1. Das Ausmaß des Durchbruchs bei dem Gleitenden Durchschnitt wird – abhängig vom Kursniveau – in Einheiten zerlegt. Für Rohstoffe, die über 400 (Weizen, Sojabohnen, Silber) gehandelt werden, wurde ein Durchbruch von 40 Cents verlangt (Donchian besaß in den Tagen vor den Zins- und Aktienindex-Futures sechs Preisklassen).
2. Nie zählt ein Durchbruch des Schlusskurs durch den Gleitenden Durchschnitt als Durchbruch, es sei denn, er beläuft sich wenigstens auf eine volle Einheit (39 Cents in Regel eins waren nicht genug für einen Durchbruch – es mussten 40 Cents sein).

Grundregel A: Handeln Sie bei jedem Schlusskurs, der den 20-Tage-Durchschnitt um einen Betrag, der den maximalen Durchbruch in der gleichen Richtung an irgendeinem Tag einer vorausgegangenen Gelegenheit (Egal wie lange diese vorbei ist) um eine volle Einheit übersteigt, wenn der Schlusskurs auf der selben Seite des Gleitenden Durchschnitts lag.

Zum Beispiel: Wenn der Schlusskurs von Baumwolle das letzte Mal über dem Gleitenden Durchschnitt lag und einen oder mehr Tage über ihm blieb, und der Höchstbetrag an irgendeinem Tag 64 Punkte ausmachte, wenn sich dann der Schlusskurs von Baumwolle – nachdem er in der Zwischenzeit niedriger lag – über den Gleitenden Durchschnitt bewegt, wird ein Kaufsignal nur generiert, wenn Baumwolle mehr als 64 Punkte über dem Durchschnitt schließt (die Einheit in Baumwolle ist 0,10). Dieses Prinzip – die Bedingung, dass ein Durchbruch durch den Gleitenden Durchschnitt, einen oder mehrere vorangegangene Durchbrüche übersteigt – ist ein Merkmal der Fünf- und 20-Tage-Methode, die sie von anderen Gleitenden-Durchschnitts-Verfahren unterscheidet.

Grundregel B: Handeln Sie bei allen Schlusskursen, die den 20-Tage-Durchschnitt kreuzen und eine volle Einheit jenseits (darüber oder darunter, in der Richtung der Überkreuzung) der vorangegangenen 15 Tagesschlusskurse schließen.

Grundregel C: Während der ersten 20 Tage nach dem ersten Tag der Überkreuzung, die zu einem Handelssignal führt, ändern Sie Ihre Meinung bei jedem Schlusskurs, der den 20-Tage-Durchschnitt schneidet und eine volle Einheit jenseits (darüber oder darunter) der vorangegangenen 15 Tagesschlusskurse schließt.

Grundregel D: Sensitive Regeln für den Fünf-Tages-Durchschnitt um Positionen glattzustellen und um Positionen in Richtung des maßgebenden 20-Tage-Trends wieder einzugehen sind:
1. Stellen Sie Longpositionen glatt, wenn der Kurs eines Rohstoffs unter dem Fünf-Tage-Durchschnitt schließt, oder stellen Sie Shortpositionen glatt, wenn der Kurs über dem Fünf-Tage-Durchschnitt schließt. Und zwar um wenigstens eine volle Einheit mehr als der größere Betrag von (a) dem vorherigen Durchbruch auf derselben Seite des Fünf-Tage-Durchschnitts, oder (b) dem maximalen Punkt jeden vorherigen Durchbruchs innerhalb der vorausgegangenen 25 Handelssitzungen ist. Wenn innerhalb der vorausgegangenen 15 Tage die Distanz zwischen dem Schlusskurs und dem 20-Tages-Durchschnitt in der entgegen gesetzten Richtung zum Glattstellungs-Signal nach Regel D größer gewesen ist, als die Entfernung vom 20-Tage-Durchschnitt in eine der beiden Richtungen innerhalb von 60 vorausgehenden Börsensitzungen, handeln Sie nicht auf die Regel D-Glattstellungs-Signale, außer wenn der Durchbruch des 5-Tage-Durchschnittes auch um eine Einheit die Maximum-Distanz sowohl oberhalb als auch unterhalb der 5-Tagelinie innerhalb der vorangegangenen 25 Handelstage übersteigt.

2. Nachdem die Positionen nach Regel D geschlossen wurden, gehen Sie Positionen in Richtung des Basistrends ein, wenn (a) die Bedingungen in Absatz 1 oben erfüllt sind, eine neues Haupttrendsignal nach Regel A verursacht wird, oder wenn neue Signale nach Regel B oder C durch einen Schlusskurs auf neuen Tiefs oder Hochs in die Richtung des Haupttrends gegeben werden.

3. Durchbrüche von zwei Einheiten oder weniger zählen nicht als Punkte, die von Regel D übertroffen werden sollten, außer wenn wenigstens zwei aufeinander folgende Schlusskurse auf der Seite des Durchbruchs waren, als der Punkt, der überstiegen werden sollte, entstanden ist.

Ergänzende Regeln

1. Handlungen nach allen Regeln werden für einen Tag verschoben, außer es ist Donnerstag und Freitag. Zum Beispiel: Wenn ein Haupt-Kaufsignal für Weizen am Ende der Dienstags-Börsensitzung gegeben wird, wird darauf zur Eröffnung der Börsensitzung am Donnerstag morgen gehandelt. Denselben Eintages-Aufschub verwenden die Regel D Glattstellungs- und Wiedereinstiegs-Signale.

2. Bei Signalen, die zum Ende der Freitagssitzung gegeben werden, wird ein Trade zur Montagseröffnung eingegangen.

3. Bei Signalen, die zum Ende der Donnerstagssitzung (oder nach dem letzten Handelstag der Woche) gegeben werden, wird zum Freitags- (oder Wochenend-) Schluss gehandelt.

4. Wenn in die Mitte der Woche ein Feiertag fällt oder ein verlängertes Wochenende ansteht, sind Signale, die zum Schluss der Sitzung, die dem Feiertag vorausgeht, gegeben werden, wie folgt zu behandeln: (1) Bei Verkaufssignalen benutzen Sie die Wochenend-Regeln; (2) bei Kaufsignalen verschieben Sie den Trade um einen Tag, wie es bei regulär aufeinander folgenden Börsensitzungen gemacht wird.

Das alles funktionierte für Donchian über etliche Jahre. Aber die Systeme von Gestern dürften heute nicht mehr zu funktionieren und ein heutiges System könnte es morgen ebenso nicht mehr. Ob alle diese Regeln programmiert werden können um heute zu funktionieren, wäre ein Test wert. Dieses Beispiel wird nur zitiert, um zu zeigen, wie Regeln zu Gleitenden Durchschnitten hinzugefügt werden können, um ein komplexeres Handelssystem zu gewinnen.

Veränderungen eines Themas

Sie können Gleitende Durchschnitte modifizieren, indem Sie sie anders einsetzen:

- Anstatt des Schlusskurses benutzen Sie einen Durchschnitt von Eröffnungs-, Hoch-, Tief- und Schlusskurs, als Zahl für Ihren Gleitenden Durchschnitt. Natürlich könnte der Gleitende Durchschnitt einfach, gewichtet, exponentiell ... sein.

- Setzen Sie einen Gleitenden Durchschnitt aus Hochkursen und einen Gleitenden Durchschnitt aus Tiefkursen ein, um einen Kanal zu bauen. Sie brauchen noch nicht einmal dieselbe Anzahl von Tagen zu haben. Zum Beispiel könnte ein Gleitender-Durchschnitts-Kanal zehn Tage für die Hochs und acht Tage für die Tiefs benutzen.

- Das Top und der Boden des Kanals könnte auf irgendeinem Prozentsatz von einem Gleitenden Durchschnitt der Schlusskurse beruhen. Zum Beispiel könnte das obere Band 105 Prozent eines Zehn-Tage-Durchschnitts sein und das Boden-Band könnte 95 Prozent sein.

- Das Top des Kanals könnte irgendeine Prozentzahl von einem Gleitenden Durchschnitt der Tiefkurse sein, und der Boden des Kanals irgendeine Prozentzahl eines Durchschnitts der Hochkurse.

- Der Gleitende Durchschnitt muss sich nicht notwendigerweise aus Kursen errechnen. Es können Volumen, offene Anteile *(open interest)* oder irgendwelche andere Faktoren sein.

- Sie können die Volatilität oder einige andere Elemente in einen Gleitenden Durchschnitt integrieren. Die Bollinger Bänder zum Beispiel, verlaufen in Entfernung von einem Gleitenden Durchschnitt, der auf der Volatilität beruht. Sie benutzen lieber Standardabweichungen über und unter dem Gleitenden Durchschnitt als Prozentzahlen.

Gleitende Durchschnitte – die Wirklichkeit

Egal welchen Gleitenden Durchschnitt Sie probieren oder wie viele Drehs Sie ihnen geben. Sie werden erkennen, dass Gleitende Durchschnitte:

- keine vollkommenen Indikatoren sind.
- in Märkten mit lang andauernden Trends großartig funktionieren. Aber das tun andere trendfolgende Methoden auch.
- einfach zu errechnen und leicht zu verstehen – oder ziemlich kompliziert – sein können.
- Sie niemals am Boden einsteigen oder am Top aussteigen lassen oder umgekehrt. Verglichen mit einigen anderen Methoden geben Sie vielleicht eine Menge Gewinnpozential auf. Das Beste, das Sie jemals tun können, ist es ein Stück einer Bewegung zu erwischen – und einfach zu hoffen, dass dieses Stück genug ist, um rentabel zu sein.
- bieten eine mechanische, emotionslose Möglichkeit, um in eine große Bewegung einzusteigen.
- können außerdem viele Fehlsignale verursachen, wenn sie zu kurz sind. Das kann Sie zerreiben, wenn ein Markt von einem Trend in eine Konsolidierungsphase übergeht. Sie können dies nicht vermeiden, es sei denn, Sie geben Ihr System aus Gleitenden Durchschnitten auf. Dies kann ein wichtiger Test Ihrer Handelsdisziplin werden.

Die T-Bond-Charts die bei den Erklärungen der verschiedenen Gleitenden Durchschnitte gebraucht wurden, liefern ein gutes Beispiel. Wenn Sie irgendein System mit Gleitenden Durchschnitten, das auf täglichen Schlusskursen basiert, getestet haben und es während des langen Aufwärtstrends sowie auch von Mitte November bis Mitte Februar gut funktionierte, dann haben Sie einen Edelstein entdeckt.

MACD

Der Markt gibt sein Werturteil jeden Tag mit dem Schlusskurs ab, und ein Gleitender Durchschnitt aus diesen Schlusskurswerten spiegelt die allgemeine Stimmung der Händler in diesem Markt gut wider. Wenn ein Markt in eine Trend einmündet, dauert dieser Trend typischerweise an – manchmal bis zu seinem erwarteten Kursziel –, bis irgendetwas anderes am Markt passiert. Vielleicht verstärkt sich ein Trend oder schwächelt unterwegs und liefert dadurch Anhaltspunkte für die Marktrichtung, bevor die Kurse die Tatsachen bestätigen.

Ein Indikator für Trendfortsetzung oder – umkehr ist bekannt als *moving average convergence-divergence* (MACD). Als ursprünglicher Aktienmarkt-Indikator gewöhnlich Gerald Apple zugeschrieben, umfasst der MACD drei exponentielle Gleitende Durchschnitte und ist auch überall in den Terminmärkten eingesetzt worden. Er ist besonders effektiv auf Wochen-Charts als Richtungs-Indikator (Sie handeln nur in Richtung des MACD und benutzen die Indikatoren Ihrer täglichen Charts als Einstiegs- und Ausstiegs-Techniken).

Wie früher erwähnt, beinhaltet ein exponentieller Gleitender Durchschnitt praktisch alle vorherigen Kurse für einen Terminkontrakt und reduziert den Einfluss, den ein ungewöhnlicher Kurs auf ein Handelssignal, das auf einfachen Durchschnitten basiert, haben könnte. Die wichtigen Faktoren bei dem MACD sind nicht bloß die Kurse, sondern die Überschneidungen der Durchschnitte, die Richtung in welche sie laufen, und ihre Richtung verglichen mit dem Kursverlauf.

Beginnen Sie Ihre MACD-Studie mit der Errechnung zweier exponentieller Gleitender Durchschnitte (engl. EMA/exponential moving average) aus Schlusskursen – 12- und 26-Tage-EMA werden oft benutzt, aber die Anzahl der Tage ist eine Variable, die Sie vielleicht für sich selbst erproben wollen.

Subtrahieren Sie den längeren (26-Tage) EMA von dem kürzeren (12-Tage). Die Differenz wird als durchgezogene Linie gezeichnet.

Abbildung 8.7 Treasury Bonds auf Wochenbasis

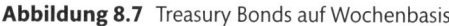

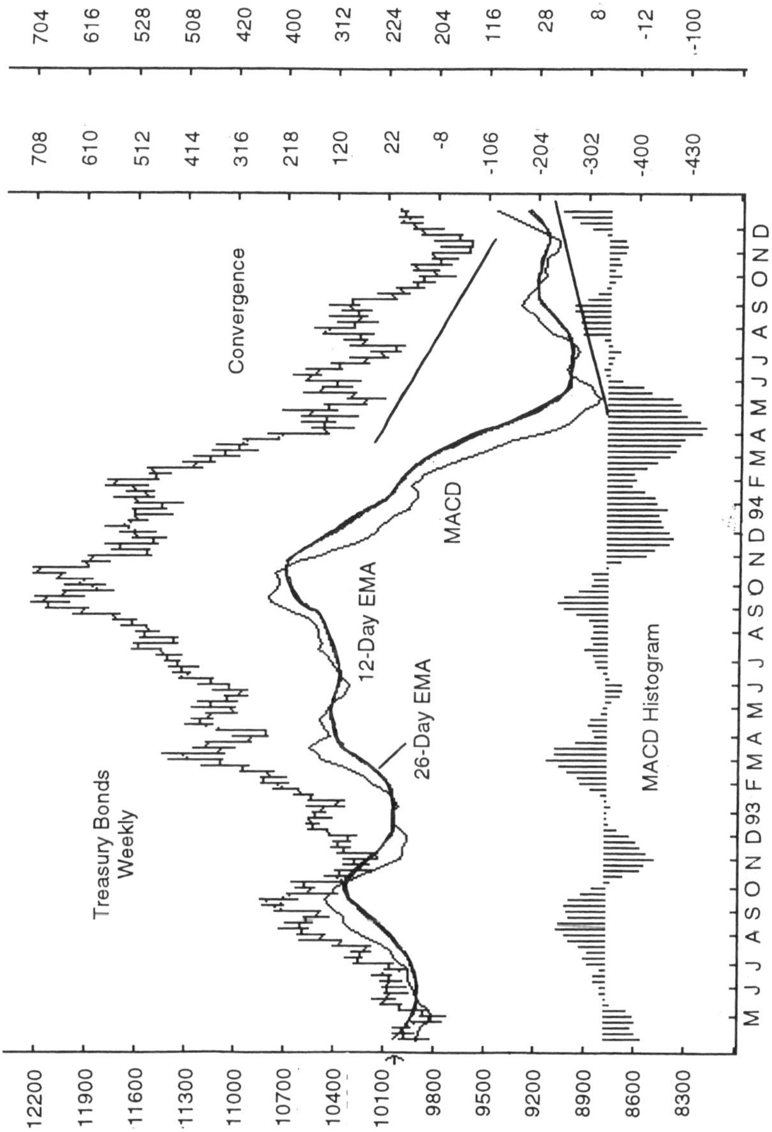

Quelle: Future Source

Dann berechnen Sie einen anderen EMA von der Differenz zwischen den beiden EMA – neun Tage werden häufig für diesen EGD gebraucht. Dieser EMA wird als gestrichelte Linie gezeichnet (siehe Abbildung 8.7).

Die Handelssignale werden ähnlich erzeugt, wie bei anderen Über-
kreuzungssystemen, die auf Gleitenden Durchschnitten beruhen.
Sie kaufen, wenn die durchgezogene Linie – die Differenz zwischen
den 26- und 12-Tage-EMA, die kurzfristige Änderungen darstellt –
die langsamere gestrichelte Linie schneidet. Das ist der Neun-Tage-
EMA der Differenz zwischen den anderen beiden EMA's. Sie verkaufen, wenn die durchgezogene Linie unter die gestrichelte Linie fällt.

Sie können auch den MACD als Histogramm zeichnen. Jeder Balken
repräsentiert den Abstand zwischen den beiden Kurven und liefert
ein präziseres Bild von der Begeisterung der Massen. Anstatt darauf
zu warten, bis sich beide Kurven kreuzen, können Sie auf Änderungen in der Richtung des Histogramms handeln. Wenn die Durchschnitte beginnen zusammenzulaufen oder auseinander zu laufen,
schrumpfen oder wachsen die Balken.

Wenn die schnelle Kurve über der langsamen Kurve ist, ist das
MACD-Histogramm oberhalb der Null-Linie und deutet nach oben,
wenn die schnelle Linie unter der langsamen ist, sind die Balken des
Histogramms unterhalb der Null-Linie und der MACD weist nach
unten. Je größer die Distanz zwischen den zwei Kurven, desto länger
sind die Balken des MACD-Histogramms. Wenn die Histogramm-
Balken ansteigen (werden länger oberhalb der Null-Linie oder werden kürzer unterhalb der Null-Linie), zeigt das, dass der Kaufdruck
zunimmt.

Der wahrscheinlich nützlichste Aspekt eines MACD-Histogramms
liegt darin, wenn es das Kursmuster nicht bestätigt. Manchmal
bewegen sich Kurse und das Histogramm zusammen auf ein Top,
fallen zusammen zurück und dann hetzt der Kurs auf ein sogar noch
höheres Top, während die Aufwärtsbewegung des Histogramms
kein neues Hoch erreicht. Während die Kurse ein neues Hoch
erreichten, zeigte das Histogramm, dass der Enthusiasmus der Massen nicht mehr da war, und deutete an, dass sich der Markt auf einen
Kursrückgang vorbereitete. Sie sollten entweder die Longpositionen
schließen oder Short gehen. Denselben gegenteiligen Effekt wenden
Sie auch am Boden an.

DMI – Directional Movement Index

Ein anderer Indikator, der Trends und ihre Richtung misst, ist der *Directional Movement Index* (DMI). J. Welles Wilder Jr. führte diesen Indikator 1978 zusammen mit dem Relative Strength Index (siehe nächstes Kapitel) in seinem Buch *New Concepts in Technical Trading Systems* ein. Jeder ernsthafte technische Analyst möchte dieses Buch studieren, obwohl ich vermute, dass die meisten Händler, die den DMI oder andere technische Indikatoren verwenden, nur ihre Börsensoftware »anschmeißen« und dann beginnen, die Parametereinstellungen der Indikatoren zu optimieren, ohne sich die Mühe zu machen, die Kalkulation, die dahinter steht, zu verstehen.

Der DMI besteht aus drei Teilen: +DI misst die Aufwärtskursbewegungen, −DI misst die Abwärtskursbewegungen, und der ADX benötigt die Differenz zwischen +DI und −DI, um die Stärke oder das Fehlen eines Trendverhaltens zu zeigen. Über die Richtung eines Trends selbst macht der ADX keine Aussage. Der DMI bietet auf einer Skala von 0 bis 100 einen schnellen Weg, um zu sehen, ob der Markt optimistisch oder pessimistisch ist.

Die Berechnungsschritte, um bis zum DMI zu gelangen, sind nicht schwierig aber ein bisschen unhandlich und müssen schrittweise angegangen werden.

1. Als erstes gilt es, den *directional movement* (DM) zu verstehen. Er ist definiert als der größte Teil der aktuellen Schwankungsbreite des Börsenkurses, der außerhalb der Schwankungsbreite des Börsenkurses der vorherigen Periode liegt. Sie vergleichen das heutige Tageshoch minus dem gestrigen Tageshoch mit dem heutigen Tagestief minus dem gestrigen Tagestief und erhalten einen DM-Wert. (Für inside days (Tage an denen die aktuelle Schwankungsbreite des Kurses innerhalb der des vorherigen Tages liegt, d.Ü.), oder wenn die Werte gleich sind, ist DM Null.)
2. Nehmen Sie nur die größeren Werte. Wenn die Differenz zwischen den beiden Tageshochkursen am größten ist, setzen Sie sie

in die +DM-Spalte. Wenn die Differenz zwischen den beiden Tagestiefkursen am größten ist, setzen Sie sie in die -DM-Spalte. (Beide DM-Werte sind positive Zahlen; das Minuszeichen kennzeichnet nur seine Abwärtsbewegung.)

3. Vergleichen Sie die *true range* (TR). Der größte ermittelte Wert aus der Differenz zwischen dem Hoch- und Tiefkurs des heutigen Tages oder des heutigen Hoch- und dem gestrigen Schlusskurs oder eben des heutigen Tief- und des gestrigen Schlusskurses ist die true range. Nur der größte dieser Werte wird benötigt.

4. Legen Sie fest, wie viele Tage (Perioden) in Ihrer Berechnung benutzt werden sollen. Wilder benutzte 14 Tage, die Hälfte der Länge eines typischen Kurszyklus. Diese Zahl blieb am populärsten, obwohl andere getestet wurden.

5. Zählen Sie alle +DM-Zahlen zusammen und berechnen Sie den Durchschnittswert für die Zeitspanne, die Sie gewählt haben (14 Tage?). Machen Sie dasselbe für -DM und TR, um einen Durchschnittswert für jede der drei Spalten zu bekommen. Nachdem Sie das einmal getan haben, können Sie bei zukünftigen Berechnungen Zeit sparen, indem Sie diese Formel benutzen: Heutiger Durchschnitt = (gestriger Durchschnitt − (heutiger Durchschnitt/Anzahl der Tage)) + heutiger Wert.

6. Nun können Sie den *directional indicator* berechnen, welcher entweder aufwärts- oder abwärtsgerichtet sein kann – abhängig vom *directional movement*.

Wenn der DM steigt: $+ DM = (+ DM/TR)*100$
Wenn der DM fällt: $- DM = (- DM/TR)*100$

7. Berechnen Sie die Differenz zwischen +DI und −DI (Erinnern Sie sich, dass beide positive Zahlen sind): DIdiff = ((+DI) + (−DI)).

8. Dann zählen Sie alle DI-Werte zusammen: DIsumme = ((+ DI) + (− DI)).

9. Berechnen Sie den DX oder den *directional movement index*: $DX = (DI_{diff}/DI_{sume})*100$. Dies wird eine Prozentzahl zwischen 0 und 100 sein. Wenn sich der Markt stark nach oben oder unten bewegt, wird der Zählerstand hoch sein und zeigen, dass die Bullen oder die Bären voll unter Kontrolle sind; Wenn die Kurs-

bewegungen unruhig oder seitwärts gerichtet sind, wird der Zählerstand niedrig sein. Das zeigt, dass die Bullen und Bären um ausgeglichenere Bedingungen kämpfen, ohne dass eine Seite die Kontrolle über den Markt hat.

10. Um die Anwendung bei volatilen extremen Perioden zu ermöglichen, fügte Wilder die *average directional movement index* (ADX) Berechnung hinzu, um den DX zu glätten:

$$ADX_t = ((ADX_{t-1} * (n-1)) + DX_t)/n$$

Wenn Sie 14 Tage für Ihre Zeitspanne benutzen, der ADX zu einem 14-Tage-Durchschnitt eines 14-Tage-Durchschnitts macht, verlangsamt es die Reaktionen auf Marktänderungen ein wenig mehr, als Händler es mögen.

Die Zahlen für die Komponenten selbst können als Indikator nützlich sein. Der ADX zeigt Ihnen von allein, ob die Kurse in einem Trend verlaufen oder ziellos herumirren. Ein hoher DM-Stand erinnert daran, dass ein Markt mit einem Trendfolge-System angegangen werden sollte. Wenn Ihr Handelssystem für trendlose oder seitwärts tendierende Märkte entworfen wurde, würden Sie Märkte am unteren Ende der DM-Skala suchen. Wenn die Linie des ADX unter beide DI-Linien fällt, benutzen Sie kein Trendfolge-System.

Ein anderer Bestandteil des DM, den Sie als Indikator benutzen können, wird das *average directional movement index rating* (ADXR) genannt. Um den ADXR zu erhalten, zählen Sie den heutigen ADX zu dem ADX-Stand vor einer bestimmten Anzahl von Tagen und dividieren das Ergebnis durch zwei. Er funktioniert wie ein Gleitender Durchschnitt des ADX. Wenn der ADX den ADXR überquert, wird sich der Markt gewöhnlich in einem Trend befinden. Wenn der ADX niedriger als der ADXR ist, schwankt der Markt.

Der DMI kann über seine Funktion als Indikator hinaus zu einem Trendfolge-Handelssystem werden. Die Hauptstrategie in der Benutzung des DMI ist relativ einfach: Wenn die +DI- die −DI-Linie überquert, kaufen Sie; wenn −DI über +DI steigt, verkaufen Sie. Das

Abbildung 8.8 Tageschart Baumwolle mit (DMI) Endloschart

Quelle: Future Source

System umfasst außerdem eine Extrempunkt-Regel: Am Tag des Übergangs ist der äußerste Kurs ein Umkehrpunkt für einen Stopp. Wenn Sie long sind, ist er der Tiefkurs des Übergangstages; wenn Sie short sind, der Hochkurs.

Einige fordern vom ADX, über der +DI- und der –DI-Linie, zu liegen und benutzen eine Wende des ADX als Signal, dass der laufende Trend dreht. Einige verlangen vom ADX zu steigen, bevor sie bei einer Überkreuzung ein Engagement tätigen. Weil der ADX aber erst nach einer Überkreuzung zu steigen beginnt, wenn sich +DI und –DI-Kurve weiter auseinander bewegen oder schon in einer starken Bewegung sind, könnte der Verzögerungseffekt gerade zur Unzeit ein Trendsignal generieren.

Abbildung 8.8 liefert eine Illustration von DMI und ADX – für eine Erklärung seines Gebrauchs.

Der vielleicht beste Gebrauch für ADX und DMI ist der als Filter für andere Systeme oder einfach als ein Signal für die Börsenbedingungen, in welchem ein trendbestätigendes oder trendloses Handelssystem am besten arbeiten würde.

Kapitel IX

Den Wendepunkt signalisieren: Oszillatoren

Innerhalb der technischen Analyse geht es insbesondere um die Identifikation des Trends gelegt oder um das Wissen, wann ein Markt in einen Trend einmündet. Für viele Derivatehändler ist natürlich das die Zeit, in der das meiste Geld gemacht wird. Viele Märkte notieren jedoch weniger als 20 Prozent der Zeit in handelbaren Trends und einige schwanken vielleicht innerhalb einer begrenzten Handelsspanne, ohne jemals irgendwelche echte Trends für eine längere Periode vorzuweisen. Daher müssen für eine erfolgreiche Spekulation diese Trendgelegenheiten, wenn sie stattfinden, auch erkannt werden.

Daraus folgt dass es genauso gilt, zu erkennen, wenn kein Trend da ist, wenn ein Trend endet oder wenn ein Markt vielleicht den Versuch startet, einen Trend zu beginnen. Die Trendfolge- Indikatoren des vorherigen Kapitels verfolgen nicht nur Trends und die Wahrscheinlichkeit, dass diese sich fortsetzen, sondern liefern auch Anhaltspunkte, dass ein Trend endet oder beginnt, wenn ihre Bewegung erlahmt oder sich umkehrt. Offen gesagt können sie überhaupt nicht für die Messung von Trends benutzt werden, sondern nur für das Aufspüren einer möglichen Trendumkehr, wenn das Ihr Trading-Stil ist.

Eine andere Garnitur von Indikatoren bewertet den Marktverlauf, um Wendepunkte des Marktes zu erkennen. Häufig betrachten diese Indikatoren die Geschwindigkeit der Kurse, wie sie sich entwickeln und beurteilen die Schwungkraft einer Bewegung oder die Rate, mit welcher sich die Kurse verändern oder einige andere Faktoren, um zu bestimmen, ob ein Markt überkauft oder überverkauft sein könnte. Diese Überkauft /Überverkauft-Indikatoren können auch als Oszillatoren kategorisiert werden, da sie sich gewöhnlich auf einer Indexskala, die von Null bis 100 geht, auf und ab bewegen. Sie sind insbesondere in Seitwärtsmärkten effektiver, besonders für kurzfristige Trades.

Eine Anzahl dieser, auf Kursen basierenden, Indikatoren benutzen einen ähnlichen Input und erzeugen ähnliche Signale. Außer Überschneidungen und ihren hohen oder niedrigen Überkauft-/Überverkauft-Ständen, liegt ihre vielleicht größte Bedeutung als Gruppe in den Divergenz/Konvergenz-Signalen, die sie geben – die Kurse gehen in eine bestimmte Richtung, der Indikator geht jedoch nicht mit.

Sie sind vielleicht einer dieser Spekulanten, die einfach mit ihrem Analyseprogramm die Parametereinstellungen und Indikatoren ablaufen lassen. Es ist aber wichtig, dass Sie die Grundlagen dieser Indikatoren verstehen. Manchmal wollen Sie vielleicht – um von Fehldeutungen und Fehlern, die sich wahrscheinlich über die Zeit einschleichen, wegzukommen – das Thema studieren. Sie könnten in der Lage sein, einen Dreh hier oder einen neuen Bestandteil da hinzuzufügen, wer weiß? Sie könnten das nächste bedeutende Handelssystem selbst herstellen, wenn Sie die Gedanken, die in den Indikatoren der Meister enthalten sind, begriffen haben.

Relative Stärke Index

Von J. Welles Wilder Jr.

Nur wenige Bücher haben so viele innovative Konzepte in die technische Analyse und den Futurehandel eingeführt wie das 1978 erschienene New Concepts in Technical Trading Systems *von J. Welles Wilder Jr. Zusätzlich zum* Directional Movement Index *(Kapitel 8) behandelte das Buch das Parabolic System, das Volatility System und andere. Aber das vielleicht bekannteste und am meisten getestete Konzept, ist der Relative Stärke Index (RSI) gewesen. Wilder, der Präsident von Trend Research Ltd. in McLeansville (Greensboro), N.C., wandte sich auch anderen technischen Konzepten zu, aber der RSI, DMI, ADX und einige andere Indikatoren in diesem Buch sind generell Standards der technischen Analyse für Futurehändler geworden.*

Folgendes ist aus dem 1978 erschienenen Artikel der Juni-Ausgabe des *Commodities* Magazins, der grundlegende Oszillatoren-Konzepte erklärte und den RSI bei Händlern einführte, mit Genehmigung abgedruckt.

Eines der sinnvollsten Werkzeuge, das von vielen technischen Waren-Händlern angewendet wird, ist ein Momentum-Oszillator, der die Geschwindigkeit der Kursbewegung misst. Wenn sich die Kurse schnell nach oben bewegen, wird an einem Punkt überlegt, ob der Rohstoff überkauft ist; wenn sie sich schnell nach unten bewegen, wird der Rohstoff an einem Punkt als überverkauft erachtet. In jedem Fall steht eine Reaktion oder eine Umkehr unmittelbar bevor. Die Steigung des Momentum-Oszillators ist genau proportional zu der Geschwindigkeit der Bewegung und die Strecke, die dieser Oszillator hin- und herpendelt, ist proportional zu dem Ausmaß der Bewegung.

Der Momentum-Oszillator wird gewöhnlich mit einer Linie auf einem Chart dargestellt, die in zwei Dimensionen aufgemalt wurde. Die senkrechte Y-Achse repräsentiert Größe oder Strecke der Indikatoren-Bewegung; die waagrechte X-Achse repräsentiert die Zeit.

Solch ein Momentum-Oszillator bewegt sich sehr schnell bei Wendepunkten des Marktes und wird dann langsamer, wenn der Markt die eingeschlagene Bewegung fortsetzt.

Nehmen Sie an, dass wir den Oszillator auf Schlusskursbasis berechnen und sich der Kurs täglich exakt den gleichen Wertzuwachs von Schlusskurs zu Schlusskurs nach oben bewegt. An einem Punkt beginnt der Oszillator abzuflachen und wird eventuell zu einer waagerechten Linie. Wenn das passiert und die Aufwärtsbewegung an Fahrt verliert, wird der Oszillator beginnen zu fallen.

Das Zeichnen des Oszillators

Lassen Sie uns dieses Konzept betrachten, indem wir einen einfachen Oszillator auf Basis des heutigen Kurses minus des Kurses vor beispielsweise 10 Tagen benutzen. Der Oszillator wird von einer Null-Linie aus gemessen. Wenn der Kurs vor zehn Tagen höher ist als der heutige Kurs, dann ist der Wert des Oszillators negativ; Im umgekehrten Fall, wenn der heutige Kurs höher ist als der Kurs vor zehn Tagen, dann ist der Wert des Oszillators im Plus.

Am einfachsten lässt sich die Wechselwirkung zwischen Kurs- und Oszillatorbewegung illustrieren, indem Sie eine geradlinige Kursbeziehung nehmen und die Punkte des Oszillators, die auf dieser Beziehung basieren, aufzeichnen (Abbildung 9.1). In unserem Beispiel beginnen wir am zehnten Tag, wenn der Schlusskurs 48,50 ist. Der Kurs zehn Tage vorher – am ersten Tag – beträgt 50,75. Bei einem Zehn-Tage-Oszillator nehmen wir deshalb den heutigen Kurs von 48,50 und ziehen 50,75, den Kurs vor zehn Tagen ab. Das Ergebnis von −2,25 ist der Wert des Oszillators. Dieser Wert von −2,25 wird unter der Null-Linie aufgezeichnet. Durch die tägliche Anwendung dieses Verfahrens entwickeln wir eine Oszillator-Kurve.

Die Oszillator-Kurve, die sich in dieser hypothetischen Situation entwickelt, ist höchst interessant. Wenn sich die Kurse zwischen dem zehnten und dem vierzehnten Tag jeden Tag um denselben Wert abwärts bewegen, ist die Oszillator-Kurve eine waagerechte Linie. Am 15. Tag dreht der Kurs um 25 Punkte nach oben. Trotzdem

Abbildung 9.1

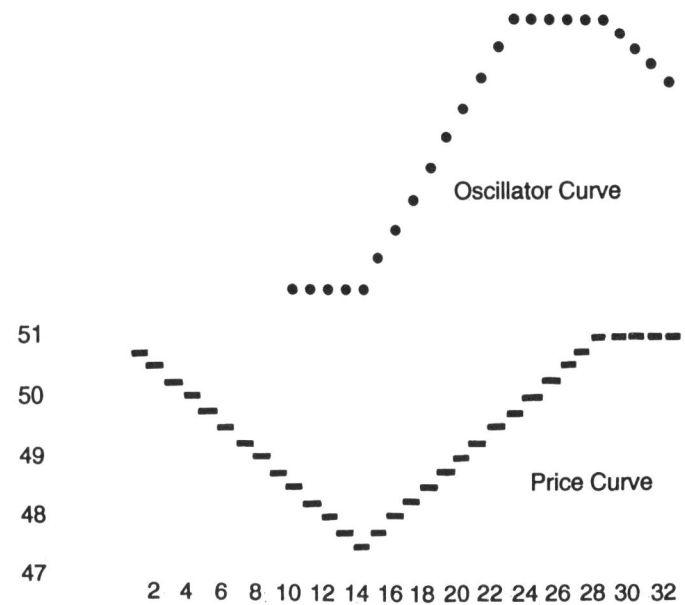

dreht der Oszillator um 50 Punkte nach oben. Der Oszillator geht zweimal so schnell nach oben wie der Kurs. Der Oszillator setzt dieses Tempo der Bewegung bis zum 23. Tag fort bis sein Wert eine Konstante wird, obwohl der Kurs mit demselben Tempo weiter steigt.

Am 29. Tag passiert eine weitere sehr interessante Sache. Der Kurs bleibt bei 51, doch der Oszillator beginnt zu fallen. Wenn sich der Kurs weiter seitwärts bewegt, wird der Oszillator zehn Tage weiter fallen. Das ist dann die Phase, in der Oszillator und Kurs waagerecht verlaufen werden.

Beachten Sie die Wechselwirkung zwischen Oszillator- und Kursbewegung. Der Oszillator scheint dem Kurs einen Schritt voraus zu sein. Weil der Oszillator praktisch das Tempo der Veränderung der Kursbewegung misst. Zwischen dem 14. und 23. Tag zeigt der Oszillator, dass das Tempo der Kursänderung sehr schnell ist, weil die Richtung des Kurses von abwärts auf oben wechselt. Sobald der

Kurs einen Boden gebildet hat und nach oben aufgebrochen ist, verringert sich das Tempo der Veränderung, weil die Veränderungsraten nur in eine Richtung gemessen werden.

Drei Probleme

Der Oszillator kann ein hervorragendes technisches Werkzeug für Spekulanten sein, die ihn auch verstehen. Es gibt jedoch drei Probleme, denen man bei der Entwicklung eines bedeutsamen Oszillators begegnet:

1. Erratische Bewegungen innerhalb der allgemeinen Oszillatorkonfiguration. Nehmen Sie an, dass sich der Kurs vor zehn Tagen im Vergleich zum Vortag limit down, d. h. über die am einem bestimmten Handelstag maximal nach unten zugestandene Preisschwankung bewegte. Stellen Sie sich nun vor, dass der Kurs heute genauso schloss wie gestern. Wenn Sie den Kurs vor zehn Tagen von dem heutigen abziehen, werden Sie einen irrtümlich hohen Wert für den heutigen Oszillator bekommen. Um dieses Problem zu meistern, muss es irgendeinen Weg geben, die Extrempunkte, die zur Berechnung des Oszillators benutzt werden, zu glätten.
2. Der Maßstab, der für die Y-Achse zu benutzen ist. Mit anderen Worten, wie hoch ist hoch und wie tief ist tief? Außerdem wird sich diese Skala mit jedem Rohstoff verändern, der dargestellt wird. Um dieses Problem zu überwinden, muss es irgendeinen gemeinsamen Nenner geben, den man für alle Rohstoffe verwendet, so dass die Amplitude des Oszillators relativ und sinnvoll ist.
3. Die Notwendigkeit, eine gewaltige Datenmenge zu aktualisieren. Dies ist das kleinste der drei Probleme; es kann jedoch für den Händler lästig werden, der mehrere Rohstoffe mit nur einer Oszillator-Technik verfolgt.

Eine Lösung

Eine Lösung dieser drei Probleme wird in dem Typ Indikator integriert, den wir den Relative Stärke Index (RSI) nennen werden:

$$RSI = 100 - (100 / (1 + RS))$$

$$RS = \frac{\text{Der 14-Tage-Durchschnitt aller Aufwärtskursränderung schließt oben}}{\text{Der 14-Tage-Durchschnitt aller Abwärtskursänderung schließt unten}}$$

Für die erste Berechnung des RSI benötigen wir die Schlusskurse der vorausgegangenen 14 Tage. Von da an, brauchen wir nur die Daten des Vortages. Der Anfangs-RSI wird wie folgt errechnet:

1. Ermitteln Sie die Summe aller Schlusskurse, die in den vergangenen 14 Tagen im Plus lagen, und dividieren Sie die Summe durch 14. Dies ist die durchschnittliche Aufwärtskursänderung.
2. Ermitteln Sie die Summe aller Schlusskurse, die in den vergangenen 14 Tagen im Minus lagen, und dividieren Sie die Summe durch 14. Dies ist die durchschnittliche Abwärtskursänderung.
3. Dividieren Sie durchschnittlichen Aufwärtskursänderungen durch die durchschnittlichen Abwärtskursänderungen. Das Ergebnis ist die Relative Stärke (RS).
4. Addieren Sie zum RS eine Eins.
5. Dividieren Sie 100 durch das Ergebnis, das Sie in Schritt 4 erhielten.
6. Ziehen Sie das Ergebnis, das Sie in Schritt 5 erhielten, von 100 ab. Dies ist der erste RSI.

Die Glättung

Ab diesem Punkt müssen Sie nur noch den vorherigen Durchschnitt der Aufwärtskursänderungen und den vorherigen Durchschnitt der Abwärtskursänderungen bei der Kalkulation des nächsten RSI benutzen. Dieser Vorgang integriert den Glättungsfaktor in die Gleichung:

1. Um die nächste durchschnittliche Aufwärtskursänderung zu erhalten: Multiplizieren Sie die vorherige durchschnittliche Aufwärtskursänderung mit 13, addieren Sie zu diesem Betrag die heutige Aufwärtskursänderung und dividieren das Ganze durch 14.
2. Um die nächste durchschnittliche Abwärtskursänderung zu erhalten: Multiplizieren Sie die vorherige durchschnittliche Abwärtskursänderung mit 13, addieren Sie zu diesem Betrag die heutige Abwärtskursänderung (wenn vorhanden) und dividieren das Ganze durch 14.

Die Schritte drei bis sechs sind dieselben wie für den Anfangs-RSI.

Ein einfacher Weg, um mit dem RSI auf täglicher Basis auf dem laufenden zu bleiben, ist es ein Zehn-Spalten-Arbeitsblatt zu benutzen (Abbildung 9.2). Ab dem 16. Tag benötigen Sie die Daten der vorausgegangenen 14 Tage nicht mehr. Der RSI wird nur noch mit der durchschnittlichen Aufwärtskursänderung und der durchschnittlichen Abwärtskursänderung des Vortages berechnet.

Zur Illustration die Aktualisierung der durchschnittlichen Auf- und Abwärtskursänderungen:

Am 16. Tag nehmen Sie den vorherigen Aufwärtsschlusskurs in Spalte fünf (0,84) und multiplizieren ihn mit 13. Addieren sie den Aufwärtsschlusskurs des Tages (aus Spalte drei) und dividieren Sie die Summe durch 14.

$$0,84 \times 13 = 10,92$$
$$\underline{+\ 0,07}$$
$$10,99\ /\ 14 = 0,79$$

Das Resultat von 0,79 ist der neue durchschnittliche Aufwärtsschlusskurs und er wird in Spalte fünf platziert.

Weil der Kurs am 16. Tag höher geschlossen hat, muss sich der Wert des durchschnittlichen Abwärtsschlusskurses im Verhältnis zum 14-Tages-Durchschnitt natürlich verringern. Das Verfahren ist jedoch dasselbe. Nehmen Sie den durchschnittlichen Abwärtsschlusskurs aus Spalte sechs (0,29) und multiplizieren Sie ihn mit 13. Weil der Abwärtsschlusskurs am 16. Tag null war, ist nichts im Nachhinein hinzuzufügen. Nun dividieren Sie die Summe durch 14.

$$0,29 \times 13 = 3,77$$
$$\underline{+\ 0}$$
$$3,77\ /\ 14 = 0,27$$

Abbildung 9.2

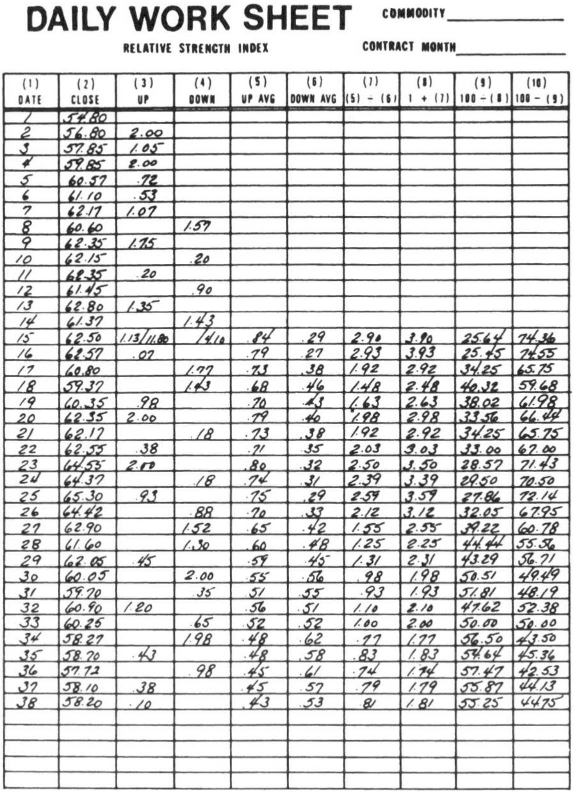

DAILY WORK SHEET
RELATIVE STRENGTH INDEX

COMMODITY _____

CONTRACT MONTH _____

(1) DATE	(2) CLOSE	(3) UP	(4) DOWN	(5) UP AVG	(6) DOWN AVG	(7) (5) – (6)	(8) 1 + (7)	(9) 100 – (8)	(10) 100 – (9)
1	54.80								
2	56.80	2.00							
3	57.85	1.05							
4	59.85	2.00							
5	60.57	.72							
6	61.10	.53							
7	62.17	1.07							
8	60.60		1.57						
9	62.35	1.75							
10	62.15		.20						
11	62.35	.20							
12	61.45		.90						
13	62.80	1.35							
14	61.37		1.43						
15	62.50	1.13/11.80	.41/.10	.84	.29	2.90	3.90	25.64	74.36
16	62.57	.07		.79	.27	2.93	3.93	25.45	74.55
17	60.80		1.77	.73	.38	1.92	2.92	34.25	65.75
18	59.37		1.43	.68	.46	1.48	2.48	40.32	59.68
19	60.35	.98		.70	.43	1.63	2.63	38.02	61.98
20	62.35	2.00		.79	.40	1.98	2.98	33.56	66.44
21	62.17		.18	.73	.38	1.92	2.92	34.25	65.75
22	62.55	.38		.71	.35	2.03	3.03	33.00	67.00
23	64.55	2.00		.80	.32	2.50	3.50	28.57	71.43
24	64.37		.18	.74	.31	2.39	3.39	29.50	70.50
25	65.30	.93		.75	.29	2.59	3.59	27.86	72.14
26	64.42		.88	.70	.33	2.12	3.12	32.05	67.95
27	62.90		1.52	.65	.42	1.55	2.55	39.22	60.78
28	61.60		1.30	.60	.48	1.25	2.25	44.44	55.56
29	62.05	.45		.59	.45	1.31	2.31	43.29	56.71
30	60.05		2.00	.55	.56	.98	1.98	50.51	49.49
31	59.70		.35	.51	.55	.93	1.93	51.81	48.19
32	60.90	1.20		.56	.51	1.10	2.10	47.62	52.38
33	60.25		.65	.52	.52	1.00	2.00	50.00	50.00
34	58.27		1.98	.48	.62	.77	1.77	56.50	43.50
35	58.70	.43		.48	.58	.83	1.83	54.64	45.36
36	57.72		.98	.45	.61	.74	1.74	57.47	42.53
37	58.10	.38		.45	.57	.79	1.79	55.87	44.13
38	58.20	.10		.43	.53	.81	1.81	55.25	44.75

Spalte 1: Datum

Spalte 2: Tagesschlusskurs

Spalte 3: Der Betrag, um den der Kurs im Vergleich zum Vortag höher geschlossen hat. (Beachten Sie: Ein Eintrag wird in dieser Spalte nur gemacht, wenn der Kurs höher als der Vortagesschlusskurs liegt. Beispiel: Am zweiten Tag schloss der Kurs 2 Punkte über dem Vortagesschlusskurs)

Spalte 4: Der Betrag, um den der Kurs im Vergleich zum Vortag tiefer geschlossen hat. (Beachten Sie: Ein Eintrag wird in dieser Spalte nur gemacht, wenn der Kurs niedriger als der Vortagesschlusskurs liegt. Beispiel: Am achten Tag schloss der Kurs 1,57 Punkte unter dem des siebten Tags)

Spalte 5: Der Wert der durchschnittlichen Aufwärtsschlusskurse. (Am 15. Tag haben Sie die notwendigen Informationen, um einen 14-Tages-RSI zu beginnen zu errechnen. Zählen Sie alle Werte in Spalte drei zusammen. In diesem Beispiel ist die Summe 11,80. Dividieren Sie diese Summe durch 14, um den durchschnittlichen Aufwärts-schlusskurs einer 14-Tage-Periode zu erhalten. Dieser Wert von 0,84 wird in Spalte fünf gesetzt.)

Spalte 6: Der Wert der durchschnittlichen Abwärtsschlusskurse. (Zählen Sie die Abwärtsschlusskurse in Spalte vier zusammen – die Summe beträgt in diesem Beispiel 4,10. Dividieren Sie diese Zahl durch 14, um den durchschnittlichen Abwärtsschlusskurs zu erhalten. Setzen Sie diesen Wert von 0,29 in die sechste Spalte.)

Spalte 7: Das Ergebnis der Division des Werts in Spalte 6 durch die Zahl in der fünften Spalte – 0,84/0,29 = 2,90.

Spalte 8: Das Ergebnis der Addition von 1 zu dem Wert in Spalte 7 – 2,90 +1 = 3,9.

Spalte 9: Das Ergebnis der Division von 100 durch die Zahl in der achten Spalte – 100/3,9 = 25,64

Spalte 10: Der Wert des Relative Stärke Index, der sich durch die Subtraktion der Zahl in Spalte 9 von 100 ableitet – 100 – 25,64 = 74,36.

Das Lösen von Oszillatoren-Problemen

Der Ansatz des RSI überwindet drei Haupt-Probleme von Oszillatoren:

1. Eine irrtümliche erratische Bewegung wird durch die Durchschnitts-Technik eliminiert. Der RSI ist aber ziemlich empfänglich für Kursbewegungen, da eine Zunahme der durchschnittlichen Aufwärtsschlusskurse automatisch mit einer Abnahme der durchschnittlichen Abwärtsschlusskurse einhergeht und umgekehrt.
2. Die Frage »Wie hoch ist hoch und wie tief ist tief?« wird beantwortet, da der Wert des RSI immer zwischen Null und 100 schwanken muss. Deshalb kann der tägliche Momentum aller Rohstoffe auf derselben Skala gemessen werden und miteinander und mit den vorherigen Hochs und Tiefs innerhalb desselben Rohstoffs verglichen werden. Die am meisten gehandelten Rohstoffe sind solche, in denen der RSI die größte senkrechte Bewegung entweder nach oben oder unten zeigt.
3. Das Problem, ganze Berge von Daten zu haben und zu archivieren, wird ebenfalls gelöst. Nach der Berechnung des ersten RSI werden nur die Daten des Vortags für die nächste Berechnung benötigt.

Das Benutzen des Index

Zu lernen, wie dieser Index zu benutzen ist, ist ein wichtiger Lernschritt in der Chartanalyse. Je häufiger Sie die Wechselwirkung zwischen der Bewegung auf dem Chart und dem Relative Stärke Index studieren, umso aufschlussreicher wird der RSI werden. Wenn richtig benutzt, kann der RSI ein sehr wertvolles Werkzeug in der Interpretation von Chart-Bewegungen sein.

Die RSI-Punkte werden täglich auf einen Balkenchart gezeichnet und bilden, wenn sie verbunden sind, die RSI-Linie. Hier sind einige Dinge, die der Index selbst zeigt:

Tops und Böden – Diese werden angezeigt, wenn der Index über 70 oder unter 30 geht. Der Index wird gewöhnlich ein Top oder

Abbildung 9.3

einen Boden vor dem aktuellen Börsentop oder -boden ausbilden. Das gibt Ihnen einen Hinweis darauf, dass eine Umkehr oder zumindest eine bedeutende Reaktion unmittelbar bevorsteht.

Chart-Formationen – Der Index wird graphisch Chartformationen zeigen, die auf dem korrespondierenden Balkenchart nicht so offensichtlich hervortreten könnten. Zum Beispiel zeigen sich Kopf-Schulter-Tops und -böden, Wimpel oder Dreiecke häufig auf dem Index, um Ausbrüche und Kauf- und Verkaufspunkte anzukündigen.

Fehlumschwünge *(failure swings)* – Fehlumschwünge über 70 oder unter 30 (Abbildung 9.3) sind sehr starke Anzeichen für eine Marktumkehr.

In Verbindung mit einem Balkenchart, hilft der Index diese Wechselwirkungen abzugrenzen:

Unterstützung und Widerstand – Häufig zeigen sich Unterstützungs- und Widerstandszonen klar auf dem Index, bevor sie auf einem Balkenchart offensichtlich werden.

Divergenz – Ein Auseinanderlaufen von Kursbewegung und RSI ist ein sehr starker Indikator eines Wendepunkts. Divergenzen entstehen, wenn der RSI steigt und die Kurse sich entweder lustlos dahinbewegen oder zurückgehen. Umgekehrt entstehen Divergenzen, wenn der RSI fällt und die Kurse sich entweder lustlos dahinbewegen oder steigen.

Der Relative Stärke Index in Verbindung mit einem Balkenchart
benutzt, kann dem Chartisten eine neue Dimension der Interpretation geben. Kein einfaches Werkzeug, Methode oder System wird zu
100 Prozent die richtige Antwort liefern. Der Relative Stärke Index
kann aber zur Entscheidungsfindung sehr beitragen.

Abbildung 9.4 14-Tages-RSI (von Donnerstag)

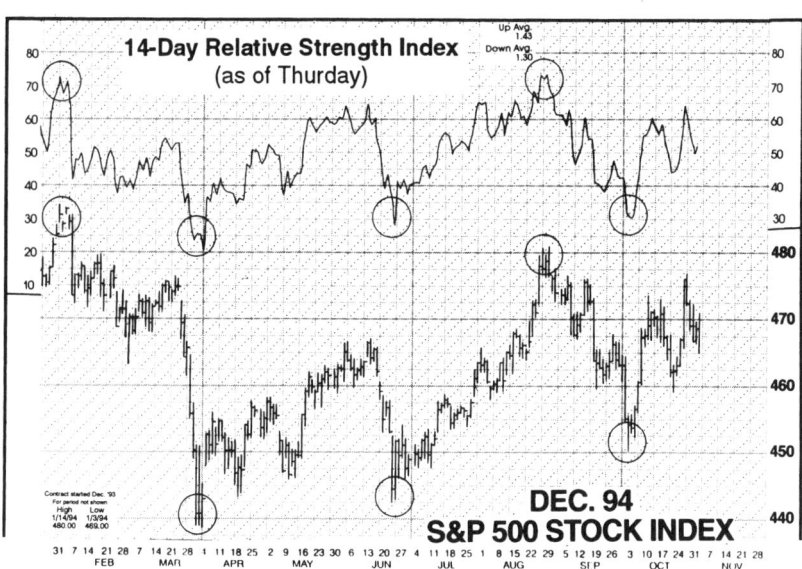

Hier ist ein Beispiel, wie mehrere Indikatoren bei einem bedeutenden Chart-
dienst, den *Commodity Price Charts*, aussehen. Viele der populären Indikatoren
sind auch real-time erhältlich oder mit technischer Analysesoftware wie *Super-
Charts*, *Trading Recipes*, *MetaStock* und anderen darstellbar. Beachten Sie bei
dem Blick auf die Überkauft-/Überverkauft-Grenzen hier im Chart was mit den
Kursen passierte, als der Relative Stärke Index Ende Januar und Ende August
in der Spitze 70 Punkte erreichte und was passierte, als der RSI Ende März, Juni
und (fast) September unter 30 sank. Beachten Sie außerdem, wie viel Zeit der
Stochastik-Indikator im überkauften Bereich verbrachte, während die Kurse von
Juli bis August stiegen.

Quelle: Commodity Price Charts

Abbildung 9.5

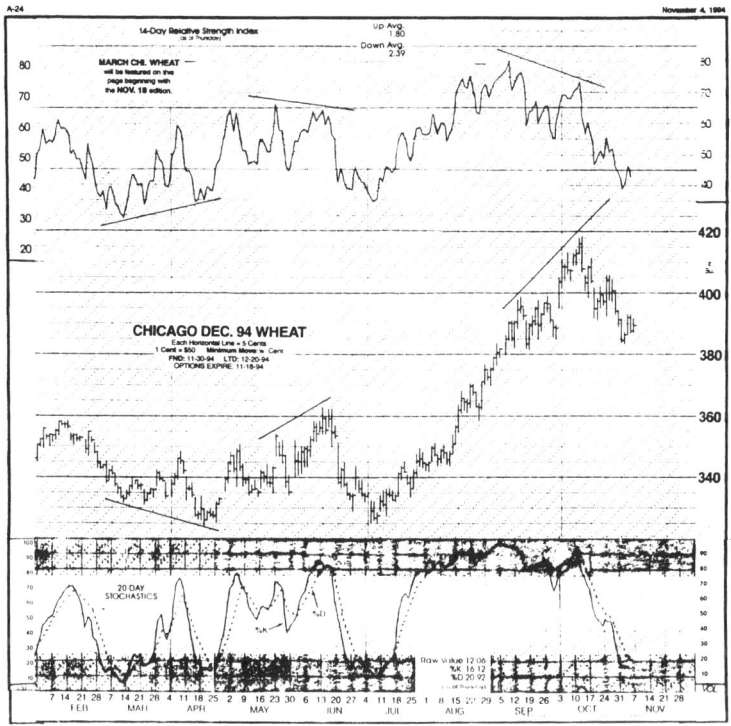

Vielleicht sogar noch wichtiger als der absolute Stand des Indikators, sind Divergenzen – die Kurse fallen auf ein neues Tief oder erreichen ein neues Hoch, aber der Indikator tut das nicht. Beachten Sie, dass die Kurse im April auf ein neues Tief fielen, aber weder der RSI noch der Stochastik das bestätigten. Im Juni machten die Kurse Anstalten höher zu steigen, aber der RSI zeigte eine Divergenz (der Stochastik nicht) bevor die Kurse 35 Cents zurückfielen. Das klarste Divergenz-Signal kam im Oktober, als die Kurse das vorangegangene Hoch um 20 Cent überstiegen, der RSI aber vor dem Erreichen seiner letzten Spitze fiel und auch der Stochastik divergierte. Der Kursverlauf deutete Stärke an, aber die Indikatoren zeigten, dass der Markt zu der Zeit schwächer war, als er aussah. Beachten Sie außerdem, wie der Stochastik-Indikator einige gute Signale lieferte, aber während des fast dreimonatigen ausgedehnten Aufenthalts in der Überkauft-Zone (während die Kurse in einem der besseren Hausse-Bewegungen von 1994 weiter stiegen) dann durcheinander geriet.

Quelle: Commodity Price Charts

Stochastik

Von George C. Lane und Caire Lane

Wenige Indikatoren sind im Future-Geschäft so allgemein bekannt, wie der »Stochastik«, doch scheinen nur wenige so zur Verwirrung der Händler beizutragen. Häufig missverstanden, missinterpretiert und falsch angewendet, ist es immer noch eine weit verbreitete Technik, und kein Buch über technische Analyse im Futurehandel würde ohne eine Diskussion über den Stochastik auskommen.

George Lane, ein professioneller Händler und der Tausende von Brokern, Analysten, Arbitrageure und anderen Händlern unterrichtet hatte, wird gewöhnlich als der Erfinder und als erste Autorität des Stochastik anerkannt. Lane war über zehn Jahre Parketthändler, schrieb über 16 Jahre täglich einen Börsenbrief, war Mitglied dreier Börsen und saß bei einer von ihnen im Vorstand. Er besaß ein regionales Brokerbüro mit 41 Filialen und fungierte bei zwei anderen regionalen Brokerunternehmen als Ökonom und Leiter des Research.

Caire, seine Frau und eine ehemalige Lehrerin, traf Lane im Jahre 1979 und trat in sein Geschäft ein. Sie wird Maklerin und Beraterin im Rohstoffhandel und übernimmt Lane gesamte Aufgaben, wenn dieser unterwegs ist, um Seminare abzuhalten.

Heute arbeiten sie als Investment-Trainer in Watseka, Illinois, und bilden weiter Händler aus. »Der Versuch, selbstständig alles über die Spekulation zu lernen, ist genauso eine Verschwendung von Zeit und Geld, wie der Versuch sich beizubringen, Gehirn-Chirurg zu sein,« behaupten sie.

Das Folgende stammt aus Lanes ursprünglicher Arbeit in den 50er-Jahren, aber das meiste ist brandneu und wird den Händlern das erste Mal präsentiert.

Die Börsen bieten nur wenige Informationsquellen an, auf welchen Indikatoren basieren:

- **Kurs** – die erste und wichtigste Informationsquelle. Die Kursbewegung irgendeines beliebigen Tages – Eröffnungs-, Hoch-, Tief- und Schlusskurs – nennt Ihnen den wahren Wert eines Rohstoffs an diesem Tag. Diese Information kann intern seziert oder mit der Information anderer Tage, Wochen und Monate verglichen werden. Darauf beruht der Balkenchart.

- **Zeit** – Kursänderungen können über die Zeit schnell oder langsam ablaufen. Sie tendieren auch dazu, über eine bestimmte Zeit Formationen zu wiederholen. Deshalb ist ein Balkenchart, der Zeitinformationen enthält, für einen Händler nützlicher als ein altmodischer Point-and-Figure-Chart.

- **Volumen** – Das Wissen, wie viel Handelsvolumen eine Kursänderung begleitet, kann Sie vor der Änderung in der Richtung des Marktes warnen, wenn die Kursdaten nicht eindeutig sind. Die meisten Chart-Systeme verlangen, dass das Volumen als Histogramm oder als eine Linie auf einem Graphen, unter den Kursbalken eingezeichnet wird.

Open interest – Im Gegensatz zu Aktientransaktionen können Rohstofftrades für eine längere Zeit offen bleiben; diese Positionen, die nicht am selben Tag geschlossen werden, sind open interest. Schwankungen im open interest bieten noch eine Informationsquelle für Rohstoffhändler, aber da es keine open interest am Aktienmarkt gibt, sind solche Indikatoren für den Aktienhändler nicht verfügbar.

Alle Indikatoren, die in den Märkten benutzt werden, basieren auf irgendeiner Kombination dieser vier Posten oder auf Veränderungen in der Richtung/dem Tempo der Veränderung von diesen vier Faktoren. Diese Daten werden entweder als Zahlen, als Chart oder als beide zusammen dargestellt.

Die Kurzformel für den Stochastik lautet:

%K = ((Schlusskurs-Tagestief) / (Tageshoch – Tagestief))*100

Die Summe der letzten drei %K, dividiert durch drei, ist gleich dem %D.

Die Summe der letzten drei %D ist gleich dem %D – S. (*Æ* %D-slow, d. Ü.)

So funktioniert der Index. In einer Hausse, werden die Schlusskurse im oberen Bereich notieren, bis – gerade vor dem Top – die Schlusskurse ihren Schwung verlieren und das Top der Schwankungsbreite nicht mehr erreichen. Der Stochastik schaut zuerst auf die Beziehung des Schlusskurses zu dem Tief einer bestimmten Zeitperiode. Diese Information wird dann mit dem Aktionsradius einer spezifizierten Anzahl von Perioden verglichen, um zu sehen, wie hoch die Abweichung von der Norm ist, und es auf einen Prozentsatz zu reduzieren. Diese Daten werden von einer bestimmten Anzahl von Zeiteinheiten geglättet, um den %D zu erschaffen. Wird von diesem ein zweites Mal der Durchschnitt gebildet (in %D und %D-S), gibt das eine geglättete Sinuswelle, die wie eine Schlange aussieht, die sich wellenförmig zwischen den Mauern eines Käfigs bewegt.

Der Balkenchart des S&P 500 Index auf Fünf-Minuten-Basis zeigt einen starken Trendmarkt (Abbildung 9.6). Unterhalb des Balkencharts sehen Sie Beispiele eines schnellen Stochastiks über 11-Balken und eines langsamen 13-Balken-Stochastiks. Der schnelle Stochastik sieht sprunghafter aus, mit vielen zackigen Hügeln und tiefen Tälern. Die spitzeren Hügel sind die %K. Die hellere gepunktete Linie ist der %D. Der langsame Stochastik ist viel ruhiger.

Beim ersten Ausverkauf bei 45200 lief die Geschwindigkeit des Aufstiegs beim %K aus, obwohl der Rohstoff weiter neue Hochs machte. Eine kleinere Reaktion fand statt. Dann begann der Trend wieder.

Beim nächsten Ausverkauf, der noch unterhalb von 45300 Punkten erfolgte, drehte der schnelle %K zwei Tage davor nach unten und der %D verlief den Tag *vorher* bereits flach. Im langsamen Stochastik verliefen beide, der %K und die %D flach und drehten nach unten, als der %K den %D am Tag vor dem Ausverkauf kreuzte.

Abbildung 9.6

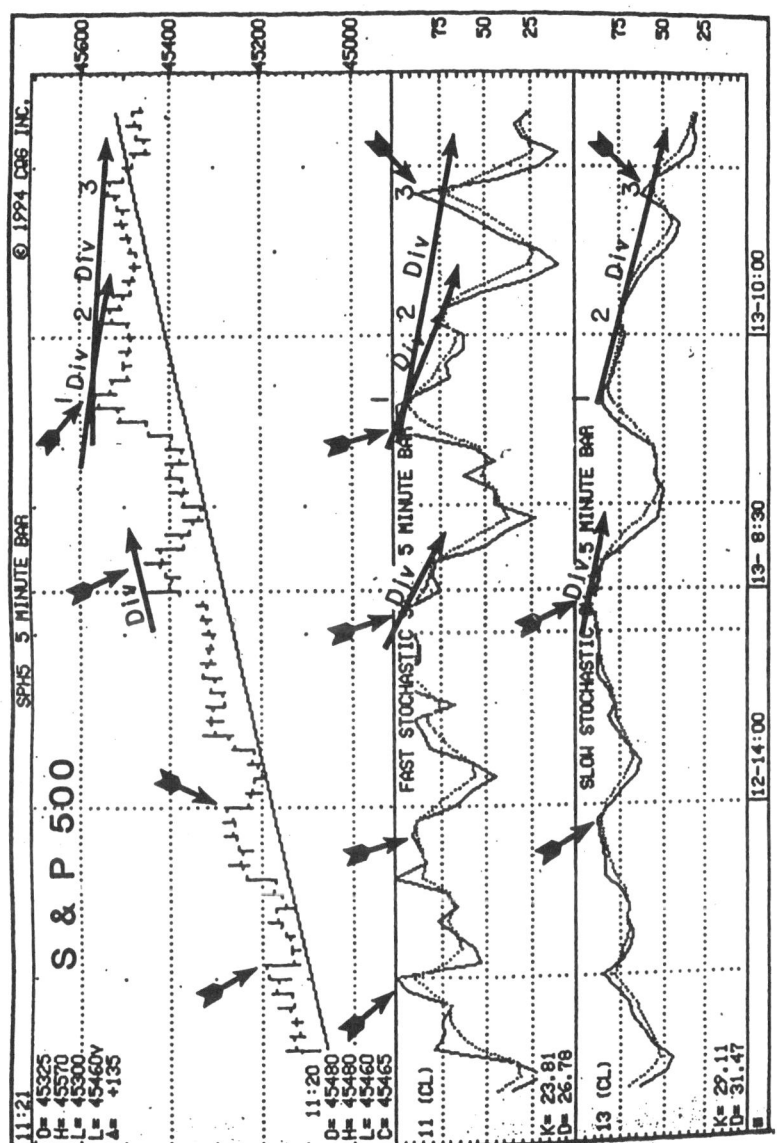

Der Markt setzte seinen Trend fort und hatte ein Doppel-Top mit einer höheren rechten Etappe. Aber der langsame Stochastik verlief lustlos und drehte einen Tag vorher, eine Divergenz signalisierend, nach unten. Der schnelle Stochastik hatte zwischen dem ersten und zweiten Hoch eine deutliche Divergenz gezeigt.

Der nächste Ausverkauf schob den Indikator auf das 50-Prozent-Niveau. Wir konnten nun ein endgültiges Hoch erwarten und stiegen bei 455,70 ein. Wir erhielten wieder eine Divergenz, aber nur einen kleinen Ausverkauf in den Kursen. Wahrscheinlich dachten viele, dass es der ideale Kaufzeitpunkt war, besonders als sie sahen, dass der schnelle Stochastik am 25-Prozent-Level war. Aber nein! Der schnelle Chart sagt, dass Reaktionen nach unten ein größeres Tempo haben, als die vorausgehenden. Das wird von dem letzten Hoch bestätigt, als uns der Stochastik in einer scharfen Spitze in den Trend zurückbrachte – den neuen Trend, der nach unten zeigt!

Wegen der Art wie er strukturiert wird, kann der Stochastik einen überkauften oder -verkauften Markt identifizieren. Aber er kann Ihnen nicht präzise sagen, wie viel weiter die Kurse gehen werden, wenn der Markt einmal überkauft oder -verkauft ist. Der Stochastik kann Ihnen sagen, ob ein erreichtes Hoch oder Tief, genauso viel Schwung wie ein vorausgehendes Hoch oder Tief hatte. Ein Stochastik kann Ihnen sagen, wann ein Markt für eine Korrektur bereit ist. Aber er kann Ihnen keinen genauen Kurs liefern, zu dem Sie kaufen oder verkaufen.

Der Stochastik ist ein Werkzeug. Er kann nicht allein, sondern muss in Verbindung mit dem Chart benutzt werden. Die Daten, die durch ihn geliefert werden, müssen durch den wunderbaren Computer zwischen Ihren Ohren bewertet werden – und Sie müssen derjenige sein, der entscheidet, ob Sie handeln oder nicht!

Die Frage, die von Anfängern am häufigsten gestellt wird ist: »Welche Parameter soll ich in mein Computerprogramm eingeben?« Die Antwort darauf variiert, abhängig von der Software, die Sie benutzen. Es gibt zu viele Variationen der Formel, und die verschiedenen Programme verarbeiten die Daten anders.

Gewöhnlich ist der erste Parameter die Zahl der Zeitperioden, die Sie für den Vergleich benutzen wollen. Die zweiten und dritten Parameter werden für die internen Operationen benutzt und werden wahrscheinlich drei und drei sein (langsame Stochastikeinstellung, d. Ü.). Andere Parameter könnten für exponentielle Glättungen oder anderes benutzt werden – abhängig von der Software, die Sie benutzen. Sehen Sie in dem Handbuch Ihres Programms zur Erklärung dieser Tatbestände nach. Wenn alles nicht klappt, experimentieren Sie weiter.

Chartdienste benutzen kurzerhand entweder neun oder 14 Balken. Das ist nicht »richtig« oder »falsch«, sondern nur praktisch für sie. Als professioneller Händler werden Sie allerdings präziser sein wollen. Sie werden die Zahl der Perioden auswählen wollen. Das gibt einen genaueren Rahmen. Als allgemeiner Grundsatz gilt: Der Stochastik bestätigt den Boden eines Zyklus; deshalb wird die Periodenanzahl, die Sie für Ihren Stochastik benutzen, auf dem Zyklus, den die handeln, basieren.

Um die korrekte Periodizität auszuwählen:

1. Untersuchen Sie jeden Chart, den Sie möglicherweise handeln könnten, sei es ein Drei-Minuten, Fünf-Minuten, 15-Minuten, täglicher, wöchentlicher oder monatlicher Chart des Rohstoffs Ihrer Wahl. Basierend auf ihrem Bauchgefühl und Handelsstil entscheiden Sie, welchen Sie benutzen werden. Wählen Sie die Charts aus, bei denen Sie die meisten Gewinnchancen bei einem angemessenen finanziellen und psychologischen Risiko sehen. Das ist eine persönliche Entscheidung; keiner kann sie für Sie treffen.

Wenn Sie sich nicht sicher sind, fangen Sie klein an. Wählen Sie einen Rohstoff mit einer kleineren täglichen Risikobegrenzung aus und beginnen Sie mit langfristigen Charts. Sie können sich immer größeren und schnelleren Spielen zuwenden, wenn Sie gelernt haben, wie man spielt.

2. Bestimmen Sie den Zyklus in den Charts, die Sie – wie unter 1. diskutiert – ausgewählt haben. Zählen Sie die Tage (Zeitperioden) vom Tief zum Gipfel zum Tief. Machen Sie das für mehrere Zyklen. Addieren Sie diese dann und teilen sie durch die Zyklenanzahl, die Sie benutzten, um die durchschnittliche Anzahl von Perioden je Zyklus zu bekommen.

3. Als Startpunkt benutzen Sie eine Periodizität (Anzahl der Perioden), die 50 Prozent des Zyklus, den Sie zum Handeln ausgewählt haben, beträgt. Dann verfeinern Sie es. Das ist abhängig davon, ob Sie einen schnellen oder langsamen Stochastik benutzen und von der Volatilität des Marktes.

4. Nur wenn Sie schon an dem Punkt der Entscheidung sind, benutzen Sie eine kleinere Anzahl von Perioden als Weg, um ein erwartetes Signal zu bestätigen. Wenden Sie sich sofort wieder Ihrem optimalen Stochastik zu. So bleiben Sie solange wie möglich im Trend und in einem profitablen Engagement.

Der Stochastik sollte so angepasst werden, wie er gebraucht wird. Beachten Sie – er ist nur ein Werkzeug. Wenn Sie einen Schraubenschlüssel benutzen, wählen Sie den aus, der für die Aufgabe geeignet ist. Wenn Sie einen auswählen, der nicht passt, wählen Sie einen anderen, der die Sache besser macht. Das gleiche gilt für Ihren Stochastik.

Regeln für den Stochastik

I. Divergenz/Konvergenz
Wenn eine Aktie oder Rohstoff ein neues Hoch gemacht hat, dann korrigiert und später zu einem höheren Hoch geht, während die korrespondierende Spitze des %D ein Hoch und dann einen niedriger liegenden Hochpunkt ausbildet, wird eine bärische Divergenz angedeutet. Umgekehrt haben Sie eine bullische Konvergenz, wenn eine Aktie oder Rohstoff ein Tief gemacht hat, dann steigt und anschließend auf einen tiefer liegenden Punkt sinkt, während der

Abbildung 9.7

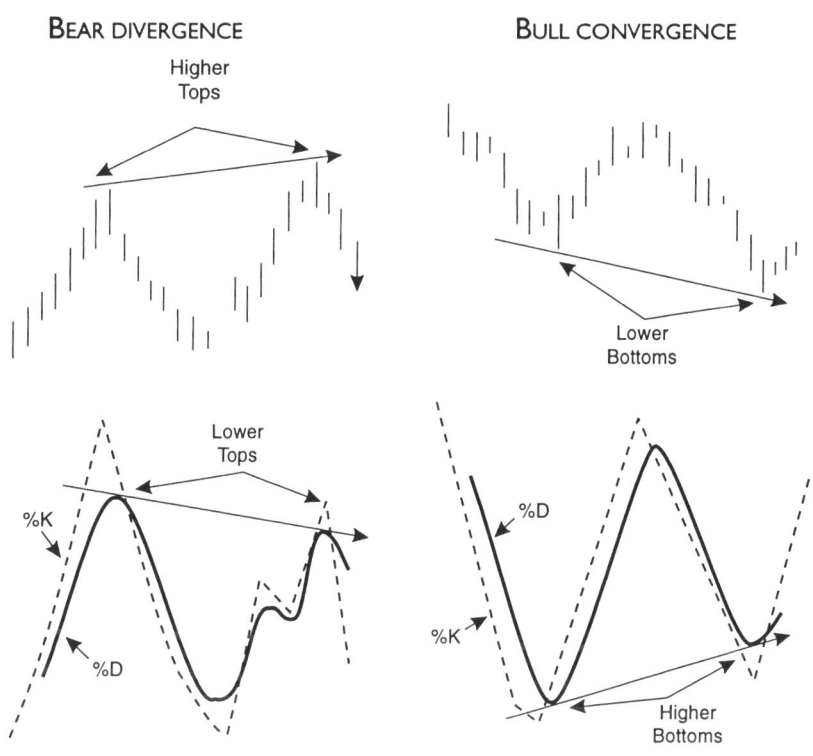

korrespondierende Tiefpunkt des %D ein Tief und dann einen höher liegenden Tiefpunkt gemacht hatte (siehe Abbildung 9.7).

Der T-Bond-Chart auf Wochenbasis (Abbildung 9.8) und der monatliche Weizenchart (Abbildung 9.9) zeigen beide Beispiele von Divergenzen an bedeutenden Tops. Der Weizenchart zeigt auch eine Konvergenz am Boden. Der T-Bond-Chart zeigt keine abgeschlossene Konvergenz, und der Kurs gewinnt in Übereinstimmung mit der steileren Trendlinie an Schwung nach unten.

Bitte beachten Sie, dass im Fall eines Bodens der abwärtsgerichtete Pfeil des Rohstoffs und der aufwärtsgerichtete Pfeil des Oszillators zusammenlaufen werden (wenn sie verlängert werden), während die zwei Pfeile nie an einem Top zusammentreffen. Deshalb – Tops

Abbildung 9.8

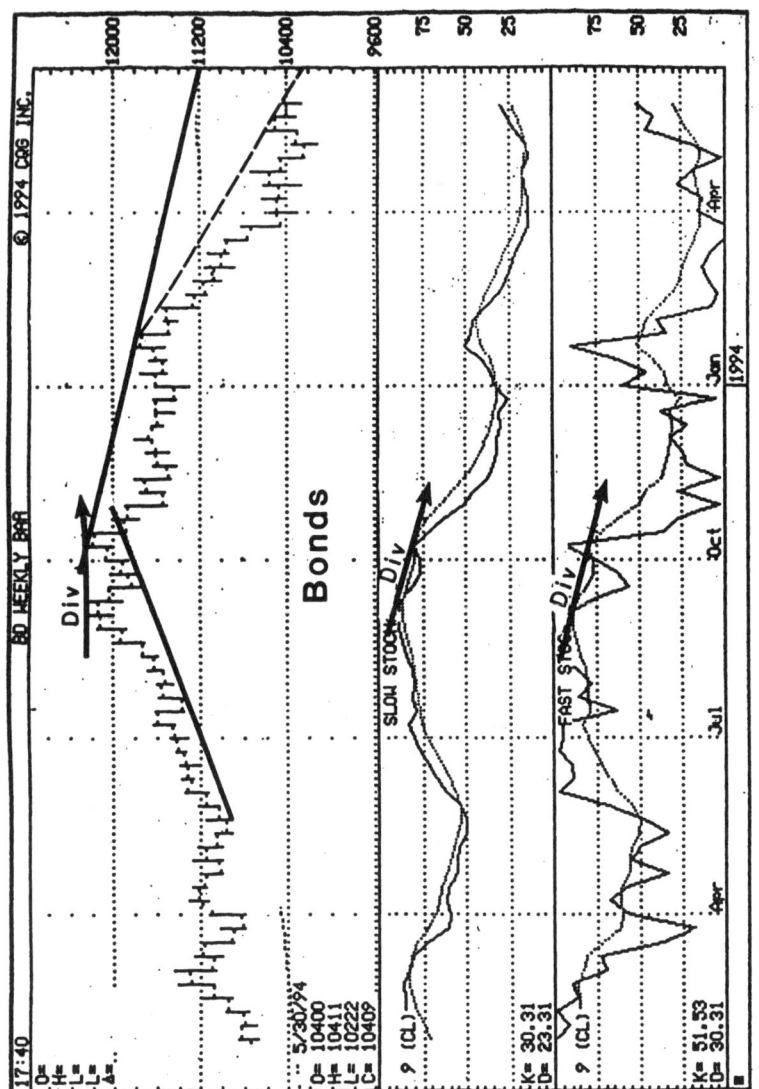

divergieren, während Böden konvergieren. Das Handelssignal bei diesen Divergenzen oder Konvergenzen kommt, wenn der %K im Falle eines Tops die rechte Seite der Spitze der %D-Linie oder – im Falle eines Bodens – die rechte Seite des Tiefpunkts der %D-Linie kreuzt. Divergenz/Konvergenz ist ein Signal, das Sie veranlassen

Abbildung 9.9

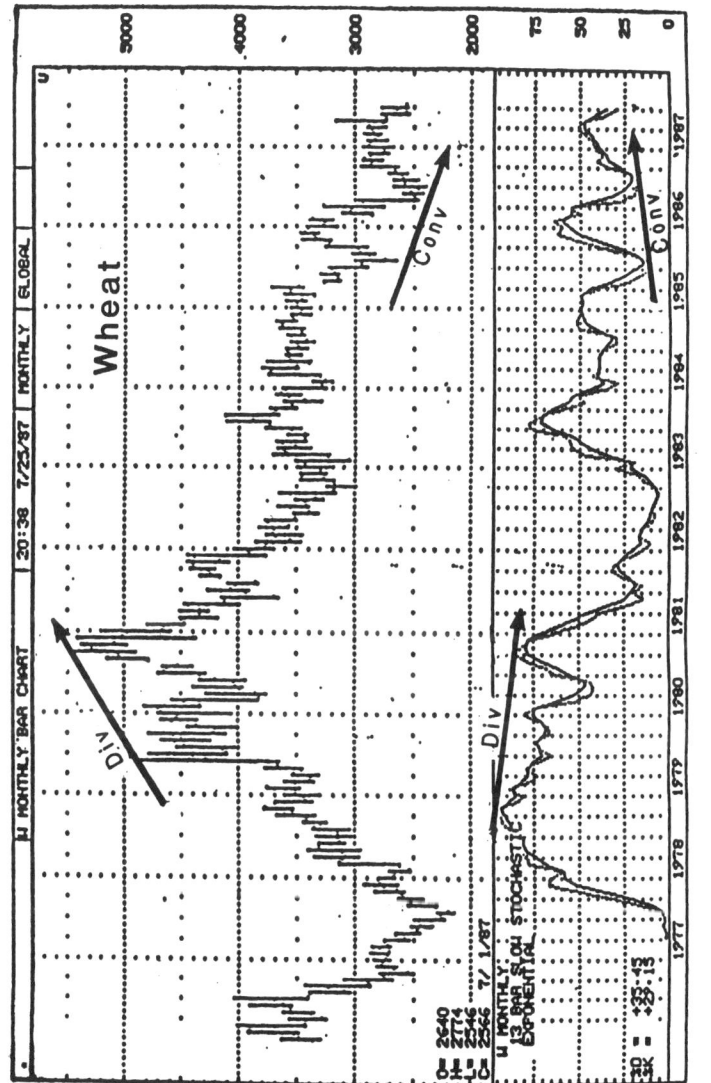

Quelle: CQG Inc.

wird zu kaufen oder zu verkaufen. Aber es ist vielleicht gegen den Haupttrend des Marktes gerichtet.

»Ein rechter Übergang ist mir am liebsten«, schrieb ich in den Fünfzigern. Das ist immer noch richtig, aber nicht die ganze Geschichte.

Abbildung 9.10 Klassisches Divergenzsignal

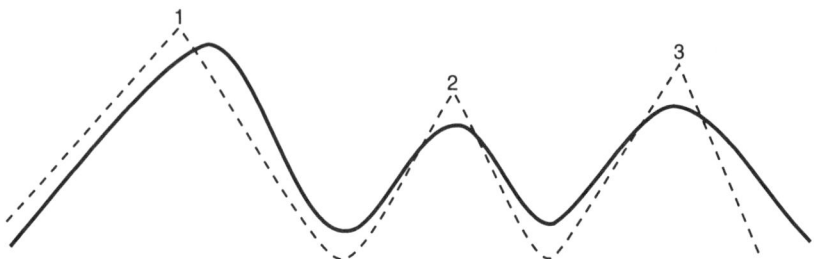

Unsere damalige Arbeit wurde nicht für das breite Publikum geschrieben. Sie wurde als kurzer Leitfaden für Studenten geschrieben, die Stochastik- und Elliot-Wellen-Kurse bei uns belegt hatten und mit bestimmten Gedanken, die nicht im Lehrplan enthalten waren, vollkommen vertraut waren. Zu diesen Ideen gehörten die klassischen und die sekundären Divergenz-Signale.

Bei dem klassischen Divergenz-Signal folgt das korrespondierende Top bei dem Oszillator dem klassischen Muster: Das zweite Hoch ist niedriger als das erste, was eine Divergenz zeigt.

Der dritte Hochpunkt ist jedoch niedriger als das erste, aber er liegt höher als das zweite Hoch (Abbildung 9.10). Der Value Line-Chart zeigt beides, die klassischen Divergenz- und die klassischen Konvergenz-Signale (Abbildung 9.11). Bei beiden sinkt das dritte korrespondierende Hoch bei dem Oszillator innerhalb der Handelsspanne, die von dem ersten und zweiten geschaffen wurde.

Wir alle wissen, dass sich der Markt nicht immer damenhaft verhält. Deshalb können wir das sekundäre Muster, das eine Divergenz signalisiert (Abbildung 9.12), bereitwillig akzeptieren. In dieser Formation macht der Rohstoff drei Rallyes auf ein Top, während der Oszillator ein zweites Hoch zeigt, welches unter dem ersten liegt und ein drittes Hoch, welches niedriger als das zweite ist – ein Divergenz-Signal ist gegeben.

Um die Materie weiter zu verkomplizieren – ich habe einige Beispiele mit vier Rallyes zu einem Top gesehen. In diesem Fall zeigt der Oszillator vier abweichende Hochpunkte. Aber ich habe niemals fünf Rallyes zu einem Top gesehen. Das heißt zwar nicht, dass es nicht vorkommen kann oder passiert ist, aber in den 33 Jahren, in denen ich meinen Lebensunterhalt mit dem Handel von Rohstoffen verdiente, habe ich wirklich keine einzige erlebt.

Abbildung 9.11

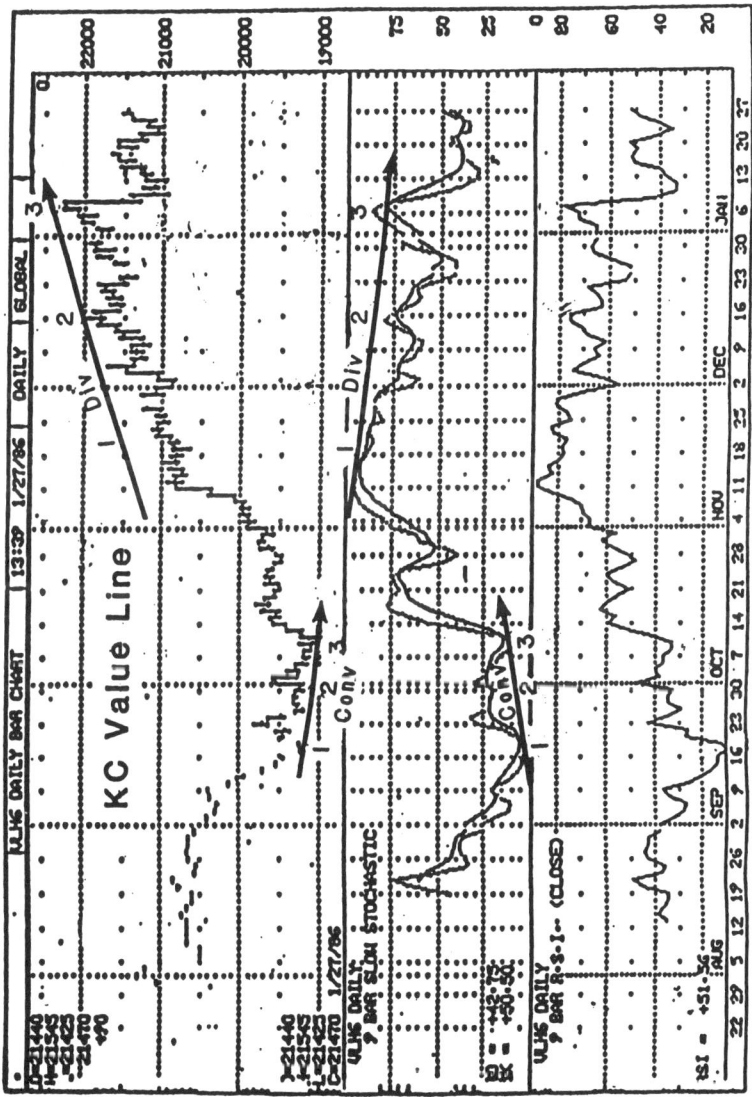

Quelle: CQG Inc.

Abbildung 9.12 Secondary Divergence Pattern

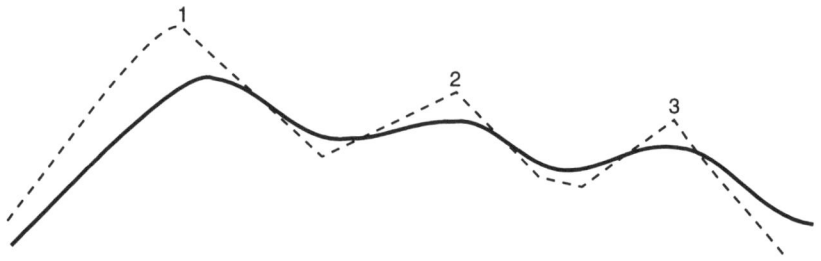

II. Arten von Übergängen
Wenn durch einen Trendwechsel ein Rohstoff in einen Haupttrend
zurückkehrt, wird ein »Stachel« oder »V«-Boden (oder Top) entstehen. Bei einer Rückkehr mit solch einem Boden (oder Top) ist ein
linker Übergang akzeptabel.

Das Ganze hält im Falle von »Müll«-Böden, welche im Grunde eine
Veränderung einer Konsolidierungsphase im Trend sind, nicht
stand.

Abbildung 9.13

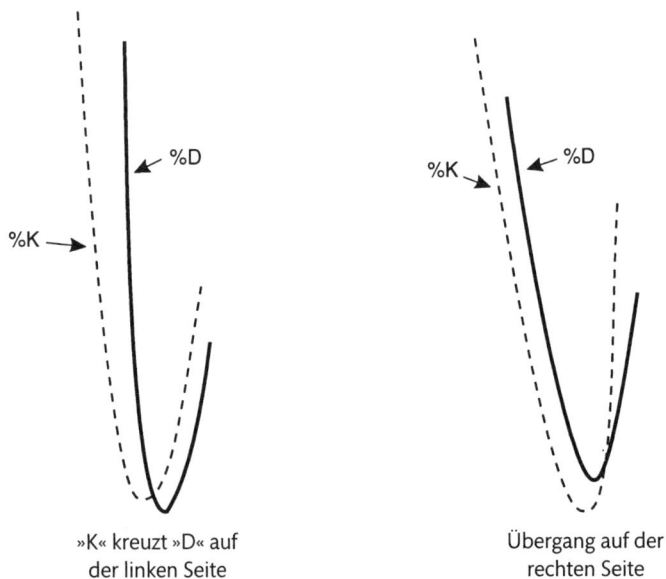

Abbildung 9.14

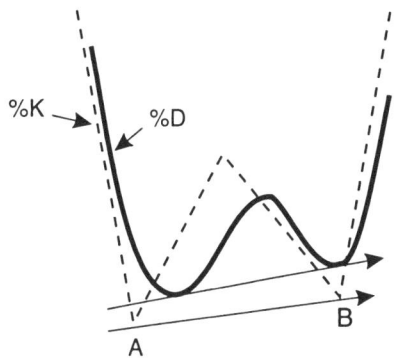

Diese Abbildung zeigt bei Boden A (ein linker Übergang) eine weniger wünschenswerte Trendänderung aber einen akzeptablen rechten Übergang bei B mit einer Konvergenz sowohl bei %K als auch %D.

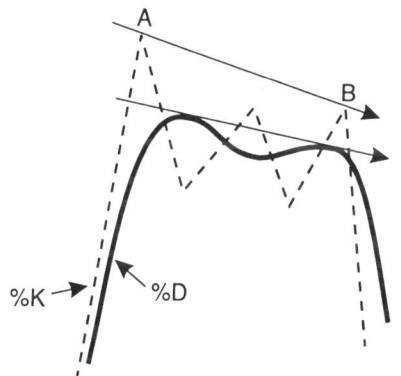

Beachten Sie bei dieser Illustration an einem Top, dass Top A einen weniger wünschenswerten linken Übergang hat, während Top B einen guten, sauberen rechten Übergang mit einer Divergenz bei %K und %D hat.

Gewöhnlich begleiten diese Muster einen Doppel-Boden der Aktie oder des Rohstoffs. In Müll- oder Konsolidierungs-Tops oder -Böden ist ein rechter Übergang das begehrte Signal.

III. Angel
Eine Verringerung der Geschwindigkeit einer Bewegung bei %K oder %D deutet gewöhnlich auf eine Trendumkehr für die nächste Zeit hin (Abbildung 9.15).

Abbildung 9.15

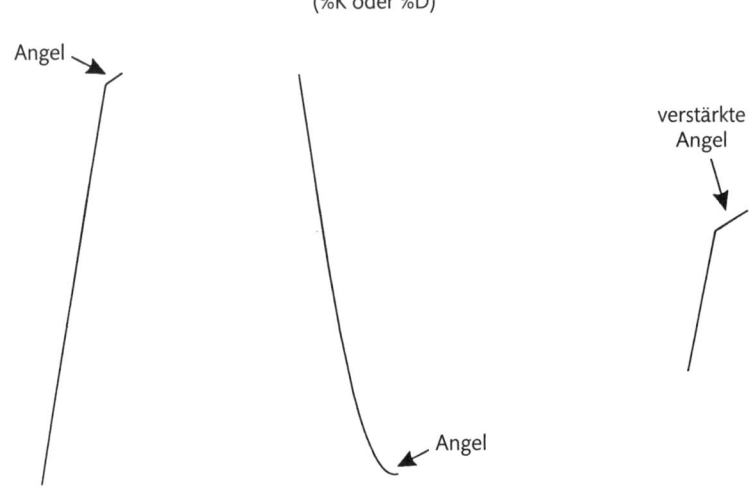

IV. Warnung

Wenn der %K in jeder Periode gefallen ist und dann in einer Zeiteinheit scharf umkehrt (Zwei Prozent bis 12 Prozent), ist das eine Warnung, dass Sie vielleicht nur wenige Zeitperioden vor einer Umkehr stehen (Abbildung 9.16).

V. Der %K erreicht die Extreme (Null oder 100 Prozent)

Wenn der %K auf einen Wert von Null fällt, bedeutet das nicht den absoluten Tiefstand der Aktie oder des Rohstoffs. Im Gegenteil – es bedeutet extreme Schwäche.

Wichtig: Nachdem der %K das erste Mal Null erreicht, wird er normalerweise bis in den Bereich zwischen 20 und 25 Prozent zurückprallen und dann in Richtung Null zurückkommen.

Er mag das zweite Mal nicht immer die Null erreichen, aber er sollte ihr wenigstens nahe kommen. (Ihre Erfahrungen und Beobachtungen werden zeigen was »nahe« heißt.) Normalerweise wird es zwei bis fünf Zeitperioden dauern, bis der %K dieses zweite Mal zurückkommt. Das hängt von der Geschwindigkeit des Rohstoffs oder der Aktie ab.

Abbildung 9.16

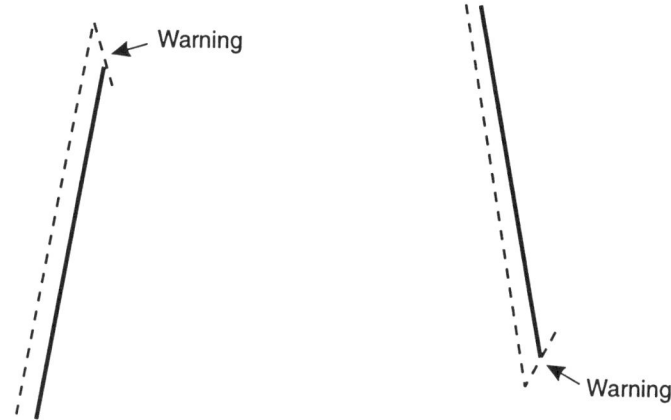

Die Bedeutung von all dem liegt darin dass Sie sich auf seine Rück-kehr in Richtung Null verlassen können. Bei dem zweiten Ansturm gegen Null, können Sie anfangs wenigstens eine kleine Rallye er-warten.

Die Kehrseite dieser Regeln trifft bei Tops zu 100 Prozent zu. Wie im Falle des Tiefs, gehen Sie nach dem zweiten Versuch des %K 100 zu erreichen, von einem Ausverkauf oder einer Korrektur aus.

Sie müssen sich merken, dass 100 Prozent nicht bedeutet, dass der Kurs einer Aktie oder eines Rohstoffs so hoch ist, wie er gehen kann, noch bedeutet Null Prozent, dass der Höhepunkt einer Abwärts-bewegung erreicht ist. Offen gesagt, es könnte ebenso das Gegenteil bedeuten. Sie werden eine Reaktion oder ein Zögern bei diesem Level bekommen, dann eine starke Fortsetzung des Haupttrends, der noch gültig ist.

Stochastik-Knall (»Stochastics Pop«)
In den folgenden Darlegungen wird dieser Begriff von Jake Bern-stein erläutert.

In einem Markt, der zum Haupttrend zurückkommt: Der kurzfristige Trend ist aufwärtsgerichtet, der mittelfristige Trend zeigt nach oben und der langfristige Trend steigt ebenfalls. Wenn der %K die 75 Prozent-Marke und damit den überkauften Bereich erreicht, ist der Rohstoff häufig nur auf halbem Weg von seinem Kurshoch entfernt.

Deshalb sieht ihr Aktionsplan wie folgt aus:

A. Planen Sie die Gewinnmitnahme (oder ziehen Sie einen Stopp eng nach), wenn die Aktie oder der Rohstoff einen Kurs erreicht hat, der doppelt so hoch liegt wie der Kurs, zu dem der %K bei 75 Prozent war – ein 100-Prozent-Kursziel.
B. Oder nehmen Sie Gewinne mit, wenn der %K unter 60 Prozent fällt.
C. Oder nehmen Sie Gewinne mit, wenn der %K den %D kreuzt.
D. Sie erwarten ein »Müll«- (oder Konsolidierungs-) top. Deswegen nehmen Sie Gewinne mit, wenn ein Divergenz-Muster abgeschlossen wird.

Stochastics Poop
Das Stochastik-Poop, welches ich wegen seiner engen Beziehung zu der Abwärts- oder Durchfallphase des Marktes so nannte, ist ein umgekehrter »Knall«. Achten Sie darauf, dass wenn der %K 25 Prozent erreicht, der Kurs eines Rohstoffs in einer Abwärtsbewegung das Ausmaß des Rückgangs wiederholt und berechnen Sie das Kursziel (Abbildung 9.17). Nehmen Sie Gewinne mit, wenn der %K über 40 Prozent steigt oder wenn er über den %D steigt oder wenn ein Divergenz-Muster beendet wird.

VI. Knie und Schultern (ursprünglich als »Fehlschlag« bezeichnet)
Wenn der %K über den %D steigt und dann in der nächsten Periode ein paar Prozentpunkte zurückfällt, es aber nicht schafft, den %D wieder nach unten zu durchstoßen, bevor er wieder nach oben wendet, nennen wir das ein »Knie« (Abbildung 9.18). Das zeugt von Stärke oder der Fortsetzung einer nach oben gerichteten Bewegung.

Abbildung 9.17

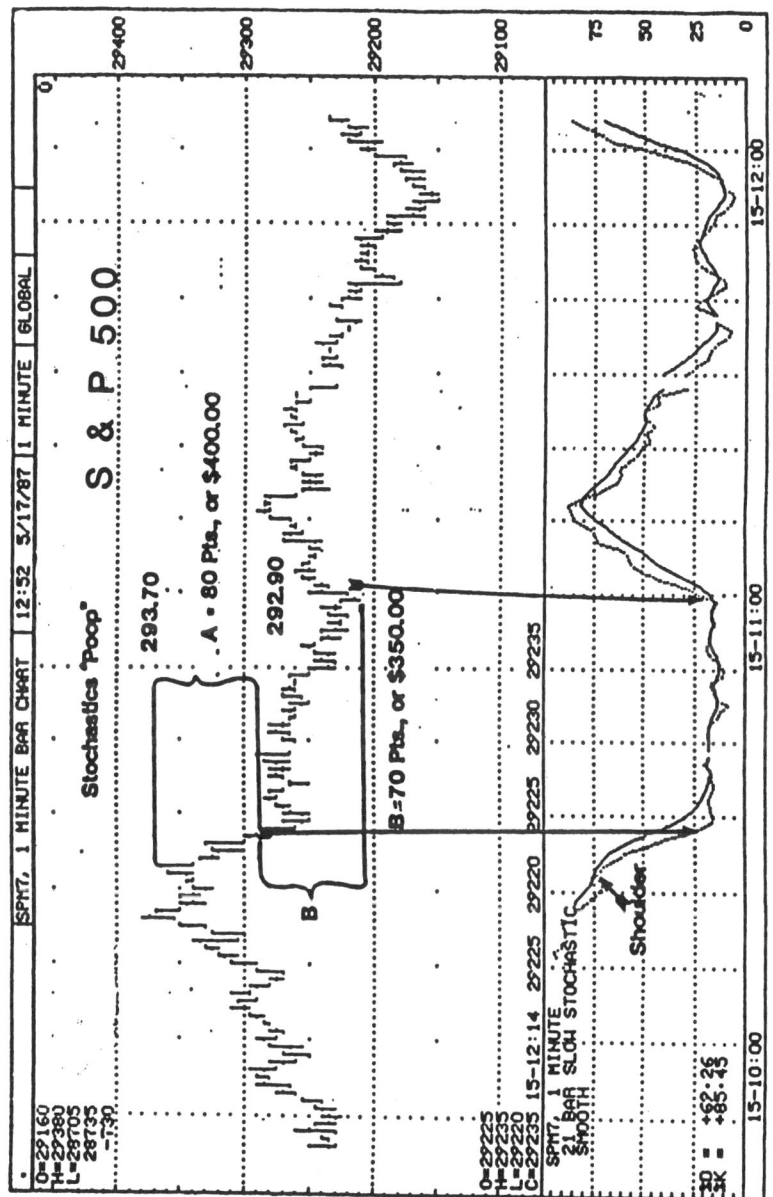

Quelle: CQG Inc.

Abbildung 9.18

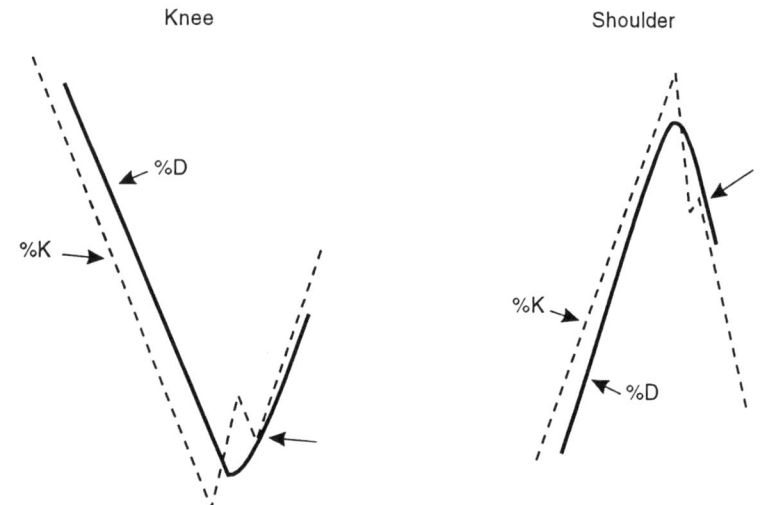

Der Gleiche gilt für die Abwärtsrichtung, nur nennen wir es eine »Schulter«.

Dieses Signal gilt hauptsächlich bei einer rasanten Trendänderung, bei der der Übergang die weniger wünschenswert linke Version ist. Der %K korrigiert seinen früheren linken Übergang, in dem er auf den %D reagiert und ihn fasst berührt. Danach bewegen sie sich zusammen in die Richtung des Haupttrends fort

Beachten Sie, dass der %K eine Divergenz bei einem »Stachel-Top« oder Konvergenz bei einem »Stachel-Boden« verursacht, obwohl der %D das nicht kann. Dies ist ein gutes Signal im %K-Verlauf.

VII. Divergenz ausschließlich bei dem %K
Oft beobachten wir an einem Müll-Top oder -Boden Divergenzen nur bei einem %K. Diese Divergenzen liegen notwendigerweise ein paar Perioden auseinander. Unter diesem Umstand ist die Tragweite dieses Signal nicht so groß, weil es lediglich eine kleine Reaktion andeutet. Wenn Sie jedoch dieses Signal in Verbindung mit einer bedeutenden Divergenz oder Konvergenz bei dem %D bekommen, dann werden Sie ein zusätzliches Hilfsmittel im Timing haben.

VIII. Das Setup

Das ist eine andere Form der Divergenz oder Konvergenz. Dieses Signal sollte Sie primär vor einem kommenden bedeutenden Top oder Boden warnen (Abbildung 9.19).

Das deutet hier ein bärische Divergenz-Setup an:

Ein korrespondierendes Tief wird bei der Aktie oder der Ware und bei dem %D gemacht und dann folgt ein Schwung nach oben.

Wird dieser Schwung abverkauft, ist die Korrekur der Kurse einer Aktie oder eines Rohstoffs normal (im Verhältnis machen die Kurse einen höheren Boden) aber der %D fällt auf neue Tiefs.

Das bedeutet, dass der nächste Schwung nach oben wahrscheinlich ein wichtiges Top liefern wird. Die Kehrseite von diesem behält bei Tops seine Gültigkeit.

Seien Sie zum Studium bereit und lernen Sie das oben erwähnte, auch wenn es nicht logisch ist. Tatsächlich hat das unlogische Signal, wenn es neben einem normalen Signal auftaucht, einen Vorteil.

Die Anwendung des Stochastik

So sollten Sie den Stochastik anwenden.

Betrachten Sie den Stochastik immer auch auf einem Chart mit einem größeren Zeitfenster. Es wird den nächsten größeren Zyklus, als den, den Sie gerade handeln, beinhalten. Behalten Sie immer das große Bild im Hinterkopf. Mit diesem Chart können Sie die Art und das Tempo der nächsten Trendänderung vorausberechnen. Wenn Sie zweifeln, handeln Sie in die Richtung des längerfristigen Stochastik.

Während jeder akzeptiert, dass der Stochastik benutzt werden kann, wenn sich der Markt in einem Seitwärtstrend befindet, glauben einige Leute, dass der Stochastik in einem starken Trendmarkt wenig hilfreich ist. Ich finde nicht, dass dies der Wahrheit entspricht. Der Stochastik sollte aber in verschiedenen Märkten verschieden benutzt werden.

Abbildung 9.19

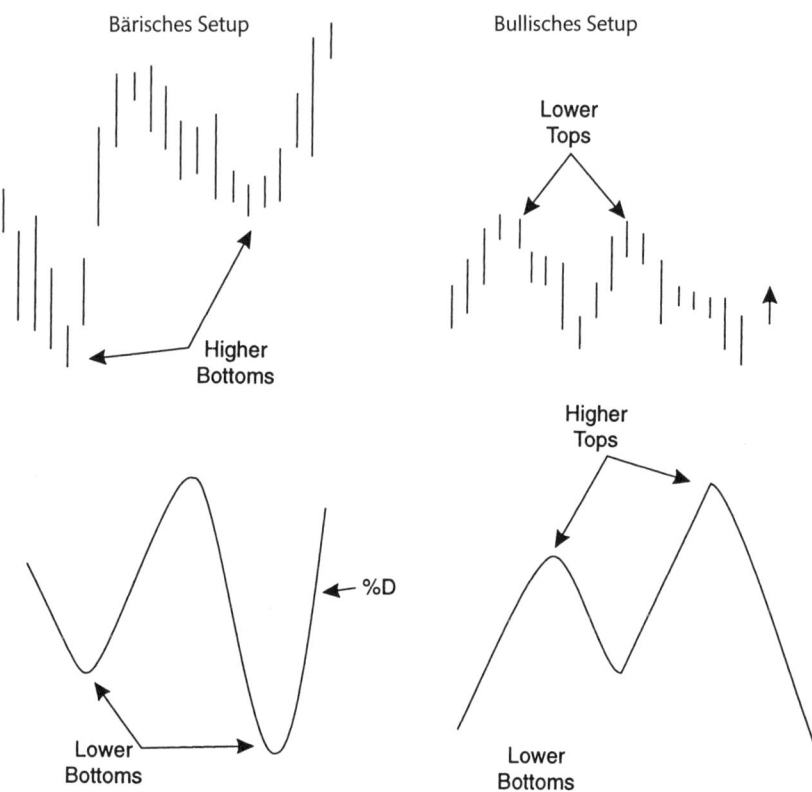

Wo sich Kurse in einem Seitwärts-Kanal oder in einem Konsolidie-
rungsbereich nach oben und nach unten arbeiten, wird Sie der Stochastik von Verkäufen durch Überkreuzungen oder Divergenzen
benachrichtigen. Sie nehmen das Signal wahr, wenn die Zielwerte
auf dem Kurschart Ihnen genug Gewinnpotenzial in Aussicht stellen, um das Risiko zu rechtfertigen und wenn Sie Ihren Stopp vorteilhaft platzieren können. Wenn die potentielle Belohnung zu klein
ist – oder das Risiko zu groß –, lassen Sie diesen Handel sein.

In einem Trendmarkt wird Sie der Stochastik mit einer Divergenz
auf eine Trendänderung aufmerksam machen. Aber Divergenzen können sich eine lange Zeit hinziehen. Während des Aufwärtstrends werden Sie »Müll«-Tops und Stachel-Böden im Kurs- und im

Stochastikverlauf sehen. Sie können »Müll«-Tops bei einem Stochastik bei gegen den Trend gerichteten Bewegungen sehen, während Ihnen die Kurse nur kleine Ausverkäufe liefern werden oder sich seitwärts bewegen werden.

An diesen Punkten – mit dem Wissen, dass gegen den Trend gerichtete Bewegungen kurzlebig und nicht immer ergiebig sind –, haben Sie zu entscheiden, ob Sie oder ob Sie nicht:

1. gegen den langfristigen Trend verkaufen.
2. Gewinne mitnehmen und am Tief der Reaktion wieder in die Richtung des Trends einsteigen.
3. die Reaktion aussitzen.

Zu solchen Zeiten müssen Sie sich den Kurschart mit Trendlinien, Tops- und Boden-Formationen, Dow Theorie und Elliott-Wellen anschauen. Schauen Sie in derselben Weise auf den Stochastik.

Wenn Sie in einem starken Trendmarkt wegen eines 14-Perioden-Stochastik ein Engagement eingehen, bekommen Sie vielleicht das, was ein Fehlsignal zu sein scheint, wenn der Indikator im überkauften Bereich (80 Prozent bis 100 Prozent) bleibt. Dies ist ein Stochastik-Knall. Die Antwort darauf ist die Verlängerung Ihres Stochastik auf wahrscheinlich 28 Perioden oder vielleicht sogar länger. Das wird Ihnen einen ruhigeren Indikator liefern, während er weiter im überkauften Bereich flattert. So lange wie das Flattern andauert, können sie sicher sein, dass der Trend intakt ist.

Während eines Stochastik-Knalls, wird der Indikator in der Regel gegen Ende einer Bewegung aus dem überkauften Bereich bis vielleicht 50 bis 60 Prozent sinken und dann wieder in den überkauften Bereich steigen. Bei dem nächsten Ausbruch können Sie ein gutes Signal und einen echten Trendwechsel erwarten.

Ein anderer Weg der Handhabung ist die Rückkehr zum 14-Perioden-Stochastik, nachdem der Indikator aus dem überkauften Bereich ausgebrochen ist. Sie wollen vielleicht sogar einen 9-Balken-Stochastik

verwenden. Das Vernünftige an dem ist, dass die »Durchfall«-Phase
des Marktes sehr schnell sein wird. In einem volatilen Markt müssen
Sie Ihre Signale schneller bekommen.

Der Stochastik ist der beliebteste Indikator von Technikern weltweit.
Sein Erfolg beruht auf seiner Zuverlässigkeit und Anpassungsfähigkeit. Märkte in Seitwärtstrends stellen Spekulanten normalerweise
vor ihre größten Herausforderungen. Ein Jahr nach dem anderen, in
einem Markt nach dem anderen, nennt der Stochastik zuverlässig
die Wendepunkte. Während die Benutzung des Stochastik in Trendmärkten heikler ist, kann er aufgrund dessen Anpassungsfähigkeit
auch bei diesen Marktbedingungen eingesetzt werden.

Gewinne mitnehmen
Nach dem Einstieg mit Hilfe des Stochastik, ist der letzte Schritt der
Ausstieg mit Gewinn. Als Chartist gehe ich schon bei dem ersten
Anzeichen von Schwäche raus!

Ein solches Signal ist eine Schlusskursumkehr im Trend (CPR).
Während der Markt steigt, liegen die Schlusskurse im oberen
Bereich der täglichen Schwankungsbreite. Aber eines Tages besitzt
der Markt nicht mehr die Stärke, um sein Niveau zu behaupten oder
höher zu steigen und der Schlusskurs ist – wirkungsvoll den Trend
umkehrend – am Boden der Schwankungsbreite. Das ist Schwäche!
Und- außerdem die Anatomie eines »Stachel«-Tops.

Ein Doppel-Top ist noch ein Grund zum Ausstieg. Wenn der Markt
ein Hoch gemacht hat, dann reagiert und – bei dem zweiten Versuch –
nicht höher steigen kann, ist er schwach. Gehen Sie raus! Wenn dieses zweite Top niedrigeres Volumen aufweist, nehmen Sie das Geld
und verlassen den Markt.

Die Dow-Theorie liefert drei Signale für das Ende eines Marktes.
Dow schrieb, dass ein Markt sich mit höheren Hochs und höheren
Tiefs nach oben bewegt. An irgendeinem Punkt macht er ein Hoch
aber unterschreitet die Trendlinie bei der Korrektur. Das ist das
Signal Nummer 1. Dann macht der Markt ein Hoch in Höhe oder

nahe des vorherigen Hochs, aber dieses Hoch ist unter der Trendlinie. Das ist das Signal Nummer 2. Dann macht der Markt ein neues
Tief, das das vorherige, dazwischen liegende Tief unterschreitet. Das
ist das Signal Nummer 3. Der neue Trend ist etabliert – und er ist
abwärts gerichtet. Dies gibt Ihnen drei weitere Signale und einen
verdammt guten Grund raus zugehen!

Legen Sie los
Nun haben Sie genügend Informationen, um den Stochastik zu handeln und sich abzusichern, wenn Sie es tun. Aber packen Sie es nicht
zu forsch an. Sie haben außerdem genügend Informationen, um
Ihrem eigenen finanziellen Wohlergehen gefährlich zu sein – und
nicht genug Erfahrung, um den Unterschied zu kennen!

Was Sie brauchen ist Fahrpraxis. Sie müssen das Gefühl für die
Straße bekommen, während Sie neben einem erfahrenen Fahrer
sitzen. Dann kommen Sie auf die richtige Bahn. Ob Sie das Bauchgefühl haben, nicht vom Weg abzukommen und ein Gewinner zu
werden, wird sich über die Jahre bestätigen müssen.

Williams' %R

Williams' %R ist eine weitere Variation des Stochastik. Wegen seiner
Forschungen und Abfassungen wird der Indikator gewöhnlich mit
Larry Williams verbunden. Aber ursprünglich wurde er vom *Investor
Educators* vorgestellt und von ist von einer Reihe anderer Analysten
benutzt worden.

Während der %K des Stochastik den Schlusskurs mit dem tiefsten Tief
von n Perioden vergleicht, vergleicht der %R (der Name kommt von ›in
Prozent der Schwankungsbreite‹) den Schlusskurs mit dem höchsten
Hoch. Statt von Null Prozent am Boden bis 100 Prozent am Top, wird
die Indexskala für den %R verkehrt herum umgedreht, so dass ein über-
kaufter Zustand vorkommt, wenn der Indikator weniger als 20 oder
30 Prozent und der überverkaufte Bereich über 70 oder 80 Prozent
ist. (Sie können den %R durch 100 minus den %K schnell herleiten.
Oder Sie können den %K durch 100 minus den %R ermitteln.)

Außerdem ist die Zeitspanne für den %R traditionell zehn Perioden gegen fünf bei dem %K und der %R zeigt gewöhnlich nicht den Drei-Tage-Durchschnitt (%D).

Diese kosmetischen Unterschiede klingen vielleicht bedeutungsvoll, aber im Grunde gleichen sich die %K-Linie des Stochastik und die %R-Linie.

Rate of Change und Momentum

Das sind zwei ähnliche Indikator-Typen, die die Geschwindigkeit einer Kursbewegung messen. Im Grunde sagen sie Ihnen, wie der aktuelle Kurs im Vergleich mit einem Kurs vor n Perioden steht. Das Momentum wird als Kurs ausgedrückt, die Rate of Change (ROC) als Prozentsatz.

Wenn Sie messen wollen, wie schnell sich der Kurs eines Marktes bewegt, würden Sie einfach den heutigen Schlusskurs durch den Schlusskurs vor zehn Tagen (eine weit verbreitete Zahl um zu beginnen, aber Sie können auch andere Perioden miteinander vergleichen. Wenn Sie Dezimalstellen vermeiden wollen, multiplizieren Sie das Ergebnis mit 100. Der ROC wird über und unter einer 100er-Linie (oder Nulllinie) schwingen.

Wenn der ROC über der 100er-Linie ist und steigt, zeigt das, dass sich die Kurse nach oben beschleunigen. Wenn der ROC über der 100er-Linie ist und fällt, zeigt das, dass ein Markt noch steigt, aber langsamer als vorher. Wenn der ROC unter der 100er-Linie ist, ereignet sich natürlich dieselbe Art von Bewegung nach unten.

Eine Momentum-Studie kann eine bestimmte Anzahl von Grenzen wie die Null- oder 100er-Linie benutzen, gegen die die Kursänderungen verglichen werden, um Überkauft- oder -Verkauft-Zustände zu ermitteln.

Momentum und ROC pflegen – im Gegensatz zu Gleitenden Durchschnitten, die die Kurse verzögern – vorlaufende Indikatoren zu sein, weil sie während sich die Märkte bewegen, dazu tendieren ohne Dampf oder Schwung zu laufen, wenn sie sich einem Top oder einem Boden nähern. Die Richtung und Neigung der Indikatorenlinie kann Sie rechtzeitig warnen, wenn es sich mehrere Tage vor der tatsächlichen Marktumkehr ereignet. Die 100er-Linie (oder Nulllinie oder Zentrallinie, wie Sie sie vielleicht nennen wollen) spielt ferner eine wichtige Rolle als Überkreuzungspunkt, der ein Signal für eine Umkehr sein könnte.

Sie sollten Tage oder sogar Jahre damit verbringen, die Parameter nur für diese Indikatoren allein zu testen. Erstens ist die Anzahl der Perioden, die sie enthalten, sehr groß: Zehn ist üblich, aber es könnte jede Länge, die Sie auswählen sein. Dann brauchen Sie keine Schlusskurse benutzen.

Sie können jeden von den Gleitenden Durchschnitten benutzen. Sie könnten einen Durchschnitt von dem Eröffnungs-, Hoch-, Tief- und Schlusskurs eines jeden Tages bilden und sie vergleichen. Sie könnten einen Kurs für Heute und einen Gleitenden Durchschnitt vor n-Tagen benutzen. Sie könnten Gleitende Durchschnitte von Durchschnitten machen – Ihre Grenzen liegen nur in Ihrer Vorstellungskraft.

Commodity Channel Index

Der Commodity Channel Index (CCI) – 1980 eingeführt von Donald Lambert aus Los Angeles in der Oktober-Ausgabe des *Commodities*-Magazins – ist ein Timing-Werkzeug, das am besten bei saisonalen oder zyklischen Märkten funktioniert. Er vergleicht den aktuellen Kurs mit einem Gleitenden Durchschnitt vergangener Kurse und versucht sich sowohl den Bedingungen von Seitwärts- als auch Trendmärkten anzupassen.

Die ersten zwei Schritte sind einfach. Als erstes berechnen Sie den heutigen »typischen« Kurs durch eine Durchschnittsbildung der Eröffnungs-, Hoch-, Tief- und Schlusskurse; dann berechnen Sie einen Gleitenden Durchschnitt von n typischen Kursen. Der schwierige Schritt berechnet jeden Tag die Standardabweichung über die Anzahl von Tagen, die von dem neuen Gleitenden Durchschnitt verlangt wird. So lautet die Formel für den CCI:

CCI = (1,5 * (heutiger typischer Kurs – durchschnittlicher typischer Kurs) / mittlere Abweichung

Die Konstante von 1,5 in der CCI-Formel skaliert die ermittelten CCI-Werte, so dass 70 bis 80 Prozent der zufälligen Schwankungen innerhalb eines +100 Prozent- bis -100 Prozent-Kanals fallen. Wenn der CCI über die +100-Linie geht, ist das ein Signal, eine Longposition zu eröffnen. Wenn der CCI unter die +100-Linie fällt, wird die Longposition geschlossen. Wenn der CCI unter -100 fällt, verkaufen Sie; wenn er wieder über -100 kommt, schließen Sie Ihre Shortposition. Sie können diese Kriterien modifizieren, um sie Ihrem Handelsstil anzupassen.

Außerdem sollte bemerkt werden, dass einige Händler erfolgreich gewesen sind, indem sie einfach das Gegenteil machten. Sie betrachten den CCI als einen Überkauft-/Überverkauft-Indikator und benutzen +100 und −100 (oder andere Parameter ihrer Wahl) wie den Top und den Boden eines Seitwärtskanals. Wenn der CCI +100 überschreitet, betrachten sie den Markt als überkauft und erwägen ein Verkaufssignal; −100 bedeutet überverkauft und ein Kaufsignal.

Der Schlüssel zum CCI – wie für eine Anzahl anderer Indikatoren – ist die Länge der Datenbank. Ist sie zu kurz, produziert sie Fehlsignale, ist sie zu lang, verlangsamt das die Reaktionszeit zu sehr, um an gewinnbringenden Bewegungen teilzunehmen. Ein 20-Tage-CCI ist Standard gewesen, aber hier ist eine weitere Gelegenheit für Sie mit technischer Analyse zu experimentieren.

Kapitel X

Den Wendepunkt signalisieren II

Die Indikatoren in Kapitel 8 bewerten Trends und die Oszillatoren in Kapitel 9 bestimmen hauptsächlich Überkauft/Überverkauft-Zustände. Andere Indikatoren beurteilen auch die Stärke oder die Schwäche einer Bewegung oder die Qualität über Kauf oder Verkauf, doch das ist nicht überall bekannt. Als Ergebnis erscheinen sie Ihnen vielleicht wie neue Indikatoren, aber es gibt sie eigentlich – in den meisten Fällen – schon seit Jahren.

Die Indikatoren in diesem Kapitel kommen – abhängig von den Umständen – wirklichen Handelssignalen näher. Aber wie andere Indikatoren schlagen sie kein Börsenengagement von sich aus vor. Sie sind noch Indikatoren, keine Handelssysteme.

Analysten und System-Entwickler, die in diesem Buch erwähnt werden, haben viele Indikatoren generiert. Ich habe nur einige wenige Beispiele, die mir am interessantesten und sinnvollsten schienen, ausgewählt. Während Sie vielleicht schnell folgern können, was die Indikatoren in den vorausgegangenen Kapiteln signalisieren – zum Beispiel eine Linie, die eine andere Linie kreuzt oder einem Index, der bei 70 liegt) – müssen Sie mit den folgenden Indikatoren eine Weile arbeiten, um ein gutes Gefühl für das zu bekommen, was sie Ihnen sagen, und sich mit ihnen vertraut zu machen.

Sequential

Der Sequential ist ein relativ neuer Indikator für die sich an der Börse engagierende Öffentlichkeit, aber sein Ursprung geht eigentlich auf 1977 zurück. Sein Schöpfer ist Tom DeMark, einer der bemerkenswertesten Neuerer innerhalb der technischen Analyse dieser

Generation. Er war bis in die Neunziger Jahre praktisch unbekannt, weil er meistens im Hintergrund arbeitete, während jene mit denen und für die er arbeitete (Larry Williams, Paul Tudor Jones, Charles »Charlie-D« DiFrancesca, George Soros, Michael Steinhardt, plus eine Anzahl bedeutender Firmen) im Rampenlicht standen.

Er ist fast wie die Titel-Rolle im Film *Forrest Gump*: Wenn in der Geschichte der technischen Analyse seit 1970 etwas Wichtiges passierte – DeMark war dabei. Anders als der langsame Forrest Gump aber, ist DeMark in seinen Markt-Einblicken und in seiner Fähigkeit Wege zu entwickeln und sie vorteilhaft zu nutzen, glänzend.

DeMark ist kein Trendfolger wie die meisten Analysten und Entwickler von Handelssystemen. Vieles bei seiner Arbeit beruhte auf seiner Überzeugung, dass es keine klugen Käufer am Boden und keine klugen Verkäufer am Top gibt. Wenn ein Markt dreht, überzeugt das ihn, dass er dreht, weil der letzte Verkäufer verkauft, oder der letzte Käufer gekauft hat – die Verkaufsneigung erschöpfte sich am Boden, und das Kaufinteresse erschöpfte sich am Top. Kein Genie schafft es, genau am Top zu verkaufen oder genau am Boden zu kaufen. Seine Indikatoren versuchen eine solche Erschöpfung zu identifizieren, und in Erwartung von Kursumschwüngen zu kaufen oder zu verkaufen.

DeMark schließt auch gern alle Subjektivität aus seinen Methoden aus. Er favorisiert präzise Berechnungen und exakte mechanische Methoden, die keinen Raum für Interpretationen lassen. Er mag zum Beispiel Fibonacci-Zahlen, aber nicht die konventionelle Elliott-Wave-Analyse, die er als zu subjektiv und nur im Nachhinein als nützlich betrachtet.

DeMark hat mehr als 20 Jahre seiner Forschungen und Ansichten in einem Buch (*The new Science of Technical analysis*, das im Herbst 1994 veröffentlicht wurde) und in einer Video-Serie, die jeder ernsthafte Technische Analyst der neunziger Jahre ansehen sollte, zusammengefasst. Einer der interessantesten Indikatoren, den er vorstellte, ist der Sequential. Er ist das Ergebnis von DeMark's

Frustration mit typischen Markt-Zyklen und wurde auch 1993 in der September-Ausgabe des Future-Magazins gebracht.

Als der ultimative Techniker studiert und analysiert DeMark diesen Indikator wahrscheinlich weiter, und andere technische Analysten entwickeln ihn vielleicht auch weiter – wie es mit dem RSI und anderen Indikatoren Wilders passierte. Ob der derzeitige Sequential in 20 Jahren bestehen wird, ist unbekannt, aber sein Ansatz liefert einen einmaligen neuen Blick bei der Trend-Analyse, der es wert ist erforscht zu werden. Es gibt mehr zum Sequential zu sagen als das, was folgt, und offensichtlich sehr viel mehr zu DeMark und seiner Arbeit mit Indikatoren, Systemen und technischer Analyse. Aber dies gibt Ihnen einen Vorgeschmack auf seinen Stil.

Sequentielle Schritte

Der Sequential-Indikator hat drei charakteristische Phasen: das Setup, den Countdown und den Markteintritt.

Setup: Vergleichen Sie den heutigen Schlusskurs mit dem Schlusskurs vor vier Börsentagen. Wenn ein Markt neun Tage in Folge tiefer als vor vier Tagen schließt, ist das Kauf-Setup vollständig. Wenn der aktuelle Schlusskurs an neun aufeinander folgenden Tagen über dem Schlusskurs vor vier Tagen liegt, machen Sie sich daran zu verkaufen. Die neun Tage sind wichtig, weil es zeigt, dass der Markt überverkauft oder überkauft ist und fast das Potenzial erschöpft hat, um den Trend fortzusetzen.

Die Anzahl von Tagen im Setup muss neun sein, und sie müssen aufeinander folgend sein. Ein Schlusskurs der gleich dem vor vier Tagen ist, zählt nicht – sie müssen von vorne anfangen. Es gibt andere Kennzeichen wie der Tiefkurs, der zum Beispiel in einem Kauf-Setup am neunten Tag niedriger sein sollte als das Tief am achten Tag und besonders unter dem Tiefkurs des sechsten Tages aber dies illustriert die grundlegende Idee eines Sequential-Setups.

Countdown: Sobald das »Neuner-Paket« in Stellung ist, bewegen Sie sich in der Countdown-Periode zu dem äußersten Tief- oder

Hochkurs. Bevor der Countdown beginnt, müssen Sie sicher sein, dass es eine »Überschneidung gibt – das heißt, dass in einem Kauf-Setup das achte oder neunte Tageshoch größer ist als die Tagestiefs der drei früheren Börsensitzungen oder irgendeines vorherigen Tages in der Setup-Periode. Die fehlende Kreuzung zeigt vielleicht eine Absplitterungs-Situation, und Sie wollen nicht einem Fracht-Zug, der noch nicht bereit ist zu wenden, im Weg stehen.

Wenn Sie keine Kreuzung haben, setzen Sie die Suche nach ihr am zehnten und die folgenden Tage fort, bis Sie sie bekommen. Dann kann der Countdown beginnen. Wenn Sie keine Kreuzung haben, setzen Sie die Suche nach ihr am zehnten und die darauf folgenden Tage fort, bis Sie eine erhalten. Dann kann der Countdown beginnen.

In der Countdown-Phase vergleichen Sie den Schlusskurs am neunten Tag mit dem Tiefkurs vor zwei Tagen. Sie haben ein Kauf-Signal für den Sequential, wenn Sie 13 Tage haben – diese müssen nicht aufeinander folgend sein, und Sie können innerhalb des Countdowns gleichwertige Tage benutzen –, an denen der Tagesschlusskurs niedriger als der Tiefkurs vor zwei Tagen ist. Der 13. Tag ist oft der am niedrigsten liegende Tag innerhalb einer Kauf-Situation. Er ist gleichzeitig oft das Hoch bei einem Verkauf wenn sich die Bewegung erschöpft hat, und der Trend bereit ist zu drehen.

Wieder gibt es andere qualifizierende Faktoren – wie das Vergleichen des aktuellen Setups mit dem vorausgehenden Setup – zu erwägen, aber dies illustriert die Grund-Idee.

Ihr Trading: Nachdem Sie das Setup vervollständigt und den 13. Tag im Countdown erreicht haben, sind Sie bereit Ihre Position einzugehen. Sie können auf eine Signalbestätigung durch einen anderen Indikator warten, platzieren einen Stopp und warten auf einen von Ihnen bestimmten Kurs, oder benutzen einige andere Techniken um sich am Markt zu engagieren. In einer Kauf-Situation schaut DeMark auf den am niedrigsten liegenden Tag und misst die Distanz zwischen dessen Tagestief- und dem Tagesschlusskurs. Er platziert einen Kauf-Stopp unter dem Tiefkurs des am tiefsten liegenden Tages.

Nachteile

Der Sequential hat einige hervorragende Signale produziert, aber er ist nicht perfekt. Einige Märkte drehen offensichtlich, ohne »je eine Neun voll gemacht zu haben.«

Während es genaue Richtlinien gibt, müssen Sie trotzdem viele Bedingungen, die das Sequential-Muster ablenken könnten, beachten. Bis Sie einige Praxis mit dieser Methode haben, ist es vielleicht eine Herausforderung, zu erkennen, wann die Sequential-Regeln eingehalten wurden. Wie Sie sich nach dem Lesen der obigen Beschreibung vorstellen konnten, kommt ein Sequential-Handelssignal nicht sehr oft. Es produziert vielleicht nicht genug Tradinggelegenheiten für Sie. Der Sequentiell ist nichts für den ungeduldigen, impulsiven Trader.

Der Sequential produziert nur Eintrittssignale. Als Indikator ist er kein Handelssystem, und damit werden Sie andere Regeln für den Ausstieg aus dem Markt schaffen müssen.

Wenn ein Sequential-Signal scheitert, scheitert es wohl wirklich. Obwohl es Eintrittspunkte mit niedrigem Risiko liefert – was aussieht wie Erschöpfungs-Top, ist vielleicht gar nicht der Hochpunkt in einem davonlaufenden Markt. Beachten Sie oben den Hinweis auf den Fracht-Zug.

Accumulation-Distribution

Larry Williams ist im vorherigen Kapitel in Verbindung mit dem %R, oder, wie es manchmal genannt wird, dem Williams %R-Indikator schon erwähnt worden. Williams hat in fast 30 Trading-Jahren hunderte von Indikatoren, Formationen, Börsenmethoden, usw. entwickelt oder sie getestet und mit ihnen gearbeitet. Und er hat eine Anzahl von Büchern geschrieben, die seine Techniken erklären. Einige seiner Vorstellungen erfordern exakte Eintrittsvoraussetzungen; einige sind so einfach wie Verkaufen an einem Freitag und Kaufen an einem bestimmten Montag.

Ein Indikator, den er verwendet, ist besonders interessant, um den Start von Hausse- oder Baissebewegungen zu identifizieren. Der

Accumulation-Distribution analysiert die Beziehung zwischen Schluss- und Eröffungskursen – da diese ziemlich viel über die Börsenstimmung aussagt.

Um zu bestimmen, wohin der Markt geht, schauen die Börsianer gewöhnlich auf den heutigen Kurs im Vergleich zum gestrigen Schlusskurs. Zum Beispiel: An das breite Publikum gewendet: zu sagen, dass Mais am Mittag um 2 Cent gestiegen ist, bedeutet, dass der Preis am Mittag 2 Cent höher liegt als zum Schluss des gestrigen Tages. Die professionellen Händler plagt die wichtigere Frage, »Was hat der Markt gemacht, nachdem er eröffnet hat?« Ziemlich oft weist Williams darauf hin, dass die Eröffnung wegen der Käufe oder Verkäufe der breiten Masse nahe dem Tageshoch- oder Tagestiefkurs liegt.

Seine Schlussfolgerung:

Aktivitäten der breiten Masse = gestriger Schlusskurs – heutiger Eröffnungskurs

Aktivitäten der Profis = heutiger Schlusskurs – heutiger Eröffnungskurs

Manchmal kaufen beide und treiben die Kurse hoch, so dass diese am Top der Handelsspanne einer Börsensitzung schließen. Oder beide verkaufen und treiben den Tagesschlusskurs auf den Boden der täglichen Handelsspanne. Das könnte ein Zeichen dafür sein, dass dem Markt an der Spitze die Käufer oder am Boden die Verkäufer ausgehen und eine Wende auslösen. Die breite Masse liegt natürlich nicht immer falsch, so dass der Markt seine Bewegung für mehrere Tage fortsetzen könnte. Aber, vor die Wahl gestellt, mit der Masse oder mit den Profis und Institutionellen zu gehen, sollten Sie lieber auf der Seite der Profis stehen.

Um die Stimmung der Profis zu messen, müssen Sie den heutigen Schlusskurs mit dem heutigen Eröffnungskurs vergleichen, um die Höhe der Kaufkraft zu tabellarisieren. Williams Formel lautet:

Wenn die Börse heute gestiegen ist (der heutige Schlusskurs ist höher als der gestrige Schlusskurs), dann nehmen Sie den heutigen Schlusskurs minus den heutigen Tiefkurs. Das stellt die akkumulierten Käufe der Profis dar.

Wenn die Börse heute gefallen ist (der heutige Schlusskurs ist tiefer als der gestrige Schlusskurs), dann nehmen Sie den heutigen Hochkurs minus dem gestrigen Tiefkurs. Das repräsentiert wieder die Longpositionen der Profis.

Jeden Tag addieren Sie diese Zahl zu der Gesamtsumme des vorherigen Tages um eine kummulierte Gesamtsumme zu erhalten. Da gibt es keine 0-100 Skala – die Zahl könnte klein oder groß sein. Die wichtige Sache ist nicht die Zahl an sich, sondern die Richtung des Accumulation-Distribution-Verlaufs und – noch wichtiger – die Divergenz zwischen dieser Kurve und dem Kursverlauf. Wenn die Kurse ein neues Hoch erreichen aber der Accumulation-Distribution nicht, zeigt das ein Verkaufsignal; wenn die Kurse ein neues Tief erreichen aber der Accumulation-Distribution bleibt über seinem Tief, wird ein Kaufsignal angezeigt.

Ein Markt könnte auf neue Tiefststände zusammenbrechen und hoffnungslos negativ erscheinen, aber unterhalb der Oberfläche könnten Profis Positionen aufbauen. Das wird von einer Accumulation-Distribution Kurve gezeigt, die dem Kurs nicht nach unten folgt. Der Punkt ist – wenn die Kurse und der A/D auseinander laufen, weist der A/D den Weg, den die Kurse einschlagen werden. Das könnte ein wichtiger Tipp auf steigende Kurse oder wenigstens das Ende der Abwärtsbewegung sein.

Market Facilitation Index
Von Bill. M. Williams

Ein anderer Ansatz, der versucht die Qualität von Kursbewegungen zu beurteilen, ist der Market Facilitation Index. *Er wurde von Bill Williams, dem Präsidenten der* Profitunity Trading Group in Mobile, *Alabama entwickelt, und ist eine einfache aber wirksame Methode um die Effizienz des Marktes zu ermitteln.*

Williams hat an der Börse gehandelt und das Traden ungefähr 35 Jahre unterrichtet. Nach fünf Jahren Research führte er 1983 das ein, was er als den »Schlamm-Faktor« bezeichnete. Als die Börsen innerhalb bestimmter Grenzen schwankten, glich der Handel mit Wertpapieren dem Waten durch Schlamm; als sich ein Trend herausbildete, war es als ob sie auf Beton losspurteten. 1986 änderte er den Namen in »Tick-Zähler«, da das was eigentlich gemessen wurde, die tatsächliche Kursänderung war, die auf jeden neuen Tick, der in den Markt kam, reagierte.

»Schließlich entschieden wir uns, es anspruchsvoller in den MFI oder Market Facilitation Index umzubenennen.« sagt Williams.

Die folgenden Seiten gehen über den MFI-Indikator selbst hinaus. Sie dienen aber als Beispiel dafür, wie ein bestimmter Indikator zu Handelssignalen führen kann. Sie finden mehr über das Volumen im Handel und dessen Einfluss in Kapital 13.

Bevor ein Trend beginnen kann, muss mehr Volumen an die Börse kommen – durch das Geld von Außen entsteht ein Trend und nicht auf dem Börsenparkett.

Das Erste, was sich in einem Markt verändert, sind die Entscheidungen in den Köpfen der Händler, die nicht professionell an der Börse handeln. Das spiegelt sich in der Veränderung des Tick-Umsatzes wieder. Danach kommt es zu einer Veränderung des Momentums, gefolgt von einer Kursänderung, und dann, zum Schluss zu einem Trendwechsel. Unser Ziel ist es, während der ersten zehn Prozent eines neuen Trends einzusteigen, und die letzten zehn Prozent dieses Trends zum Ausstieg zu nutzen. Gelingt Ihnen das, so werden Sie reich.

Noch einmal: der erste Schlüssel ist eine Änderung des Tick-Umsatzes. Eine praktische Regel im Intraday-Geschäft ist, dass die Differenz von einem Tick ausreicht. Es interessiert Sie, ob mehr oder weniger Volumen als in der vorherigen Zeitperiode vorhanden ist. Wenn Sie nach einem Tageschart handeln, benutzen Sie eine Abweichung von +/−10 Prozent um diese als bedeutungsvolle Differenz im Volumen zu zählen. Das heutige Volumen muss 110 Prozent des gestrigen betragen, um als »+« zu gelten. Volumen, das bei 90 Prozent oder weniger liegt, zählt als »−«). Alles was zwischen 91 und 109 Prozent des vorherigen Volumens liegt, würden Sie als das gleiche Volumen zählen.

Die einzige Sprache, die der Markt spricht, sind Kurse, Volumen und Zeit. Jedes Mal wenn das Tick-Volumen hoch geht, wissen Sie, dass mehr Geld von außen hereinkommt; Sobald es fällt wissen Sie, dass weniger Geld von außen auf das Parket kommt. Ihre nächste Aufgabe sollte es sein, genau die Wirkung dieser Änderung des Volumens zu bewerten, die sie auf den Markt hat.

Es reicht nicht zu wissen, wie viel; es ist viel wichtiger zu wissen, wie der Markt auf diese Veränderung des Volumens reagiert. Höheres Volumen bedeutet nicht immer, dass der Markt sich bewegen wird. Denken Sie daran. Die Hauptaufgabe des Marktes ist es seinen Gleichgewichtspunkt zu finden, und das im Bruchteil einer Sekunde. Dieser Gleichgewichtspunkt wird sich nur bewegen anhand der hereinkommenden Aufträge. Also brauchen Sie einen »Neigungs-Sucher« der in beiden funktioniert – in Trend- und in Seitwärtsmärkten. Es ist ziemlich einfach, Gewinne in einem Trend zu machen. Das Problem ist es diese Gewinne zu behalten, wenn es keinen Trend gibt.

Der Market Facilitation Index ist sehr einfach. Sie legen die Skala von einer Zeitperiode, die Sie beobachten, durch die Subtraktion des

Tief- vom Hochkurs fest, und dividieren diese Zahl durch das Volumen. MFI = Skala/Volumen.

Zerlegen Sie diese Formel und Sie können sehen, dass es die Änderung in Kurs pro Tick misst.

Skala/Volumen = D Kurs/Tick

Vergleichen Sie dies mit Einsteins $E = mc^2$, und sie können das nach der Konstante c^2 durch Umstellen des m (Masse) mit dem folgendem Ergebnis auflösen:

$$c^2 = E/m = \text{Skala/Volumen}$$

Im Handel würde die Masse dem Volumen entsprechen, während die Energie der Kursbewegung entsprechen würde. Ob Einstein damit übereinstimmen würde oder nicht, weiß ich nicht. Es macht jedoch Spaß, darüber zu spekulieren – sowohl über den Handel als auch die Gedanken.

Sie messen die tatsächliche Kursänderung pro Tick. Diese Zahl hat keinen absoluten Wert. Sein Wert liegt im Vergleich dieser Zahl mit einem vorausgehenden MFI. Zum Beispiel: Wenn der MFI des aktuellen Balkens 0,541 ist, ist das in keiner Weise vergleichbar mit einem Balken des gestrigen Charts, der einen Wert von 0,541 haben könnte. Es interessiert Sie der MFI im Verhältnis zur unmittelbar vorausgegangenen Kursbewegung. Sie wollen wissen, wenn es mehr oder weniger *Market-Facilitation* in den Kursbewegungen gibt. Der MFI ist ein Maßstab für die Bereitschaft des Marktes, den Kurs zu bewegen.

Die MFI-Messung – wie viele Punkte der Markt pro tick unterwegs ist – ist eine extrem genaue Beschreibung der Leistungsfähigkeit des Marktes während dieses speziellen Balkens. Wenn der aktuelle MFI größer als der vorherige MFI ist, beobachten wir mehr Kursbewegungen pro Tick und eine größere Market Facilitation durch die Zeit. Wieder vergleichen wir nur den MFI des aktuellen Balkens mit

Abbildung 10.1 MFI-Berechnung

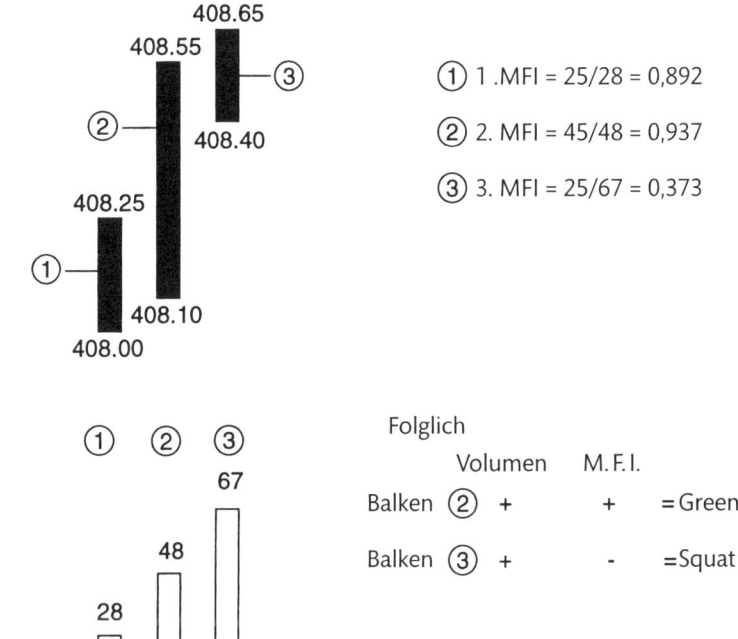

Hier ist die Berechnung für drei Balken mit der einfachen Formel MFI = Skala/Volumen. Balken 1 hat eine Skala von 25 und ein Tick-Volumen von 28 – 25/28 ergibt einen MFI von 0,892. Das bedeutet, dass jeder Volumen-Tick für eine Bewegung von 0,892 Punkten im Kurs verantwortlich war. Balken 2 hat eine Skala von 45 mit einem Tick-Volumen von 48 – 45/48 ergibt 0,937 für den MFI-Zählerstand. Wie Balken 1 hat auch Balken 3 eine Skala von 25 Punkten aber das Tick-Volumen ist auf 67 – 25/67 gesprungen, = 0,373 für den MFI.

Die Zahl selbst bedeutet nichts, aber im Vergleich zu dem unmittelbar vorausgehenden Balken schon. An diesen drei Balken zeigt es sich, dass Händler den Kurs während dieser Zeit am effizientesten durch Balken 2 bewegen, weil sein MFI höher ist, als der der anderen zwei. Dieser Balken hat einen stärkeren Trend als jene der anderen zwei Balken, wohingegen Balken 3 (+ Volumen, – MFI) ein »Squat« ist. Er wird durch die Tendenz der ankommenden neuen Teilnehmer in die Richtung herausgebracht, die dem Weg, auf dem sich der Markt bewegt, entgegengesetzt läuft. Der »Squat« deutet an, dass sich der Trend vielleicht verändert.

dem MFI des unmittelbar vorausgehenden Balkens. So können Sie bestimmen, ob die gegenwärtige Zeitperiode Ihnen mehr oder weniger Gelegenheiten zum Handeln liefert.

Wenn Sie zwei Faktoren kombinieren, das Volumen und den MFI, können Sie das erhalten, was ich »Profitunities« (Gewinneinheiten Anm. d. Ü.) nenne. Diese sind mehr als nur Möglichkeiten, weil Ihre Chancen so viel besser sind. Ich habe jedem der vier möglichen Kombinationen von Volumen und MFI Namen gegeben, um genau zu beschreiben, was in beiden Richtungen passiert – auf dem breiten Markt und am Parket.

	Tick-Volumen / MFI-Kombinationen Indikator		
1.	+ Tick-Volumen	+ MFI	Grün (++)
2.	– Tick-Volumen	– MFI	Fade (– –)
3.	– Tick-volumen	+ MFI	Fake (–+)
4.	+ Tick-volumen	– MFI	Squat (+–)

»Grün« (+ Tick-Volumen, + MFI): Dieser Balken wird »Grün« etikettiert, weil er ein grünes Licht für die Marktbewegung ist. Die Bewegung läuft schon.

Nehmen Sie an, Sie sind als Landstreicher auf einem Fracht-Bahnhof, und schauen nach einem Zug, der nach Westen geht. Sie könnten mit zwei verschiedenen Methoden den richtigen Zug finden: 1. Wandern Sie um das Grundstück, und wenn Sie einen Zug finden, dessen Frachtpapiere für die westlichen Staaten gelten, würden sie schließlich vermuten, dass dieser Zug nach Westen gehen wird. Dann könnten Sie einen netten Güterwagen finden, es sich bequem machen und darauf warten, dass der Zug losfährt. 2. Sie stehen am westlichen Rand des Fracht-Bahnhofs und springen auf den ersten Zug auf, der aus dem Bahnhof in Richtung Westen abfährt.

Die zweite Wahl wäre ein »Grün«. Es ist ein Zug, der bereits in Bewegung ist. Wenn er aus dem Bahnhof kommt, ist es vielleicht gefährlich, auf ihn noch aufzuspringen. Sie würden sicherlich nicht wollen, vor ihm zu stehen. Genau das würden Sie tun, wenn Sie versuchten, sich einem grünen Balken zu verschließen.

Ein »Grün« ist ein Ausbruchs-Signal und Sie gehen am besten sofort mit- in welche Richtung es auch immer geht. Es signalisiert drei Dinge:

- Mehr Spieler treten in den Markt ein (+ Volumen).
- Sie sind vorbelastet durch die Richtung, in die sich der Balken bewegt.
- Die Kursbewegung gewinnt an Fahrt, wenn es läuft (+ MFI).

»Verschließen/Fade« (- Tick-Volume, – MFI): ein »Verschließen« entsteht, wenn der Markt durchatmet oder nur das Interesse verliert. Es ist das Gegenteil von einem »Grün« weil es weniger Volumen und weniger MFI (Kursbewegung) gibt. Weil der Markt eine Versteigerung ist, verlieren die Bietenden das Interesse.

Wenn ich diesen Computer, an dem ich gerade schreibe, versteigern würde – ich bin sicher, viele Leute würden mir sofort 100 Dollar dafür geben. Bei so einer Reaktion würde ich natürlich den Preis anheben. Erheblich weniger Händler würden mir 1000 Dollar und – ich bin mir sicher – keiner würde 5000 Dollar für ihn bieten. Wenn der Preis hoch geht, verlieren mehr und mehr Bietende das Interesse.

Das ist es, was »Verschließen/Fade« bedeutet. Häufig hat das Top der ersten Welle in einer Elliott-Wellen-Sequenz ein »Verschließen«-Top – aber der Markt verliert nicht sehr viel an Schubkraft. Nun ist es sehr wichtig zu zeigen, dass diese »Verschließen«-Gebiete (welche mehr als zwei Balken sein können) der Start großer Bewegungen sind. Da der Markt die meiste Zeit höchst langweilig ist, ist das genau der Moment, an dem ein guter Händler auf Draht sein muss, wenn der Markt Schwung aufbaut.

»Fälschung/Fake« (– Tick-Volumen, + MFI): Hier haben wir eine Situation, in der die MFI zunimmt. Das bedeutet, dass der Markt sich selbst hilft, indem er den Kurs über die Zeit bewegt. Aber er

wird dabei nicht durch steigendes Volumen von außerhalb des Parketts unterstützt. Darum ist die Erleichterung weniger robust wie das abnehmende Volumen andeutet.

Aus welchen Gründen auch immer – der Markt lockt weniger Volumen an, als in der vorherigen Periode. Es zeigt manchmal eine Pause an, bevor die Börse abhebt. Es sei denn, dass auf diese Situation kurz darauf steigendes Volumen folgt. Dies ist ein Bild einer Fälschung/Fake, die gewöhnlich am Parkett manipuliert worden ist. Die Parketthändler haben die vorübergehende Kontrolle, weil kein bedeutendes Volumen an Geld von Außen hinein kommt. Die Fälschung ist ein Zeichen einer Manipulation und sollte mit einem hohen Maß an Skepsis betrachtet werden.

Die Parketthändler haben gespürt, dass sich während der Flaute eine Bewegung unmittelbar aufbaut. Dies ist der einzige Moment an dem die Makler genug Kraft haben »Ihre Stopps zu auszulösen«. Wenn möglich, werden sie – um sich Bestände anzueignen – den Markt in die entgegen gesetzte Richtung als der von Ihnen ursprünglich erwarteten bringen, um sich dann auf die andere Seite zu begeben, wenn Material hereinkommt. Sie bauen ihre Bestände auf, damit sie sie im nächsten Kursaufschwung verkaufen und im nächsten Kursrückgang kaufen können.

»Squat« (+ tick-Volumen, – MFI): Das ist unter diesen vieren die Gelegenheit mit dem stärksten Gewinnpotenzial. Nahezu alle Bewegungen enden mit einem Squat, genau so wie die Hoch-Tief-Balken plus oder minus eines Balkens derselben Zeitperiode. Mit anderen Worten: alle bedeutsamen Trends enden mit einem Squat auf einem der drei Top- oder Boden-Balken. So bietet sich Ihnen eine sehr gewinnträchtige Methode, gleich zu Beginn eines Trends einzusteigen.

Während alle Trends in einem Squat enden, bedeuten nicht alle Squats das Ende eines Trends. Squats zeigen sich sehr oft in der Mitte der dritten Elliot-Welle und bei Fibonacci-Reaktionen und Kreuzungen von Gann-Linien (Siehe Abschnitt IV). Wenn es den kurzfristigen Trend nicht beendet, tendiert es dazu ein »measuring squat« (ähnlich einem Meß-Gap) zu werden, das voraussagt, wie weit die gegenwärtige Bewegung weitergehen wird. Dieser »measuring squat« gibt Ihnen eine Zielzone, wo sie nach einem anderen Squat schauen können, der den aktuellen Trend vielleicht beendet.

Squats werden von einem größerem Tick-Volumen und einem niedrigeren MFI und – gewöhnlich aber nicht immer – einer schmaleren Skala als dem vorangegangen Balken charakterisiert. Wenn Sie nach kurzfristigen Charts (intraday) handeln, würde ein Squat mit derselben oder einer schmaleren Skala mit im Vergleich zu dem vorangegangenen Balken höherem Tick-Volumen charakterisiert werden.

Der Squat ist die letzte Schlacht der Bären und Bullen mit vielen Käufen und Verkäufen aber nur geringen Kursänderungen. Anzahl und Begeisterung von Bären und Bullen sind gleich stark. Ein richtiger Krieg findet am Parkett statt.

Ich bezeichne diese Situation als Squat, weil der Markt scheinbar regungslos verharrt, jedoch plötzlich durchstarten kann -häufig eine Umkehr des aktuellen Trends. Der Markt hat sich mit substanziellem Volumen nach oben oder unten bewegt, und nun strömt eine Flut von Verkäufern oder Käufern in den Markt hinein. Das Volumen steigt, der Trend stirbt und die Kursbewegung hält mehr oder weniger an. Der Schlüssel liegt darin, dass die Kursbewegung bei höherem Volumen stoppt. Eine der beiden feindlichen Mächte (Käufer oder Verkäufer) wird gewinnen. Meist wird der Ausbruch aus dem Squat Sie wissen lassen, ob dieser Squat ein Trendfortsetzungs- oder Trendumkehrsquat ist.

Wie alle Volumen-Indikatoren arbeitet auch dieser besser bei stärkerem Volumen. Unser Research zeigt, da Sie diese Indikatoren vielleicht in jedem Zeitrahmen, der ein durchschnittliches Tick-Volumen von 20 oder mehr Ticks je Balken hat, sicher verwenden können. Wenn Sie eine bestimmte Zeitperiode handeln und merken, dass das durchschnittliche Volumen unter 20 Ticks je Balken sinkt, müssen Sie auf den nächst höheren Zeitrahmen umschalten, der 20 oder mehr Ticks je Balken hat, und Sie können weiter traden.

Nachdem Sie den MFI für eine kleine Weile benutzt haben, werden Sie visuell erkennen, ob der MFI größer oder geringer ist. Glauben Sie nicht, Sie müssten den Rechner bei jedem Balken verwenden. Sie können auch verschiedene Computerprogramme erhalten, um die Balken – abhängig von den Veränderungen des MFI – einzufärben.

Erinnern Sie sich. Wir vereinfachten die Vorgänge am Markt für einfache, exakte und schnelle Entscheidungen. Sie müssen keinen Index oder Nullpunkt finden, von welchem Sie arbeiten wollen. Sie arbeiten nur mit dem, was jetzt im Markt passiert. Wofür ich früher fünf bis neun Stunden pro Tag zum Analysieren brauchte, benötige ich nun mit den Verfahren, die auf den letzten wenigen Seiten umrissen werden, pro Tag für 30 Märkte weniger als 20 Minuten.

Kapitel XI

Indikatoranwendungen

Eine Botschaft, die ich in diesem Abschnitt immer wieder wiederholt habe, ist dass Sie niemals nur auf einen Indikator schauen sollten, um eine Handelsentscheidung zu treffen. Möglicherweise kennen Sie die Chartformationen gut, aber Sie benötigen irgendeine Art von Indikator, der den Auslöser für einen Handel liefert. Oder Sie haben vielleicht einen Indikator gefunden, der viel versprechend aussieht, aber Sie würden gern irgendeine Bestätigung seiner Signale haben.

Wie kombinieren Sie technische Indikatoren mit Charts und anderen Faktoren, um die Märkte zu lesen? Wie wenden Sie das im aktuellen Handel an, was in der Theorie Ihrer Analyse gut aussieht?

Etliche Spekulanten, die nach Systemen handeln, haben Techniken zusammengestellt, die für sie gut funktionieren. Dieses Kapitel wird Ihnen nur ein paar Beispiele geben, wie Händler technische Indikatoren in ihre Handelssysteme integriert haben. Die praktische Anwendung der technischen Analyse, um Märkte zu lesen, ist die Herausforderung, der Sie gegenüberstehen.

Der dreifache Filter-Ansatz
Von Alexander Elder

Alexander Elder hat seine Spekulationen veröffentlicht. Seine Flucht von einem Sowjet-Schiff und sein Einstieg in den Handel ist für sich schon eine erstaunliche Geschichte. Als eifriger Student der Märkte scheint er alles gelesen und studiert zu haben, was es über technische Analyse zu wissen gibt und versteht es, komplexe Ideen zu absorbieren und verständlich darzustellen. Seine einzigartiges Buch Trading for a living *steht oben auf der Empfehlungsliste für jeden, der eine praktische wirklichkeitsnahe Handels-Hilfe will.*

Professioneller Händler und praktizierender Psychiater in New York ist Elder außerdem Direktor der *Financial Trading Seminar Inc.* Er hat als profilierter Autor und Lehrer im Laufe der Jahre eine Anzahl von Artikeln und Kritiken für das *Future* Magazin geschrieben. Einige handelten vom dreifachen Filter-Ansatz, einen sehr nützlichen Gesamt-Ansatz zur Spekulation. Dieser ist der April-Ausgabe 1986 des *Future*-Magazins entnommen. Hier wiederabgedruckt mit Genehmigung.

Jene positiven Merkmale in vielen Handelstechniken können auch zu gefährlichen Verlusten führen, wenn sich die Markt-Bedingungen ändern.

Selbst die gebräuchlichsten Techniken – »Der Trend ist dein Freund«, »Kaufe (oder verkaufe) Ausbrüche« und »Kaufe tief, verkaufe hoch« – können teuer sein. Es ist wie das Rennen auf einem Hinderniskurs, wo die Körpergröße von sechs Fuß (1,88 Meter, d. Ü.) vielleicht ein Vorteil auf einem geraden Kurs ist, aber nicht helfen wird, wenn Sie durch ein Zehn-Inch-Rohr (25,4 cm, d. Ü.) krabbeln müssen.

Wie können Sie also mit dem widersprüchlichen Rat, wie er von normalen bewährten Handelssystemen geliefert wird, umgehen? In der Diskussion von Handelsansätzen müssen Sie sich erst einmal klar darüber sein, welche Trends und Ausbrüche Sie zu erwischen versuchen. Das Handeln von Wochen-, Tages- oder Stundentrends schreit nach verschiedenen Techniken.

Um erfolgreich zu sein, müssen Sie verschiedene Handelstechniken kombinieren. Deren negative Merkmale können sich gegenseitig aufheben, während ihre positiven Merkmale unberührt bleiben. Das Geheimnis besteht darin, jede Technik auf einem anderen Zeitfenster von Markt-Ereignissen anzuwenden.

Robert Rhea, der großartige Markt-Techniker der 30er-Jahre, verglich die drei Markt-Trends – bedeutend, dazwischenliegend, unbedeutend – mit den Gezeiten, einer Welle und einer Kräuselung. Die meisten Händler – besonders jene, die den Intraday-Bewegungen nicht folgen können – können von den dazwischenliegenden Trends, die zwei Wochen bis zwei Monate dauern, profitieren. Sie wollen die Welle ausreiten (die dazwischenliegende Bewegung), während Sie die Gezeiten und sogar die Kräuselung zu Ihren Gunsten nutzen.

Das ist das Ziel des dreifachen Filter-Ansatzes, der drei aufeinander folgende Filter oder Tests benutzt, bevor irgendein Engagement eingegangen wird. Jeder Test benutzt verschiedene Handels-Ansätze. Viele Engagements, die erst einmal attraktiv schienen, werden von dem einen oder anderen Filter abgelehnt. Jene potentiellen Engagements, die die dreifachen Filter-Tests bestehen, sind mit hoher Wahrscheinlichkeit profitabel.

Filter 1: Die Gezeiten erwischen

Ihr erstes Ziel ist es, den bedeutenden Trend, die Markt-Gezeiten, zu identifizieren. Beginnen Sie mit der Untersuchung wöchentlicher Charts. Die langfristige Perspektive bringt Sie denen, die nur tägliche Charts anschauen, einen Schritt voraus – und auch jedem voraus, der auf nur wenige Daten-Monate achtet.

Sie können mehrere Techniken benutzen, um den Wochen-Trend zu finden. Trendlinien und -kanäle sind nützlich. Genauso Gleitende Durchschnitte, die die Schwankungen innerhalb einer Woche glätten.

Abbildung 11.1 MACD-Linien und Histogramm

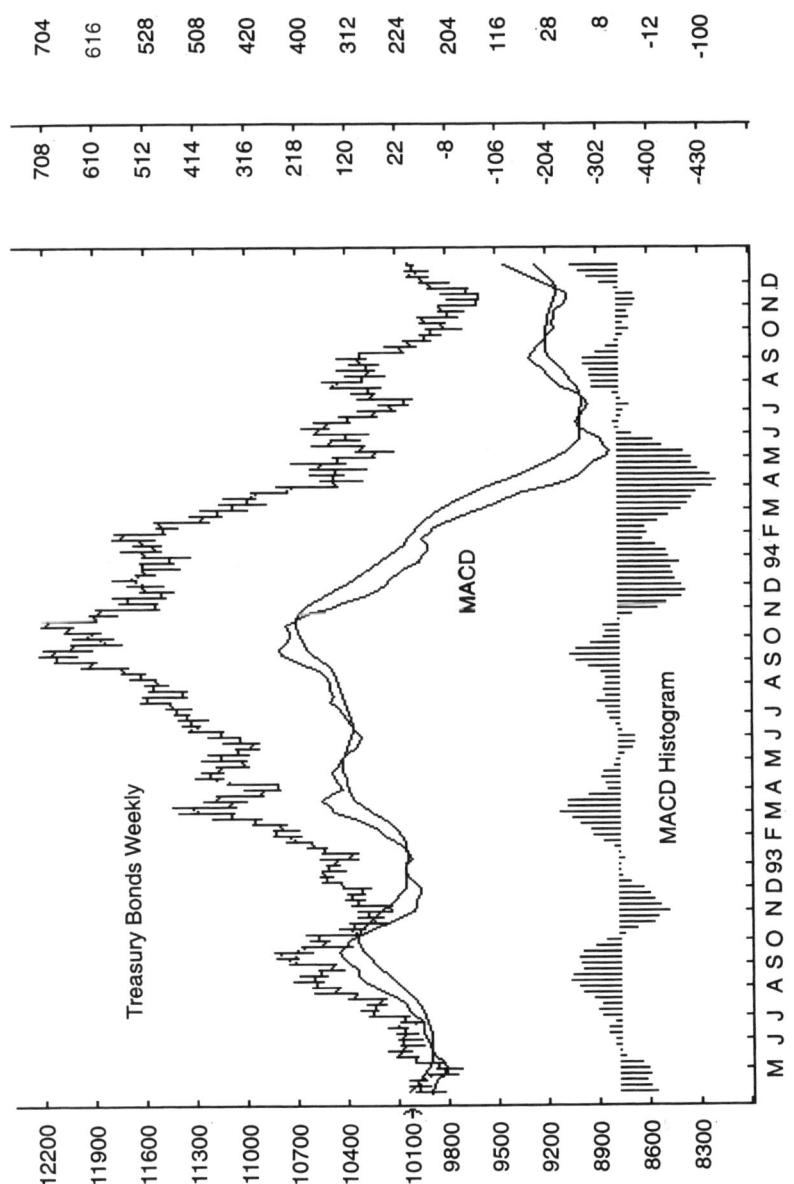

Quelle: FutureSource

Mein Lieblings-Indikator für den bedeutenden Trend auf Wochen-
charts ist der *moving average convergence-divergence* (MACD),
den ursprünglich Gerald Appel entwickelte. Es ist ein anspruchs-
volles System dreier exponentieller Gleitender Durchschnitte auf
Schlusskursbasis.

Bei dem Wochenchart des Treasury-Bond-Futures ist der MACD
unterhalb der Kurse sowohl als exponentielle Gleitende Durchschnitte als auch als Histogramm eingezeichnet (Abbildung 11.1).
Die Kurven zeigen die Überschneidungen zwischen schnelleren und
langsameren Gleitenden Durchschnitten, während das Histogramm
die Differenz zwischen den zwei Kurven kennzeichnet.

Das Histogramm, das entweder in eine positive oder negative Richtung
wächst, zeigt zunehmende optimistische oder pessimistische Stimmung und kündigt einen Wendepunkt der Marktrichtung häufig noch
vor der Kursumkehr an. Die Überschneidungen der MACD-Kurven
kommen später und liefern entscheidende Kauf- und Verkaufssignale.

Der erste »Filter« (Markt-Test), bevor man in einen Handel ein-
steigt, die Entdeckung der Richtung auf einem wöchentlichen
MACD-Histogramm. Wenn es steigt (bullisch), nehmen Sie nur
Longpositionen ein. Wenn es fällt (bärisch), handeln Sie nur auf der
Shortseite. Handeln Sie immer nur in Richtung der Gezeiten.

Filter 2: Die Welle ausreiten

Nachdem Sie den Wochentrend gefunden haben,, wechseln Sie für
den zweiten Filter zu den Tagescharts und -Indikatoren, um den
dazwischen liegenden Trend zu identifizieren. Schauen Sie nach täglichen Bewegungen gegen den wöchentlichen Trend.

Für diesen Filter benutzen Sie Oszillatoren mit Tagescharts anstatt
Trendindikatoren. Ihre schnellen Schwankungen zwischen positiven
und negativen Extrempunkten helfen Ihnen, temporäre Überkauft-/
Überverkauft-Zustände (das bedeutet, dass sich der Markt zu weit
nach oben oder unten bewegt hat und wahrscheinlich zurückschnellen
wird) zu erkennen.

Während der erste Filter Sie in einen Trendfolge-Modus setzt, wollen Sie nun gegen den Trend gehen – »Kaufe tief, verkaufe hoch.« Das kann gefährlich sein, aber jetzt können Sie es mit Zuversicht tun, weil die Kauf- und Verkaufsignale der Tages-Oszillatoren Sinn machen. Wenn die Gezeiten des Marktes hereinkommen (der wöchentliche MACD steigt), bieten jede Pause und Welle, die gegen die Gezeiten geht – kürzere Gegenbewegungen – eine Gelegenheit, auf den Trend aufzuspringen. Wahrscheinlich wird sich der Wochentrend wieder durchsetzen, was zu Gewinnen führt.

Es wäre gefährlich, sich nur auf Oszillatoren zu verlassen. In bedeutenden Abwärtstrends, können sie in einen überverkauften Bereich gehen und dort zum Schaden eines voreiligen Käufers für Wochen bleiben. Aber wenn der Wochentrend aufwärtsgerichtet ist, können Sie den negativen Zählerstand eines täglichen Oszillators benutzen, um sich auf einen Kauf vorzubereiten. Wenn der wöchentliche Trend nach unten zeigt, benutzen Sie den positiven Zählerstand eines täglichen Indikators, um sich für einen Leerverkauf bereit zu halten.

Ein Tagesindikator, der einen guten Job in der Identifizierung dazwischenliegender täglicher Reaktionen gegen wöchentliche Trends macht, ist der Stochastik-Indikator, der von George Lane entwickelt wurde (Kapitel 9). Der Stochastik verfolgt die Positionierung täglicher Schlusskurse innerhalb der täglichen Schwankungsbreite (Abbildung 11.2).

Noch vor dem Wechsel von Abwärtstrends nach oben liegen die Schlusskurse tendenziell im oberen Bereich der Schwankungsbreiten und vor dem Wechsel eines Aufwärtstrends nach unten eher im unteren Bereich der Schwankungsbreiten. Die Rohdaten werden geglättet und repräsentiert durch zwei Linien, eine schneller, die andere langsamer. Sie leiten Kauf- oder Verkaufssignale her, wenn die schnellere Kurve über oder unter die langsamere Kurve steigt oder fällt.

Es gibt andere Methoden, den Stochastik zu interpretieren, aber diese eine dient unserem Zweck. Der Chart zeigt wie Überschnei-

Abbildung 11.2 Stochastik und T-Bonds

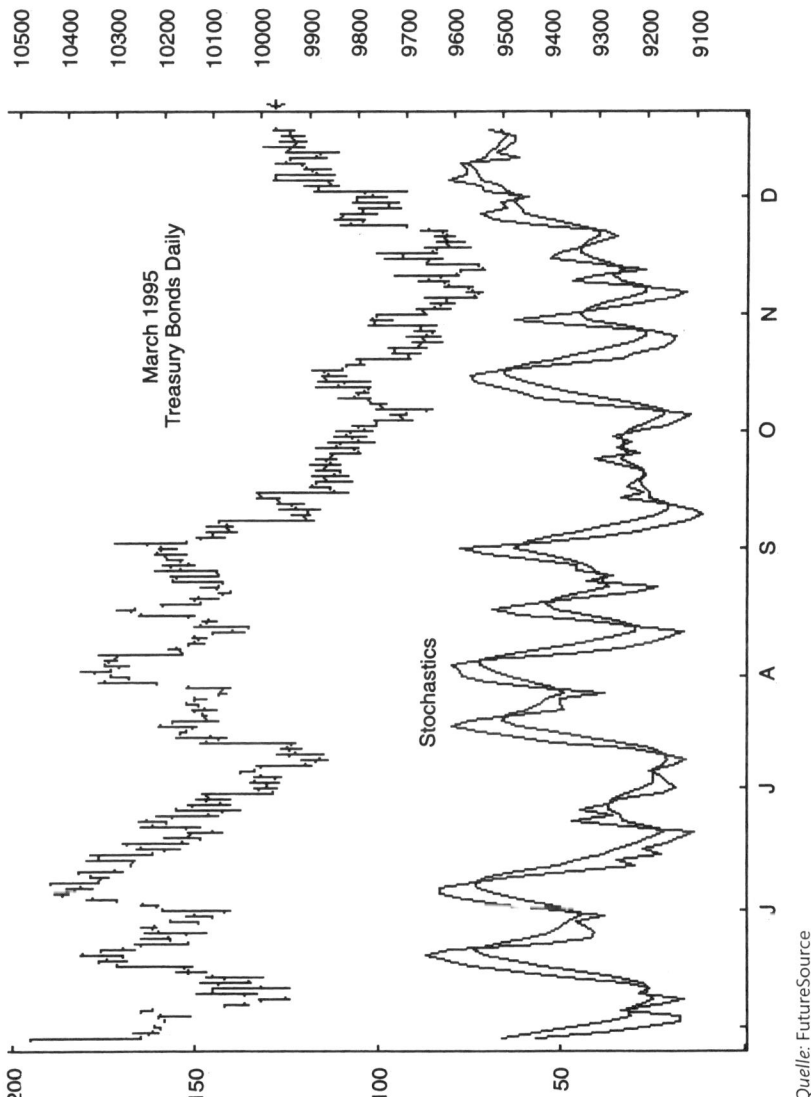

dungen durch die schnellere Linie des Fünf-Tage-Stochastik über die langsamere Kurve gute Kaufsignale gegeben haben, während der wöchentliche MACD im Aufwärtstrend war.

Filter 3: Die Kräuselung lesen

Der dritte Filter benutzt Intraday-Trends, um Ihnen zum Einstieg zu verhelfen. Wenn der Wochentrend nach oben zeigt, wollen Sie immer dann kaufen, wenn die tägliche Gegenbewegung die Kurse nach unten drängt. Aber Sie wollen sich auch vor der Gefahr schützen, dass diese Korrekturen vielleicht noch weiter gehen.

Der dritte Filter hilft Ihnen, von den Kauf-Gelegenheiten zu profitieren, während er Sie vor den Risiken schützt, dass der kurze Abwärtstrend zu einem bedeutenden werden könnte. In bedeutenden Abwärtstrends hilft er Ihnen vom Leerverkauf in die gegen den Trend gerichteten Rallyes zu profitieren, während er Sie vor den Risiken schützt, dass diese Rallyes bullische Wendepunkte werden.

Dieser Filter besteht aus dem Gebrauch der trailing (nachziehende)-Stop-Technik (nicht zu verwechseln mit einer Stop-loss-Order). Ein Trailing-Stop Buy-Auftrag schleppt sich auf dem Weg nach unten über der vorherigen täglichen Schwankungsbreite dahin, um die Wende nach oben abzugreifen. Eine Trailing-Verkauf-Stop-Order zieht auf dem Weg nach oben unter der vorherigen täglichen Schwankungsbreite dahin, um eine erneute Wende nach unten zu erwischen.

Wenn der Tagesoszillator am Dienstag negativ wird, während der Wochentrend aufwärtsgerichtet ist, platzieren Sie einen nur für Mittwoch gültige Stop-Buy-Order oberhalb des Dienstag-Hochkurs. Wenn sich der wöchentliche Trend – wie Sie erwarten – nach oben bewegt, werden Sie »eingestoppt«. Sie kaufen automatisch einen kurzfristigen Ausbruch des dazwischen liegenden Abwärtstrends.

Wenn die Kurse am Mittwoch weiter fallen, bleiben Sie aus dem Markt draußen. Sie verlieren nichts, aber das Kaufsignal bleibt praktisch genauso lang bestehen, wie der Oszillator im negativen Bereich bleibt. Am Donnerstag platzieren Sie dann eine Stop-Buy-Order – über dem Mittwochs-Hochkurs. Sie setzen dieses Verfahren fort, bis Sie entweder bei einer Umkehr nach oben »eingestoppt« sind oder ein bärischer Trend durch den Wochen-MACD angezeigt wird, der das Kaufsignal annulliert.

Diese Kauf-Stop-Technik wird umgekehrt auf eine Verkauf-Stop-Technik für Leerverkäufe angewendet, wenn der wöchentliche Trend nach unten weist, die täglichen Indikatoren aber im positiven Bereich notieren.

Drei Filter-Zusammenfassungen

Infolgedessen besteht das dreifache Filter-System aus drei aufeinander folgenden Filtern oder Tests. Jede wird praktisch angewendet, bevor irgendeine Markt-Position eingegangen wird:

1. Identifizieren Sie durch die Benutzung eines MACD-Histogramms auf wöchentlichen Charts den bedeutenden Trend.
2. Identifizieren Sie den dazwischenliegenden Trend, der gegen den bedeutenden Trend läuft. Benutzen Sie kurzfristige Oszillatoren wie den Force-Index, Stochastik oder Williams' %R. Wenn der Wochen-MACD positiv ist, achten Sie auf tägliche Oszillatoren-Rückgänge. Wenn der Wochen-MACD negativ ist, achten Sie auf tägliche Oszillatoren-Rallyes.
3. Wenn der Wochentrend nach oben weist und der Tagesoszillator negativ ist, benutzen Sie eine Trailing-Kauf-Stop-Technik, um eine Longposition einzugehen oder sie aufzustocken. Wenn der Wochentrend abwärts und der tägliche Oszillator positiv ist, benutzen Sie eine Trailing-Verkauf-Stopp-Technik, um eine Shortposition einzugehen oder sie zu erhöhen.

Die Verwaltung eines Stopps

Der Einsatz eines Stop-loss und von Gewinn schützenden Aufträgen ist im Futurehandel essentiell. Nachdem Ihnen das dreifache Filter-System ein Kauf-Signal gibt und Sie long gehen, benutzen Sie die Trailing-Kauf-Stop-Technik. Ihr neues Stop-loss-Niveau wird das Tief des Tages, an dem Sie long gingen oder der Tiefkurs des vorherigen Tages – welches niedriger liegt. Dieser Tiefkurs wird selten verletzt werden, weil Sie in die Richtung der Markt-Gezeiten handeln. Kehren Sie das Verfahren in Abwärtstrends um. Dies gibt Ihnen engen Schutz mit einem verhältnismäßig niedrigen Dollar-Risiko.

Konservative Händler sollten bei dem ersten Signal des dreifachen Filter-Systems kaufen oder verkaufen und in dieser Position bleiben, bis der Wochentrend umkehrt oder bis sie ausgestoppt sind. Aggressive Spekulanten können erneute Kauf- oder Verkauf-Signale des dreifachen Filter-Systems zum Pyramidisieren oder zum Hinzufügen zu der ursprünglichen Position benutzen.

Die Kombination von Indikatoren

Von Ken Seehusen

Ken Seehusen, Herausgeber von Chart Insight, *einem Oster Communications Inc.-Informationsbrief, der in Cedar Falls, Iowa, gegründet wurde, hat den gesamten Prozess der Analyse von Märkten bis zu der Organisation eines Handelsprogramms, das für ihn arbeitet, durchlaufen. Er erklärt, wie er auf Indikatoren, Charts, usw. achtet und diese in seinen Handelstrategien kombiniert.*

Bei der Entwicklung eines Handelssystems müssen Sie den Zeitpunkt für einen Markteintritt bestimmen, und, wann Sie den Markt mit einem Verlust verlassen und einem Gewinn mitnehmen.

Um als ein echtes Handelssystem zu gelten, müssen die Regeln für Ihre Entscheidungen objektiv sein. »Ich kaufe Baumwolle, wenn ich denke, es geht hoch und verkaufe sie, wenn ich ein bisschen verloren oder eine Menge gemacht habe« ist kein Handelssystem. Das ist ein Ratespiel und in den Futuremärkten kosten Ratespiele Geld.

Wie entscheiden sich Spekulanten, die nach System handeln, wann sie in einen Markt rein- und wann sie rausgehen? Eine der populärsten Methoden ist die Verwendung technischer Indikatoren. Technische Indikatoren sind mathematische Formeln, die auf den Bausteinen Kurs, Volumen oder *open interest* basieren. Einige Indikatoren kombinieren diese Elemente, aber die meisten werden einzig und allein aus den Kursen errechnet. Ein einziges Buch bietet nur wenig Raum, um jeden technischen Indikator eingehend zu beschreiben. Deshalb erfasse ich nur einige der besser bekannten, die ich benutze. Sie werden sie selbst weiter studieren müssen. Erinnern Sie sich aber: Benutzen Sie niemals einen Indikator, den Sie nicht verstehen.

Technische Indikatoren entfallen auf zwei große Gruppen: Trendfolger oder Überkauft-/Überverkauft-Studien.

Trendfolge-Indikatoren wie Gleitende Durchschnitte, DMI (Der Directional Movement Index, der zeigt, wie viel Trend vorhanden ist) und – in gewissen Maße – der MACD (Moving average convergence divergence, der auf einen Richtungswechsel hindeutet) sind für Märkte, die etablierte wohldefinierte Trends haben, ideal geeignet. In Seitwärtsmärkten neigen sie jedoch dazu, aufgerieben zu werden.

Auf der anderen Seite sind Überkauft-/Überverkauft-Indikatoren wie der Stochastik, RSI (Relative Stärke Index, der die Kursbewegungen glättet und die Stärke einer Bewegung mit dem Trend vergleicht), Rate of Change, Momentum, Linien-Oszillatoren und %R (vergleicht den Schlusskurs mit dem höchsten Hochkurs) gut geeignet für Märkte, die in einer Seitwärtsbewegung oder in einem Aufwärts- oder Abwärtskanal eingesperrt sind. Sie neigen dazu, weniger zuverlässig zu sein, wenn die Märkte in einen starken Trend entweder nach oben oder unten einmünden. Um bestimmte oder alle Indikatoren in einem erfolgreichen Handelssystem zu kombinieren, müssen Sie die Marktphase, in der Sie sich befinden, bestimmen. Dann wissen Sie, auf welche Indikatoren Sie zurückgreifen müssen.

Zu Beginn bestimmen Sie immer den Trend eines Marktes eine Stufe über dem Niveau, das Sie traden. Wenn Sie zum Beispiel innerhalb einer Börsensitzung handeln *(day-trading)* und Intraday-Charts benutzen, wird das Wissen um die Richtung des täglichen Trends der Marktanalyse helfen und gegen den vorherrschenden Trend gerichtete, daher möglicherweise unprofitable Engagements ausschließen. Ebenso gilt, dass wenn Sie aufgrund Tagescharts handeln, wird das Wissen um die Richtung des dazwischenliegenden Trends im Wochenchart Ihnen helfen, Engagements gegen den Wochentrend auszuschließen.

Die Mehrzahl meiner Einstiegs- und Ausstiegsentscheidungen beruhen auf Tagescharts und damit habe ich es bequemer als ein Position-Trader. Aber zuerst bestimme ich die Richtung des Wochen- oder mittelfristigen Trends mit einer Kombination aus einem Wochenstochastik, RSI und DMI-Studien. Ich benutze den üblichen 14-Tage-Stochastik, ändere aber die Zeitspanne für den Wochen-RSI auf fünf Perioden. Ich verwende ferner einen Neun-Perioden-DMI, anstatt der üblichen 14 Perioden. In Tests über einen Zehn-

Jahres-Zeitraum habe ich herausgefunden, dass ein Fünf-Perioden-RSI positive und negative Divergenzen eher früher aufzeigt, als ein Neun- oder 14-Perioden-Zeitraum. Ich verkürzte den Zeitrahmen, der von der DMI-Studie gemessen wird, weil ich herausgefunden habe, dass er wöchentliche Trendwechsel früher identifiziert.

Der Baumwolle-Chart bietet ein gutes Beispiel einer Kombination von Seitwärtsbewegungen und starken Trends an. Vor dem 94er-Bullen-Markt notierte Baumwolle in einer breiten seitwärts tendierenden Handelsspanne, die auf dem Wochenchart gut abgegrenzt war. Der Ausbruch aus dieser Handelsspanne nach oben im Herbst 1993, wurde durch eine Aufwärtsbewegung sowohl beim Wochenstochastik als auch beim RSI bestätigt. Eine weitere Bestätigung des Aufwärtstrends oder Bullenmarktes war die wöchentliche DMI-Studie, die ebenfalls ins Positive drehte, um die Geburt des Aufwärtstrends zu bestätigen (Abbildung 11.3).

Zu der Zeit, als Baumwolle über die obere Grenze ihrer wöchentlichen Handelsspanne ausbrach, waren beide, der Wochenstochastik und der Fünf-Perioden-RSI bereits positiv. Als zusätzliche Bestätigung des wöchentlichen Ausbruchs und der Geburt der Baumwoll-Hausse hatte die wöchentliche DMI-Studie unter 15 nach oben gedreht.

Nachdem diese drei technischen Indikatoren, die den mittelfristigen Trend bei Baumwolle bestätigten, nach oben gedreht hatten, wendete ich mich den täglichen Charts zu, um nach Kaufgelegenheiten zu suchen, die zu meinen bereits definierten Risikoparametern passten. Durch die Bestimmung des mittelfristigen Markttrends hatte ich vorher die Engagements klassifiziert, die auf dem täglichen Chart basieren. Nachdem die Marktanalyse – eine Stufe über dem Niveau, das ich normalerweise handle – vollständig war, war ich bereit zu dem Zeitfenster zu wechseln, den ich gewöhnlich benutze (in diesem Fall die Tagescharts) und Einstiegs- und Ausstiegsentscheidungen zu treffen.

Schauen Sie auf den Endloskontrakt für Baumwolle auf Tagesbasis mit dem Stochastik (ein Überkauft-/Überverkauft-Indikator, der gut

Abbildung 11.3 Baumwolle auf Wochenbasis

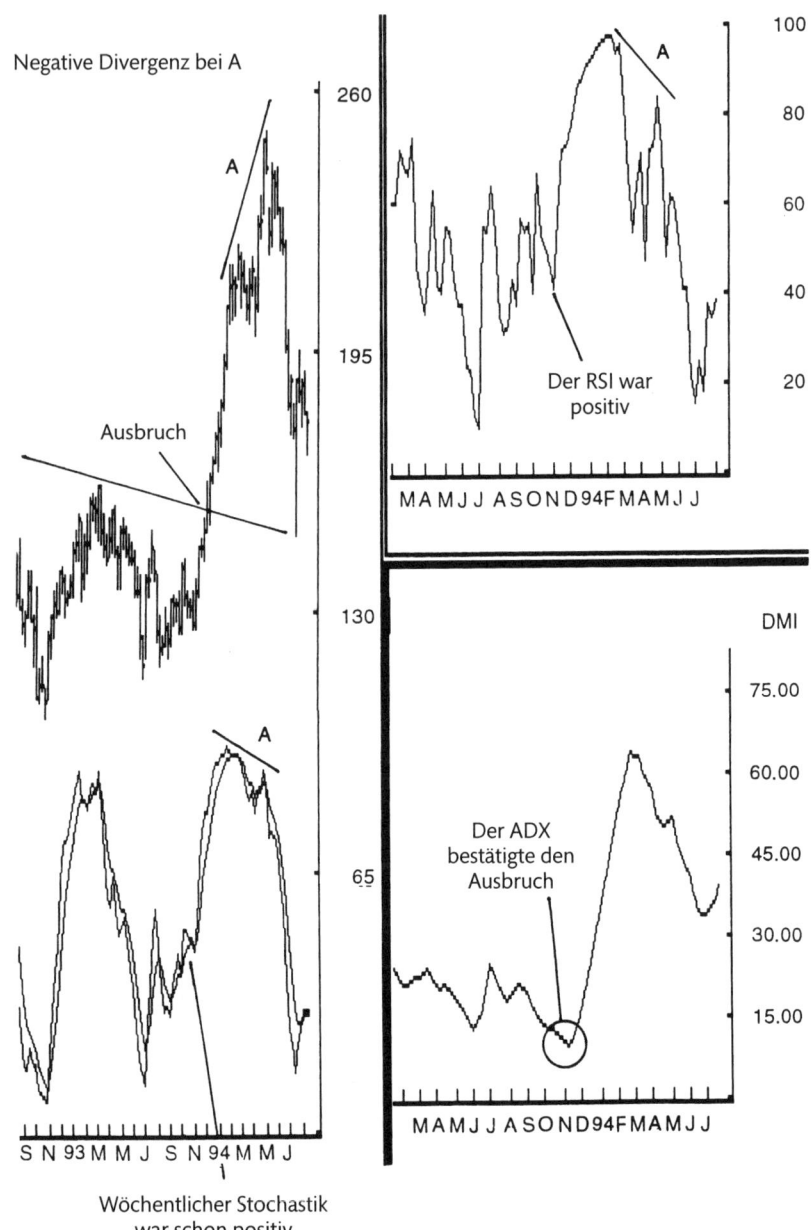

Quelle: FutureSource

funktioniert, wenn sich der Markt in einer Seitwärtsbewegung befindet, der aber die meiste Zeit für einen Trade nicht profitabel genug aussah). Zu seiner Ehrenrettung – der Stochastik drehte ins Positive und bestätigte die Ausreißer-Lücke *(breakaway-gap)*, die die Baumwoll-Rallye einläutete. Nachdem der Aufwärtstrend jedoch lief, war der Stochastik überkauft (Abbildung 11.4).

Genau da verwenden viele Händler und Analysten die Überkauft-/Überverkauft-Indikatoren falsch. Sie schauen nach einem Top und versuchen, jede unbedeutende Korrektur gegen den Haupt-Trend zu verkaufen. Überkauft-/Überverkauft-Indikatoren haben ihre Berechtigung, wenn ein Markt in einem starken Trend ist. Aber ihr Wert kommt gewöhnlich gegen Ende einer starken Bewegung.

Als sich Baumwolle ihrem anfänglichen Hoch näherte, zeigte der Stochastik die Schwäche im Aufwärtstrend in Form einer negativen Divergenz auf (A in Abbildung 11.4, Endlos-Tageschart von Baumwolle mit dem Stochastik).

Nach einer kleineren Erschöpfungs-Lücke *(exhaustion gap)* stieg Baumwolle für eine kurze Zeit und mündete in eine kleine Konsolidierung ein. Wie Sie sehen können, signalisierte der Stochastik durch die positive Divergenz (B) erneut einen kleineren Trendwechsel. Der Ausbruch aus der Konsolidierung zeigte an,, dass Baumwolle den Aufwärtstrend höheren Grades wieder aufnahm, und ich konnte auf den Ausbruch hin wieder eine Longposition eingehen.

Nachdem der vorherrschende Trend – in diesem Fall, ein Aufwärtstrend – zu Ende war, beginnen Stochastik, RSI und die Linien-Oszillatoren die Führung von den Trendfolge-Indikatoren zu übernehmen. Nach dem Ende des Trends können die Überkauft-/Überverkauft-Indikatoren helfen, das Ausmaß der ersten Korrektur zu bestimmen.

Durch die Kombination der Korrektur-Niveaus mit Stochastik und RSI können Sie die Länge der Korrektur schätzen. Nachdem die erste Korrektur beendet ist, beginnen diese Überkauft-/Überver-

Abbildung 11.4 Endlos Baumwoll-Tageschart mit dem Stochastik

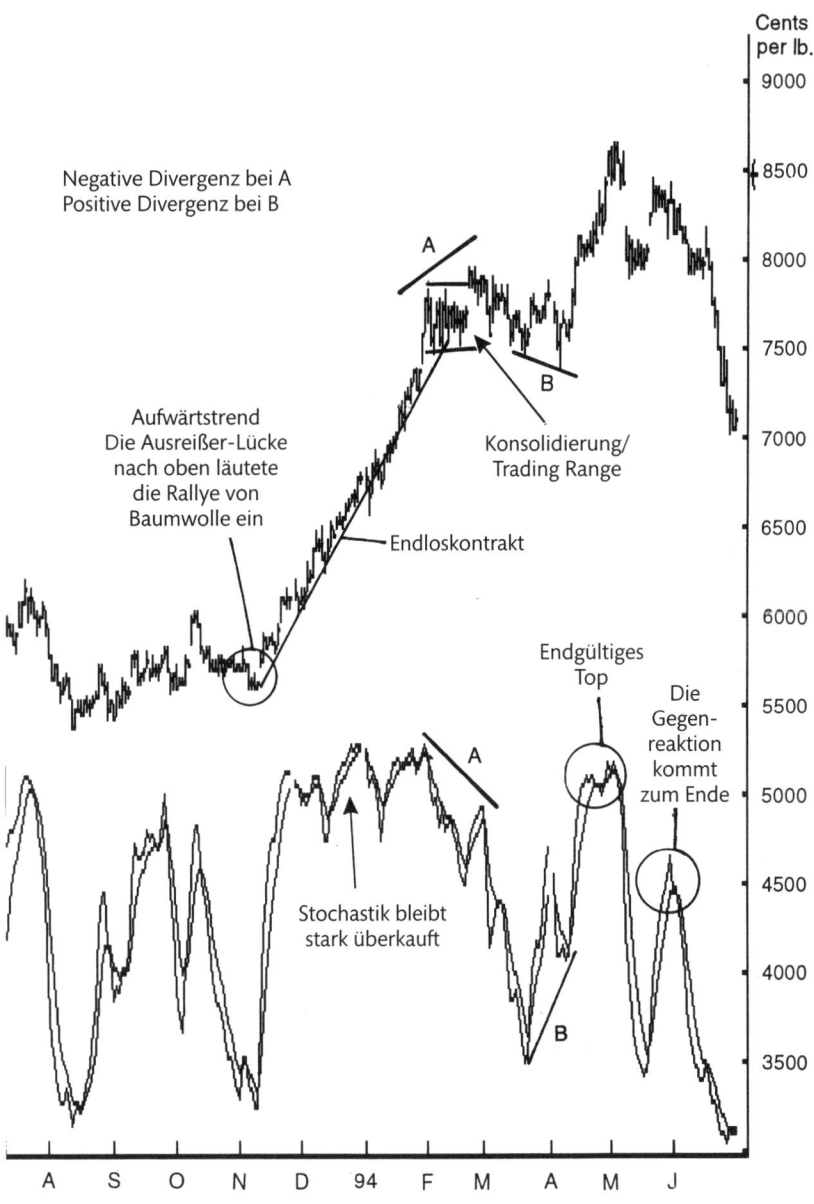

Quelle: FutureSource

kauft-Indikatoren zusammen mit dem Markt wieder abzuprallen. Mit dieser Bewegung, die der ersten Korrektur folgt, wird allerdings nur eine überkaufte oder überverkaufte Situation abgebaut und kein neuer Trend generiert. Wenn Sie das wissen, können Sie wieder die Korrektur-Niveaus und diese Indikatoren benutzen, um das Ausmaß des Abpralls zu bestimmen.

In 90 Prozent dieser Korrekturen, werden der Stochastik und der RSI nur ihre überkauften oder überverkauften Bereiche testen. Zum Beispiel: Auf dem Chart des Baumwoll-Endloskontraktes mit dem RSI folgte dem endgültigen Top und dem ersten Sturz von Baumwolle (1) eine Gegenreaktion (2), die den Stochastik knapp den Boden seiner überkauften Zone erreichen sah (Abbildung 11.5). Dies war wiederum der Fall, nachdem der nächste Rückgang beendet war (nicht dargestellt).

Bei Tagescharts benutze ich ferner einen 14-Perioden-RSI. Ich wiederhole es: Weil auch der RSI ein Überkauft-/Überverkauft-Indikator ist, neigt er dazu, besser zu arbeiten, wenn ein Markt in einer Seitwärtsbewegung ist. Doch bei einem Trend-Markt wird er entweder überkauft oder überverkauft. Wie bei dem Stochastik ist der RSI gegen Ende einer starken Bewegung nützlich, wenn sich Divergenzen zu zeigen beginnen. Eine Divergenz ist ein Warnsignal, dass sich ein Trendwechsel anbahnt und Sie sollten Ihre Wachsamkeit in diesem Markt steigern, da Buchgewinne genauso schnell – wahrscheinlich noch schneller – zusammenschmelzen können, wie sie erwirtschaftet wurden.

Der DMI ist ein Trendfolge- Indikator. Das heißt, dass er dazu tendiert, Fehlsignale zu geben, wenn sich ein Markt seitwärts bewegt, aber gut funktioniert, wenn sich ein Markt in einem Trend befindet. Als Baumwolle während der meisten Zeit im Herbst 1993 in einer Seitwärtsbewegung verharrte, kreuzten sich der +DI und der -DI oft und lieferten Fehlsignale (Abbildung 11.6).

Inzwischen setzte der ADX seinen Rückgang in den Bereich bei oder unter 15 auf der DMI-Skala fort. Dies ist eine ideale Position für den

Abbildung 11.5 Baumwolle mit RSI auf täglicher Basis

Quelle: FutureSource

ADX, um einen Trendwechsel und die Entstehung einer starken Bewegung zu bestätigen. Wie Sie im November, als Baumwolle mit einer Kurslücke nach oben sprang, sehen können, überkreuzten sich +DI und -DI bei steigendem +DI. Dies war das erste legitime technische Signal, mit dem eine DMI-Studie andeutete, dass ein Trendwechsel in der Luft lag.

Nach dieser Überkreuzung und dem Ausbruch von Baumwolle aus der Trading Range drehte der ADX ebenfalls ins Positive und bestätigte den Ausbruch und den Beginn eines Aufwärtstrends. Als Baumwolle weiter stieg, deckte sich das mit dem ansteigenden ADX, der andeutete, dass der Trend an Stärke zunahm. Gegen Ende des Jahres (1)korrigierte Baumwolle jedoch ein wenig. Der ADX drehte nach unten.

Viele Händler machen den Fehler anzunehmen, ein Rückgang des ADX sei ein Signal für ein Top oder einen Boden. Das ist falsch. Ein Rückgang des ADX bedeutet einfach, dass die Aufwärts- oder Abwärtsbewegung – abhängig von der Richtung des Trends – ein Ende gefunden hat. Zusammen mit einem Rückgang der wöchentlichen Indikatoren müssen Trendlinien, die als Unterstützungen oder Widerstände fungieren, gebrochen sein, um zu bestätigen, dass ein bedeutendes Top oder ein wichtiger Boden entstanden ist.

Nach einer kurzen Pause im Aufwärtstrend, stieg Baumwolle wieder bis Ende Januar/Ende Februar hinein, bevor der ADX wieder einmal nach unten drehte. Wie Sie sehen können, war der ADX über 40 und außerhalb des Bereichs von +DI. Wenn der ADX auf diesen hohen Level ist und das zweite Mal nach unten dreht, ist meistens ein wichtiges Top oder ein wichtiger Boden erreicht.

Baumwolle notierte dann über zwei Monate in einem Seitwärtstrendkanal, bevor der +DI und −DI wieder kreuzten. Inzwischen ist der ADX auf den Punkt 15 auf der DMI-Skala gesunken. Die Wende des ADX nach oben bestätigte den Ausbruch aus der Trading Range und dass der übergeordnete Aufwärtstrend wieder an Fahrt gewann.

Abbildung 11.6 Baumwolle auf Tagesbasis mit dem DMI

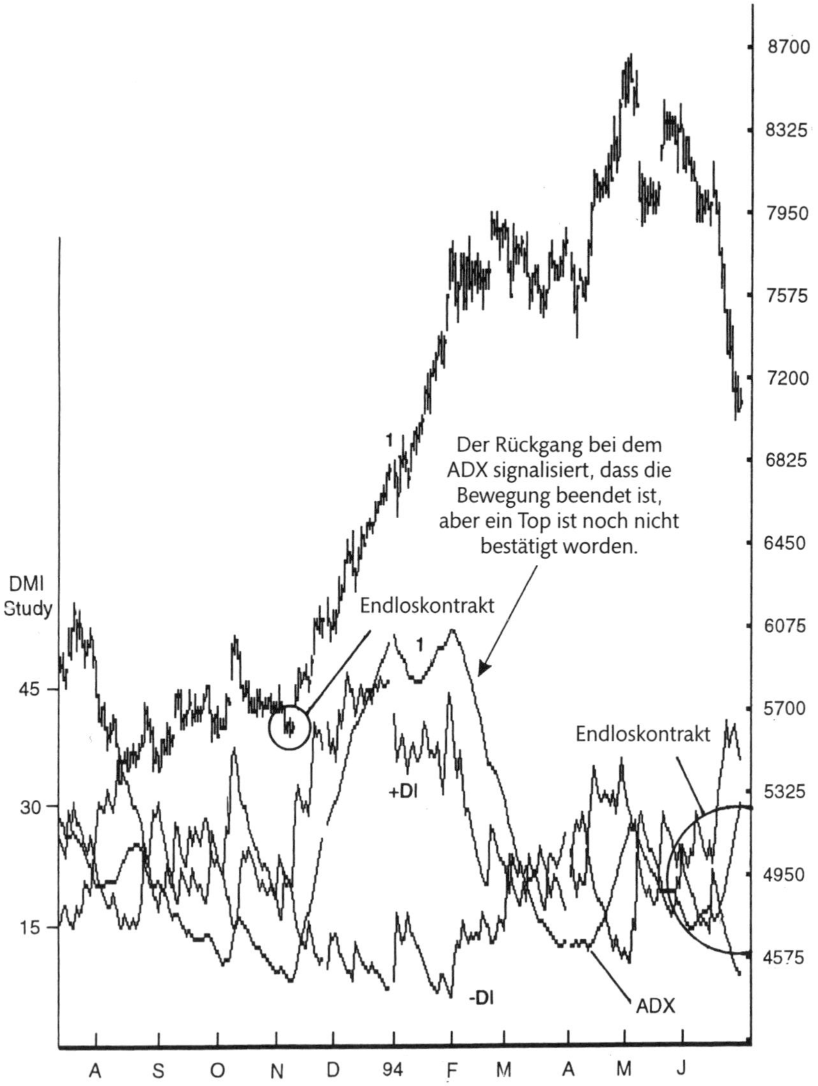

Der Rückgang bei dem
ADX signalisiert, dass die
Bewegung beendet ist,
aber ein Top ist noch nicht
bestätigt worden.

DMI
Study

Endloskontrakt

Endloskontrakt

+DI

-DI

ADX

A   S   O   N   D   94   F   M   A   M   J

8700
8325
7950
7575
7200
6825
6450
6075
5700
5325
4950
4575

45
30
15

Quelle: FutureSource

Mit einer Abwärtslücke im Mai drehte der ADX, aus seinem Aufwärtstrend nach unten und signalisierte so das Ende der Aufwärtsbewegung.

Achten Sie auf das Niveau des ADX im Vergleich zu seinem Level im Januar und Februar, als er nach unten drehte. Diese starke negative Divergenz vom vorangegangenem Hoch in Verbindung mit fallenden wichtigen Indikatoren auf Wochenbasis bestätigte, dass es zu einem bedeutenden Hoch gekommen war.

Wenn ein technischer Indikator ein Kauf- oder Verkaufsignal gibt, warten Sie auf die charttechnische Bestätigung bevor Sie handeln. Schauen Sie, ob der Markt über oder unter eine Schlüsselunterstützungszone auf dem Chart ausgebrochen ist. Dies wird Ihre Gewinnmöglichkeiten erhöhen.

Denken Sie immer daran, die Richtung des Haupttrends zu bestimmen. Zum Beispiel: Als Day-Trader muss ich die Richtung des Wochentrends bestimmen. Wenn ich einmal den Wochentrend ermittelt habe, weiß ich aufgrund des Tagescharts, welche Positionen ich eingehen muss.

Als nächstes stellen Sie fest, in welchem Stadium sich der Markt befindet. Wenn er sich seitwärts bewegt, sollte das Gewicht auf die Überkauft-/Überverkauft-Indikatoren wie Stochastik, RSI, Linien-Oszillatoren, Rate of Change und Momentum-Indikatoren gelegt werden. Gleichzeitig richten Sie Ihren Blick entweder auf Gleitende Durchschnitte oder auf die DMI-Studie, wenn sie kurz davor sind, einen Ausbruch aus einer Seitwärtsbewegung und den Beginn einer starken Bewegung zu bestätigen.

Wenn ein Markt in einem schön abgegrenzten Trend verläuft, konzentrieren Sie sich auf Gleitende Durchschnitte oder die DMI-Studie. Gleichzeitig vernachlässigen Sie nicht die Überkauft-/Überverkauft-Studien, so dass Sie Divergenzen sehen können, die häufig Vorläufer eines Trendwechsels sind. Wenn Sie einmal mit diesen technischen Studien vertraut geworden sind, können Sie je nach Marktverfassung mit Leichtigkeit entscheiden, ob Sie mit Trendfolge- oder Überkauft-/Überverkauft-Indikatoren arbeiten.

▓ Ein gut gewähltes Beispiel
Von Jack Schwager

Indikatoren können unbezahlbare Werkzeuge für Händler in deren technischen Analyse sein, aber wir sollten diesen Abschnitt mit einer kleinen Warnung beenden. Denn Händler neigen dazu, wegen heißer neuer Indikatoren und Systeme in helle Aufregung zu verfallen, und lassen sich häufig von deren Versprechungen hinreißen. Sie sorgen sich, dass sie als einzige den heiligen Gral verpassen, wenn er schließlich entdeckt wird. Aber jeder Indikator und jedes Handels-System muss eine Perspektive bieten.

Jack Schwager ist der Leiter des Future-Research bei *Prudential Securities* und hat ähnliche Positionen bei einigen großen US-Broker-Firmen in New York bekleidet. Er ist ferner Mitinhaber eines Handelsunternehmens, der *Wizard Trading Inc.* in Indianapolis und Autor einiger der besten Bücher, die jemals über den Future-Handel geschrieben wurden. Dazu gehören die zwei Market-Wizard-Bände und »*The Complete Guide to Future Trading*«. Obwohl selbst 100-prozentiger System-Händler, ist er einer der größten Skeptiker gegenüber Handels-Systemen, Programmen, usw. und ihrer Werbung. In seinen Schriften hat er mit etlichen Mythen über Fundamentaldaten, Handelssysteme und anderen Future-»Wahrheiten« aufgeräumt. Das Folgende stammt aus seinem Artikel, der im September 1984 im *Future*-Magazin erschien und heute noch aktueller sein könnte, als er es damals war. Er sollte jedes Mal gelesen werden, wenn Sie glauben, Sie haben DEN magischen Indikator oder DEN Heiligen Gral entdeckt.

Sie haben 495 Dollar hingeblättert, um an dem Future-Seminar »Das Geheimnis der Millionäre« teilzunehmen, der zum 10. Mal stattfindet. Zu dem Preis, glauben Sie, wird der Redner einige sehr wertvolle Informationen offenbaren.
Der augenblickliche Sprecher erklärt das tolle Kuddelmuddel (SRD)-Rohstoff-Handelssystem. Das Dia auf der riesigen Leinwand zeigt einen Kurs-Chart mit »B«- und »S«-Symbolen, die Kauf- und Verkaufspunkte repräsentieren. Das Dia ist beeindruckend: Alle Käufe scheinen niedriger als die Verkäufe zu sein.

Dieser Punkt kommt im nächsten Dia noch dramatischer zum Ausdruck. Es zeigt die Gewinne, die mit diesem System hätten realisiert werden können – ein nahezu perfekter Aufwärtstrend. Nicht nur das, sondern es ist auch sehr leicht, das System zu aktualisieren.

Wie der Redner sagt, »Alles was Sie brauchen, sind zehn Minuten Zeit pro Tag und das Wissen über die einfache Arithmetik.«

Sie hatten noch nie bemerkt, dass Geldmachen mit Futures so einfach sein konnte. Sie könnten sich selbst dafür in den Hintern treten, dass Sie nicht das erste bis zum neunten Jahres-Seminar besucht haben.

Einmal zu Hause, wählen Sie zehn verschiedene Märkte aus und beginnen mit dem SRD-System zu handeln. Während die Monate vorüberziehen, bemerken Sie eine merkwürdige Entwicklung. Obwohl das Eigenkapital auf Ihrem Konto einen sehr stetigen Trend zeigt – so wie es das Seminar-Beispiel tat –, ist da ein kleiner Unterschied: Der Trend auf Ihrem Chart geht nach unten. Was lief schief?

Tatsache ist, dass Sie für fast jedes Handelssystem eine vorteilhafte Darstellung finden können. Der Fehler liegt in der Extrapolierung wahrscheinlicher Future-Wertentwicklung auf der Basis eines isolierten und gut ausgewählten Beispiels aus der Vergangenheit.

Dieses Beispiel könnte hilfreich sein. Betrachten Sie ein System mit den folgenden Handels-Regeln:

1. Wenn der Sechs-Tage-Durchschnitt höher ist als der entsprechende Wert des Vortages, decken Sie ihre Shortpositionen ein und gehen long.
2. Wenn der Sechs-Tage-Durchschnitt tiefer ist als der entsprechende Wert des Vortages, schließen Sie Ihre Longposition und gehen short.

Vor ein paar Jahren präsentierte ein veröffentlichter Artikel ein ähnliches System und verwendete den Schweizer Franken während des Jahres 1980 zur Illustration. Wir werden nicht in die Details gehen, aber es genügt zu sagen, dass die Anwendung des obigen Systems auf den Schweizer Franken im Jahre 1980, zu einem Gewinn von 17.235 Dollar pro Kontrakt (unter der Annahme, dass der durchschnittliche Round-Turn (Gebühren für das Eröffnen und Schließen der Position, d.Ü.) um 80 Dollar kostet) geführt hätte.

Selbst bei einer vorsichtigen Mittel-Zuweisung von 6000 Dollar je Kontrakt – würde dies einen jährlichen Gewinn von 287 Prozent bedeuten! Nicht schlecht für ein System, das in zwei Sätzen zusammen gefasst werden kann. Sie erkennen also mühelos wie eifrig Händler, denen ein solches Beispiel vorgelegt wird, ihre anderen Handelsansätze für diese angebliche Geld-Maschine aufgeben.

Lassen Sie uns nun sehen, was passiert, wenn wir die Ergebnisse außerhalb dieses vorsichtig gewählten Beispiel untersuchen. Zuerst verlängern wir die Untersuchungs-Periode von 1980 in die Jahre von 1976 bis 1983 (die Wahl des Schlussdatums des Untersuchungszeitraums reflektiert lediglich das Datum, an welchem ich dieses spezielle System testete).

Beginnend mit dem Schweizer Franken, finden wir heraus, dass der Gesamtgewinn während dieser Periode 20.473 Dollar war. Mit anderen Worten: Ohne das Jahr 1980 machte das System nur 3.238 Dollar in den restlichen 6,5 Jahren. Folglich – unter der Annahme, Ihnen wurden 6000 Dollar zugeteilt, um diesen Ansatz zu handeln, – lag das durchschnittliche Jahresergebnis in Prozent für diese Jahre bei dürftigen acht Prozent – ein ziemlicher Abstieg von 287 Prozent im Jahre 1980.

Aber warten Sie. Es kommt noch viel schlimmer.

Bei der Anwendung dieses Systems auf eine Gruppe von 25 Märkten von 1976 bis Mitte 1983 verlor das System in 19 von 25 Märkten Geld. In 13 Märkten – in der Untersuchung mehr als die Hälfte – überschritt der Verlust 22.500 oder 3.000 Dollar pro Jahr je Kontrakt! In fünf Märkten überstieg der Verlust 45.000 und 6.000 Dollar pro Jahr je Kontrakt!

Ferner lag selbst in den Märkten, in denen das System profitabel war, seine Wertentwicklung gut unter den Gewinnen, die für diese Märkte von anderen Trendfolgesystemen während der gleichen Periode erwirtschaftet wurden.

Da gibt es keine Frage. Dies ist wirklich ein schlechtes System. Bis jetzt, wenn Sie nur auf dieses gut gewählte Beispiel schauten, könnten Sie glauben, Sie wären über das Handels-System Jesse Livermores gestolpert, das er in seinen guten Jahren benutzte. Sprechen Sie mal über die Kluft zwischen Vorstellung und Realität.

Dieses System zeigt so bedeutende grobe Verluste,, dass Sie sich wohl wundern, warum dessen Signale keine attraktive Handels-Strategie liefern. Der Grund liegt darin dass die meisten Verluste das Ergebnis der systemimmanenten Empfindlichkeit sind, die hohe Gebühren verursacht. Die Empfindlichkeit des Systems ist zuweilen wohltuend, wie es der Fall für den Schweizer Franken 1980 war. Per Saldo ist es jedoch des Systems größte Schwäche.

Verluste wegen der Kommissions-Kosten würden nicht als Gewinne erkannt werden, indem man das System ausblendet. Zudem würden, wenn man das Gegenteil aller Signale tut, entsprechende Gebühren anfallen. Wenn die Kosten einmal integriert werden, löst sich folglich die angebliche Attraktivität eines gegenteiligen Ansatzes zur Benutzung des Systems in Luft auf.

Die Art von Markt, in der ein System gehandelt wird, könnte – offen gesagt – vielleicht ein wichtiger Faktor in der Performanz des Systems sein. Manchmal deuten schlechte Resultate nicht auf Unzulänglichkeiten im System hin. Eher sind sie eine unvermeidbare Konsequenz einer besonderen Folge von Kursbewegungen.

Die Moral ist einfach: Ziehen Sie keine Schlussfolgerung über ein System (oder einen Indikator) auf der Basis isolierter Beispiele. Der einzige Weg, auf dem Sie bestimmen können, ob ein System irgendeinen Wert hat, ist, es über eine längere Zeitperiode in verschiedenen Märkten zu testen.

Kurs und Teilnehmer:
Stimmung

Einführung

Die Art der Kursdarstellung in einem Chart und die Geschwindigkeit, mit welcher er sich bewegt (Indikatoren), sind wichtige Elemente der technischen Analyse, wie sie der vorangegangenen Abschnitt beschrieb. Doch diese Dinge sind natürlich nur Spuren, die Personen hinterließen – den Tausenden von Marktteilnehmern, die nach Informationen suchen, alle Daten durchsortieren, sie je nach Handelsneigung und -system filtern und schließlich auf den Abzug drücken, um zu kaufen oder verkaufen. Der Markt ist am Ende wirklich nur ein gewaltiger psychologischer Wettbewerb zwischen Leuten, die ihr Urteil mit dem eines anderen messen.

Die Analyse der Personen hinter den Kursen und hinter den Aktionen, die sie vornehmen, um ihre Ansichten zu realisieren, ist ein weiterer wichtiger Aspekt der technischen Analyse. Die Herausforderung liegt darin, herauszufinden, wer diese Leute sind, was sie gerade denken und wie viel Einfluss sie auf den Kurs haben. Charts und Indikatoren enthüllen ihre Handlungen und spiegeln das kollektive psychologische Denken aller wieder, die am Markt ein Engagement eingegangen sind. Aber eine andere große Gruppe, die an der Seitenlinie steht, ist vielleicht die mächtigste Marktmacht. Bis sie sich auf eine Position festlegt, wird sie auf keinem Kurschart oder in keinem Indikator auftauchen.

Sie wissen, wo Sie stehen. Aber wo stehen diese anderen Personen und was denken sie? Wer ist für Sie und wer gegen Sie, wenn Sie bei einem bestimmten Kurs long oder short sind? Wer handelt gerade welche Mengen zu welchem Kursniveau? Wie viele Leute handeln zu jedem Kursniveau? Wie viele werden an einem Engagement interessiert sein, wenn die Kurse steigen oder fallen? Sind jene an der Seitenlinie vorwiegend bullisch oder bärisch?

Das Studium der Marktteilnehmer und was sie vielleicht denken, kann Ihnen einige frühe Einblicke in die Marktrichtung geben. Es gibt Zeiten, in denen sich der Markt für einen Augenblick nur nach einem oder zwei Händlern richtet – ein Richard Dennis stieg zum Beispiel in den 70er-Jahren an der Sojabohnen-Börse ein, oder die Hunts bei ihrem Beutezug in den 70ern und frühen 80ern in die Zucker-, Sojabohnen- und Silbermärkte oder George Soros oder Paul Tudor Jones in die neueren Finanzmärkte –, doch seine Bewegungen sind gewöhnlich das Ergebnis einer schwer fassbaren und noch rätselhafteren Massenpsychologie.

Dieser Abschnitt wird – durch die Analyse des menschlichen Marktfaktors von vier Seiten – mehrere Möglichkeiten betrachten, um die Börsenstimmung zu beurteilen:

Die Psychologie der Kursbewegung – Wir haben angedeutet, dass der Markt ein riesiges psychologisches Spiel ist und Charts ein Weg sind, zu sehen, wie er sich entfaltet. Dieses Kapitel analysiert die Gedankenprozesse von Händlern, wenn sich eine Chartformation entwickelt.

Volumen und open interest – Informationen über diese zwei Posten sind am leichtesten verfügbar und werden am häufigsten benutzt, um die Stärke oder Schwäche eines Marktes zu beurteilen. In Verbindung mit dem Kurs, sind sie unerlässliche Bestandteile der technischen Analyse.

Zusätzlich zu den gezeigten Details über die Marktteilnahme, sind Volumen und die offenen Anteile außerdem wichtige Messgeräte für die Liquidität. Um lange Wartezeiten zwischen den Kursen und der Auftragsdurchführung zu vermeiden, wollen Sie gewöhnlich keinen

Markt handeln, bis er nicht ein tägliches Volumen von wenigstens 1000 Kontrakten und open interest von wenigstens 5000, vorzugsweise mehr, hat.

Engagements von Händlern – diese Information – für die US-Märkte in den Regierungsberichten ebenfalls leicht verfügbar, teilt Ihnen die Größe der Positionen mit, die von verschiedenen Händlertypen gehalten wird. Es ist sinnvoll zu wissen, wo die Institutionellen stehen.

Optimistische Übereinstimmung – Jeder würde gerne den Umfang der optimistischen oder pessimistischen Ansichten über den Markt wissen. Obwohl es schwieriger zu erkennen ist, haben Analysten verschiedene Wege erschlossen, um die vorherrschende Stimmung der unbeteiligten Personen an den Seitenlinien zu »lesen«.

Kapitel XII

Die Psychologie der Kursbewegung von Rohstoffen

Von Robert Joel Taylor

Die Psychologie der Spekulation und der Geldverwaltung *(money management)* sind zwei Aspekte des Handelns, die viel mehr Aufmerksamkeit verdienen, als dieser Band bieten kann. Bücher, Videobänder und Seminare sind über diese Themen produziert worden, aber in diesem Buch richtet sich der Umfang danach, wie sie in die technische Analyse passen.

Einer der besten Artikel, der die Grundlagen der Psychologie des Marktes in verschiedenen Stadien von Chartformationen und die Rolle der analysierenden Personen in dem Prozess zusammenfasst, wurde von Robert Joel Taylor, einem Broker bei *E. F. Hutton and Co.* in Dallas geschrieben. Er erschien 1972 in der Mai-Ausgabe des *Commodities*-Magazins. Einige der Beobachtungen hier werden Ihnen sehr vertraut vorkommen, wenn Sie später das Kapitel über die Elliot-Wellen lesen.

Kontrakte wechseln vielleicht, Kursniveaus können sich ändern, die Namen von Unternehmern und Händlern ändern sich vielleicht, aber die Menschen ändern sich im Grunde nicht. Die angesprochenen Konzepte treffen genauso auf die heutigen Märkte zu, wie vor mehr als zwei Jahrzehnten. Wieder abgedruckt mit Genehmigung.

Der Preis einer Ware zu irgendeinem gegebenen Augenblick ist das Ergebnis einer Entscheidung eines Käufers als auch eines Verkäufers – eine Entscheidung, die – grob gesagt – eine Schlussfolgerung

des Käufers ist, dass die Kurse höher gehen und eine Schlussfolgerung des Verkäufers, dass die Kurse fallen werden.

Solche Entscheidungen werden durch einen Handel zu einem
bestimmten Kurs sichtbar dargestellt. Und dieser Kurs repräsentiert
eine Entscheidung – in den meisten Fällen – aufgrund einer
Schlussfolgerung aus vorausgehenden Kursen.

Wenn der Käufer und der Verkäufer einmal ihren Handel gemacht
haben, ist ihr Einfluss auf den Markt verbraucht – außer auf der entgegen gesetzten Reaktion, die sie schließlich haben werden. Das
bedeutet: Wenn ein Händler einmal einen Kontrakt kauft, muss er
ihn später verkaufen. Und ebenso muss ein Spekulant, nachdem er
leer verkauft hat, später kaufen, um die Position zu schließen. Folglich haben wir zwei lebenswichtige Aspekte bei jedem Handel: (1)
die Tatsache, dass jeder letztendlich eine entgegen gesetzte Reaktion
im Markt haben muss und (2) den Einfluss, den ihre Entscheidung
auf andere Händler haben wird.

Wenn mehrere hundert Trades innerhalb einer schmalen Seitwärtsbewegung stattgefunden haben und dann ein einzelner Handel
unterhalb dieser Handelsspanne gemacht wird, hat jeder, der Future-
Kontrakte innerhalb dieses Radius kaufte, Geld verloren und alle,
die innerhalb dieser schmalen Seitwärtsbewegung verkauften, liegen vorn. Wenn sich die Kurse schrittweise nach oben oder unten
bewegen, wird eine Gruppe zunehmend wohlhabender, während die
Verluste der anderen Gruppe beträchtlich anwachsen.

Die Reaktion eines jeden Rohstoff-Händler auf die Kursbewegungen
des Marktes kann in den Reaktionen der drei maßgebenden Gruppen, die immer in jeder Marktsituation auftauchen, dargestellt werden: (1) die Händler, die Longpositionen im Markt haben, (2) solche,
die Shortpositionen halten und (3) solche, die keine Position im
Markt eingenommen haben, aber möglicherweise dabei sind, entweder
auf der Long- oder auf der Shortseite in den Markt einzutreten. Zu
allen Zeiten reagieren diese drei großen Gruppen auf sich ändernde
Kurse, aber jede auf eine grundsätzlich andere Art und Weise.

Die erste Gruppe wird von Händlern gebildet, die gekauft haben und die nun auf steigende Kurse hoffen.

Die zweite Gruppe ist der ersten genau gleichgestellt – wenigstens in der Anzahl der Kontrakte –, doch sie haben leer verkauft und gieren nach fallenden Kursen. Es ist notwendig, sich im Gedächtnis zu behalten, dass es da eine Longposition für jede Shortposition gibt, obwohl die tatsächliche Anzahl der Händler auf jeder Seite des Marktes wahrscheinlich nicht gleich ist. Ein Großer dürfte dieselbe Anzahl von Kontrakten mit sich führen wie viele kleine Händler. Aber die Anzahl der Kontrakte auf jeder Seite des Marktes ist exakt gleich, genauso wie die Markterwartungen der auf der Long- und der Shortseite positionierten Händler genau entgegengesetzt sind.

Die dritte Gruppe wird von Händlern gebildet, die auf den Einstieg lauern, aber bis dato noch nicht kauften oder verkauften. Diese Gruppe beinhaltet natürlich auch jene, die vorher eine frühere Marktposition liquidierten und die erwägen könnten, zurück in den Markt zu gehen.

Die Händler dieser dritten Gruppe haben unterschiedliche Ansichten über die vermutliche Richtung des Marktes. Einige sind optimistisch, während andere pessimistisch sind, aber ein Mangel an positiver Überzeugung hat sie aus dem Markt ferngehalten. Deshalb haben sie auch kein unabdingbares Recht auf die Marktrichtung. Es ist die Gruppe, die wohl die stärksten Waffen führt, weil ihre Wirkung auf den Markt noch in »Reserve« ist. Weder ärgern sie sich, noch freuen sie sich, während sich der Markt bewegt. Aber – während er sich bewegt – wird ihr spezielles Markturteil entweder gestärkt oder geschwächt.

Ein zum Optimismus neigender Händler ohne Position im Markt, könnte sich entscheiden, eine Position eingehen, wenn der Markt so reagiert, wie er glaubt, dass der Markt es tun sollte. Er ist vielleicht zum Kauf bei einem Ausbruch oder möglicherweise innerhalb einer Reaktion bereit. Ebenso wird der zum Pessimismus neigende Händler ohne Position im Markt in seiner negativen Haltung bestärkt, wenn der Markt zurückgeht. Die Kurse fallen zu sehen, wie er es erwartete, dürfte ihn motivieren short zu gehen, »bevor der Markt abhaut.« Aber der wichtigste psychologische Aspekt dieser Gruppe ist, dass sie mit dem Markt gehen wollen, in welche Richtung auch immer. Sie erwarten eine Bestätigung ihrer Markteinschätzungen.

Ein grundlegendes Verständnis der allgemeinen Einstellung dieser Händlergruppen ist wesentlich für das gewinnbringende Verständnis der Psychologie der Kursbewegungen von Rohstoffen sowie der Gründe für die Entstehung bedeutender Chartformationen. Maßgebende Chartformationen wie Boden-, Top-, Umkehr- oder Fortsetzungsformationen führen wegen der vorhersehbaren Psychologie der Händler gewöhnlich zu voraussagbaren Marktaktionen.

Die Wirkung der menschlichen Natur auf die Kursbewegungen von Rohstoffen kann vielleicht am besten bei der Untersuchung der sich verändernden Marktpsychologie betrachtet werden, wenn sich ein repräsentativer Markt durch einen kompletten Zyklus bewegt. Es beginnt mit einer Periode seitwärts tendierender Kurse, ein Kursanstieg entwickelt sich zu einem ausgewachsenen Bullenmarkt, das Top bildet sich aus und der Kursrückgang, führt zu dem Niveau, von dem aus der Bullenmarkt begann.

Nehmen Sie als erstes an, dass sich die Kurse für eine bestimmte Zeit innerhalb einer relativ schmalen Handelsspanne (zwischen A und B in der Abbildung 12.1) bewegen. Händler, die bereits Kontrakte gekauft haben, könnten – beim Erkennen der Seitwärtsbewegung – erwägen, zusätzliche Kontrakte zu erwerben, wenn der Kurs über die aktuelle Handelsspanne ansteigt. Sie könnten sogar Stopp-Orders geben, um an Punkt B zu kaufen und ihre Position aufzustocken, wenn sie irgendeine Bestätigung bekommen sollten, dass der Trend tatsächlich nach oben weist. Mit demselben Recht könnte aber auch – wenn sie erkennen, dass die Kurse unter die aktuelle Handelsspanne fallen könnten und beginnen sich nach unten zu bewegen – erwartet werden, dass die Händler eine Stop-Loss Order unterhalb des Marktes bei Punkt A eingeben, um ihre Verluste zu begrenzen.

Abbildung 12.1 Typischer Kursverlauf

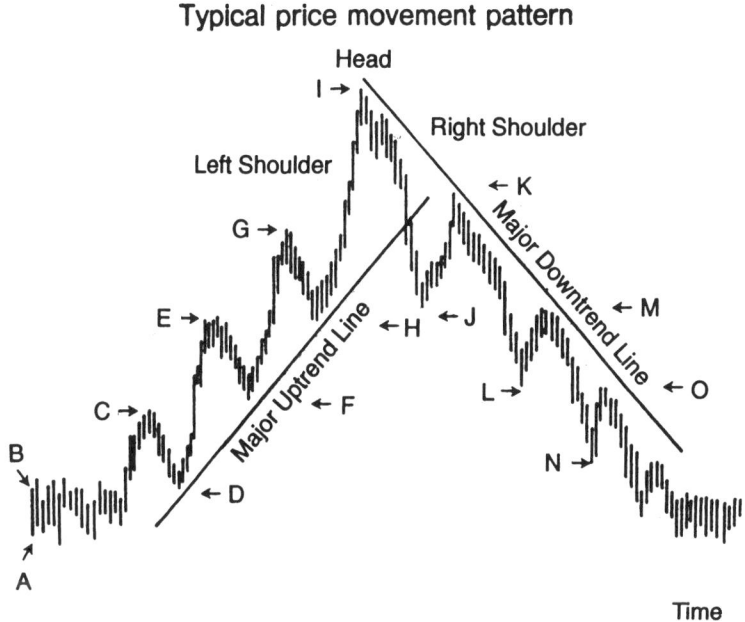

Die Händler-Gruppe, die innerhalb dieser Spanne verkauft hat – exakt dieselbe Anzahl von Kontrakten wie die erste Gruppe – hat genau die entgegen gesetzte Wirkung auf den Markt. Falls die Kurse beginnen, über die aktuelle Handelsspanne zu steigen, könnten viele von ihnen geneigt sein, Stop-Loss-Orders zum Kauf oberhalb von Punkt B zu setzen, um ihre Verluste zu begrenzen. Ebenfalls könnten sie aber gewillt sein, Kontrakte zu ihren bestehenden Shortpositionen hinzuzukaufen, wenn der Kurs unter Punkt A fallen sollte.

Die dritte Gruppe ist nicht im Markt, aber beobachtet ihn, um entweder long oder short zu gehen. Diese Gruppe hat vielleicht Stop Buy-Orders platziert, um oberhalb von Punkt B zu kaufen, da der Trend vermutlich beginnen würde, nach oben zu drehen, wenn Punkt B durchdrungen wurde. Sie könnten außerdem Aufträge im Markt haben, um aus gegenteiligen Gründen unterhalb von Punkt A zu verkaufen.

Nehmen Sie nun an, dass der Markt aus irgendeinem Grund auf Punkt C steigt. Wenn die Handelsspanne zwischen den Punkten A und B relativ eng gewesen ist und die Zeitdauer der Seitwärtsbewegung relativ lang, könnten die angesammelten Kauf-Stopps oberhalb des Marktes ziemlich zahlreich sein. Wenn der Markt über Punkt B ausbricht, informieren die Broker ihre Kunden und das führt zu einer Flut von Aufträgen – zusätzliche Kaufaufträge, um bestehende Longpositionen aufzustocken, vorherige Shortpositionen einzudecken (wieder mit Kaufaufträgen) oder nur wegen des offensichtlichen Aufwärtstrends long zu gehen (mit noch mehr Kaufaufträgen).

Wenn dieses Gestöber von Käufern befriedigt wurde und Gewinnmitnahmen der vorherigen Longpositionen den Markt veranlassen, von dem Hochpunkt bei C auf Punkt D abzutauchen, beginnt eine andere ausgeprägte Psychologie im Markt zu wirken. Ein Teil der ersten Gruppe, die innerhalb der Punkte A und B long gegangen war, kauften keine zusätzlichen Kontrakte, als der Markt auf Punkt C anstieg. Nun könnten sie gewillt sein, ihre Positionen »bei einem Abtaucher« aufzustocken. Infolgedessen beginnen Kaufaufträge dieser Händler hereinzusickern, wenn der Markt abwärts driftet.

Die zweite Gruppe der Spekulanten mit Shortpositionen, die in der ursprünglichen Handelsspanne aufgebaut wurden, haben nun einen Kursanstieg auf Punkt C gesehen, dann einen Rückgang, der sich zurück zu dem Kurs bewegte, an welchem sie ursprünglich short gingen.

Lassen Sie uns für einen Moment abschweifen. Es ist wichtig, daran zu denken, dass jedes Mal, wenn sich die Position eines Händlers ins Minus bewegt, die natürliche Reaktion, die der Besorgnis ist, die zunimmt, wenn die Verluste steigen. Die zweite Gruppe der Händler mit Shortpositionen, haben alle einen Verlust zu tragen und erfahren – psychologisch gesprochen – ein gewisses Unbehagen. Deshalb könnten sie – wenn diese Händler ihre Shortpositionen an einem Kauf-Stopp oberhalb von Punkt B nicht eindeckten – mehr als gewillt sein, an »irgendeinem weiteren Tief einzudecken«, um die Verluste zu minimieren.

Die dritte Gruppe der Spekulanten – solche, die noch nicht im Markt sind –, die noch nicht mit einem Kauf-Stopp oberhalb von Punkt B auf die Long-Seite gegangen sind, denen aber das aktuelle bullische Verhalten des Marktes imponiert, werden Aufträge gerade unterhalb des Marktes platzieren, um »bei einem Abtauscher zu kaufen«.

Per Saldo wäre der Nettoeffekt der Rallye von A auf C dann ein beginnender psychologischer Wechsel in allen drei Gruppen. Das Ergebnis dieser Änderung wäre eine andere Atmosphäre im Markt, in dem einige Unterstützung an den jeweiligen Tiefs erwartet werden könnte. Während diese Unterstützung durch mehr Orders und das Anheben der Limits, an denen gekauft wird, verstärkt wird, beginnt der Markt wieder einmal in Richtung des Hochpunktes der vorausgegangenen Rallye bei Punkt C zu steigen. Danach – wenn der Markt Schwung gewinnt und oberhalb von Punkt C in Richtung Punkt E steigt – verändert sich wieder die Psychologie auf subtile Weise.

Die erste Gruppe, die long gegangen ist,, hat nun vielleicht genug Gewinn, um zu pyramidisieren, also mit ihren Profiten zusätzliche Kontrakte zu kaufen. In jedem Fall wächst ihr Optimismus, falls der Markt steigt und sie beginnen, ihre Chancen in höheren Kurszielen zu sehen. Psychologisch haben sie den Marktvorteil.

Die ursprüngliche Gruppe, die zwischen A und B leer verkaufte und diejenigen, die bis jetzt noch nicht eingedeckt hat, tragen alle immer höhere Verluste. Ihre generelle Haltung ist negativ, da sie alle Geld und Selbstvertrauen verlieren. Ihre Hoffnungen schwinden, während ihre Verluste wachsen. Einige in dieser Gruppe beginnen ihre Shortpositionen entweder durch Stopps oder durch Marktkurs-Order zu liquidieren, Vielleicht drehen einige sogar ihre Position und gehen long.

Die Gruppe, die noch nicht in den Markt eingetreten ist – entweder weil ihre Kaufaufträge nie ausgeführt wurden oder weil sie gezögert hatten, um zu sehen, ob der Markt tatsächlich höher steigen würde –, beginnt »billigst« (zum aktuellen Kurs) zu kaufen.

Es ist wichtig zu begreifen, dass selbst wenn etliche Händler wegen eines zu niedrigen Limits oder wegen eines Zögerns nicht eingestiegen sind, ihre Einstellung bullisch ist. Und möglicherweise treten sie sich selbst in den Hintern, weil sie nicht früher eingestiegen sind. Wie bei jenen, die früher aufgebaute Longpositionen mit Gewinn verkauften, nur um den Markt höher steigen zu sehen, was ihre Einstellung für die Longseite noch verstärkt. Sie sind vielleicht auch unter denen, die nach jedem weiterem Tief während einer Korrektur Ausschau halten, um dort zu kaufen.

Allgemein gesprochen sollte der Markt deshalb bei jeder Korrektur Unterstützung durch (1) die Gruppe der Händler mit Longpositionen finden, die ihre Positionen aufstocken; (2) Händler finden, die im Markt zu ihrer Enttäuschung zu stark short sind und versuchen, ihre Kontrakte zurückzukaufen »wenn der Markt nur ein bisschen zurückkommt« und (3) neue Akteure ohne eine Position im Markt finden, die versuchen, auf einem Trend aufzuspringen, den sie nun als einen ausgewachsenen Bullenmarkt betrachten.

Diese Gedankengänge verursachen die Kursbewegungen, bei denen gewöhnlich jedes prominente Hoch höher als das vorherige Hoch ist und jedes prominente Tief in einer Korrektur schrittweise höher als das letzte Korrekturtief ist. Im weitesten Sinne sollten sie als aufwärtsgerichtete Kette von Wellen aufeinander folgender höherer Hochs und höherer Tiefs erscheinen.

An irgendeinem Punkt beginnt sich die Psychologie wieder auf subtile Weise zu ändern. Jene in der ersten Gruppe mit Longpositionen und fetten Gewinnen sind nicht länger gewillt ihre Positionen aufzustocken. In Wirklichkeit suchen sie nach einem Austiegspunkt, um Gewinne mitzunehmen.

Die zweite Gruppe der stark gebeutelten Händler mit Shortpositionen ist schließlich bis auf einen Kern zäher Shorties zermürbt worden, die es definitiv ablehnen ihre Shortpositionen einzudecken. Sie spüren, dass ihre Verluste »zu groß sind, um realisiert zu werden«. Der wichtige Punkt ist, dass sie nicht länger unterstützende

Elemente sind, die ungeduldig darauf warten, den Markt in Korrekturen zu kaufen.

Die dritte Gruppe von jenen, die niemals bei der Aufwärtsbewegung dabei waren, wollen irgendwann nicht mehr kaufen, da sie spüren, den größten Teil der Bewegung verpasst zu haben. Sie erachten das Abwärtsrisiko als zu groß, wenn sie es mit dem nur noch beschränkten Aufwärtspotenzial vergleichen. Tatsächlich schauen sie vielleicht nach einem Punkt, um »short zu gehen, und ihn nach unten zurück zu reiten.«

Das erste Signal, dass dieser Stimmungsumschwung auf den Markt übergreift, taucht auf, wenn sich ein erkennbarer Mangel an Unterstützung in einem Abtaucher zeigt, der »zu weit führt, um bullisch zu sein.« Der Rückgang von Punkt I zu Punkt J auf dem Chart wäre das klassische Beispiel eines Tiefs, das »zu weit« führte. Dieser Rückgang würde eine neue Haltung im Markt signalisieren. Die Unterstützung an Abtauchertiefs würde bei Rallyes zu einem Widerstand werden.

In einem etwas anderem Beispiel lassen Sie uns annehmen, Sie kauften eine Aktie für 50 Dollar und sahen sie dann erfreulicherweise auf 100 Dollar steigen. An diesem Punkt erzählen Sie Ihrer Gattin und Ihren Kollegen auf der Arbeit, was für ein schlauer Anleger Sie sind. Möglicherweise zählen Sie schon ihre Gewinne und planen etwas Extravagantes zu kaufen.

Aber nun nehmen wir an, dass die Aktie auf 65 Dollar sinkt, bevor Sie Ihre Gewinne mitnehmen. Sie haben schon begriffen, dass Sie zu gierig waren und schon lange verkaufen hätten sollen. Angesichts Ihrer schwindenden Gewinne besteht Ihre einzige Hoffnung nun darin, dass die Aktie wieder steigen wird, sagen wir vielleicht bis 85 Dollar, damit Sie mit Ihren wohlverdienten aber zusammengeschmolzenen Gewinnen aussteigen können. Nach dem Fall auf 65 Dollar, warten Sie nicht länger optimistisch, bis die Aktie 150 Dollar erreicht. Die Rettung eines 35-Dollar-Gewinns je Aktie, nachdem ein 50-Dollar-Gewinn Ihnen durch die Finger gerutscht ist, ist

Ihr aktuelles Ziel. Sie planen »in die nächste Rallye hinein zu verkaufen.«

Diese grundsätzliche Psychologie ist bei einem Rohstoff-Händler,
der tief kaufte und als der Markt stieg, einen schönen Gewinn
anwachsen sah, genau dasselbe. Nach der ersten Reaktion oder
einem Abtauchen, da die Kurse beträchtlich tiefer als vorher notieren, hält der Rohstoff-Händler wie der oben erwähnte Aktienanleger Ausschau nach der nächsten Rallye, um »Gewinne mitzunehmen«. Tatsächlich könnte er ob der Wahrscheinlichkeit der
nächsten Rallye sogar ein bisschen nervös sein. Seine Psychologie ist nicht mehr die eines überzeugten Bullen mit einem Grin-
sen von Ohr zu Ohr, sondern eher die eines nervösen Spekulanten
mit einer Longposition, der versucht zu entscheiden, wann zu verkaufen ist.

Die Händler ohne Positionen im Markt bemerken ebenfalls die
ziemlich überstürzte Verschlechterung eines bislang positiven Kursmuster. Durch das Erkennen, dass sich der Markt vielleicht in dem
Prozess einer »Topbildung« befindet, sind sie auch bereit während
der nächsten Gegenreaktion zu verkaufen, vielleicht mit einem
Kaufstop über den Kontrakthochs.

Eigentlich ist der früheste Hinweis eines Wechsels innerhalb der
Marktpsychologie zu einer mit einem negativen Unterton vielleicht
ein Anstieg, der merklich größer ist, als vorangegangene Anstiege
(zum Beispiel von Punkt H nach I). Dies kann eine letzte Rallye
anzeigen, die durch Shoreindeckungen mit panikartigen Ausmaßen
zustande kommt. Wenn das Volumen am Top des Anstiegs etwa so
hoch ist, wie bei der gesamten Bewegung, könnte das ferner ein Vor-
bote eines bevorstehenden Höhepunkts der Käufe *(buying climax)*
sein.

Aber danach kommt der Rückgang (auf Punkt J) auf etwa dem
Niveau des vorherigen Rückgangs (Punkt H). Deshalb ist dieses letzte
Korrekturtief nicht wirklich auffallend höher als das vorausgegan-
gene Korrekturtief.

Jetzt hat sich das Bild verändert. Als der Markt wieder von Punkt J zu Punkt K zu steigen beginnt, nehmen Händler mit früher erworbenen Longpositionen Gewinne mit. Die meisten ernüchterten Händler mit Shortpositionen haben ihre Shorts geschlossen, so dass sie dem Markt keinen bedeutenden neuen Kaufimpuls mehr geben. In Wahrheit fügen sie vielleicht, da sie den letzten langen Rückgang sahen, weitere Shortpositionen zu ihren noch bestehenden hinzu (»Verbilligen« nennen es einige, aber es gleicht mehr einem »Selbstmord«).

Wenn die Rallye in Richtung der Kontrakthochs im Aufwärtstrend keine neuen Hochpunkte etablieren kann,, wird dieser Fehlschlag schnell von den professionelleren Händlern als mögliches Signal bewertet, dass der Bullenmarkt tatsächlich ausgelaufen ist. Dies würde eher noch anzunehmen sein, wenn die Rallye nur ungefähr zu dem Niveau des Rallye-Tops bei Punkt G führt. Wenn das open interest während des Anstiegs von J zu K auch noch fällt, so ist das ein weiteres Zeichen, dass es keine neuen Käufe waren, die die Rallye verursachten, sondern nur Shorteindeckungen.

Während Gewinnmitnahmen und neue Shortpositionen den Markt von Punkt K nach unten bringen, kommt der nächste kritische Punkt bei dem Korrekturtief bei J. Ein bedeutendes Baissesignal wird auftauchen, wenn der Markt nach dem misslungenen Versuch, ein neues Kontrakthoch zu erreichen, dieses markante Tief unterschreitet.

In der Fachsprache der Chartisten ist eine Kopf-Schulter-Umkehrformation vollendet worden. Es ist allerdings wichtiger, zu verstehen, was die Psychologie der Marktbewegungen an verschiedenen Punkten im Markt verursacht, um darauf zu reagieren, wenn er es tut. Es erklärt außerdem, warum bestimmte Punkte ziemlich wichtig sind.

In einem Bärenmarkt würde die Haltung der Händler völlig anders werden. Jeder Rückgang würde die Bären überzeugter und wohlhabender und die Bullen depressiver und schäbiger aussehen Lassen.

Bei der genau entgegen gesetzten Psychologie dreht sich das Muster komplett, um ein Serie von niedrigeren Hoch- und tieferen Tiefpunkten zu bilden.

An einem Punkt sind die Bären aber nicht mehr gewillt, ihre zuvor erworbenen Shortpositionen aufzustocken. Jene, die schon long im Markt waren und die es abgelehnt hatten zu höheren Kursen zu verkaufen, würden eventuell zu dem harten Kern der Händler gehören, die überhaupt nicht verkaufen. Nicht engagierte Händler, die möglicherweise in dem Versuch zu einem höheren Niveau im Markt short zu gehen, erfolglos waren, werden anfangen, die Longseite des Marktes attraktiver zu finden. Die erste Rallye, die »zu hoch führt, um bärisch zu sein« würde eine weitere mögliche Trendumkehr anzeigen.

Mit diesem grundlegenden Verständnis der Marktpsychologie durch drei Phasen eines Marktes, kann ein Händler die Bedeutung aller technischen Kursmustern besser erkennen.

Kapitel XIII

Volumen und open interest: alte Auswechselspieler

Viele Handelssysteme und Ansätze der technischen Analyse beinhalten in der einen oder anderen Form das Volumen und open interest. In den Augen einiger Analysten sind selbst elementare Balkenchart-Muster keine »echten« Muster, es sei denn, sie werden von passenden Volumendiagramme begleitet. Momentum-Indikatoren basieren häufig auf dem Volumen.

Im Future-Handel ist Volumen die Anzahl der Kontrakte, die in einer bestimmten Periode gehandelt wurden; in jede Transaktion ist ein Käufer und ein entsprechender Verkäufer verwickelt. Open interest ist die Gesamtsumme von ausstehenden Kontrakten an irgendeinem gegebenen Zeitpunkt – das ist ein Ankauf, der nicht durch einen Verkauf ausgeglichen worden ist und umgekehrt.

Am Aktienmarkt hat ein Unternehmen eine bestimmte Anzahl und einen bestimmten Typ von verfügbaren Aktien und die Nachfrage bestimmt ihren Preis. Ein Anleger, der eine Position erwerben will, kauft Anteile von jemandem, der aus seiner Position herausgehen möchte. Bei Futures und Optionen gibt es keine festgesetzte Anzahl von Kontrakten und keine Grenze, wie viele ausstehen können und Sie wissen nicht, ob die Person auf der anderen Seite der Transaktion eine neue Position eingeht oder aus einer bestehenden herausgeht.

Die traditionelle, vereinfachte Sicht der Beziehung zwischen Kurse, Volumen und open interest ist, dass, wenn Volumen und open interest hoch sind und steigen, der Trend an dieser Stelle stark ist. Wenn Volumen und open interest niedrig sind und fallen, ist die Bewegung

schwach. Eine andere Meinung behauptet: Wenn Kurse, Volumen
und open interest alle aufwärts gerichtet sind, ist der Markt bullisch;
wenn der Kurs nach unten weist und Volumen und open interest
nach oben, ist das bärisch. Wenn sich die Kurse nach oben oder
unten bewegen und das Volumen und open interest niedrig sind,
steht der Markt vielleicht vor einer Wende.

Wie wir bereits vor einiger Zeit angedeutet haben, ist natürlich innerhalb der Technischen Analyse nichts so einfach und Sie
werden nicht überrascht sein, wenn Sie erfahren, dass dieses Gebiet
auch seine subjektiven Elemente hat, die gewisses Marktgefühl verlangen.

Ein nützlicher Algorithmus, um die Anzahl neuer Positionen (und
die mögliche Stärkung eines Trends) gegenüber der Anzahl von
Positionen zu bestimmen, die eingedeckt wird (ein Anzeichen für
einen möglicherweise ermüdeten Trend), wurde von Don Iglehart
von der Stanford University vor ein paar Jahren geschaffen. Die Formel lautet:

PN (prozentualer Anteil am Volumen, das neue Positionen
repräsentiert) = 100*(0,5+(COI/(2*V)))

Dabei ist: COI = Veränderung im open interest (+ oder −)
V = tägliches Volumen

Die Formel erzeugt einen Zählerstand von Null bis 100. Wenn alles
Volumen neue Positionen darstellt, ist die Skala auf 100; wenn
nichts von dem Volumen eine neue Position ist, sondern nur Long-
oder Shorteindeckungen repräsentiert, ist der Zählerstand Null.
Wenn die Hälfte des Volumens neue Positionen darstellt und die
Hälfte aus dem Schließen alter Positionen kommt, ändert sich das
open interest nicht und der Wert liegt bei 50. Etwas weniger als
50 Prozent neue Positionen deuten auf Kontrakt-Liquidierung hin.
Der Grad der Ausdehnung oder Kontraktion im open interest – verbunden mit dem aktuellen Chartbild – könnte Stärke oder Schwäche
der aktuellen Bewegung signalisieren.

Viele Analysten haben über die Jahre mit Volumen und open interest gearbeitet und könnten hier aufgeführt werden. Dieses Kapitel stützt sich jedoch hauptsächlich auf Material, das von Philip Gotthelf, dem Präsidenten von *Equidex Inc.* in Guttenberg, N.Y. geschrieben wurde. Phil ist der Sohn des verstorbenen Edward B. Gotthelf, einem Meister des Handels, der lange vor der Ära des Computers, das gesetzlich und urheberrechtlich geschützte COMMODEX-System, das auf Kursen, Volumen und open interest basiert, entwickelte. 1959 eingeführt, war es eines der ersten Future-Handelssysteme und wurde noch in den 90er-Jahren eingesetzt. Ein Blick auf die Rolle von Volumen und open interest in der Technischen Analyse der Future-Märkte wäre ohne den Beitrag von Gotthelf nicht vollständig.

Ein System, das die Marktpsychologie misst
Von Philip Gotthelf

Das folgende, das einer Artikelserie entnommen ist, die Phil Gotthelf in der Dezember-Ausgabe 1986 und in den frühen 87er-Ausgaben für das *Future*-Magazin schrieb, erklärt nicht nur die Grundlagen der Kurs/Volumen/open interest-Analyse, sondern beschreibt auch ihre Rolle in Accumulation und Distribution-Studien wie sie in ein Handelssystem integriert werden können.

Wenn Sie die Fähigkeiten großer Händler duplizieren sollten, müssen ein vollständigeres Verständnis entwickeln, wie Märkte funktionieren, in dem Sie die grundlegende, jedoch so einfache Frage stellen, »Was bringt die Kurse nach oben?«

Die Kurse steigen, wenn neue Käufer zu jedem höheren Kurs bieten wollen. Die Käufer sind überzeugt, dass sich die Kurse weiter nach oben bewegen werden. Außerdem wollen die Verkäufer nur verkaufen, wenn der Anreiz höherer Kurse gegeben wird.

Die Kurse fallen, wenn die Verkäufer bei ständig fallenden Kursen weiter verkaufen. Die Verkäufer glauben, dass sich die Kurse nach unten bewegen werden, während Käufer nur von fallenden Kursen angelockt werden können.

Kursbewegungen reflektieren das Ungleichgewicht zwischen der Bereitschaft der Verkäufer und Käufer.

Die meisten Finanzmärkte stellen gigantische öffentliche Versteigerungen dar, die nichts anderes mehr sind, als ein allgemein bekanntes Verhandlungs-Forum. Immer wenn ein Käufer bietet oder ein Verkäufer anbietet, wird ein Test gemacht. Wenn der Auktionator

---

Teile dieses Kapitels werden aus d das sich mit dem COMMODEX-System, dessen Methoden und Techniken beschäftigt. Das Material wird für Hinweise und informationelle Zwecke bereitgestellt und darf nicht in Text, Stimme, Computersprache oder irgendeiner anderen Form wiedergegeben werden.

einen Preis herausschreit, testet er, um zu sehen, ob Käufer sein Angebot akzeptieren werden. Wenn Hände nach oben gehen, ist der Test bestanden.

Ebenso wie bei einer Verhandlung, wenn ein Gebot oder eine Nachfrage nicht akzeptiert wird, wird der Käufer oder Verkäufer seinen Preis ändern und noch einmal testen. Dieser Prozess des Testens für den richtigen Preis bewegt Märkte.

Überlegen Sie sich, wie technische Marktstatistiken diese Tests und deren Ausgang wider spiegeln könnten. Bei einer regulären Versteigerung wird ein hohes Maß an Interesse von einer hohen Anzahl von Geboten oder Händen in der Luft widergespiegelt. Wenn viele Hände schnell hoch gehen, wissen Sie, dass die Preise höher klettern werden. Wenn die Anzahl der Gebote zurückgeht, wissen Sie, dass der endgültige Kurs fast erreicht ist.

Bei Rohstoffen entspricht hohes Volumen den vielen Händen bei einer Auktion. Deshalb korreliert die Kurs-Volumen-Theorie steigendes Volumen mit der Richtung der Kurse, um die Entstehung von Trends vorherzusagen. Außerdem spiegelt das open interest verschiedene Stufen der Marktbeteiligung wider. Sie können allgemeine Regeln oder Annahmen über das Marktverhalten durch die Betrachtung dieser drei Elemente formulieren.

Sie können einen Aufwärtstrend, dessen Fortsetzung auf neuen Käufen basiert, erwarten, wenn Kurs, Volumen und open interest nach oben gehen. Die Käufer fahren mit zunehmender Begeisterung fort, trotz höherer Kurse zu kaufen und die Verkäufer sind gewillt zu verkaufen, wenn die Gebote attraktiver sind.

Wenn der Kurs unten ist, während Volumen und open interest hoch sind, passiert dasselbe auf der Shortseite, wenn die Verkäufer in ihrer Begeisterung zur treibenden Kraft werden.

Bei einer Versteigerung können Sie den endgültigen Preis kommen sehen, wenn die Anzahl der Hände (Gebote) zurückgeht, während die Preise steigen. Weniger Hände können mit weniger Volumen und fallendem open interest assoziiert werden.

Deshalb können Sie ein Top, Tief oder einen Umschwung bei abnehmender Käuferbeteiligung erwarten, wenn der Kurs hoch ist und Volumen und open interest niedrig sind. Weniger und weniger Käufer sind gewillt zu bieten, während die Kurse steigen. Vorherige Käufer nehmen Gewinne mit, wie es durch fallende open interest gezeigt wird. Während die Kurse vielleicht noch nach oben gehen, wissen Sie, dass die Begeisterung nachlässt.

Sie können einen möglichen Boden, Erholung oder eine Umkehr des Abwärtstrends erwarten, wenn Kurs, Volumen und open interest niedrig sind. In diesem Fall sinkt der Enthusiasmus der Verkäufer, während immer weniger bereit sind, Risiken einzugehen.

Diese grundlegenden Regeln scheinen logisch genug und sind die Basis der *Accumulation and distribution – Theorie,* die an beträchtliche Popularität gewonnen hat. Wenn open interest und Volumen steigen, findet eine »Accumulation (Ansammlung)« statt. Wenn beide fallen, dominiert die »Distribution (Verteilung)«.

Ansammlungs- und Verteilungsmuster standen im Brennpunkt der vorläufigen Studie, die Edward B. Gotthelf benutzte, um sein gesetzlich geschütztes COMMODEX-System zu entwickeln. Bei der Entwicklung des Systems wusste Gotthelf, dass seine gesamten Marktvorstellungen auf elementaren Annahmen über Kurs/Volumen/open interest basierten. Das System bestimmte, welcher Zeitraum und welche Veränderungen innerhalb des Kurses, Volumens, und open interest signifikant genug waren, um Märkte zu bewegen.

Gotthelf bemerkte sein »Gefühl« für einen Trend, der sich normalerweise im Verlauf mehrerer Tage entwickelt. Deshalb kam er zu dem Schluss, dass ein effektives System im Laufe der Zeit das Saldo von Ansammlung und Verteilung zu messen hätte: Reagieren Sie daher nur selten an einem einzelnen Tag ... reagieren Sie nur selten auf einen einzelnen Zug auf einem Schachbrett.

In der Tat zeigen die meisten historischen Simulationen, dass bedeutende Trends nicht über Nacht entstehen. Gewöhnlich entwickeln sich Ansammlungs-Muster ein gutes Stück vor bedeutenden Kursbewegungen.

Die täglichen Veränderungen innerhalb von Volumen und open interest treten zufällig auf. Eine serielle Korrelation von aufeinander folgenden Veränderungsraten des Volumens oder von offenen Anteilen unterstützt die Theorie, dass die täglichen Differenzen auf dem Zufall beruhen.

Gotthelf erkannte die Schwierigkeit beim Herausfiltern von echten Ansammlungen. Die Statistiken liefern kein klares Bild. Er konnte zum Beispiel auf dem Parkett Käufer und Verkäufer sehen, die während des Tages gerade in den Markt kommen. Am Ende einer Börsensitzung hatte er ein Gefühl dafür entwickelt, wer was machte. Vielleicht war eine Serie von steigenden Ticks das Ergebnis aktiver Käufe, bei denen das open interest nur aufgrund eines lustlosen Handels stieg.

Auf dem Parkett könnten Sie sehen, dass das meiste der Ansammlungen auf der Longseite war. Bis jetzt könnten die Statistiken kleine Kursänderungen, aber keine exakte Korrelation des open interest mit der Kursrichtung zeigen.

In seinem ersten empirischen Ansatz entwickelte Gotthelf eine relativ einfache Methode der Messung von Ansammlungen, Er nannte es »Per Saldo-Volumen- und open interest-Methode«. Interessanterweise ist sein Per Saldo-Begriff seit seiner Einführung von vielen anderen Analysten mit verschiedener Definitionen benutzt worden. Egal wie – seine Aufzeichnungen enthüllen die Entwicklung dieses Begriffs seit 1948.

Wenn die Kurse über dem Vortagsniveau schließen, würde er ein »+« für den Tageskurs eintragen. Wenn das Volumen am selben Tag zunimmt, würde seine Volumenkomponente ein »+« erhalten. Ein Anstieg des open interest würde ebenfalls ein »+« erhalten.

Abbildung 13.1

Date	1	2	3	4	5	6	7	8
Price	+↑	+↑	+↑	−↓	−↓	−↓	+↑	+↑
Volume	+↑	−↓	−↓	−↑	+↓	+↓	+↑	+↑
Open interest	+↑	+↑	−↓	−↑	+↓	−↑	−↓	+↑
Value	↑	0	↓	↑	↓	0	0	↑

Effect on value ↑ Up   ↓ Down

Entsprechend den grundlegenden Annahmen – wenn sich die Kurse nach oben bewegten und das Volumen nach unten, wäre der Wert »−«. Erinnern Sie sich: Wenn sich das Volumen entgegengesetzt zum Kurs bewegt, wird eine Reaktion erwartet. Folglich könnte die Aktion jeden Tages in Plus- und Minus-Serien gemessen werden (Abbildung 13.1). Diese Methode war der grobe Weg seine Annahmen in eine quantifizierbare Methode umzuwandeln.

Offensichtlich wären einige Tage im Nettoplus, andere im Nettominus. Im Laufe der Zeit würde er die Anzahl der Nettoplus-Tage gegen die der Nettominus-Tage abzählen. Wenn die Plus-Tage per saldo die Minus-Tage überwiegen, wäre er Käufer. Wenn die Minus-Tage die Plus-Tage übersteigen, würde er verkaufen. Wenn Plus und Minus in etwa gleich wären, würde er neutral bleiben. Daher sein Begriff »per saldo«.

Seine Per-Saldo-Methode anwendend erweiterte Gotthelf seine Theorie durch weitere Marktbeobachtungen. Er fand heraus, dass lange Perioden von Ansammlungen gewöhnlich zu dramatischen Korrekturen führten. Er nannte diese Situationen »überkaufte« oder »überverkaufte« Märkte.

Er kam zu dem Schluss, dass – wenn Käufer über eine ausgedehnte Periode ständig weiterkaufen – sie vor Fälligkeit des Kontrakts alle Gewinne mitzunehmen hätten. Je länger die Zeitspanne, desto weniger Zeit bis zur Fälligkeit. An irgendeinem Punkt würde Druck infolge Glattstellungstransaktionen aufgebaut. Wenn alle Käufer beginnen, ihre Longpositionen zur gleichen Zeit zu schließen, wäre eine starke Korrektur das Ergebnis. Tatsächlich geschieht das bei vielen Kontrakten häufig während der letzten Handelstage. Manchmal halten zu viele Händler ihre Positionen zu lang.

Wenn der Terminhandel wirklich ein Nullsummenspiel ist – für jeden Käufer muss es einen Verkäufer geben, für jeden Verlust einen entsprechenden und ausgleichenden Gewinn –, könnten einige argumentieren, dass Sie nicht zwischen »langfristigen Ansammlungen« und »kurzfristigen Ansammlungen« unterscheiden und »langfristige Verteilungen« von »kurzfristigen Verteilungen« nicht unterscheiden können. Nach allem muss – während das open interest steigt – eine gleiche Zahl von Käufern und Verkäufern zur Anzahl von Kontrakten hinzugefügt werden. Sowie die offenen Anteile fallen, muss beides liquidiert werden.

Offensichtlich zeigt diese Meinung einen Mangel an Verständnis. Einige Longs und Shorts werden mit einer entsprechenden Kassaposition gehedged *(abgesichert)*, die nicht im open interest und im Volumen statistisch erscheint. Von daher ist der Markt weit entfernt von einer Nullsumme.

Gotthelf stellte ferner eine messbare Tendenz fest, wenn eine Ansammlung entweder auf der Short- oder der Longseite stattfindet. Die Richtung des Kursverlaufs bestimmt, wo der eigentliche Kassenbestand aufgebaut wird. Nehmen Sie zum Beispiel an, dass eine Goldtransaktion bei 400 Dollar je Unze getätigt wird. Wenn Gold auf 410 Dollar steigt, wird die tatsächliche Kasse (variation margin) vom Verkäufer zum Käufer überwiesen – der Käufer »sammelt« Kasse. Anders als bei anderen Finanzinstrumenten kann die Ansammlung bei Futures benutzt werden, um mehr Positionen hinzuzufügen – bzw. zu pyramidisieren.

Warum ist das so wichtig? Gotthelf entdeckte einen subtilen psychologischen Druck im Zusammenhang mit einer Ansammlung und dem Pyramidisierungs-Effekt. Er fand die Aktionen der Trader unter diesem Druck so faszinierend, dass er ein vollständiges Set von Theorien über die »Psychologie des Marktes« entwickelte – heute wird häufig ein anderer Ausdruck benutzt. Gotthelfs alte Definition erweiterte diesen Begriff.

Gold ist ein 100 Unzen-Kontrakt. Deshalb ist jede Veränderung von einem Dollar 100 Dollar wert. Wenn die anfängliche Sicherheitsleistung *(initial margin)* – der Betrag, der verlangt wird, will man eine Position eröffnen – 2000 Dollar ist, würde eine Bewegung von 20 Dollar je Unze genug Kasse hinzufügen, um einen weiteren Kontrakt zu erwerben (20 $*100 Unzen = 2000 $ anfängliche Sicherheitsleistung).

Nehmen wir an, dass Sie in Gold bei 400 Dollar je Unze long sind und der Kurs bis 420 Dollar steigt. Da die anfängliche Sicherheitsleistung nur 2000 Dollar beträgt, haben Sie mehrere Möglichkeiten:

1. **Kaufen Sie einen weiteren Kontrakt**. Hier zeigen Sie, dass Sie Vertrauen haben, dass der Markt weiter steigt. Alle Dinge bleiben gleich. Ihr Gebot für eine weitere Position wird sich in einer Zunahme des Volumens auf der einen und des open interest auf der anderen Seite widerspiegeln. Außerdem ist Ihr Gebot geeignet, um sogar die Kurse hoch zu treiben. Also steigen Kurs, Volumen und open interest wegen dieser Entscheidung.
2. **Halten Sie nur Ihren bestehenden Kontrakt**. Dieses Verhalten zeigt, dass Sie Vertrauen in Ihre bestehende Position haben, aber Ihr Selbstvertrauen nicht ausreicht, um den Bestand wegen eines 20-Dollar-Anstiegs zu vergrößern. Alle Dinge bleiben gleichgestellt, diese Entscheidung hätte keinen Effekt auf Kurs, Volumen oder offene Anteile.
3. **Nehmen Sie den Gewinn mit**. Diese Entscheidung spiegelt einen Vertrauensverlust in die Longseite wider. Sie müssen mit Ihrem Ertrag zufrieden sein und glauben, dass die Kurse nicht mehr genug steigen werden, was es wert wäre, den bereits schönen Gewinn zu riskieren. Alles bleibt gleich. Diese Handlung würde auf der einen Seite ein steigendes Volumen und auf der anderen Seite fallendes open interest verursachen und das Angebot könnte zu einem kurzen Kursrutsch führen.

Nun nehmen wir noch einmal an, dass Sie bei 400 Dollar je Unze long sind, der Kurs aber auf 390 Dollar fällt. Für die Variation Margin bedeutet das einen Verlust von 1000 Dollar. Sie werden aufgefordert, Geld nach zu schießen. Ihre Möglichkeiten:

1. **Sie leisten die Sicherheit und kaufen mehr.** Sie zeigen durch das Verbilligen mit den zusätzlichen Geldmitteln ungebrochenes Vertrauen in die Longseite. Die Kurse können eine Unterstützung finden oder in eine Gegenreaktion münden. Das open interest und das Volumen werden um den Betrag steigen, den Sie kaufen.

2. **Sie leisten nur die Sicherheit.** Obwohl Sie gewillt sind, Ihre bestehende Position zu stützen, fehlt es Ihnen an genügend Vertrauen oder Geldmitteln, um Ihre Positionen aufzustocken. Ihre Passivität berührt weder das open interest noch das Volumen. Ob Ihre Passivität die Kurse beeinflusst, ist wahrscheinlich fraglich.

3. **Sie liquidieren.** Mit einer Nachschussforderung *(margin call)* konfrontiert, glauben Sie, dass es besser ist, Ihre Verluste zu begrenzen, als gutes Geld schlechtem hinter her zuwerfen. Das Volumen steigt, das open interest fällt. Der Kurs fällt wegen ihrer Offerte wohl kurzzeitig.

$$\Delta\,OI \times \Delta\,P = Geld$$

Jede Kursänderung, verbunden mit einer Veränderung im open interest hat zur Folge, dass Geld in den Markt hineinkommt oder verlässt. Je höher das open interest und der Kurs, desto mehr Geld ist im Markt. Der verfügbare (angesammelte) Betrag spielt für die Vorhersage möglicher Deckungskäufe *(squeezes)*, Top, Böden und Momentum-Veränderungen eine große Rolle.

Ansammlung
1. $\Delta\,OI \times$ Sicherheitsleistung= new margin (neue Deckungssumme)
2. $\Delta\,OI \times \Delta\,P$ = variation margin für neue Positionen
3. $OI \times \Delta\,P$ = variation margin für die bestehenden Positionen

Beispiel:
OI = 1,000 ... (Goldkontrakte gekauft zu 400 $ pro Unze im Durchschnitt.)

1000 × ($ 400 × 100 oz.) × 10% = $ 4.000.000 existierende Margin

1. Δ OI = + 100 Kontrakte
   100 × ($ 400 × 100 oz.) × 10% = $ 400.000 neue Margin
2. Δ P = $ 10 pro Unze
   100 × ($ 10 × 100 oz.) = $ 100.000 neue Variation Margin
3. 1000 × ($ 10 × 100 oz.) = $ 1.000.000 Variation auf existierende
   Margin
   (das Geld strömt als Cash in den Markt und führt zu Positionsauf-
   stockungen)

Verteilung
Wenn Δ (*die Veränderung, d. Ü.*) negativ ist:
1. Δ OI * Sicherheitsleistung = Deckungen gehen
2. Δ OI * Δ P = variation margin wird entnommen
3. OI * Δ P = kleinere variation Übertragung

Beispiel:
   Δ OI = −100 Goldkontrakte
   100 × ($ 400 × 100 oz.) × 10% = $ 400.000 abgehende Margin
   Δ P = $ 10
   100 × ($ 10 × 100 oz.) = $ 100.000 Variation Margin, die trans-
   feriert wird oder abgeht.

Drei Komponenten des Einschusses bilden den Ansammlungs-Pro-
zess: Sicherheitsleistung, Variation margin (der Betrag, der von Ver-
lierern zu Gewinnern fließt) und die Sicherheitsleistung und die
neue variation margin, die sich aus der Zunahme des open interest
ergibt. Verteilung ist der Netto-Prozess der Liquidierung dieses Gel-
des. Es signalisiert das Ende eines Trends.

Durch die Beobachtung der Positions-Ansammlungen während
eines Konsolidierungsmusters (Abbildung 13.2), können Sie das
zwischenzeitliche Trendpotenzial und die Niveaus »signifikanter
Durchbrüche«, bei denen es zu Nachschussforderungen kommt, ab-
schätzen. Je größer die Ansammlung während der Konsolidierung,
desto wahrscheinlicher ist eine starke Reaktion, wenn die Trader
ihre Verpflichtung, dass ihre Margin-Konten während der Haltedauer
eines Terminkontrakts jederzeit ein Guthaben ausweisen, nicht
erfüllen. Jedes Individuum reagiert anders auf Risiko. Jedoch gibt es

Abbildung 13.2

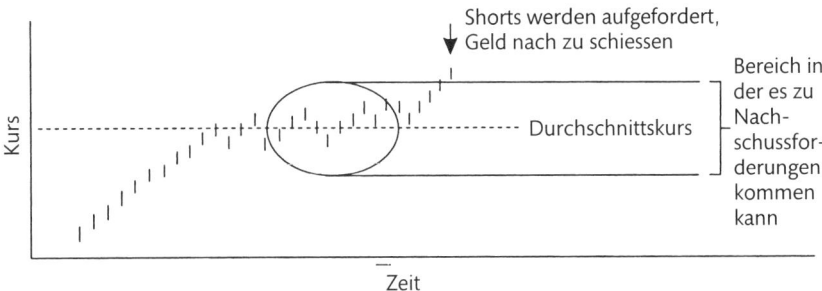

innerhalb einer Gruppe wahrscheinlich eine statistisch beständige und meßbare Anzahl von Individuen, die auf dieselbe Art handeln werden, wenn sie mit denselben Umständen konfrontiert werden.

Finden Sie ein Konsolidierungsmuster auf einem Chart (Seitwärts-kanal, Flagge, Dreieck, ...). Sie platzieren einen Kompass-Punkt ungefähr in der Mitte der Konsolidierung (Durchschnittskurs), mes-sen dann unter Einsatz der Chartskalierung die Entfernung in Punk-ten, die der maintenance margin entspricht und zeichnen einen Kreis. Verlängern Sie Parallellinien von der Ober- und Unterseite des Kreises. So lange wie die Kurse innerhalb dieser Linien bleiben, existiert die Seitwärtsbewegung weiter. Wenn eine von beiden Linien durchbrochen wird, muss eine Nachschussforderung erfüllt werden. Eine Liquidierung durch eine große Anzahl von Händlern (in Volu-men/open interest-Statistiken vermerkt) wird den Ausbruch be-schleunigen und zu einem technischen Rallye führen.

»Das Verhalten von Investoren wird sich durchweg in den Verände-rungen der Kurse, des Volumens und des open interest widerspie-geln,« sagte Gotthelf in seiner Version der technischen Analyse, die Kurse, Volumen und open interest mit Ansammlungs- und Vertei-lungsmustern korrelierte und die zum Fundament des gesetzlich geschützten COMODEX-Systems wurde.

Im Grunde glaubte er, dass ein scharfsinniger Marktbeobachter die Dispositionen der Trader im Großen und Ganzen durch die genaue Messung von Veränderungen in den Marktstatistiken lesen könnte.

Im Goldmarkt zum Beispiel treffen tausende von Investoren mit hunderten von Meinungen und tausenden von Entscheidungen jeden Tag eine gleiche Auswahl. Das Heraussortieren der »Psychologie« wurde ein wenig kompliziert. In einem Vakuum lässt sich leicht entscheiden. Aber was passiert, wenn ein anderer Ihre Position übernimmt? Nehmen wir an, das ein anderer Händler Vertrauen fasst, wenn Sie denken, alles ist verloren.

Der Ansatz in der komplexeren realen Welt bleibt eigentlich derselbe. Stellen Sie sich vor, dass ein anderer Investor Ihre Position übernimmt. Was wird mit dem Volumen, dem open interest und dem Kurs passieren?

In seinem urheberrechtlich geschützten Buch über COMMODEX schreibt Gotthelf über den »wolligen Hund« – einen sehr haarigen Hund, der rückwärts läuft, um zu sehen, wo er gewesen ist. Er verglich Chartisten mit dieser bedauernswerten Kreatur. Mit einzigartigem Humor beschrieb Gotthelf noch einmal die Anwendung von Charts: Sie sagen Ihnen, wo die Märkte gewesen sind.

Während Befürworter des Random Walk darauf bestehen werden, dass eine solche Geschichte Ihnen nicht mitteilen kann, wohin Märkte gehen, sah mein Vater das etwas anders. Kombiniert mit seinen logischen Erklärungen und Verhaltensanalysen, können Charts doch Einblicke liefern, wo, wann und wie Händler wahrscheinlich handeln.

Nehmen Sie an, dass Silber mit fünf Dollar je Unze gehandelt wird. Aus unersichtlichem Grund bewegen sich die Kurse auf 5,30 Dollar. Einmal bei 5,30 Dollar sinken die Kurse auf fünf Dollar. Offenbar würden Sie eine »Top-Formation« auf einem Chart sehen, als der Markt hintereinander höhere Niveaus bis 5,30 Dollar testete und die Tests »fehlschlugen«. Können Sie einen Schluss daraus ziehen?

Sie wissen, dass Käufer von fünf bis 5,30 Dollar kaufen wollen. Sie vertrauten darauf, dass sich die Kurse nach oben bewegen würden. Wenn Sie also wüssten, wie viele Käufer sich an jedem »Test« beteiligen, könnten Sie ein Verhaltensmuster bestimmen, das sich wiederholen dürfte, wenn die Verteilung der Käufer-Beteiligung in Zukunft dieselbe bliebe.

Dies ist ein Schlüssel-Konzept. Zum Beispiel: Durch statistische Untersuchungen wissen Sie vielleicht, dass die durchschnittliche Größe eines erwachsenen Mannes in den USA fünf Fuß, sieben Inches (1,70 Meter, d. Ü.) beträgt und die restlichen Größen normal verteilt auf diesem Niveau liegen. Dies ist eine weit verbreitete glockenförmige Kurve einer normalen Wahrscheinlichkeitsverteilung.

Was wäre, wenn das Verhalten des durchschnittlichen Rohstoffhändler um einen Durchschnitt verteilt werden könnte? Sie könnten messen, wie viele Käufer bei Silber zu fünf Dollar, 5,01 Dollar, 5,02 Dollar ... den ganzen Weg bis 5,30 Dollar einsteigen.

Wenn das Marktverhalten so bliebe wie es ist, könnten Sie zukünftige Reaktionen anhand der konstruierten Verhaltensverteilung mit recht hoher Wahrscheinlichkeit voraussagen. Genau wie Sie die Wahrscheinlichkeit kennen, dass ein amerikanischer Mann 1,70 Meter groß sein wird, können Sie die Wahrscheinlichkeit kennen, dass eine bestimmte Anzahl von Händlern besondere Kurse zu besonderen Zeiten testen wird.

Lassen Sie uns annehmen, dass Sie – durch die Untersuchung der Veränderungen im Volumen und im open interest im Verhältnis zu weit verbreiteten Gleitenden Durchschnitten – die Anzahl von Investoren messen wollen, die einen Markt bei verschiedenen Kursen betreten oder verlassen. Ihr Ziel wäre es, zu bestimmen, wie viele Anleger solche Durchschnitte als Entscheidungsregeln benutzten. Wie viele Händler kaufen beispielsweise, wenn der Kurs einen Fünf-Tage-Durchschnitt nach oben kreuzt? Oder einen Zehn-Tage-Durchschnitt, einen 20-Tage-Durchschnitt, usw.?

Durch die Messung der Anzahl der an den und um die verschiedenen Gleitenden Durchschnitte herum ausgeführten Orders können Sie bestimmen, ob es dafür ein klares und logisches Muster gab. Sie würden entdecken, welche Gleitenden Durchschnitte die größte

Anhängerschaft zu haben schienen und folglich den Markt am stärksten beeinflussen.

Gotthelf kam zu dem Schluss, dass der kumulative Effekt der Überschneidungen von Gleitenden Durchschnitten wichtiger war, als der irgendeines anderen Durchbruchs. Deshalb entschied er sich, die Niveaus von Ansammlung und Verteilung, die stattfinden, wenn verschiedene Gleitende Durchschnitte verletzt werden, zu beobachten.

Basierend auf diesen Studien schlussfolgerte er ferner, dass sichere »Bedingungen« existierten, wenn die Kurse ober- oder unterhalb eines besonderen Gleitenden Durchschnitts notierten. Er meinte, dass jeder dieser Bedingungen einen quantitativen Wert erhalten sollte, so dass, wenn diese Bedingung auftritt, man ihr folgen und sie objektiv bewerten könnte,

Stellen Sie sich einen Markt vor, der sich zu 30 Prozent der Zeit in Ihre Richtung bewegte, als ein 20-Tage-Durchschnitt tangiert und zu 20 Prozent der Zeit, als ein Zehn-Tage-Durchschnitt durchbrochen wurde. Oder nehmen Sie an, Sie würden eine »30-Prozent-Beteiligung« messen, die auf Veränderungen des Volumens und des open interest basiert, wenn ein 20-Tage-Durchschnitt geschnitten würde und eine »20-Prozent-Beteiligung« durch den Gebrauch eines Zehn-Tage-Durchschnitts beurteilen. Unter solchen Umständen dürften Sie der 20-Tage-Bedingung einen Wert von 0,3 und der Zehn-Tage-Bedingung von 0,2 zuweisen. Folglich würden diese beiden Marktelemente einen gesamten Wert von 0,5 haben.

Betrachten wir den möglichen Wert von zunehmendem open interest korreliert mit steigenden Kursen und den möglichen Wert wachsenden Volumens mit steigenden Kursen. Ihre Echtzeit-Beobachtungen könnten einen Wert für die Volumen-Komponente von 0,2 und 0,2 für das open interest nahe legen.

Dann könnten Sie den Zehn-Tage-Durchschnitt mit dem 20-Tage-Durchschnitt vergleichen. Lassen Sie uns annehmen, dass dieses

Verhältnis einen Wert von 0,1 hatte. Sie können sehen, dass der maximale Wert aller Komponenten 1,0 ist. Durch die Anwendung dieses Ansatzes könnten Sie den »Index-Wert« jeder Handelssitzung auf einer Skala von 0 bis 1,0 messen.

Umgekehrt könnten Sie Ansammlung und Verteilung innerhalb eines Abwärtstrends durch Zuordnung negativer Werte gleichen Gewichts messen. Die Skala würde dann sowohl den Stand −1,0 als auch +1,0 enthalten.

Gotthelf nannte das seine »Indizierungs-Methode« – eine Methode, die schließlich durch das Hinzufügen von Handelsregeln und automatischen Stopps in das gesetzlich geschützte COMMODEX-System integriert wurde.

Während der späten 40er- und 50er-Jahre gewannen Gleitende Durchschnitte beträchtliche Popularität unter den Händlern. Die Basis-Durchschnitts-Systeme machten die Handelsentscheidungen von bestimmten Kursdurchbrüchen abhängig.

Frühe Systeme veranlassten ihre Anhänger beispielsweise »zum Kauf, wenn die Kurse über einen Gleitenden Durchschnitt steigen und zum Verkauf, wenn die Kurse unter ihn fallen.« Offensichtlich würde ein Händler immer entweder long oder short sein. Natürlich hielt dieses einfache System einem Sägezahnmarkt nicht stand. Jeder Mitläufer würde praktisch erhebliche Bargeld-Reserven zum Durchhalten benötigen, während die Märkte trendlos blieben.

Die Überschneidung war ein »Ereignis«. Solange die Kurse über einem bestimmten Durchschnitt blieben, existierte eine »Bedingung«, in der die Anhänger alle long waren. Im Lauf der Zeit bestimmte Gotthelf, dass die »Bedingung« wichtiger war als das »Ereignis«.

Wie lange ein Markt über oder unter einem speziellen Gleitenden Durchschnitt blieb, wurde dann bedeutsamer, als Überkreuzungen stattfanden. Er fand heraus. dass wenn sich die Ansammlungen (steigendes open interest) für einige Wochen erhöhten, während die

Kurse über den bestimmten Gleitenden Durchschnitten blieben, die Märkte »überkauft« wurden. Oder – wenn die Kurse für eine längere Zeit unterhalb diesen Gleitenden Durchschnitten blieben, setzten sich »überverkaufte« Bedingungen durch.

Diese Bedingungen mussten durch umfangreiche Forschung charakterisiert und in einem genauen System quantifiziert werden. Das wurde durch die tägliche Messung des »Index« und das Untersuchen der Muster über mehrere Tage, Wochen und Monate erreicht.

Durch seine Indizierungs-Methode entwickelte Gotthelf Muster, die er »Index-Serien« nannte. Hohe Index-Werte über mehrere Tage deuteten auf stetige Ansammlung hin und wurden als »Serien-Hochs« ausgezeichnet. Durchweg niedrige Werte wurden »Serien-Tief« genannt. Werte zwischen −0,2 und +0,2 waren »Serien-neutral«. Behalten Sie im Kopf, dass die Serien konstant sein mussten. Wenn die täglichen Index-Werte von Hoch zu Tief und zurück sprangen, wurde es »unberechenbarer Index« genannt.

Von den späten 40er-Jahren bis 1954 erwarb sich Gotthelf durch die Indizierungs-Methode ein ansehnliches Vermögen. Nach 1950 war er einer der größten Händler in Eiern und Getreide und man nahm tatsächlich an, er habe 1950 mit *Great Western Foods* den Eier-Markt in die Enge getrieben.

Aber selbst trotz seiner bemerkenswerten Leistungen und seiner sehr genauen Indizierungs-Methode fehlte noch etwas. Die Index-Interpretation erforderte noch Gotthelfs persönliche Aufmerksamkeit. Zu oft verließ sich seine Handelsmethodik noch auf subjektive Analyse. Der einzige Weg, um Urlaub machen oder Zeit mit der Familie und mit Freunden zu verbringen zu können, würde darin bestehen, entweder mit Stopps zu handeln, oder Befugnisse zu delegieren.

Nach einer äußerst hartnäckigen Auseinandersetzung mit den Märkten im Jahre 1955, entschied Gotthelf, dass er die Indizierungs-Methode zu einer weniger emotionalen Technik verbessern musste, die von anderen genauso gut wie von ihm selbst angewendet werden könnte. In einem Raum voller mechanischer Rechner und Bildschirme begann die endgültige Entwicklung des COMMODEX-Systems.

Gotthelf verfolgte zwei Ziele: (1) die Serien-Beziehung musste objektiv qualifizierbar sein und (2) exakte Entscheidungsregeln mussten formuliert werden, um ein System zu haben. Mit Hertzel Gottfrieds Hilfe entdeckte Gotthelf, dass eine bewegliche Gesamtsumme täglicher Index-Werte als sehr genauer Oszillator fungierte. Ein Mathematiker würde das als Selbstverständlichkeit empfunden haben, da hohe Index-Werte eine bewegliche Gesamtsumme steigen lassen würde, während niedrigere Werte eine bewegliche Gesamtsumme nach unten drehen würde. Außerdem würden sich Überkauft-Bedingungen in äußerst hohen beweglichen Gesamtsummen widerspiegeln, während Überverkauf-Bedingungen eine sehr niedrige bewegliche Gesamtsumme verursachen würden.

Die Beobachtung der beweglichen Gesamtsumme von täglichen Index-Zahlen lieferte einen sehr genauen Hinweis für ausgeglichene Ansammlungen und Verteilungen. Gotthelf nannte die bewegliche Gesamtsumme seinen Trend-Index, da er das Trend-Potenzial genauso gut wie mögliche Tops, Böden, Erholungen und Umkehrpunkte maß.

Der Trend-Index neigt wie ein Oszillator dazu, sich nach einer stetigen Serie zu verändern, da konstante Werte am Anfang einer beweglichen Gesamtsumme ausgelassen werden, während extreme Werte zum Ende hinzugefügt werden. Anders als ein Gleitender Durchschnitt wird eine bewegliche Gesamtsumme nicht durch den Summenbildungs-Faktor dividiert. Die Zahlen werden einfach zu einer sich bewegenden Serie hinzugefügt. Deswegen würde eine Zehn-Tage-bewegliche-Gesamtsumme den letzten Tag addieren und den elften vorausgegangenen Tag abziehen.

Beispiel: $+8 + 6 + 10 + 8 + 8 + 6 + 2 + 0 + 6 - 6 = +48$

$+\cancel{8} + 6 + 10 + 8 + 8 + 6 + 2 + 0 + 6 - 6 - 8 = +32$

$+\cancel{8} + \cancel{6} + 10 + 8 + 8 + 6 + 2 + 0 + 6 - 6 - 8 - 2 = +24$

Also würde sich aus einer -10 in einer Serie von +10 ein 20-Punkte-Rückgang ergeben.

Nach mehr als drei Jahren Forschungsarbeit zeigte der Trend-Index-Oszillator eine starke Korrelation zu überkauften und überverkauften Märkten, wenn Extremwerte registriert worden waren. Gotthelfs »Kann-Vorschriften« (wiederabgedruckt mit Erlaubnis) bestimmen:

1. Wenn in einem steigenden Markt der Trend-Index +50 oder höher notiert und ein bedeutender Gewinn zusammengekommen ist, schützen Sie ihn mit engen Stopps. Genauso schützen Sie Gewinne mit einem Stopp, wenn in einem fallenden Markt der Trend-Index -50 oder niedrigere Werte erreicht.
2. Wenn der Trend-Index + oder −60 erreicht, ist der Markt häufig überkauft oder -verkauft und mindest eine Reaktion ist zu erwarten. Also ist es ratsam einige Gewinne auf diesem Niveau mitzunehmen, besonders wenn der Trend-Index 16 Punkte in die entgegen gesetzte Richtung macht. Folglich könnte ein Rückgang von +60 nach +44 wie ein Anstieg von −60 nach −44 zur Vorsicht mahnen.

Gotthelf fand heraus, dass wenn der Trend-Index mit dem täglichen Index korrelierte, sichere Bedingungen zu einer hohen Wahrscheinlichkeit führten, dass ein Trend im Entstehen war. Diese Korrelationen wurden in seine berühmten »Muss-Handelsregeln« und das COMMODEX-System (der Name kam von »COMMOdity inDEX«) übertragen, das seit seiner Einführung vom Juni 1959 täglich veröffentlicht worden ist.

(Das System war so erfolgreich, dass es die Aufmerksamkeit von Regierungsprüfern erregte. Sie ermittelten, dass es Insider-Informationen einsetzte und verboten Gotthelf den privaten Handel und alle Formen von Reklame. Aber dies ist ein Buch über Technische Analyse und das eine Geschichte für ein anderes Mal.)

Vergessen Sie das Volumen: Schauen Sie nur auf das open Interest

Von Earl Hadady

Der folgende Auszug und Tabellen stammen aus einem Artikel, der 1987 in der Juli-Ausgabe des Future-Magazins *erschien. Er wird hier mit freundlicher Erlaubnis abgedruckt. Den Hintergrund von Earl Hadady, der mit seiner Arbeit mit dem Bullish Consensus und dem Contrary Opinion Thinking sehr bekannt geworden ist, erfahren Sie im nächsten Kapitel. Einiges von dem Material hier ist eine Erweiterung einer früheren Arbeit von James H. Sibbet.*

Da das Handelsvolumen keine feste Beziehung zu den Veränderungen im open interest (die Zahl der offenen Terminkontrakte; d. Ü.) hat, spielt es bei der Marktprognose keine Rolle. Zum Beispiel: Hohes Volumen kann das Ergebnis einer großen Anzahl gieriger neuer Bullen sein, die den Markt betreten. Hohes Volumen könnte ebenfalls als Ergebnis einer großen Anzahl von Shorts vorkommen, die ihre Positionen eindecken. Für die Analyse interessiert Sie nur, ob das open interest bei steigenden oder sinkenden Kursen wächst oder schrumpft.

Jedes Future-Engagement muss ausgeglichen sein – ein Verkäufer für jeden Käufer und ein Käufer für jeden Verkäufer. Deshalb werden alle Kombinationen des Kaufens und Verkaufens und ihre Wirkung auf die offenen Anteile in Abbildung 13.3 gezeigt.
Kurse steigen oder fallen als Ergebnis des Eifers von Käufern oder Verkäufern, Positionen aufzubauen. Wenn die Käufer lebhafter als die Verkäufer sind, wird ihre Angriffslust beim Handeln die Kurse hoch treiben und umgekehrt. Alle möglichen Kombinationen der Veränderung in den offenen Anteilen von Kauf- oder Verkaufsdruck werden in Abbildung 13.4 gezeigt.
Sie können die Informationen jener zwei Tabellen kombinieren, um alle neun möglichen Bedingungen durch das Einbeziehen der Wechselwirkung von Kurs und des open interest (Abbildung 13.5) zu veranschaulichen. Die kompliziertesten Situationen sind Übergangsbedingungen, wenn das open interest gerade sinkt. (Bedingung 3 und 9).

Abbildung13.3

Marktteilnehmer		Wirkung auf das open interest
Käufer	Verkäufer	
Käufe neuer Bullen	Verkäufe neuer Bären oder	wächst
	Liquidierungen alter Bullen (Verkäufe)	keine Änderung
Entdeckung alter Bären (Käufe)	Neue Bären verkaufen oder	keine Veränderung
	Liquidierungen alter Bullen (Verkäufe)	schrumpft

Marktteilnehmer		Wirkung auf das open interest
Verkäufer	Käufer	
Käufe neuer Bären	Verkäufe neuer Bären oder	wächst
	Eindeckungen alter Bären (Käufe)	keine Veränderung
Liquidierungen alter Bullen	Neue Bullen kaufen	keine Veränderung
	Eindeckungen alter Bären (Käufe)	schrumpft

Abbildung13.4

Kursbewegung	Marktteilnehmer verursachen die Kursrichtung	Andere Marktteilnehmer	Effekt auf das open interest
Nach oben	Aggressive neue Bullen kaufen	Neue Bären verkaufen oder	Expansion
		alte Bullen verkaufen	Keine Änderung
	Aggressive alte Bären decken freiwillig oder unfreiwillig ein, (da ihre Stopps ausgelöst wurden.)	Neue Bären verkaufen oder	Keine Änderung
		alte Bullen verkaufen	Rückgang
Nach unten	Aggressive neue Bären verkaufen	Neue Bullen kaufen oder	Expansion
		Alte Bären kaufen	Keine Änderung
	Aggressive alte Bullen decken freiwillig oder unfreiwillig ein, (da ihre Stopps ausgelöst wurden.)	Neue Bullen kaufen oder	Keine Änderung
		Alte Bären kaufen	Rückgang

Abbildung13.5

Kurse	Open interest	Marktbedingung	Marktaktivitäten	Effekt
Nach oben	Expandiert	1	1. Neue Bullen kaufen aggressiv von neuen Bären	Bullisch
	unverändert	2	1. Neue Bullen kaufen aggressiv von alten Bullen, die zögerlich liquidieren und/oder 2. Alte Bären decken aggressiv ein (kaufen) von neuen Bären, die vorsichtig verkaufen und/oder 3. Neue Bullen kaufen aggressiv von neuen Bären, die vorsichtig verkaufen (das open interest erhöht sich), Alte Bären decken aggressiv ein (kaufen) von alten Bullen, die zögerlich eindecken (verkaufen). Das open interest sinkt	Allmählicher Kursanstieg
	schrumpft	3	1. Alte Bären stellen aggressiv glatt und kaufen von alten Bullen, die zögerlich verkaufen	Bullisch bis bärisch
Unverändert	expandiert	4	1. Neue Bullen kaufen von neuen Bären, die verkaufen jeweils gleich aggressiv	Neutral
	unverändert	5	1. Neue Bullen kaufen von alten Bullen, die glattstellen, beide jeweils gleich aggressiv u/o 2. Neue Bären verkaufen von alten Bären die eindecken, beide jeweils gleich aggressiv u/o 3. Neue Bullen kaufen von neuen Bären, die verkaufen. Das open interest steigt, alte Bullen liquidieren an alte Bären, die eindecken(kaufen). (Das open interest sinkt)	Neutral, enge Seitwärtsbewegung, Trading Range
	schrumpft	6	1. Alte Bullen liquidieren an alte Bären, die ebenso eindecken, beide jeweils gleich aggressiv	Neutral
Nach unten	expandiert	7	1. Neue Bären verkaufen aggressiv an neue Bullen, die vorsichtig kaufen	Bärisch
	unverändert	8	1. Neue Bären verkaufen aggressiv an alte Bären, die zögerlich kaufen u/o 2. Alte Bullen liquidieren aggressiv an neue Bullen, die vorsichtig kaufen u/o 3. Neue Bären verkaufen aggressiv an neue Bullen, die vorsichtig kaufen. (Das open interest steigt), alte Bullen liquidieren aggressiv an alte Bären, die zögerlich eindecken. (Das open interest sinkt)	Bärisch, allmählich sinkende Kurse
	schrumpft	9	1. Alte Bullen liquidieren an alte Bären, die zöglich eindecken	Bärisch bis bullisch

* Freiwilliges und unfreiwilliges Verlassen des Marktes (Schutz-Stopps werden erreicht)

Bedingung 3 (steigende Kurse und schrumpfendes open interest) ist zum Beispiel bullisch bis bärisch, abhängig davon, ob die Kurse gerade schneller steigen als das open interest sinkt. Es ist bullisch, wenn die Kurse schneller steigen als das open interest sinkt. Auf der anderen Seite, wenn das open interest schneller schrumpft als die Kurse zulegen, ist es bärisch und man wird gewöhnlich von einer Erholung aufgrund von Shorteindeckungen sprechen.

Eine Rallye aufgrund von Shorteindeckungen entsteht, wenn die Bären den Markt entweder freiwillig oder unfreiwillig verlassen, da ihre Stopps ausgelöst werden, oder sie wegen ihrer Positionierung unsicher sind und glauben, dass die Kurse höher gehen. Ansonsten würde das open interest zunehmen, da neue Bullen steigende Kurse erwarten und in den Markt einsteigen. Da die den Markt verlassenden Bären kaufen müssen, um ihre Shortpositionen einzudecken, setzt dies die Kurse unter Aufwertungsdruck und treibt sie deshalb hoch. Wenn sich das open interest stabilisiert, ist das ein Zeichen, dass die Bären, deren Positionen zu riskant waren, raus gegangen sind. Sowie der Kaufdruck aufgrund der Shorteindeckungen nachlässt, kann ein Kursrückgang erwartet werden.

Kapitel XIV

Commitment of Traders (COT): Auf den Spuren der Großen

Von Steve Briese

Der Commitments of Traders-Bericht der Commodity Futures Trading Commision liefert einen der besten Anhaltspunkte für die Teilnahme der verschiedene Händlergruppen an den US-Märkten. Sie können jedoch nicht nur die reinen Zahlen dieses Berichts lesen und auf die endgültigen Antworten kommen. Wie bei den meisten Gebieten der Technischen Analyse umfasst die Analyse der COT-Zahlen einige subjektive Schlussfolgerungen, die auf jahrelanger Praxis basieren. Steve Briese, der Herausgeber von *Bullish Review* in Rosemount, Minn., hat sich auf die Analyse und Interpretation von COT-Berichten spezialisiert und einen weit reichenden Ruf wegen seiner Handels-Empfehlungen erworben, die auf seiner Analyse beruhen. Diese Unterlage stammt aus seinem Artikel in der März-Ausgabe 1994 des *Futures*-Magazins.

Seit mehr als zwei Jahrzehnten hat die US Regierung still und leise echte Insider-Informationen auf regulärer Basis in dem *Commitments of Traders*-Bericht bereitgestellt, aber er erfreut sich erst jetzt der breiten Aufmerksamkeit der Marktbeobachter.

Der von der *Commoditiy Futures Trading Commission* publizierte COT-Bericht bricht das open interest in den Terminmärkten auf die Händler-Typen herunter und liefert ein Insider-Gutachten, das nirgendwo sonst zur Verfügung steht.

Die CFTC hat Melde-Ebenen – nicht zu verwechseln mit Positionsgrenzen – für alle Futuremärkte geschaffen. Händler, die Positionen

halten, die über die Melde-Ebene hinausgehen, müssen ihre aktuellen Positionen der CFTC täglich melden, die dann die Basis
des COT-Berichts bilden. Die Melde-Ebene großer Händler wird
periodisch angepasst, aber von Händlern, die mehr als – sagen wir –
50000 bushel (1 bushel = 35,24 l, d. Ü.) Weizen oder Sojabohnen
oder mehr als 500 T-Bond-Kontrakte halten, könnte eine tägliche
Meldung verlangt werden.

Die CFTC trennt große Händler in »commercial« (gewerbliche) und
»noncommercial« (nichtgewerbliche) Gruppen. Von gewerblichen
Hedgern (die, die Kassabestände absichern, d.Ü) wird gefordert,
sich bei der CFTC durch das Zeigen eines verwandten Kassage-
schäfts, für welches Futures als Absicherung gebraucht werden, zu
qualifizieren. Niedrigere Margin-Anforderungen und die Freistel-
lung von den Positionsgrenzen bieten einen Anreiz, sich anzumel-
den.

Die nichtgewerbliche Gruppe umfasst große Spekulanten, meist
besondere Rohstoff-Fonds. Das Gleichgewicht des open interest, das
sowohl kleine gewerbliche Hedger als auch Spekulanten umfasst,
wird unter dem »nicht meldepflichtigen« Abschnitt geführt.

Der Bericht wird seit den 70er-Jahren veröffentlicht. Nach einer
Unterbrechung 1982 gab es den Bericht wieder und die COT-Daten
wurden von 1983 bis November 1990 auf Monatsbasis und dann
zweimal monatlich bis Oktober 1992 herausgegeben. Ab da wurde
der Bericht auf einen zweiwöchentlichen Modus umgestellt. Selbst
mit dieser langen Geschichte ignorierten Händler die COT-Berichte
über viele Jahre und hielten sie für »alte Neuigkeiten«. Aber dieses
Verhalten änderte sich, als die CFTC die Häufigkeit und Aktualität
der Berichte erhöhte.

Der COT-Bericht wird jeden Dienstag nach Börsenschluss errechnet. Wegen der Prüfung der Anforderungen, werden zwei wöchentliche Berichte an abwechselnden Freitagen herausgegeben. Da der
Bericht elektronisch ausgestellt wird, sind die erfassten Händler-
Positionen für die aktuelle Woche drei Tage alt.

Der Bericht ist nicht länger per Post erhältlich und die Modem-Verbindung von der CFTC ist teuer. Die meisten der auf die Rohstoffterminmärkte spezialisierten elektronischen Nachrichtendienste übermitteln die Daten jedoch schon kurz nach ihrer Freigabe. Auch bieten etliche Verkäufer Aktualisierungen via Fax, Modem oder Post an, sowie historische Daten für diejenigen, die diesen Ansatz studieren möchten.

Es gibt einen guten Grund für das steigende Interesse am COT-Bericht. Seriöse Studien, die von der *Bullish Review für* 36 Terminmärkte von 1983 bis 1989 erstellt werden, zeigen, dass Long- oder Shortpositionen der gewerblichen Hedger – sofern sie in Extrembereichen liegen- zu 67 Prozent bedeutende Marktbewegungen voraussagten.

Diese Commercials haben ein unheimliches Talent gezeigt, sich schwerpunktmäßig kurz vor einem wichtigen Marktwendepunkt zu platzieren. Wie die großen Kaufleute in der Geschäftswelt, unterhalten die Commercials ihre eigenen Informations-Netzwerke und haben ihre eigenen Analysten.

Tatsächlich sind in einigen Märkten – wie Kaffee, Kakao und Zucker – gewerbliche Handelshäuser die erste Quelle fundamentaler Angebots- und Nachfragestatistiken, die für das handelnde Publikum verfügbar sind. Unter der Annahme, dass die Statistiken genau angezeigt werden, können Sie sicher sein, dass dcr Markt bereits darauf reagierte, bevor sie in der Öffentlichkeit verbreitet werden. Der COT-Bericht deckt diese Marktaktionen auf.

Zusätzlich handeln die großen Commercials per definitionem mit Volumina, die groß genug sind, um die Märkte zu bewegen. Bei diesen Vorteilen kommt ihr überragendes Können im Futurehandel nicht überraschend. Sich mit gewerblichen Hedgern zu positionieren – wenn diese sich mit ihrer Marktmeinung festlegen – hat sich als deutlich profitabler herausgestellt, als an den Rockschößen großer Spekulanten oder kleiner Händler zu hängen. In der *Bullish Review*-Studie war auf große Spekulanten nur in 46 Prozent und kleine Händler nur in 45 Prozent aller Fälle in der Vorhersage bedeutender Marktbewegungen Verlaß.

Obwohl sogar einige Bücher – nach der Theorie, dass große Spekulanten ziemlich gute Händler sein müssen, um zu einer solchen Bedeutung zu gelangen – empfehlen, diesen Spekulanten zu folgen. Während das vielleicht vor zehn Jahren richtig gewesen ist, wurde der einzelne Händler von Gestern von den Rohstoff-Fonds der modernen Zeit verdrängt. Das Wachstum dieser Fonds beruht mehr auf Mittelzuflüssen als dem eigentlichen Handeln.

Andere raten, gemäß dem Sprichwort, dass die Masse immer schief liegt, den kleinen Händlern zu folgen. Das ist kein erfolgreicher Ansatz gewesen – wahrscheinlich weil die COT-Gruppe der »kleinen Händler« kleine gewerbliche Hedger umfasst.

Andere COT-Analysten haben ihre Studien auf Divergenzen zu den saisonalen Durchschnittspositionen konzentriert. Meine Arbeit hat jedoch gezeigt, dass da keine statistisch seriöse Saisonalität in den Daten vorliegt. Sogar nicht für Agrarrohstoffe, bei denen man vermuten würde, dass die Absicherung ein saisonales Thema wäre.

Welcher Ansatz funktioniert also am besten, wenn es um die Analyse der COT-Daten geht? Obwohl jeder Bericht viele Statistiken enthält, sind die zwei Punkte, die die Future-Händler hauptsächlich betreffen, die aktuellen Positionen der Händler und die Veränderungen zum vorherigen Bericht, der direkt darunter aufgeführt ist. Einige Analysten arbeiten sofort mit dem rohen Datenmaterial, aber die Daten werden am einfachsten analysiert, wenn sie graphisch als Nettopositionen einem Kurschart gegenübergestellt werden.

Um die Nettoposition für jede Händler-Gruppe abzuleiten, zieht man einfach die Anzahl der Shortkontrakte von den Longkontrakten ab. Ein positives Ergebnis zeigt eine Netto-Longposition (mehr Long- als Shortkontrakte). Eine negative Differenz bedeutet eine Netto-Shortposition (mehr Short als Long).

Ob eine einzelne Händler-Gruppe netto long oder short ist, ist für die Analyse nicht wichtig; Jedoch kommt es auf die Nettopositionen im Vergleich zu den historischen Niveaus an. Zum Beispiel: Gewerbliche Händler lieferten im März 1993 an einem bedeutenden Boden Schlüssel-Kaufsignale mit dem ungewöhnlich großen Erwerb von Gold- und Silberkontrakten. Die Gewerblichen hielten eine Netto-Longposition in Gold (+30584 Kontrakte), waren aber netto short in Silber (−27657 Kontrakte). Trotzdem waren beides bullische Anzeichen. Wie kann das sein?

Jeder Terminmarkt wird aus einem einzigartigen Händler-Mix gebildet. Im Silber-Markt sind große Hedger in erster Linie Produzenten, die sich durch Terminverkäufe im Futuremarkt gegen Kursrückgänge absichern. Als Ergebnis sind die Gewerblichen nie netto long im Silber gewesen.

Bei Gold sind die Hersteller, die Longkontrakte als Absicherung gegen zukünftigen Bedarf und steigende Kurse kaufen, übergewich-

Abbildung 14.1 Lebende Schweine

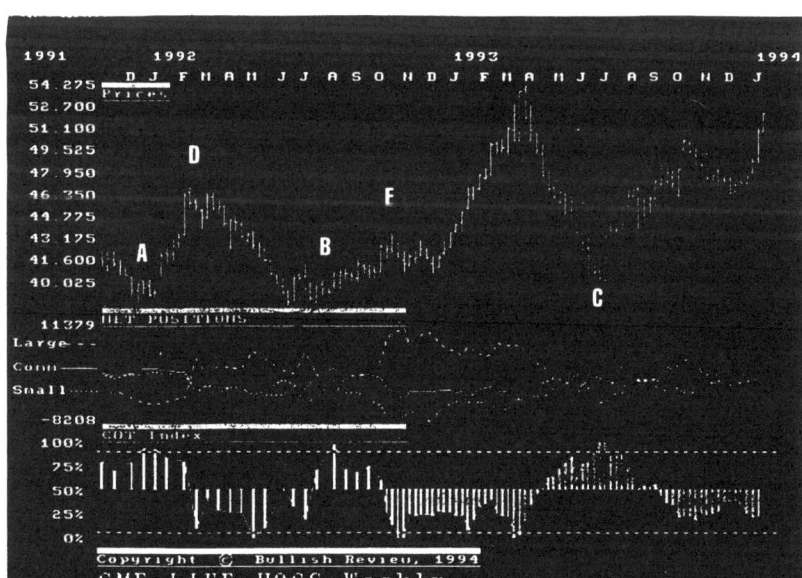

Quelle: The Bullish Review

tet. In der Summe sind die Commercials genauso oft netto long wie netto short im Gold. Deshalb ist eine einfache Nettoposition bedeutungslos. Sie müssen, die aktuelle Nettoposition mit den letzten historischen Niveaus in dem jeweiligen Markt vergleichen.

Ein Blick auf einen Finanz- und auf einen landwirtschaftlichen Markt veranschaulicht eine bessere Analyse-Technik. Auf dem Schweine-Chart (Abbildung 14.1) wurden wichtige Böden an den Punkten A, B und C von Käufen der Commercials begleitet, die die Nettoposition über +2500 Kontrakte bewegten. Mit anderen Worten: sie hielten an wichtigen Tiefpunkten 2500 Longkontrakte mehr als Shortkontrakte. An den Punkten D und E zogen die Commercials die Nettopositionen unter −2500 Kontrakte, was einen Kurssturz verursachte.

(Die Nettoposition − Long- minus Shortkontrakte − werden unterhalb des Kurscharts graphisch dargestellt. Sie bewegen sich um die Null-Linie herum, an der die gehaltenen Longkontrakte genauso groß sind wie die Shortkontrakte.)

Die erhöhte Aktualität des COT-Berichts ist besonders hilfreich im Schweinefleisch-Komplex geworden, der für V-Böden und -Tops berühmt ist; das Juni-Tief bei Punkt C ist dafür ein Beispiel.

Der am 25. Juni 1993 herausgegebene COT-Bericht zeigte, dass die Commercials am 22. Juni ihre Netto-Longpositionen auf 3335 Kontrakte aufgestockt hatten, eine Steigerung von 1838 Kontrakten in nur zwei Wochen. Die Daten waren erst drei Tage vorher im wichtigen Schweine- und Ferkel-Bericht des U.S. Department of Agriculture veröffentlicht worden und die Kurse für lebende Schweine waren zwei Wochen seitwärts geschwankt, als die Händler den Bericht erwarteten.

Die COT-Zahlen waren ein klarer Tipp, dass die Commercials gerade heftig auf eine bullische Reaktion auf den Schweine- und Ferkel-Bericht wetteten. Die Händler, die sich vor dem Bericht mit den Commercials auf der Longseite positionierten, wurden einen Tag nach der Herausgabe des Berichts mit einem Limit-up-Kursanstieg und einer 3,5-Monate dauernden Rallye belohnt. Eine Bestätigung des bullischen Bildes im Schweinebauchmarkt machte aus dem Juni-Tief eine besondere Situation, aber nur große gewerbliche Hedger wussten davon – außer wenn sie ihre Schachzüge in den COT-Daten beobachteten.

Die relative Haussetendenz der gewerblichen Nettopositionen ist einfacher zu sehen, wenn man sie als Oszillator zeigt. Der COT-Index, dargestellt unterhalb der Nettopositionen auf den Charts, vergleicht die letzten gewerblichen Nettopositionen mit einer historischen Spanne von Nettopositionen mit folgender Formel:

$$100 \times \frac{\text{aktuelles Netto} - \text{Minimum-Netto}}{\text{Maximum-Netto} - \text{Minimum-Netto}}$$

Dabei ist:
aktuelles Netto = Commercial-Longpositionen – Shortpositionen
Minimum-Netto = niedrigste Nettoposition der Periode
Maximum-Netto = höchste Nettoposition der Periode

(Die Periode kann – abhängig vom Markt – zwischen 1,5 bis vier Jahren variieren. Eine zu kurze Periode erzeugt dauernd Signale, eine zu lange produziert keine.)

Die Skala geht von Null bis 100 Prozent. Null repräsentiert die bärischste Nettoposition der gesamten Periode und 100 die bullischste. Wir sind primär an Märkten interessiert, die die Extrembereiche dieser Spanne erreichen: Werte oberhalb von 90 Prozent deuten auf eine einseitige bullische Neigung der Commercials hin, Werte unterhalb von fünf Prozent vermitteln einen bärischen Konsens.

Bewegen wir uns zu den Finanzmärkten, beweisen die Commercials – im allgemeinen wird von institutionellen Händlern inklusive Banken, Fonds und Personen, die auf eigene Rechnung Geschäfte tätigen, gesprochen –, dass sie bei der Positionierung im Hinblick auf wichtige Wendepunkte des Marktes genauso einen guten Riecher wie ihre Gegenstücke haben. Wenn Commercials 25000 mehr Longals Shortkontrakte auf den S&P500-Index-Future gehalten haben, signalisiert das eine Kaufgelegenheit (Punkte A, B und C in Abbildung 14.2).

Verkaufssignale wurden erzeugt, wenn die Nettoposition unter +7500 Kontrakte fiel (Punkte D, E, F und G).

Punkt G ist von besonderem Interesse. Der Markt konsolidierte 1993 die meiste Zeit in einer Art Seitwärtsmuster. Im August, als die Kursbewegung schmaler wurde, wetteten die Commercials durch den Verkauf von Terminkontrakten auf einen Ausbruch nach unten. Der Ausbruch erfolgte nach oben und die Commercials drehten ihre Positionen schnell um, kauften also in die Rallye hinein – das einzige in den Akten verzeichnete COT-Fehlsignal für den S&P 500.

Abbildung 14.2 S&P500

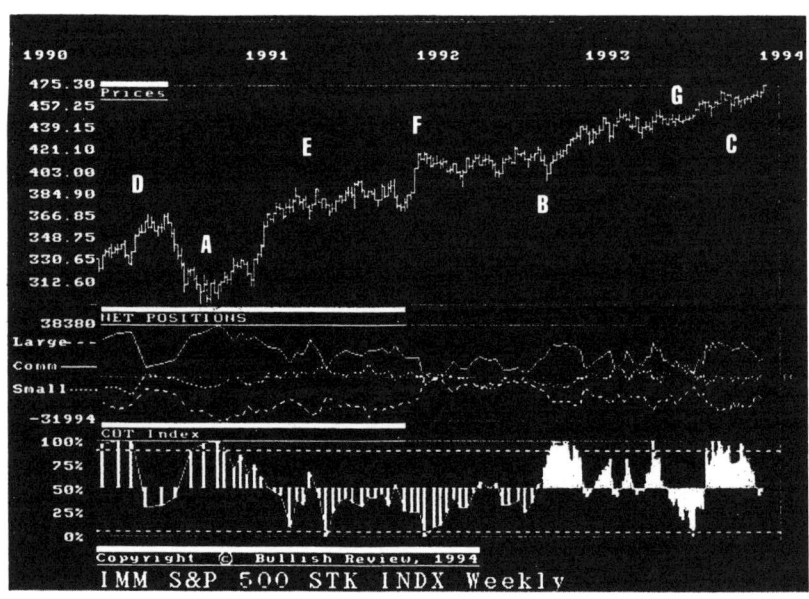

Quelle: The Bullish Review

Natürlich können Sie die Indikatoren des Aktienmarkts nicht diskutieren, ohne den Oktober 87er-Crash hervorzuheben. Wie erging es den Commercials? Sie lieferten laut dem COT-Bericht am 30. August 1987 ein klares Verkaufssignal durch die Bewegung zu einer seltenen Netto-Shortposition und hielten diese Position durch den Crash hindurch.

Dem legendären Händler Daniel Drew wird das Sprichwort zugeschrieben »Jemand, der den Markt ohne Insider-Informationen spielt, ist wie ein Mann, der Kühe im Mondlicht kauft.« Große gewerbliche Unternehmen, die sich auf Absicherung spezialisiert haben, erfreuen sich eines riesigen Insider-Informations-Vorteils über andere Marktteilnehmer. Der COT-Bericht planiert durch die Entlarvung der Spieler hinter den Transaktionen das Spielfeld. Handeln ohne Hinweise aus diesem Bericht dürfte in der Tat mit »Kühe im Mondlicht kaufen« verglichen werden.

Kapitel XV

Marktstimmung – Bevor es zur Tatsache wird

Das was, jemand über das Kursniveau eines bestimmten Kontrakts denkt, können Sie auf einem Balkenchart klar erkennen. Wenn Übereinstimmung darin besteht, dass der Kurs zu hoch ist, treffen die Händler Entscheidungen, die die Kurse runter bringen; Wenn sie denken, der Kurs ist zu tief, treiben sie die Kurse höher. Die kollektive Psychologie im Markt schlägt sich in einem Chart nieder.

Wenn das Interesse der Händler an einem bestimmten Kursniveau zunimmt, können Volumen und das open interest steigen. Normalerweise an einem Tag, nach dem das geschieht, erhalten Sie von den Börsen viele Statistiken. Sie können dann die Haltung des Marktes mit dem Vergleich der Kursänderungen mit Änderungen des Volumens und open interest herausfinden.

Wenn sich Commercials oder bedeutende Spekulanten entscheiden, eine Position einzugehen oder beschließen, ihre Meinung über ihre Positionen zu ändern, zeigt sich das Ergebnis dieses Gruppendenkens für die US-Märkte im zweiwöchentlichen *Commitment of Traders*-Bericht. Nur einige Tage nachdem diese großen Händler der Regierung offenbaren mussten, wo sie stehen, wird dieser Bericht für die Öffentlichkeit freigegeben.

Obwohl alle diese Informationen wertvoll und nützlich sind – besonders in der Hand von Analysten, die ihren Sinn für Sie deuten können –, basiert bislang alles, was wir in diesem Abschnitt diskutiert haben, auf Transaktionen, die bereits stattgefunden haben – alte Gedanken und alte Meinungen, die schon im Markt zum Ausdruck kamen. Was Sie im Idealfall gerne wüssten ist, was die Leute gerade über den nächsten Schritt denken – bevor sie tatsächlich den Trade eingehen.

Mehrere Ansätze versuchen ein Verständnis für das Händlerdenken zu bekommen, bevor es sich in dem *Commitment of Traders*-Bericht, in Volumen- und open interest-Statistiken oder als Kursmuster zeigt. Unabhängig vom jeweiligen Ansatz, geht es darum, die Händlerstimmung früh zu entdecken, voraus zu berechnen, was das für die aktuellen Kurse bedeutet und diese Information als weiteren Anhaltspunkt für eine Handelsentscheidung zu benutzen.

Wie in anderen Gebieten der technischen Analyse ist natürlich diese Analyse in gewisser Weise auch eine Kunst. Die Stimmung dreht sich vielleicht ein wenig mit dem nächsten Bericht oder dem nächsten Gerücht, oder Ihre Information könnte zu früh oder zu spät kommen. Aber egal wie Sie sie bekommen, es gereicht Ihnen unabhängig von ihrem eigenen Handelsstil eindeutig zu Ihrem Vorteil, wenn Sie einige Einblicke in das Denken anderer Händler bekommen.

Diese Information wird typischerweise als *contrary opinion* verwendet. Sie wollen nicht gegen den Strom schwimmen und den Markt zu früh bekämpfen, aber – basierend auf der Annahme, dass die Masse bei bedeutenden Wendepunkten immer schief liegt – an einigen Punkten schon gegen die Menschenmengen handeln. Wenn dieses Konzept korrekt ist, ist das, was Sie offensichtlich als erstes wissen müssen, was die Masse gerade denkt und als zweites, wann die Masse wahrscheinlich beginnt falsch zu liegen.

Bullische Übereinstimmung

Das vielleicht bekannteste Messgerät für die Marktstimmung im modernen Future-Handel ist der 1964 von James Sibbet eingeführte *Bullish Consensus*. Nach dem Studium von Humphrey Neills 1954 erschienenen Buch *The Art of Contrary Thinking* und aufbauend auf einem Aktienmarkt-Berater-Index des Jahres 1963 von Abraham Cohen, entwickelte Sibbet seine eigene »Bullish Consensus – Analyse, um den Grad der bullischen Stimmung auf einem bestimmten Futuremarkt zu messen und Methoden zu entwickeln, dieses Wissen im Handel umzusetzen.

1971 schloss er sich mit R. Earl Hadady, einem Ingenieur und erfolgreichem Future-Händler zusammen, um die Sibbet-Hadady-Publikationen ins Leben zu rufen. Als Sibbet sich 1974 entschloss, sich auf die Metallmärkte zu konzentrieren, kaufte Hadady seine Unternehmensanteile und verbesserte das bullische Bullish Consensus/contrary opinion-Konzept über die Jahre weiter. Sein *Market Vane*-Börsenbrief wurde unter Händlern die »Bibel« dieses Themas.

Consensus-Zahlen werden nun täglich für 33 Märkte durch die *Market Vane Corp.* in Pasadena, Calif gemeldet.

Die ursprüngliche Prämisse war, dass die meisten Händler, nachdem sie Geld verloren haben, sich an professionelle Börsenbriefe oder beratende Dienste wenden würden, die ihnen bei ihren Handelsentscheidungen helfen sollen. Wenn Sie herausfinden könnten, was diese professionellen Ratgeber empfehlen würden und wüssten, wie viele Anhänger jeder hätte, könnten Sie die Stimmung einer großen Händler-Gruppe, die in den Markt kommt, quantifizieren.

Mit dem Blick auf Dutzende von Informationsbriefen jede Woche, könnten Analysten die Handelsempfehlungen für die verschiedenen Märkte ermitteln. Dann könnte die Wirkung jeder Empfehlung, unter der Annahme, dass dem Einfluss großer Brokerhäuser oder beratender Informationsbriefe mit vielen Abonnenten mehr Händler folgen als dem von kleineren Unternehmen und weniger bekannten Ratgebern, gewichtet werden, um den Konsens genauer zu quantifizieren.

Das beendet den ersten Schritt: Die Marktstimmung zu einem bestimmten Moment zu ermitteln. Das Woche für Woche weitergeführt, liefert diese Forschung Ihnen ein gutes Gefuhl dafür, was die

Händler denken und wie sich ihre Meinungsänderungen in Kursbewegungen widerspiegeln werden. Sie haben eine Vorstellung von
der Consensus-Meinung.

Beim zweiten Schritt analysiert man diese Consensus-Zahlen und
bestimmt, wann entgegengesetzt zu handeln ist. Das Prinzip der
contrary opinion ist, dass der Markt überkauft (überverkauft) ist,
wenn eine Mehrheit von Händlern im Markt eine Long- (Short-)
Position eingenommen hat, da sie glauben, dass es nach oben
(unten) gehen wird, wenn diese Händler dann kein Geld mehr
haben, um weitere Positionen aufzubauen. Wenn es keine Käufer
(Verkäufer) mehr gibt, um eine Bewegung vorwärts zu treiben, können die Kurse nur einen Weg gehen – in die andere Richtung der
Mehrheitsmeinung.

Zu wissen, wann das genau passieren wird, ist keine Wissenschaft.
Wie bei den Indikatoren des vorherigen Abschnitts, wird eine bullische Übereinstimmung, die auf einer Skala über 70 Prozent liegt,
häufig als überkauft interpretiert und ein Zählerstand unter 30 Prozent als überverkauft.

Dies ist jedoch nicht für alle Märkte und für alle Zeiten richtig und
manchmal ist die Veränderung auf der Skalierung am wichtigsten.
Es ist oft von der Struktur der Händler in einem bestimmten Markt,
der Größe des Marktes, der Kurshistorie usw. abhängig. Einige
Zweifel an der Technik des bullish consensus/contrary opinion sind
vor allem in den 90er-Jahren angebracht, da bedeutende Händler
und Rohstoff-Fonds von dem in den 70ern populären Konzept abge-
wichen sind.

Wie andere Gebiete der Technischen Analyse sollte der bullish consensus nicht in einem Vakuum betrachtet werden, wie Hadady
während der gesamten Jahre in den Artikeln für *Commodities* und
Futures betonte.

An sich liefert der bullish consensus nützliche Informationen. Wie
Hadady in einem Artikel bemerkte, sind – wenn 80 Prozent optimis-

tisch sind – 20 Prozent pessimistisch. Wegen der Natur des Future-handels – eine Short für jede Long und eine long für jede Short – bedeutet das, dass die Seite mit den 20 Prozent das große Geld repräsentiert, da jede Short im Durchschnitt vier Mal so viele Kontrakte wie jede long in der 80 Prozent-bullischen Gruppe hält. (Wenn der bullish consensus 90 Prozent erreicht, haben die Shorts neunmal so viele Kontrakte wie die Longs!) Sie wollen normalerweise wissen, wohin das große Geld fließt: die Geldseite des Marktes gewinnt immer.

Generell sollten die Consensus-Zahlen jedoch in Verbindung mit anderen Indikatoren analysiert werden. Wenn sich die Zahl auf ein extrem hohes oder niedriges Niveau bewegt, dürfte zu erwarten sein, dass sich das open interest zum Beispiel einebnet oder fällt, da immer weniger übrig bleiben, um neue Positionen einzugehen.

Aber wenn das open interest weiter auf einen extremen Consensus-Wert steigt, deutet das auf frisches Geld hin, das noch in den Markt strömt (siehe Kapitel 13).

Der bullish consensus kann außerdem mit fundamentalen Informationen als Anhaltspunkt für die Marktrichtung benutzt werden. Wenn der Konsens zum Beispiel sehr hoch ist und ein Bericht oder Ereignis, das normalerweise bullisch zu betrachten wäre, die Kurse nicht höher treiben kann, wäre das ein starker Hinweis für einen überkauften Markt und einen Zeitpunkt, um zu verkaufen.

Verhaltens-Index

Glen Ring, der Herausgeber von *Trends in Futures* in Cedar Falls, Iowa benutzt *Market Vane's* Bullish Consensus-Zahlen etwas anders, um das zu konstruieren, was er einen »attitude-index« nennt. Dieser Index schaut, wie viele von den 23 physischen Rohstoffen, die von *Market Vane* verfolgt werden, einen bullish consensus von 50 Prozent oder höher haben. Das ist selten, aber gelegentlich werden so viel wie 20 oder 21 von den 23 Rohstoffen einen consensus haben, der über 50 Prozent liegt.

Ring hat herausgefunden, dass wenn das – wie mehrere Male 1993 und 1994 passiert –, solche extremen Bewegungen sehr zuverlässige Indikatoren für einen bevorstehenden Trendwechsel des Marktes als Ganzes sind, oder wenigstens ein Signal für eine bedeutende Korrektur innerhalb eines starken Trends.

Täglicher Sentiment-Index

Während die Werte des bullish Consensus auf der Meinung und den Empfehlungen von Brokern und beratenden Diensten basieren, die vermutlich eine große Anzahl von Händlern bei ihren Handelsentscheidungen beeinflussen, versucht ein weiterer Index, die Stimmung der Händler selbst einzufangen. Der tägliche Sentiment (Stimmungs)-Index wurde 1987 von Mark und Deb Lively und Jake Bernstein von der *MBH Commodity Advisors Inc.* in Minnetka, Ill. entwickelt und fußt auf einer stichprobenartigen Untersuchung des handelnden Publikums.

Unter der Prämisse, dass das Denken einer Auswahl von Händlern, extrapoliert auf einen breiten Querschnitt von Händlern zeigen wird, wie viel Kauf- und Verkaufsdruck in das Börsenparkett kommt. Wenn der tägliche Stimmungs-Index bullische oder bärische Extrempunkte erreicht – zum Beispiel über 90 oder unter 20 Prozent – ist es vielleicht das erste Anzeichen, dass ein Markt überkauft oder überverkauft ist und ein Wendepunkt kommt.

Die Extreme für Gold sind ganz anders als die für die Aktienindizes, so dass – wie oben für den bullish consensus erwähnt – eine Skala nicht für alle Märkte passt.

Offensichtlich können sich die Meinungen der Menschen, abhängig von einer Nachricht, einer politischen Entwicklung oder anderen Faktoren, von einem Tag zum anderen dramatisch ändern. Die Händler, die einen gefühlsbetonten Moment erwischen, könnten wilde Ausschläge im täglichen Sentiment-Index verursachen, die sich aber mit einem Gleitenden Durchschnitt auf die täglichen Messwerte glätten lassen.

Natürlich werden die Daten, die Sie für diesen Index bekommen, nur so gut sein, wie die Erfassungsmethode, die Sie benutzen. Wie bei anderen Gebieten der Technischen Analyse werden Sie wahrscheinlich ein Gefühl für diesen Ansatz zu entwickeln haben, bevor Sie mit ihm vertraut werden.

Kurs und Vorhersage:
Die Marktstruktur

Einführung

Um unsere Alliteration intakt zu halten, habe ich unsere Ps bis zu dem Punkt gespannt, der erreicht werden konnte. Vielleicht hätte der Titel auch »Kurs und Vorliebe *(Price and Predilection)*« oder »Kurs und Vorherbestimmung *(Price and Predestination)*« oder »Kurs und Neigung *(Price and Predispositon)*« heißen können. Wie immer Ihre Wahl gewesen wäre, dieser Abschnitt zielt darauf ab, die Kurse im Licht der Marktstruktur zu sehen.

Wenn Sie die Kursbewegungen auf einem Chart betrachten, versuchen Sie gewöhnlich den Trend zu identifizieren und sich die Formationen herauszupicken, die Ihnen helfen können, zu bestimmen, was die Kurse als nächstes tun dürften, denn die Kurse machen die Muster. Ein anderer Ansatz der Technischen Analyse ist, dass die Muster den Kurs machen. Aus welchem Grund auch immer – der Kurs folgt einem Weg, der für ihn von der Struktur des Marktes gesetzt worden ist. Wenn Sie diese Struktur identifizieren können, ist es Ihnen nach dieser Theorie vielleicht möglich, Kurs und Zeit zu projizieren.

Die verschiedenen »Strukturen«, die wir diskutieren werden, treten natürlich aus einem Grund auf. Wie Bill Williams von der *Profitunity Trading Group* in seinen Seminar-Vorträgen sagte: Wenn Sie von Ihrem Büro in das Badezimmer gehen wollen, sind die Chancen gut, dass Sie statt durch die Wand, durch eine Türöffnung und den Korridor hinunter gehen – Sie werden den Weg des geringsten

Widerstands nehmen und mit der Gebäudestruktur gehen, jedoch nicht die kürzeste Distanz.

Märkte funktionieren häufig auf dieselbe Weise. Obwohl Sie nicht die Fähigkeit besitzen, die Handlungen eines Händlers genau vorherzusagen, können Sie – mit einiger statistischer Wahrscheinlichkeit – das gemeinschaftliche Verhalten einer Gruppe von Händlern prophezeien. Die Massenpsychologie des handelnden Publikums zeigt sich oft genug in den Wellen auf den Kurscharts, so dass einige Analysten eine Struktur in den Markt legen können, die die nächste Welle ermittelt und plant, wie weit sie gehen wird. Oder sie können aufgrund der vorherigen Wiederholungen Zeit und das Ausmaß des nächsten zyklischen Tiefs oder Hochs oder des saisonalen Musters projizieren.

Jake Bernstein von den *MBH Commodity Advisors* sagte – als er Ende der siebziger Jahre zu einem Publikum aus der Landwirtschaft spricht – voraus, dass die Schweinepreise dramatisch fallen würden, vielleicht bis unter 30 Dollar je Zentner. Zu der Zeit lagen die Schweinepreise deutlich über 50 Dollar. Die Inflation stieg und »jeder wusste«, daß Rindvieh zu 100 Dollar je Zentner notiert wurde, Sojabohnen zu 20 Dollar je Scheffel (*bushel* = 35,24 l, d. Ü.), Gold zu 5,000 Dollar die Unze (28,35 Gramm, d.Ü.), usw.

»Wir werden solch niedrige Schweinepreise nicht mehr sehen. Weshalb sollten die Schweinepreise so stark fallen, wie Sie es voraussagen?«, wunderten sich die skeptischen Zuhörer.

»Ich weiß nicht warum. Ich weiß nur, was die Zyklen mir erzählen und sie sagen, da die Kurse runter gehen werden«, entgegnete Bernstein. »Etwas wird passieren, das den Zyklus in Gang setzt.«

Diese Antwort war an diesem Tag für die Bauern nicht sehr überzeugend, aber die Kurse rutschten nicht sehr viele Monate später wieder unter 30 Dollar. Das ließ Bernsteins Zukunftsaussichten fast wie eine gespenstische Katastrophenwarnung für diese Produzenten scheinen – oder den besten Tipp zur Absicherung, den sie jemals bekommen haben dürften.

Jeder, der mit der Landwirtschaft zu tun hat – oder fast jeder freie Markt, was das anbelangt – weiß, dass die Kurse hoch und runter gehen und das es so aussieht, als ob sie es mit einiger Regelmäßigkeit tun. Im *Allgemeinen* passiert das aus soliden wirtschaftlichen Gründen. Die Reaktionen »niedrige Kurse sind das Heilmittel gegen niedrige Kurse« oder »hohe Kurse sind das Mittel gegen hohe Kurse«, begleitet von psychologischen Stimmungsumschwüngen, erkennen Sie in eindeutigen Kursbewegungen.

Wenn es während dieses Vorgangs ein Muster gibt, wie können Sie rechtzeitig sehen, was es ist, um gewinnbringende Engagements einzugehen? Dieser Abschnitt konzentriert sich darauf, wie einige Analysten das strukturelle Gerüst des Marktes sehen, das die Kursbewegung vielleicht lenkt, aber nicht diktiert.

Kapitel XVI

Spreads: das Bewahren des Zustands

Die Anerkennung für den Hintergrund zu diesem Abschnitt gebührt verschiedenen Leuten, einschließlich Keith Schap, einem früheren Redakteur und Kollegen bei *Futures*, der sich nun Strategien für die *Chicago Board of Trade* ausdenkt; Phil Tiger, dem Herausgeber von *Tiger on Spreads* und Tom Cronin, dem Präsidenten von *Trade Search Inc.* und Herausgeber von *Just Spreads*.

Der möglicherweise logischste Ausgangspunkt, um eine Diskussion über die Markstruktur zu beginnen, sind die Spreads, die Differenz zwischen den Kursen von zwei Kontrakten. Sie können vielleicht die Zyklen oder Wellen oder Winkel oder andere strukturelle Muster, die für einen Markt gegolten haben, nicht erkennen. Instinktiv können Sie aber spüren, dass Märkte einige natürliche Beziehungen untereinander haben, die allein auf der ökonomischen Realität basieren.

Alles was Sie wissen müssen, um Spreads zu handeln, ist was in diesen Beziehungen unter den gegenwärtigen Umständen »normal« sein sollte. Wenn etwas aus der Reihe läuft und nicht normal ist, kaufen Sie, was unterbewertet und verkaufen, was überbewertet ist. Das ist – in aller Kürze – alles, was es zum Spread-Handel zu sagen gibt.

Ein Spread-Engagement ist eine Position, in der Sie in einem Kontrakt long und in einem anderen short sind. Branchenüblich nimmt man zuerst den Longkontrakt auf. Ihr Ziel ist es nicht, Geld mit absoluten Kursänderungen zu machen, sondern von einer Veränderung in der Beziehung zwischen den zwei Kontrakten zu profitieren.

Stellen Sie sich vor, Sie kaufen Kontrakt A und verkaufen Kontrakt B. Sie können Geld machen, wenn der Kurs von A steigt und der von B regungslos bleibt, der Kurs von A seitwärts tendiert und der von B fällt, wenn A stärker steigt als B, wenn beide steigen, wenn A weniger verliert als B, wenn beide fallen. Sie müssen bezüglich der Kursrichtung nicht richtig liegen.

Für jemanden, der es schon schwer fand, die Kursaussichten für nur einen Kontrakt einzuschätzen, bedeutet das eine neue Dimension der Technischen Analyse. In der Tat liegt einer der Haupt-Vorteile des Spread-Handels darin, dass Sie sich vielleicht nicht zu stark auf die anspruchsvolleren Techniken der Technischen Analyse, über die in diesem Buch berichtet wurde, konzentrieren müssen.

Basierend auf dem, was Sie über die fundamentale Situation wissen, könnten Sie zu dem Schluss kommen, dass Weizen im März mehr kosten sollte als im Juli, wenn die neue Ernte verfügbar ist. Sie müssen sich nicht sorgen, ob die gesamte Kursrichtung auf- oder abwärtsgerichtet ist, oder wo Ihr Einstiegspunkt liegen sollte. Sicher, Sie werden die Spread-Situation analysieren wollen, um zu sehen, wie sie in der Vergangenheit funktioniert hat (je mehr Jahre desto besser), ihren »cost-of-carry«-*(Transportkosten)* Status (siehe unten), saisonale Tendenzen und das gesamte technische und fundamentale Bild. Aber präzises Timing ist für einen Spread häufig weniger wichtig, als es für einen Richtungs-Handel ist und Sie sind nicht der Spielball eines Sägezahnmarktes, der zu einem ständigen Rein und Raus führt.

Natürlich können Sie Spreads durch die Anwendung derselben Trendlinien und anderer Balkenchart-Techniken auf einen Spread-Chart auch technisch handeln (Abbildung 16.1).

Gewöhnlich werden andere Vorteile des Spread-Handel vorgebracht, inklusive des begrenzten Risikos, der niedrigeren Deckungssummen und folglich des günstigeren Chance-/Risiko-Verhältnisses. Sie empfinden einen Markt vielleicht als zu volatil oder dieser verlangt eine zu hohe Deckungssumme für eine reine Position, aber mit

Abbildung 16.1

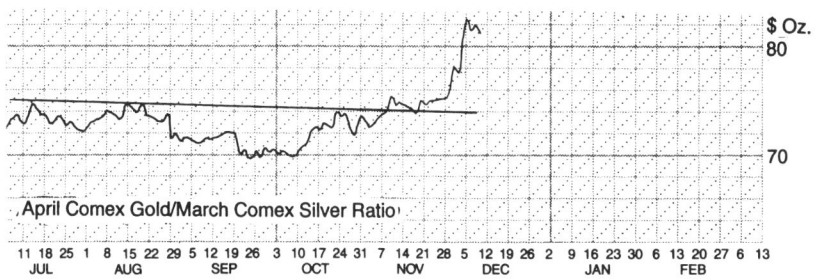

Quelle: Commodity Price Charts

einem Spread ist es machbar, ihn zu handeln. Doch ein Spread ist sicher keine Garantie dafür, dass Sie weniger Risiko auf sich nehmen. Es ist durchaus denkbar, dass Sie auf beiden Seiten des Spreads verlieren und Ihr Risiko vergrößern.

Beachten Sie auf einigen der Spread-Charts, dass die Bewegungen ziemlich bedeutend werden können: Was gut aussieht und für Sie läuft, kann ebenso gegen Sie laufen.

Sie müssen dieselbe Disziplin haben, um aus einem verlustbringenden Spread-Engagement auszusteigen, wie Sie es beim Handel einer normalen Position tun.

Einige mögen einen Spread-Handel zu »langweilig« finden – wie Farbe trocknen sehen, sagte mal jemand – aber gewerbliche und professionelle Händler haben bestätigt, dass es für die Langlebigkeit und die Finanzen vielleicht besser ist. Sowie Sie ein besserer Händler werden und Ihre Transaktionen geschickter abwickeln, ist es sehr wahrscheinlich ein Ansatz, den Sie erwägen werden. Wenn dem so ist, haben Sie viele Arten von Spreads, aus denen Sie wählen können. Die Strategien reichen über die Absicherungen bei Nickel bis zu dem langfristigen Positions-Handel für die großen Veränderungen in den Kursbeziehungen.

Spreads innerhalb eines Marktes *(intramarket spreads)*

Derselbe Rohstoff, dieselbe Börse, verschiedene Liefermonate. Beispiel: Vieh im Februartermin long, Vieh im Junitermin short (siehe Abbildung 16.2).

Bei den Ernte-Kontrakten sollten Sie unterscheiden:

Abbildung 16.2

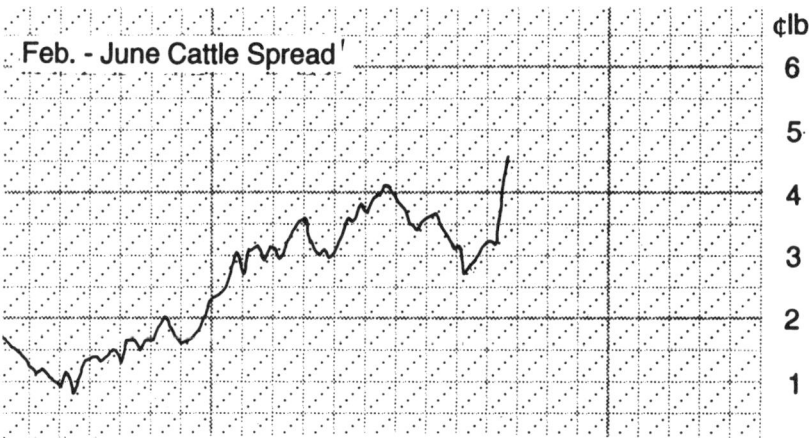

Quelle: Commodity Price Charts

a. Innerhalb einer Saison *(intraseasonal)* – Zwei Kontrakte innerhalb desselben Erntejahres. Beispiel: Sojabohnen März long, Sojabohnen Juli short. Das Konzept der »Transport- oder Beförderungskosten« *(»cost of carry« oder »carrying charges«)* ist bei diesen Spread-Transaktionen wichtig.

Schauen Sie auf Ihre Kursreihe für verschiedene Terminkontrakte mit unterschiedlichen Verfallsmonaten. Wenn beispielsweise Sojabohnen März zu sechs Dollar pro Scheffel notieren, dürften die Sojabohnen Juli bei 6,25 Dollar stehen. Der Unterschied kommt wegen der Lagerungskosten, Versicherung, Zinskosten usw. zustande. Jemand muss die Kosten tragen, um Sojabohnen vier weitere Monate bis Juli zu halten.

Abhängig vom Kursniveau und einer Vielzahl anderer Faktoren dürfte es »üblich« sein, dass diese Kosten zehn Cents pro Scheffel pro Monat oder 40 Cents von März bis Juli betragen. Die aktuelle Kursdifferenz wird selten die vollen Transportkosten widerspiegeln. Deshalb könnte man »berechtigterweise« eine 25-Cent-Differenz im Kurs für Sojabohnen zwischen den März- und Juli-Terminkontrakten erwarten. Wenn der aktuelle Unterschied etwas mehr oder weniger ist, als Sie vermuten, gibt es dafür einen guten Grund, denn es könnte sein, dass Sie gerade einen Spread-Handel erleben.

In einer »normalen« Situation wäre der Kassa-Kurs das Basis-Niveau und jeder Future-Monat würde auf einem schrittweise höheren Kurs notieren, um die Beförderungskosten zu rechtfertigen.

Der Ausdruck für diese Ausrichtung ist ein »Contango«-Markt (Hauptsächlich in internationalen Märkten benutzt). Wenn der Kassa-Kurs über dem des Futures liegt oder ein kurz vor der Fälligkeit stehender Kontrakt höher als der nächste Monat notiert, wird das »Backwardation« genannt. Dies ist wichtig für die Spread-Händler, die versuchen, davon zu profitieren, was »normal« oder »abnormal« ist.

Nur weil ein Markt mit einem »Backwardation« gehandelt wird, bedeutet das sicher nicht, dass er in einen »normalen« Contango«-Modus springen wird, oder das sich der Contango nicht noch verstärkt. Zum Beispiel haben Energie-Märkte oder Kupfer 1994 eine Fülle von Beweisen dafür geliefert.

b. Zwischen mehreren Saisons *(interseasonal)* – Zwei Kontrakte in zwei verschiedenen Ernte-Zeiten. Beispiel: Sojabohnen Juli 1995 long, Sojabohnen November 1995 short. Obwohl es die selben Rohstoffe, dieselbe Börse usw. sind, könnte es wegen der Differenzen im Ernteumfang, in der Nachfrage und anderen fundamentalen Faktoren in den zwei Saisons, einen enormen Unterschied in der Dynamik der Kurs-Beziehungen zwischen dem Spread innerhalb einer Saison und dem Spread zwischen mehreren Saisons geben. Jede Ernte-Saison wirkt sich natürlich auf die nächste aus, aber dies ist häufig keine normale Beförderungskosten-Situation.

Beachten Sie: Ein anderer Juli-November-Spread – Juli 1996 und November 1995 – würde in derselben Saison liegen und Beförderungskosten und die Spread-Charakteristiken von Punkt a haben. Es ist wichtig, genau zu unterscheiden, welche Monate Sie handeln.

Sie können die Taktiken für Spreads innerhalb einer Saison auf mehrere Arten kategorisieren:

»**Bull spread**« – Gehen Sie im kurz vor der Fälligkeit stehenden Kontrakt long und short in dem entfernteren Monat. Im Grunde ist die Situation bullisch. Die Annahme ist, dass die Nachfrage (oder der Mangel an Angebot) den Markt veranlassen wird, mehr für den kurz vor der Fälligkeit stehenden Kontrakt zu zahlen, als zu einem späteren Zeitpunkt. Sie verstehen die Botschaft des Marktes, die da ist, »Wir brauchen es eher früher als später.«

Aber bullisch zu sein, legt nicht automatisch einen Bull-Spread nahe. Zum einen mag der kurz vor der Fälligkeit stehende Kontrakt auf einem historisch hohen Niveau relativ zu dem entfernter liegenden Monat notiert werden, und der Spread wird sich wahrscheinlich nicht weiter vergrößern. Und in einigen Fällen wird ein Kursanstieg bei einem Rohstoff – Edelmetalle beispielsweise – höhere Beförderungskosten bedeuten. Deshalb muss der entfernter liegende Monat vielleicht stärker steigen als der kurz vor der Fälligkeit stehende Monat, um diese zusätzlichen Kosten zu decken.

»**Bear spread**« – Gehen Sie in dem am weitesten entfernt liegenden Monat long und im kurz vor der Fälligkeit stehenden Monat short. Der umgekehrte »bull spread« – in dieser Situation ist die Stimmung bärisch. Die Annahme: Das Angebot (oder der Nachfragemangel) wird größer sein, wenn der Markt die aktuelleren Terminkontrakte will. Deshalb wird jemand die Beförderungskosten bezahlen, um das Angebot für einen späteren Zeitpunkt bereit zu halten. Die Botschaft des Marktes ist, »Wir wollen es jetzt nicht.«

Wie bei dem Bull-Spread gelten die Vorbehalte: Die entfernter liegenden Monate können schon ausreichend hohe Beförderungskosten aufgebaut haben und der Spread muss vielleicht nicht weiter auseinander laufen.

Eine wichtige Gedächtnisstütze für Bull- und Bear-Spreads: Der Markt muss nicht nach oben gehen, oder bullisch sein, damit ein Bull-Spread profitabel ist. Der Markt muss nicht nach unten gehen, oder bärisch zu sein, damit ein Bear-Spread profitabel ist. Bei einem Bull-Spread während eines Rückgangs des Marktes hat der kurz vor der Fälligkeit stehende Monat nur weniger runter zugehen als der entferntere Monat.

Spreads zwischen den Märkten (*intermarket spreads*)

Gleicher Rohstoff, derselbe Liefermonat, verschiedene Börsen. Beispiel: Weizen Dezember an der *Chicago Board of Trade* long, Weizen Dezember an der *Kansas City Board of Trade* oder der *Minneapolis Grain Exchange* short. An allen drei Börsen handelt es sich zwar um den Rohstoff Weizen, aber die Art des Weizens, seine Verwendung, Punkte der Lieferung, usw. sind an jeder Börse verschieden. Deshalb berühren die Fundamentaldaten, die eine Weizenart beeinflussen, möglicherweise nicht die anderen auf dieselbe Art und Weise.

Andere Beispiele, die in dieser Einteilung untergebracht werden können, sind unter anderem Energie-Kontrakte, Kakao, Zucker, Kaffee, Kupfer, Eurodollars, japanische Regierungsanleihen und Währungen. Auch auch einige Aktienindizes dürften hier geeignet sein – der S&P500-Index versus den Value Line- oder den NYSE Composite Index (obwohl die Anzahl und die Arten in jedem Future-Kontrakt verschieden sind). Andere Aktienindizes in London, Paris, Tokio, Singapur usw. sind auf verschiedenen Aktienmärkten beheimatet und wahrscheinlich korrekter für die nächste Kategorie geeignet.

Spreads zwischen Rohstoffen und Finanzinstrumenten (*intercommodity spreads*)

Gleicher Liefermonat, verschiedene aber verwandte Rohstoffe, die an oder die nicht an der gleichen Börse gehandelt werden können. Beispiel: Silber Dezember long, Gold Dezember short.

Sie werden möglicherweise nicht in der Lage sein, Ihren Makler zu überzeugen, Ihnen eine Sicherheitsleistung *(margin)* für einen Spread auf – sagen wir – Kakao long/Schweinbäuche short zu gewähren, aber viele andere Beziehungen werden jeden Tag in Märkten als Spreads gehandelt. Währungs-Crossrates und viele Absicherungs-Techniken sind hier geeignet.

Auf den Finanzmärkten sind die verbreitesten US-Zins-Spreads wahrscheinlich der »NOB«-Spread (er umfasst die zehnjährigen Treasury-Notes und die dreißigjährigen T-Bonds, die an der Chicago Board of Trade gehandelt werden) und der »TED«-Spread (kurzfristige Schatzwechsel versus den Kontrakt auf den Eurodollar an der Chicago Mercantile Exchange). Der »MOB«-Spread (der kommunale Anleihen-Index und der Terminkontrakt auf die Staatsanleihen an der CBOT) ist ein weiteres weniger liquides Beispiel.

Die Spreads, die verschiedene Fälligkeiten abdecken, haben wenig mit dem gesamten Zinstrend zu tun, sind aber im Grunde eine Zinsstrukturkurve, deren Form die Meinung des Marktes über die Richtung der Zinssätze verschiedener Fälligkeiten widerspiegelt. Wenn Sie erwarten, dass die Zinsstrukturkurve – mit einem Zinsanstieg der kürzeren Fälligkeiten über die länger laufenden Staatsanleihen – steiler wird, kaufen Sie NOB – Kontrakte auf Schatzanweisungen und verkaufen den T-Bond-Future. Erwarten Sie, dass die Zinsstrukturkurve flacher wird, verkaufen Sie den NOB – Terminkontrakte und kaufen den T-Bond-Future.

Dies kann ein direktes 1:1-Geschäft für die Absicherung oder wegen einer kurzfristigen Situation sein, aber Portfolio-Manager oder andere institutionelle Händler, die auf eine exaktere Bilanz schauen, werden Durationsrisiken (Duration ist die mittlere Kapitalbindungsdauer bei Anleihen d. Ü.) oder Kursrisiken ins Kalkül ziehen wollen.

Der TED-Spread umfasst zwei kurzfristige Zinssätze und wird als Messgerät für frühe Marktreaktionen auf fiskalpolitische, geldpolitische oder politische Veränderungen in der Welt gesehen. Es ist ein

Qualitäts-Spread: Der sicherere kurzfristige Schatzwechsel gegen den riskanteren Eurodollar.

Viele andere solche Spreads funktionieren aus logischen saisonalen oder wirtschaftlichen Gründen. Mais und Sojabohnen zum Beispiel bleiben in ihrer Ausrichtung in etwa gleich, da sie in vielen Teilen der Vereinigten Staaten um dieselbe Anbaufläche konkurrieren. Wegen der Renditedifferenzen ist der Kurs für einen Scheffel Sojabohnen im Normalfall ungefähr 2,5 bis dreimal so hoch wie der Kurs eines Scheffels Mais. Deshalb ist der Gewinn je Morgen (4046,8 m^2 d. Ü.) etwa der gleiche für jeden von beiden. Wenn die Maiskurse im Verhältnis zu Sojabohnen »zu hoch« sind, werden die Farmer mehr Ackerland für den Maisanbau bereitstellen. Damit vergrößern sie das Mais-Angebot und verringern das Sojabohnen-Angebot genug, um eine Preisverschiebung zu verursachen, um wirtschaftlich wieder alles auszugleichen.

Rinder versus Schweine ist ein weiterer gewinnbringender Spread (Abbildung 16.3), der zum Teil von der Nachfrage-Seite beeinflusst wird, wenn Käufer – wegen der Preise im Supermarkt – das eine oder das andere (oder Geflügel oder Fisch) kaufen. Nachfrage (nicht Konsum), die auf dem Geschmack der Konsumenten beruht, ist schwieriger zu messen als das Angebot. Folglich könnte es bei diesem Spread schwieriger sein, unter diesem Aspekt das Wort »normal« zu quantifizieren.

Bei der Kombination von Saisons (siehe nächstes Kapitel) und Spreads funktioniert ein Mais-Weizen-Spread weil verschiedene Erntezeiten Angebotdruck zu verschiedenen Zeiten erzeugen – kaufen Sie Weizen an seinen Erntetiefs im Juni-Juli und verkaufen Sie Mais. Kaufen Sie Mais an seinen Erntetiefs im Herbst und verkaufen Sie Weizen (Abbildung 16.4).

Quellen-Produkt-Spreads *(Source-Product Spreads)*
Zwischen einem Rohstoff und einem oder mehr seiner Erzeugnisse. Beispiel: Rohöl Februar long, bleifreies Benzin Februar short, Heizöl Februar short. Dies sind erweiterte Versionen der Spreads zwischen Rohstoffen, in denen der Händler im »Geschäft« sein kann –

Abbildung 16.3 Spread Rind Februar-Kontrakt – Schwein Februar-Kontrakt

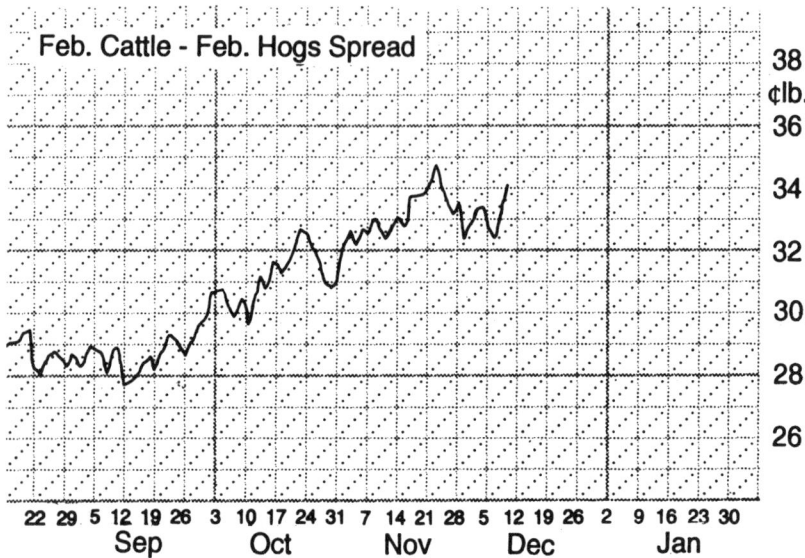

Quelle: Commodity Price Charts

Abbildung 16.4 Spread Weizen März-Kontrakt – Mais März-Kontrakt

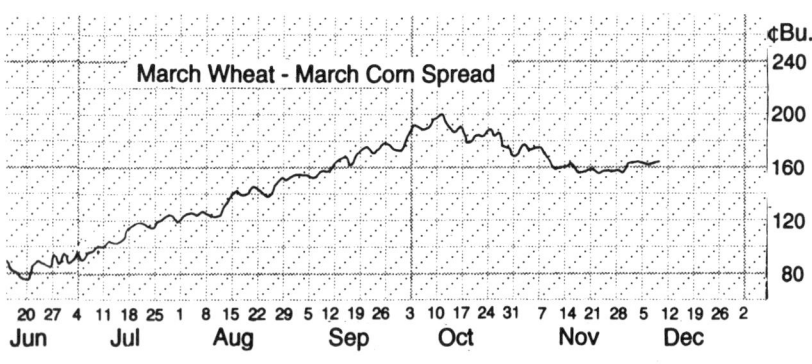

Quelle: Commodity Price Charts

auf dem Papier. Obwohl die Mathematik ein bisschen unhandlich zu sein scheint, sind diese Spreads hervorragende Kandidaten für Tabellenkalkulations-Programme und einfache Graphiken – Sie geben nur die neuen Werte jeden Tag ein. Einige der bekannteren Spreads in dieser Gruppe umfassen:

Soybean Crush/-reverse Soybean Crush – Dies ist der älteste und wahrscheinlich bekannteste Spreadtyp, da seit vielen Jahren auf beiden Seiten des Geschäfts Futures gab und da es im Kern das Sojabohnen-Verarbeitungs-Geschäft widerspiegelt. Wenn die Preise für Sojabohnen-Mehl und -Öl relativ zu Sojabohnen attraktiv sind, werden sich die Verarbeiter wahrscheinlich absichern. Wenn die Preise für Sojabohnen-Erzeugnisse zu niedrig sind, oder der Sojabohnen-Preis zu hoch ist, um Gewinn zu machen, werden die Verarbeiter bei einem Verlust nicht mehr sehr lange Sojabohnen zerquetschen. Diese Einflüsse sorgen dafür, dass die ökonomischen Beziehungen marktgerecht bleiben und diese Spreads funktionieren.

Sie müssen eine gewisse Kenntnis der Grundlagen haben, um die Technische Analyse dieses Spreads zu verstehen. Eine 60-Pfund (1 pound = 453,59 Gramm) Scheffel Sojabohnen liefert einen Ertrag von grob 47-48 Pfund Sojabohnen-Mehl und 10,5-11 Pfund Sojaöl. (Diese Zahlen können von Jahr zu Jahr – abhängig von der Qualität der Ernte und anderen Faktoren – variieren. Deshalb wird jede Rechnung, die Sie machen, Schwankungen zulassen müssen.) Mit dem aktuellen Kurs können Sie errechnen, wie hoch der Gegenwert jeder dieser Bestandteile pro Scheffel Sojabohnen ist. Hier ist ein Beispiel:

	Sojaöl	Sojamehl
Preise	27 Ct/lb	$ 160 pro Tonne
Ertrag	10,8 lb/Scheffel	48 lb/Scheffel
Wert	$ 2,92/Scheffel	$ 3,84/Scheffel
		($160/2000 lb.= 8 Ct/lp*48)
Gesamtwert	$ 6,76/Scheffel	

Nehmen Sie an, dass der Preis eines Scheffels Sojabohnen zur selben Zeit bei 5,75 Dollar lag. Die Differenz von 1,01 Dollar je Scheffel ist Verarbeiter-Margin oder Crush Margin. Wie bei den meisten Spread-Geschäften, lautet die Schlüsselfrage »Was ist ›normal‹?« Wie der Januar-Crush-Chart (er vergleicht die Januar 1995 Futures für Sojabohnen, Mehl und Sojaöl) zeigt, liegt der Abstand am oberen

Abb16.5 Januar-Crush-Spread

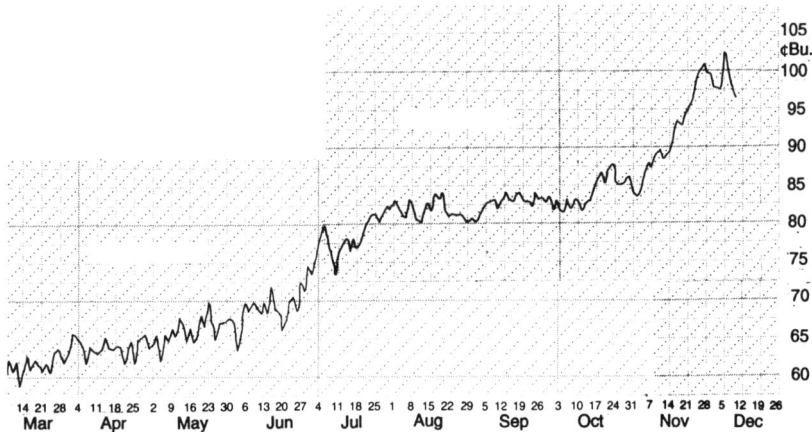

Quelle: Commodity Price Charts

Rand (Abbildung 16.5). Das deutet an, dass die Verarbeiter daran
interessiert sein dürften, diese hohe Spanne durch den Verkauf von
Erzeugnis-Futures und Kauf von Sojabohnen-Futures abzusichern.

Aber dieser Chart illustriert auch, wie die Nachfrage für ein oder
zwei Erzeugnisse den Spread viel stärker ausweiten kann, als Sie
erwarten konnten. Das macht aus einem typischen Crush Spread
eine kostspielige Sache. In dieser Situation erreichten Sojabohnen
und Sojabohnen-Mehl im Mai bis Juni ihren Höhepunkt und drifte-
ten dann nach unten zu ihren *Erntetiefs*. Die Sojaöl-Preise aber
erreichten auch im Mai bis Juni ihren Höhepunkt und fielen, erhol-
ten sich dann aber im Herbst bis zu den früheren Spitzen. Mit der
Nachfrage nach Sojaöl stieg der Wert auf der Erzeugnis-Seite an und
mit dem Überfluss an verfügbaren Sojabohnen, sahen sich die Prozessoren keinem großen Druck ausgesetzt, sich abzusichern, um diesen Spread auf das »Normalmass« zu verengen.

Das macht den Crush-Spread für den durchschnittlichen Händler
ein bisschen riskanter. Der umgekehrte Sojabohnen-Crush-Spread
ist zuverlässiger. Ein gesundes Gefühl für das Geschäft legt nahe,
dass der kombinierte Wert von Mehl und Sojaöl in einem Scheffel

von Sojabohnen immer größer sein sollte, als der Preis für einen Scheffel von Sojabohnen plus eine gewisse Spanne, die der Verarbeiter haben muss, um die Kosten zu decken. Verarbeiter wären nicht sehr lange im Geschäft, wenn das nicht zuträfe. Wenn ihre Gewinnspanne zu gering wird, können Sie darauf wetten, dass sie dafür sorgen werden, dies zu korrigieren.

Aber was bedeutet »zu gering«. Das ist der Punkt, wo die historische Analyse Ihnen helfen wird. Wo in den 70er-Jahren 20 Cents je Scheffel angemessen gewesen sein könnten, dürfte das Minimum in den 90ern bei 50 Cent je Scheffel liegen, um die höheren Energie-, Arbeits und anderen Betriebskosten zu decken. Das wird variieren, während sich die Zustände ändern. Wenn der Spread aber beginnt, die Verarbeiter zu sehr auszuquetschen, ist es vielleicht an der Zeit für den umgekehrten Sojabohnen-Crush – die Erzeugnisse kaufen und die Sojabohnen verkaufen.

Ein umgekehrtes Sojabohnen-Crush-Geschäft kommt nicht alle Tage vor oder vielleicht noch nicht einmal jede Saison. Wenn es aber vorkommt, wird es Sie wahrscheinlich trösten zu wissen, dass die Prozessoren in dieselbe Richtung agieren, die Sie gerade handeln, um den Spread in Ihre Richtung zu bringen.

Eines der Probleme, die Sie mit dem Crush- oder reverse Crush-Spread haben, ist es, ein präzises Gleichgewicht in den Terminmärkten zu erhalten. Ein Sojabohnen-Kontrakt der Chicago Board of Trade ist 5000 Scheffel auf einer Seite des Geschäfts schwer. Auf der anderen Seite bezieht sich der Sojabohnen-Mehl-Kontrakt auf 100 Tonnen oder das Äquivalent von ungefähr 4200 Scheffel Sojabohnen und der Sojaöl-Kontrakt ist 60.000 Pfund oder das Äquivalent von etwa 5560 Scheffel von Sojabohnen wert (noch einmal – das variiert je nach der Ausbeute von Mehl und Öl pro Scheffel Sojabohnen). Benutzt man nur einen Kontrakt von jedem, gäbe es immer noch eine offene Flanke.

Es sei denn, sie benützten Mini-Kontrakte der MidAmerica Commodity Exchange, um Ihre Position zu verfeinern. Sie müssten eine

Kombination aus zehn Kontrakten Sojabohnen, 12 Kontrakten Sojabohnen-Mehl und neun Kontrakten von Sojabohnenöl haben, um
ein fast genaues Gleichgewicht wie bei der CBOT zu erreichen.

Der Blick auf die Dollar-Werte jeder Seite dieses Pakets mag vielleicht ein besserer Weg sein, um Handels-Gelegenheiten zu sehen,
als der Blick auf die typischen Cents-je-Scheffel-Werte. Wenn Sie die
Kurse oben benutzen, würden Sie auf der einen Seite 50.000 Scheffel zu 5,75 Dollar je Scheffel oder einen Gesamtwert von 287.500
Dollar haben. Auf der anderen Seite ergibt der Wert der Mehlkon-
trakte von 192.000 Dollar (100 Tonnen*160 Dollar*12) zuzüglich
des Wertes der Sojaöl-Kontrakte von 145.800 Dollar (60.000
Pfund*27 cents*9) insgesamt 337.800 Dollar. Die Differenz beträgt
50.300 Dollar.

Historisch gesehen erscheinen die Zahlen, egal ob Sie auf 1,01 Dollar
je Scheffel oder 50.300 Dollar für das typische Crush-Spread-Paket
schauen, hoch und potentiell attraktiv für einen Sojabohnen-Crush-
Spread. Aber liegen sie ausreichend außerhalb der Grenzen liegen,
um profitabel zu handeln? Das muss sich aus Ihrer Spread-Analyse
ergeben.

»Paper refinery » – »Auch Sie können ein Ölmann sein!« ein
Werbestreifen könnte erklären, was als »Crack-Spread« bekannt ist.
Die Grundlagen dieses Spreads sind wie die des Sojabohnen-Crush-
Spreads oben – ein Rohmaterial (Rohöl) wird in Erzeugnisse (Heiz-
öl und Benzin) verarbeitet und für alle drei gibt es Terminkontrakte.
Aber der Crack-Spread, der als klassischer Indikator von Beziehun-
gen im Energiemarkt betrachtet wird, ist ein bisschen komplizierter.
Sie müssten wiederum ein gewisses Hintergrundwissen haben, um
mit Ihrer Technischen Analyse dieses Spreads zu beginnen.

Erstens gibt es verschiedene Arten und Klassen von Rohöl. Die
bedeutendsten Terminkontrakte laufen auf West Texas Interme-
diate- (New York Mercantile Exchange) und Brent- (International Petroleum Exchange) Rohöl, aber das ist nicht der gesamte
Ölmarkt.

Zweitens kann – basierend auf den Rohölarten, der Marktnachfrage oder anderen Faktoren – die Aufgliederung der Rohmaterialien in Erzeugnisse variieren.

Sicher, auf dem Papier bräuchten Sie sich über solche Details nicht übermäßig zu sorgen. Aber Sie teilen ein Anliegen mit wirklichen Raffineriebetreibern, das Sie vielleicht direkter betrifft, als diese: Öl (und alles, was mit ihm zusammenhängt) neigt dazu, ein extrem sensitiver und volatiler Rohstoff zu sein, wenn es zu bestimmten politischen Ereignissen, Störungen aufgrund des Wetters oder im Schiffsverkehr oder Produktionsunterbrechungen usw. kommt. Unerwartete Abweichungen scheinen fast die Norm zu sein, was aus dem Energiesektor einen Schauplatz ständiger Sorge macht, wo es selbst die am besten durchdachten Crack-Spread-Programme »zerreißen« könnte.

Wie bei dem Sojabohnen-Crush definiert der Crack-Spread einen Wert, der durch einen Veredelungsvorgang hinzugefügt wird. Behalten Sie im Gedächtnis, dass es da viele Unterschiede geben könnte. Einen Barrel Rohöl teilt man zu ungefähr 50 Prozent in bleifreies Benzin und zu etwas weniger als 25 Prozent in Heizöl, zum Rest in andere Produkte wie Brennöl, Flugbenzin, Naphtha, Butan und Asphalt auf.

Etliche Crack-Spread-Kombinationen sind – abhängig von den Produkten – denkbar, aber der Traditionelle ist der 3-2-1-Spread: Drei Barrel Rohöl gegen zwei Barrel Benzin und einen Barrel Heizöl. Ein 2-1-1-Spread ist ebenfalls gebräuchlich und mag auf den ersten Blick leichter zu berechnen sein.

Rohöl wird in Dollar pro Barrel bewertet und die Produkte in Cents pro Gallone (3,7853l, d. Ü.). Zum Vergleich übertragen Sie den Ölpreis von Barrel zu Gallone durch Division durch 42 (Gallonen in ein Barrel). Wenn Sie den 3-2-1-Spread benutzen – hier ist die Formel:

Crack-Spread=(((2*Benzin-Kurs)+Heizölkurs)-(3*(Rohölkurs/42)))/3)

Wenn der Kurs für bleifreies Benzin 54 Cents je Gallone beträgt, der für Heizöl 52 Cents je Gallone und der für Rohöl 18 Dollar je Barrel, ist der Crack-Spread:

$$((1{,}08 \text{ Dollar} + 52 \text{ Cent}) - (3 * 43 \text{ Cents}))/3$$
$$1{,}60 \text{ Dollar} - 1{,}29 \text{ Dollar} = 31 \text{ Cents}/3 = 10{,}3 \text{ Cents je Gallone}$$

Oder, wenn Sie Barrels bevorzugen, können Sie den Preis des Produkts mit 42 multiplizieren, um Dollar je Barrel zu erhalten oder Sie multiplizieren die Zahl 10,3 Cent mit 42, um 4,326 Dollar je Barrel zu bekommen (die wie der Crack-Spread ist, der in Abbildung 16.6 gezeigt wird).

Abbildung 16.6 Februar Crack-Spread (3:2:1)

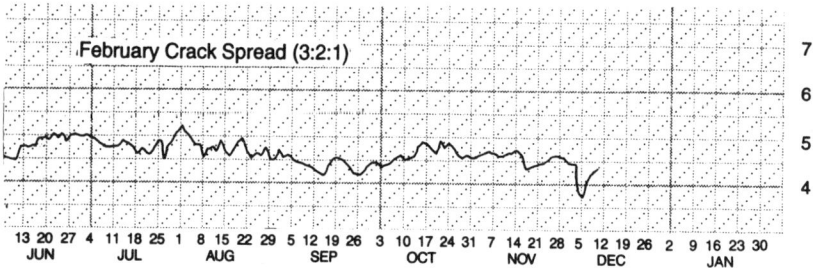

Quelle: Commodity Price Charts

Nun sind Sie bereit für die Frage, die für alle Spreads gilt: Ist dieser Kurs bei den gegenwärtigen Umständen »normal«? Wenn der Preis für Rohöl zwei Dollar je Barrel hochgehen sollte und die Erzeugerpreise stabil bleiben, würde der Crack-Spread bis 5.6 Cents fallen. Wäre das »zu tief«, um die Raffineriebetreiber zu ermutigen, das Produktionsniveau beizubehalten.

In den frühen 90er-Jahren betrachtete man vier Cents je Gallone im Durchschnitt als kostendeckend (oder, mit 42 multipliziert, 1,68 Dollar je Barrel). Um Gewinne zu machen, für das übernommene Risiko usw. möchten die Raffineriebetreiber natürlich etwas mehr haben.

Als »Ölmann«, was sieht für Sie »richtig« aus? Wenn Sie die Beziehungen innerhalb des Meister-Spreads analysieren, werden Sie Handels-Gelegenheiten erkennen. Aber Sie werden mit dem übereinstimmen wollen, was die »wirklichen« Raffineriebetreiber Ihnen erzählen.

»Paper feedlot« – Statt Ölmann wollten Sie vielleicht schon immer »Viehzüchter« sein. Aber die Aussichten Dünger zu schippen, am frühen Morgen lästige Hausarbeit zu leisten und gefrorene Wasserläufe aufzutauen, können Sie nicht begeistern. Gut, Sie können sich Ihren Traum doch noch erfüllen, indem Sie ein »Viehzüchter« in den Terminmärkten werden. Aber es ist nicht leicht. Ein Problem ist, dass Sie die Produktion nicht verlangsamen oder stoppen können, oder die Roh- oder Endprodukte nicht so einfach lagern können, wie Sie es bei den vorherigen zwei Spreads konnten.

Terminkontrakte gibt es für die Basis-Bestandteile Viehfutter, Mais, Sojabohnen-Mehl und lebendes Rind Schweine. Da diese nicht im selben Monat und nicht in derselben Größe verfügbar sind, bedarf es einiger Manöver und eines schlauen Timings, um »Bestände« aufzubauen und Ihre »Herde« zu liquidieren. Und natürlich werden dabei nicht alle Faktoren berücksichtigt, mit denen diese Spekulanten zu tun haben wie Tierarzt-Rechnungen, Tod, Zinssätze usw.

Wenn Sie über diesen Spread ernsthaft nachdenken, werden Sie mehr Berechnungen anstellen müssen, um Ihren Futterbedarf, die Gewinnschwelle, die Kauf- und Verkauf-Zeitpunkte usw. zu bestimmen. Doch hier sind die Grundlagen. Nehmen Sie an, Sie »fütterten« ein 650-Pfund-Rindvieh auf ein 1050 Pfund schweres Tier hoch. Wenn Sie einen November-Futter-Kontrakt (50.000 Pfund) kaufen, haben Sie ungefähr 77 Köpfe. Wenn Sie sie in fünf Monaten aufpäppelten, werden Sie das Äquivalent von zwei Terminkontrakten auf lebendes Rind (einen 40.000-Pfund-Kontrakt) haben. Sie werden wohl Rind-Future im Apriltermin benutzen, um zu verkaufen.

Jedes Kalb wird um die 45 Scheffel Mais (insgesamt 3465 Scheffel für 77 Köpfe) und 215 Pfund Sojabohnen-Mehl (etwas über acht

Tonnen) innerhalb der fünf Monate dauernden Futter-Periode fressen. Ein Kontrakt Vieh-Futter genügt nicht für einen vollen Futurekontrakt Mais und ist weit von einem Sojabohnen-Mehl-Kontrakt entfernt. Wenn Sie hier ein Gleichgewicht erreichen wollen, werden Sie eine Änderung in mehrere Kontrakte vornehmen müssen. Sie würden etwa 920 Tiere füttern müssen und dabei über 12 Futter-Kontrakte benötigen, um einen kompletten Sojabohnen-Mehl-Kontrakt zu erhalten. Sie werden wahrscheinlich den Futter-Kontrakt im Dezember kaufen.

Um das Potenzial des Spreads zu beurteilen, bilden Sie die Gesamtsumme der Kontrakt-Werte auf der Kosten-Seite. Dann schauen Sie auf den Gesamtwert Ihrer Terminkontrakte für lebendes Rindvieh. »Echte« Viehzüchter können bestätigen, dass das, was Sie manchmal durch den Verkauf Ihres Viehs bekommen, weniger sein kann, als Ihre Kosten. Das ist auch auf dem Papier so. Dies ist ein komplizierter Spread, um ihn durchzuführen. Aber für Spekulanten ist es eine gute Art, den Markt so zu betrachten, wie es nur echte Viehzüchter in ihrem Geschäft tun.

Wenn Sie lieber Schweine »züchten«, können Sie ein ähnliches Programm aufbauen, indem Sie Terminkontrakte für lebende Schweine-Future auf der einen Seite benutzen und Mais- und Sojabohnen-Mehl auf der anderen. Allerdings gibt es (bislang) keinen Futurekontrakt für Ferkel-Futter, einem der bedeutendsten Kostenpunkte. Einige beobachten das Schweine/Mais-Verhältnis, aber das kann eine längere Periode dauern bis es sich wieder einpendelt.

Kapitel XVII

T ist saisonal

Viele Märkte zeigen saisonale Tendenzen – das heißt, sie tendieren dazu, in etwa während der selben Zeit des Jahres wegen eines Produktionszylus, Nachfrage-Einflüssen usw. zu steigen oder zu fallen. Obwohl saisonabhängige Muster besonders in landwirtschaftlichen Märkten auffällig sind, zeigen sie es überraschend auch in einigen anderen Märkten. Aber wie können Sie diese saisonalen Strukturen identifizieren, die so viele Märkte beeinflussen?

Wie bei technischen Indikatoren, könnten Sie sich an einen Dienstleister wenden, der Ihnen all die Antworten liefert, die Sie für Ihren Handel brauchen. Um Ihnen aber einige Einblicke über saisonale Muster zu geben, und wie diese zu interpretieren sind, schaut dieses Kapitel auf mehrere Ansätze saisonaler Analyse.

Index-Methode
Von Jake Bernstein

Jake Bernstein, der Präsident von MBH Commodity Advisors in Minnetka, Ill., machte sich zuerst in der Future-Industrie mit seiner Arbeit über Saisonalitäten, Zyklen und der Trading-Psychologie einen Namen. Natürlich entdeckte er die Saisonalität nicht selbst, tat aber vieles, um ihren Nutzen im Handel in mehreren Büchern und Artikeln des Commodities-Magazins *bekanntzumachen. Das Folgende stammt aus einem Artikel in der November-Ausgabe 1981. Er wird hier mit Erlaubnis wiederabgedruckt. Seitdem ist seine Forschung umfangreicher und anspruchsvoller geworden, was sich in 27 Büchern über den Handel niederschlug, und er wurde einer der bekanntesten Future-Händler.*

Eine Methode, um saisonale Muster zu entdecken, und vielleicht die elementarste aller Ansätze, ist die »Augapfel«-Technik. Sie bedeutet nichts weiter, als dass die Aktiencharts visuell untersucht werden, die eine ähnliche Zeitspanne über eine bestimmte Periode von Jahren abdecken.

Darauf aufbauend, kommen Sie zu einem Ergebnis über das, was normal oder typisch für die von Ihnen untersuchte Zeitspanne ist. Dies ist zwar der schnellste Weg, um die Saisonalität zu inspizieren, aber wenig akkurat und ungenau.

Sie kommen mit dem Aufbau eines normierten saisonalen Veränderungs-Index und einer prozentualen Vergleichs-Tabelle viel weiter. Diese können benutzt werden, um die Saisonalitäten auf vielen verschiedenen Gebieten, inklusive der Kassamärkte, der Future-Kontrakte, der Regierungs-Daten und selbst von Spreads, zu isolieren.

Um einen wöchentlichen saisonalen Kurs-Veränderungs-Index zu konstruieren, würde es Ihr erster Schritt sein, die wöchentlichen Schlusskurse jedes Kontrakts für so viele Jahre (wie möglich) zurück zu verfolgen, wie Sie untersuchen wollen.

Berechnen Sie den normierten Kurs für jede Woche durch die Umwandlung der wöchentlichen Rohdaten in einen standardisierten Kurs. Mit anderen Worten: Wandeln Sie den tiefsten wöchentlichen Schlusskurs eines Jahres in einen Zählerstand von Null und den höchsten wöchentlichen Schlusskurs eines Jahres in einen Zählerstand von 100 um. Das ist ein ziemlich einfacher, aber zeitaufwendiger Vorgang. Das Ziel ist es, die Wirkung sehr hoher oder niedriger Kurse in den vorgegebenen Jahren zu minimieren, da Sie hauptsächlich an Trends und nicht an der Größenordnung interessiert sind.

Um die Umwandlung zu vervollständigen, bestimmen Sie die Kursveränderung von einer Woche zur nächsten. Merken Sie sich: Um die Kurse der Reihe nach aufzustellen, benutzen Sie die letzte Handelswoche als Ausgangspunkt. Terminkontrakte beginnen den Handel jedes Jahr zu einer leicht unterschiedlichen Zeit. Deshalb ist Ihr bester Wegweiser die Woche, in der die Kontrakte auslaufen, da diese historisch ziemlich ähnlich liegen.

Bei dem nächsten Schritt bestimmen Sie die Anzahl von +,– und Null-Veränderungszeichen für jede angegebene Woche. Nehmen Sie beispielsweise an, dass die Woche Nummer 15 vor dem Verfallzeitpunkt des Kontraktes, im Laufe einer 15-Jahres-Zeitspanne elf Gewinne und vier Rückgänge im Vergleich zu Woche 16 zeigte.

Sie wissen nun, dass der Markt von Woche 16 bis 15 in Kursen gemessen gewonnen hat. Mit anderen Worten – der Bruch 11/15, ausgedrückt als prozentuale Wahrscheinlichkeit beträgt 73,3 Prozent. Das bedeutet, dass sich die Kurse in den vergangenen 15 Jahren über 73 Prozent der Zeit von Woche 16 zu Woche 15 höher bewegt haben. Dies ist ein wichtiges Stück Handelsinformation, insbesondere für den kurzfristigen Spekulanten.

Sie könnten danach die normalisierten Kursveränderungs -Ziffern von Woche zu Woche addieren. Dadurch erreichen Sie einen zu ermittelnden kumulativen Kurs-Trend. Dies wird durch die algebraische Addition der Zahl für jede Woche und die Ermittlung des

Abbildung 17.1

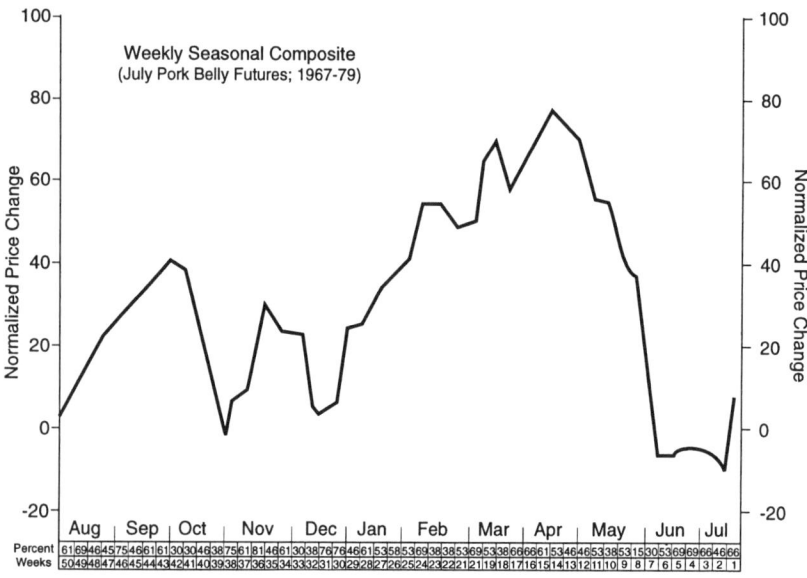

Quelle: MBH Commodity Advisors

arithmetischen Mittels gemacht. Dies liefert einen Kurs-Einstieg für jede Woche.

Diese Einstiege werden dann auf wöchentlicher Basis kumuliert und in einem Chart (Abbildung 17.1) dargestellt. Sie enden mit einem zusammengesetzten saisonalen Chart, der den (die) normalen Trend(s), die Kursbewegungen, ausgedrückt in einer normalisierten Größenordnung und einen wöchentlichen Wahrscheinlichkeits-Zählerstand von höheren oder niedrigeren Kursen, die auf den historischen Handlungen eines bestimmten Marktes basieren, zeigt. Sie könnten dieselbe Grundlagen-Analyse mit wöchentlichen Kassa-Daten oder Daten aus Regierungsberichten, so lange wie sie auf Wochenbasis verfügbar sind, durchspielen.

Merken Sie sich, dass der zusammengesetzte saisonale Chart und die Wahrscheinlichkeit der wöchentlichen Kursbewegung auf vergangenen Daten basieren und nicht unbedingt vorhersagen, was passieren wird. Sie sagen Ihnen lediglich, was – basierend auf der Performanz der Vergangenheit – wahrscheinlich geschehen wird.

Einige Händler messen inflationsbereinigten Indizes ein hohes Maß an Glaubwürdigkeit zu, und benutzen noch weitere Methoden. Nehmen Sie an, Sie wollten dieselbe Analyse inflationsbereinigt durchführen. Das wäre ein relativ einfacher Zusatz zu der Methode. Alles, was Sie tun müssen, bevor Sie die Roh-Daten in normalisierte Daten umwandeln, ist es, den Einfluss der Inflation abzuziehen. Machen Sie das, indem Sie die Inflationsrate für eine bestimmte Woche nehmen, diese mit Kurs-Zählerstand multiplizieren und diese Ziffer vom Wochenschlusskurs subtrahieren. Der neue Kurs (inflationsbereinigt) könnte dann in Ihrer Datenanalyse anstatt der vorherigen Rohdaten Verwendung finden.

Wie hoch sollte der Zählerstand gehen? Generell ziehe ich es vor, Zählerstände über 65 Prozent (Plus oder Minus) zum Trading zu benutzen – das heißt, den Markt, dessen Woche etwa zwei Drittel der Zeit in der Vergangenheit höher (oder niedriger) lag, als der der Vorwoche. Je höher der Zählerstand, desto wahrscheinlicher ist die Bewegung. Um das Timing zu maximieren, könnten Sie kurzfristige Handelssignale in Verbindung mit saisonalen Versionen, die einen hohen prozentualen Zählerstand aufweisen, verbinden.

▉ Computer-Auswahl

Von Steve Moore, Jerry Toepke und Nick Colley

*Ein Analyst, der in den vergangenen Jahren vielleicht mehr
Forschungen als irgendein anderer über saisonale Trends gemacht
hat, ist Steve Moore, der Präsident des Moore Research Center in
Eugene, Ore. Er hat den Computer bis zum Extrem benutzt, um
zuverlässige saisonbedingte Handelsmöglichkeiten herauszufiltern, ist dabei weit über die Rohstoffe hinausgegangen, die gerne
mit Saisonalitäten für Zinssätze, Währungen und anderen Märkten in Verbindung gebracht werden und die, oberflächlich betrachtet, keine Kandidaten für saisonales Trading zu sein scheinen.
Ich bin noch ein wenig skeptisch, einige dieser Bewegungen »sai-
sonal« zu nennen, insbesondere die, die nur ein paar Tage laufen
und sich wahrscheinlich nicht jedes Jahr in einem beständigen
Muster bewegen. Aber Moore's Research hat gezeigt, dass sie funktionieren. Das Folgende stammt aus einem Artikel von Moore und
zwei seiner Partner, der 1994 in der April-Ausgabe des Future-
Magazins erschien. Es wird hier mit freundlicher Genehmigung
abgedruckt.*

Bestimmte jährliche Angebots-/Nachfrage-Faktoren üben immer
wieder Druck auf die Kurse aus und erzeugen eine natürliche, fundamental begründete, saisonabhängige Beziehung. Außerdem können
saisonale Auswirkungen, wegen der sich jährlich wiederholenden
Preisaktivitäten, die sich in saisonale Tops, Böden und Trends übertragen, technisch analysiert werden.

Saisonale Studien bieten nicht nur eine Analysemöglichkeit zur Vor-
bereitung eines Trades oder zum besseren Verständnis eines Marktes. Sie können ferner mit fundamentalen und/oder technischen
Methoden gekoppelt werden, um eine umfassendere Perspektive
und Handelsansatz zu liefern.

Besser noch – der saisonabhängige Ansatz ist nicht auf Märkte
begrenzt, die direkt durch das Wetter beeinflusst werden. Obwohl
traditionell enger mit der Landwirtschaft verbunden, können sai-

Abbildung 17.2 Der Komet des Finanzbeamten – T-Bond-September-Kontrakt
15-Jahres Saisonal-Chart

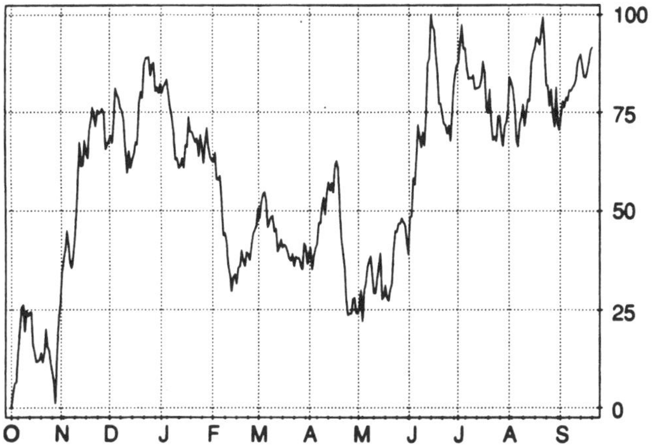

Quelle: Moore Research Center, Inc.

sonale Eigenschaften und Handels-Prinzipien in jedem Markt angewendet werden.

Zum Beispiel wirken sich jährliche Veränderungen des Wetters
offensichtlich auf die Heizöl-Preise aus. Aber es bedeutet zum Beispiel nur eine statistische Abweichung, dass der Beginn der bedeutendsten Schwächeperiode von T-Bond-Futures während des Jahres
gleichzeitig mit dem neuen Steuerjahr zusammenfällt? Welches
metereologische Ereignis, das sich jeden 15. April wiederholt, könnte solch ein ausgeprägtes Muster beim Handeln von Terminkontrakten auf langfristige Zinsen (Abbildung 17.2) verursachen?

Die Kurse bewegen sich sehr heftig, wenn sie verändernde Bedingungen innerhalb der Angebots-/Nachfrage-Gleichung antizipieren.
Dieses sich wiederholende Phänomen ist für den saisonalen Handels-
ansatz wesentlich. Er ist darauf ausgerichtet, die regelmäßig wiederkehrenden Trends zum Zeitpunkt des Entstehens zu erkennen und
auszunutzen sowie auszusteigen, bevor die Stimmung dreht.

Die Logik der zugrunde liegenden saisonalen Forschung beginnt mit
der Prämisse, dass in jedem einzelnen Markt jedes Jahr fundamen-

tale Faktoren auf die Kurse einwirken. Angebots-und Nachfrage-Faktoren – egal ob bei Immobilien, T-Bonds oder Sojabohnen-Futures – werden von Fundamentaldaten bestimmt. Einige von ihnen (Schuljahre, vierteljährliche Anleihe-Versteigerungen und Steuerfristen oder bestimmte Charakteristiken von Terminkontrakten wie Lieferung und Verfall) neigen dazu, sich in einer mehr oder weniger günstigen Art zu wiederholen und beeinflussen jedes Jahr die Kurse in höherem oder niedrigerem Ausmaß.

Um solche Reaktionen zu quantifizieren, müssen wir dafür empirische Beweise in einem grundlegenden Kurs-Muster finden. Wenn wir das erreichen, können wir die Saisonalität als eine Tendenz definieren, bei der sich ähnliche Kursbewegungen jedes Jahr zu einer bestimmten Zeit konsequent wiederholen.

Computer können ein saisonales Tages-Muster, das von historischen Tages-Aktivitäten abgeleitet wird, für jeden Markt und für vorher bestimmte Anzahl von Jahren mathematisch konstruieren. Um das historische Kursverhalten noch genauer zu beschreiben, wird jedem Kalendertag ein Wert zugewiesen, der symbolisiert, wo sein Kurs normalerweise im Vergleich zu der Schwankungsbreite des entsprechenden Jahres gehandelt wurde.

Wenn also der Kurs am ersten Kalendertag des Jahres 1 bei vier Dollar lag und er sich innerhalb der sich ergebenden Schwankungsbreite von zwei Dollar bis zwölf Dollar für das erste Jahr bewegt, wird ihm ein Wert von 20 (Prozent) zugewiesen (vier Dollar ist 20 Prozent vom Zwei-Dollar-Boden). Wenn am ersten Kalendertag im Jahr 2 der Kurs bei 16 Dollar notierte und in einer sich ergebenden Schwankungsbreite für dieses Jahr von acht und 24 Dollar lag, wird ein Wert von 50 zugeteilt. Das geht so weiter für jeden Kalendertag eins in jedem der benannten Jahre. Der Durchschnitt jener Werte wird dann für den ersten Kalendertag eins dargestellt. Der Prozess wird für jeden Tag des Jahres wiederholt.

Die Muster, die letztendlich gegen den numerischen Index dargestellt werden, reflektieren die historische Tendenz dieses Marktes an

Abbildung 17.3 15 Jahre saisonaler Kursverlauf Lebendes Rind April-Kontrakt

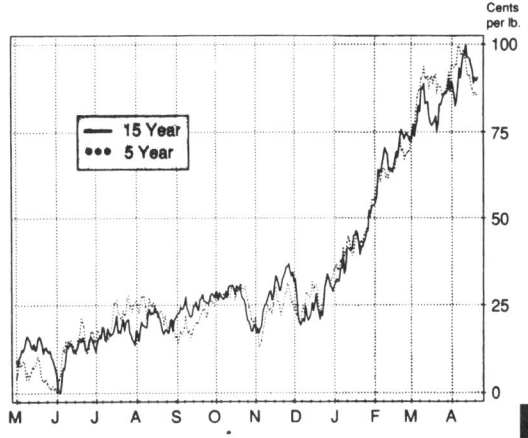

	Phase one: List of live cattle seasonals							
	Futures trade	Entry date	Exit date	Win %	Win years	Loss years	Total years	Average profit	Ave profit per day	Ave % dly mgn
1	Buy live cattle (CME) — April	1/06/93	2/08/93	93	14	1	15	825	24.27	3.60
2	Buy live cattle — April	1/08/93	2/22/93	93	14	1	15	1,007	21.88	3.24
3	Buy live cattle—April	1/08/93	2/24/93	93	14	1	15	1,053	21.93	3.25
4	Buy live cattle — April	1/08/93	3/08/93	87	13	2	15	1,291	21.52	3.19
5	Buy live cattle — April	1/08/93	3/25/93	80	12	3	15	1,403	18.22	2.70
6	Buy live cattle — April	1/20/93	2/25/93	80	12	3	15	939	25.37	3.76
7	Buy live cattle—April	1/23/93	2/08/93	93	14	1	15	706	41.52	6.15
8	Buy live cattle — April	1/23/93	3/10/93	80	12	3	15	1,214	25.84	3.83
9	Buy live cattle — April	1/23/93	4/15/93	80	12	3	15	1,565	18.85	2.79
10	Buy live cattle — April	1/24/93	2/17/93	93	14	1	15	663	26.54	3.93
11	Buy live cattle — April	1/24/93	3/10/93	80	12	3	15	1,104	23.99	3.55
12	Buy live cattle — April	1/31/93	4/11/93	80	12	3	15	1,347	18.98	2.81
13	Buy live cattle — April	2/12/93	4/15/93	80	12	3	15	986	15.65	2.32
14	Buy live cattle—April	3/04/93	4/09/93	87	13	2	15	528	14.27	2.11

	Final list of live cattle seasonals							
	Futures trade	Entry date	Exit date	Win %	Win years	Loss years	Total years	Average profit	Ave profit per day	Ave % dly mgn
3	Buy live cattle (CME) – April	1/08/93	2/24/93	93	14	1	15	1,053	21.93	3.25
7	Buy live cattle — April	1/23/93	2/08/93	93	14	1	15	706	41.52	6.15
14	Buy live cattle — April	3/04/93	4/09/93	87	13	2	15	528	14.27	2.11

Quelle: Moore Research Center, Inc.

einem bestimmten Zeitpunkt sein saisonales Hoch (100) oder saisonales Tief (0) zu markieren. Zwischen diesen zwei Punkten tauchen Trends und weniger bedeutende Hochs/Tiefs auf. Diese saisonabhängigen Muster veranschaulichen einfach den jährlichen Zyklus von steigender/fallender Nachfrage im Verhältnis zum Angebot

(Aufwärtstrends/Abwärtstrends) und die typischen Perioden größter und geringster Nachfrage (saisonale Tops/Böden).

Diese historischen Kurs-Muster zeigen nicht nur visuell typische Kursbewegungen, sondern zeigen auch Gelegenheiten auf. Verschiedene Zeitperioden innerhalb wichtiger saisonbedingter Trends könnten intensiver für genauere und historisch zuverlässigere Chancen bei Börsenengagements analysiert werden. Schauen Sie sich zum Beispiel die hervorgehobenen Abschnitte des saisonalen 15-Jahres-Musters für lebendes Rind im April-Termin an (Abbildung 17.3).

Mit einem Computer stellten wir eine Tabelle aller möglichen Strategien zusammen, die verschiedenen Minimalstandards genügten, um jede denkbare Kombination von Ein- und Ausstiegspunkten in einem bestimmten Zeitraum zu errechnen. Dazu gehörten jene, die wegen ihrer historischen Zuverlässigkeit (in diesem Fall 80 Prozent), dem durchschnittlichen Gewinn und der Zeitdauer entwickelt wurden. In dieser Start-Liste können wir die besten – und profitabelsten – Börsenengagements finden.

Das kann quer durch alle Märkte durchgeführt werden. Ein isolierter Ansatz, um auf Saisonalitäten zu handeln, erfordert wenig Zeit oder Erfahrung – nur die einfache Durchführung. Außerdem kann das methodische Handeln einer Reihe saisonabhängiger Strategien aus seiner Vielfalt (über ein breites Spektrum vom Märkten), seinem Gleichgewicht (zwischen long und short) und historisch begründeten Mustern einen Vorteil bieten, um die Netto-Risiken zu reduzieren, aber eine ausreichende Teilhabe in mehreren Markt-Trends zu gewährleisten.

Saisonales Research eignet sich für mehr als nur die systematische Ausführung von Strategien. Sie kann als Kontrolle eines weiteren Handels-Systems fungieren und die Schlussfolgerungen, die aus der technischen oder fundamentalen Analyse (oder umgekehrt) gezogen werden, bestätigen oder ihnen widersprechen. Sie kann ferner einen entstehenden Trend, der gegen jede Saisonalität abläuft (einer der dynamischsten Marktbewegungen), durch den Vergleich ungewöhnlicher Kursbewegungen mit der »Norm« aufdecken.

Beim Echtzeit-Handel kann die saisonale Analyse die Beschränktheit der reinen technischen oder der reinen fundamentalen Analyse kompensieren. Zu oft liefert die reine technische Analyse falsche oder missverständliche Signale. Die Saisonalität, die eine »Norm« darstellt, kann die technische Analyse in einem Markt dergestalt unterstützen, um die Berechtigung oder Tragfähigkeit eines technischen Signals besser zu bewerten.

Genauso fehlt es der reinen fundamentalen Analyse (selbst unter der Annahme richtiger und kompletter Datenversorgung) zu oft an dem Timing-Element. Das ist ein Problem, das mit dem Phänomen der Vorwegnahme bzw. Realisation verbunden ist. Saisonalität – an sich ein fundamentaler Faktor – kann einen Maßstab liefern, um das Timing der Veränderungen in der Angebots-Nachfrage-Gleichung einzuschätzen.

Ein Beispiel veranschaulicht eine analytische Top-Down-Technik (vom der Makro- zur Mikroökonomik) und verbindet saisonale Analyse mit einem technischen Handels-Ansatz.

Am 31. Dezember 1993 bot der CRB-Index (ein Warenkorb für verschiedene Rohstoffe, d. Ü.) auf monatlicher Basis folgendes technische Bild: Eine siebenmonatige Akkumulationsperiode mündete in einen potenziell bedeutenden Doppel-Boden. Es folgte der entscheidende Durchbruch dreier zunehmend wichtiger werdenden Abwärts-Trendlinien. Eine Inspektion von Wochen-Charts auf der Suche nach speziellen Hausse-Kandidaten innerhalb der CRB-Familie enthüllte bei Baumwolle eine gewaltige umgekehrte Kopf-Schulter-Formation – und einen entscheidenden Ausbruch über die Nackenlinie (Abbildung 17.4).

Springen Sie in dem Wissen um das Risiko in einen Trade rein, dass Baumwolle zu abrupten Bewegungen neigt? Das saisonale Muster von Baumwolle (siehe Tabelle) erinnert daran, dass Ausbrüche im

Abbildung 17.4 CRB-Futures auf Monats- und Schlusskursbasis

	Futures Trade	Entry Date	Exit Date	Win %	Win Years	Loss Years	Total Years	Average Profit
1	Buy cotton (NYCE) — May	1/28/93	4/23/93	87	13	2	15	1,330
2	Buy cotton — May	2/07/93	3/22/93	93	14	1	15	920
3	Buy cotton — July	2/22/93	5/13/93	80	12	3	15	1,287
4	Buy cotton — July	3/07/93	3/22/93	87	13	2	15	704

Cotton seasonals

Baumwolle auf Wochenbasis

Quelle: Moore Research Center, Inc.

Laufe eines Januars häufig Kaufgelegenheiten in Erwartung einer typischen saisonbedingten Rallye während des Frühjahrs waren.

In diesem Fall bestätigte die saisonbedingte Analyse die technisch bullischen »Makro«-Zeichen und legte nahe, dass der saisonabhängige Druck eine weitere Stärke, wenn nicht einen Anstieg der Baumwoll-Kurse unterstützte. Noch besser – dieser integrierte Ansatz bestärkte die reine technische Analyse durch die Verankerung in die typischen Angebots-/Nachfrage-Schwankungen.

Saisonalitäten nach Wochentagen

Sheldon Knight, der Präsident von *K-Data Inc.* in Sunnyvale, Kalif. befasst sich seit mehr als 30 Jahren mit der computergestützten Analyse von Aktien und Rohstoffen und hat Handels-Systeme gründlich getestet. Er benutzte einige derselben Techniken wie andere auch, um die besten saisonbedingten Engagements herauszufinden und testete alle möglichen Einstiegs- und Ausstiegspunkte mit historischen Daten. Aber ihm gefielen die Ergebnisse, die er bei der praktischen Anwendung bekam, nicht.

Anstatt ein Datum zu benutzen – 2. Januar, 3. Januar, 4. Januar usw. – entschied er sich den Wochentag zu testen – den ersten Montag im Januar, den ersten Dienstag im Januar usw. –, und er fand heraus, dass der Wochentag bei der Kursbewegung von Futures sehr wichtig sei.

»Zum Beispiel« berichtete er, »macht der Anleihe-Markt am ersten Freitag eines jeden Monats wenn der Arbeitsmarktbericht herausgegeben wird, häufig gewaltige Bewegungen. Der Kapitalanlage-Ausschuss eines großen Pensionsfonds trifft sich vielleicht auch am ersten Montag eines jedes Monats. Und die Händler werden häufig nur widerwillig Positionen über ein Wochenende halten. Deshalb sind die Aktivitäten an einem Freitag und Montag anders als die zur Wochenmitte.«

Seine Forschung hatte gezeigt, dass der Wochentag, an dem ein Engagement eingegangen wurde, einen großen Unterschied im Ergebnis eines Handelssystems machen konnte. Durch die Anwendung dieses Konzepts auf saisonbedingtes Handeln, entwickelte er den *K-Date timeline*. Um ihn zu berechnen, nehmen Sie einen bestimmten Tag – den zweiten Mittwoch im Juli, zum Beispiel –

und ermitteln die durchschnittliche Kursänderung für den zweiten Mittwoch im Juli über die vergangenen fünf Jahre (der zweite Mittwoch im Juli wird jedes Jahr an einem verschiedenen Datum liegen, aber der Schlüssel liegt darin, bei dem zweiten Mittwoch zu bleiben). Dann addieren Sie die durchschnittliche Kursänderung für die einzelnen Tage, um die Timeline zu erzeugen.

Beispiel: 1994 T-Bonds – Juni-Kontrakt, erste Mai-Woche

Fahren Sie für den ersten Mittwoch, Donnerstag, Freitag fort, um diese Fünf-Jahres-Durchschnitte zu bekommen:

2. Mai 1994 Erster Montag im Mai
3. Mai 1994 Erster Dienstag im Mai
Usw.

Kursänderung am ersten Montag im Mai:
3. Mai 1993 $ 1.250
4. Mai 1992 ($ 281.25)
6. Mai 1991 ($ 62.50)
7. Mai 1990 ($ 312,59)
Fünf-Jahres-Durchschnitt ($ 50.00)

Kursänderung am ersten Dienstag im Mai:
4. Mai 1993 $ 718,75
5. Mai 1992 $ 250,00
7. Mai 1991 ($ 93,75)
1. Mai 1990 ($ 93,75)
2. Mai 1989 $ 468,75
Fünf-Jahres-Durchschnitt $ 250.00

Fahren Sie fort mit dem ersten Mittwoch, Donnerstag und Freitag, um diese Fünf-Jahres-Durchschnitte zu erhalten:

Mittwoch $ 131,25
Donnerstag $ 56,25
Freitag $ 243,75

Timeline-Werte:
   2. Mai 1994 ($ 50,00)
   3. Mai 1994 $ 200,00
   4. Mai 1994 $ 331,25
   5. Mai 1994 $ 387,50
   6. Mai 1994 $ 631,25

(Siehe Abbildung17.5 bis 17.9 für die gezeichneten Werte für alle im Mai und für das gesamte Kontrakt-Jahr)

Mit diesen Timelines entwickelte Knight ein mechanisches Handels-System für T-Bonds. Wenn Sie zuerst den jährlichen Chart betrachten (Abbildung 17.5), bemerken Sie, dass die am besten vorhergesagte Long-Position in den späten August-Tagen 1993 eingegangen wurde und der Ausstieg um das Dezember-Ende erfolgte. Sie müssen die höher projizierten Kurse gegen Ende des Charts im Juni ignorieren, da sie nach dem First Notice Day (der erste Tag, an dem ein Verkäufer der Clearingstelle seine Absicht zur Lieferung eines auslaufenden Terminkontrakts mitteilen kann) kommen, als Sie noch keine Long-Kontrakte halten wollten. Das am besten vorhergesagte Short-Engagement lief seit Ende Dezember bis Anfang Mai.

Nun wenden Sie sich den monatlichen Timelines zu. Der August-Chart (Abbildung 17.6) zeigt den 27. August 1993 als das genaue Datum für den vorhergesagten Tiefpunkt, als Sie long gehen wollten. Der Dezember-Chart (Abbildung 17.7) zeigt den 23. Dezember 1993 als das exakte Datum für den Hochpunkt, als Sie aus dem Trade aussteigen. Sie gehen an diesem Tag außerdem eine Short-Position ein und stellen diese Position am 2. Mai 1994 (Abbildung 17.8) glatt. Knight betont, dass Sie diese saisonbedingten Engagements wegen des Wochentag-Effekts zum exakten Datum eingehen müssen.

Überprüfen Sie Ihren Langfrist-Chart (Abbildung17.9), um zu sehen, wie diese Trades ausgingen. Sie würden wahrscheinlich die Engagements auf der Long-Seite nicht gemocht haben, aber die Shorts entwickelten sich zu echten Gewinnern.

Abbildung 17.5 K-Data Timeline für Bonds Kontraktmonat 1994 und von Juli 1993
bis Juni 1994

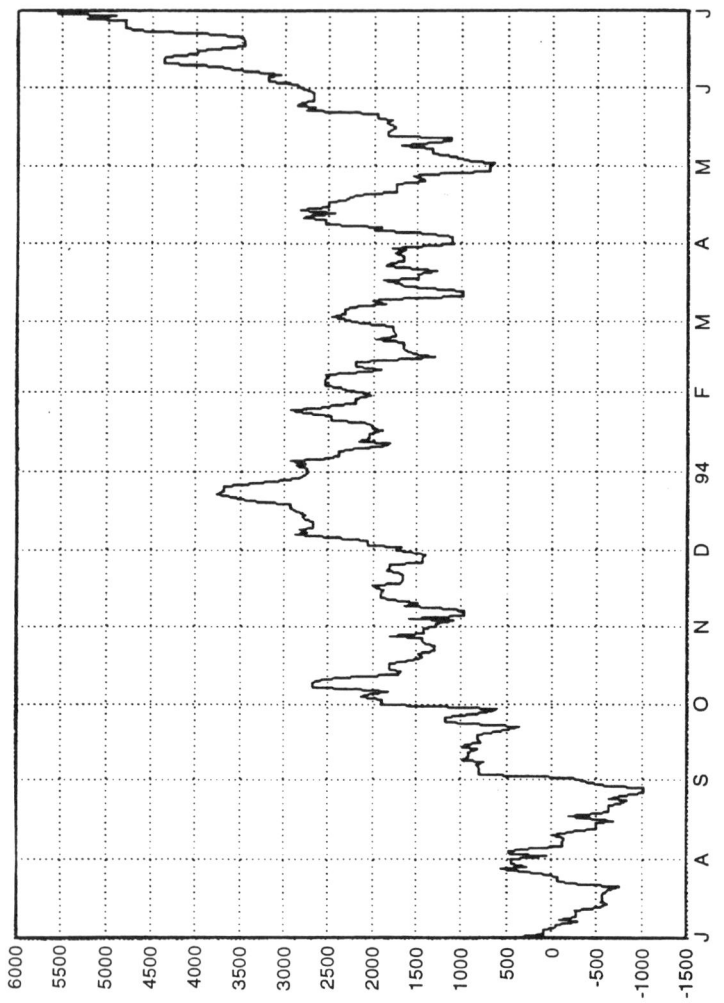

Quelle: K-Data Inc.

Da gibt es mehr über dieses System zu sagen als das, aber dies reicht,
um den Wochentag-Ansatz des saisonalen Handels zu veranschaulichen. Jedes Jahr wird neue Berechnungen für die vorherige Fünf-
Jahres-Periode erfordern und wahrscheinlich verschiedene Datums
erzeugen, um den richtigen Tag zu erwischen, aber Knights Ergebnisse zeigen, dass weitere Verbesserungen der saisonbedingten
Technik ziemlich profitabel sein können.

Abbildung 17.6 K-Data Timeline für Bonds Kontraktmonat Juni 1994 und
Dezember 1993 im Detail

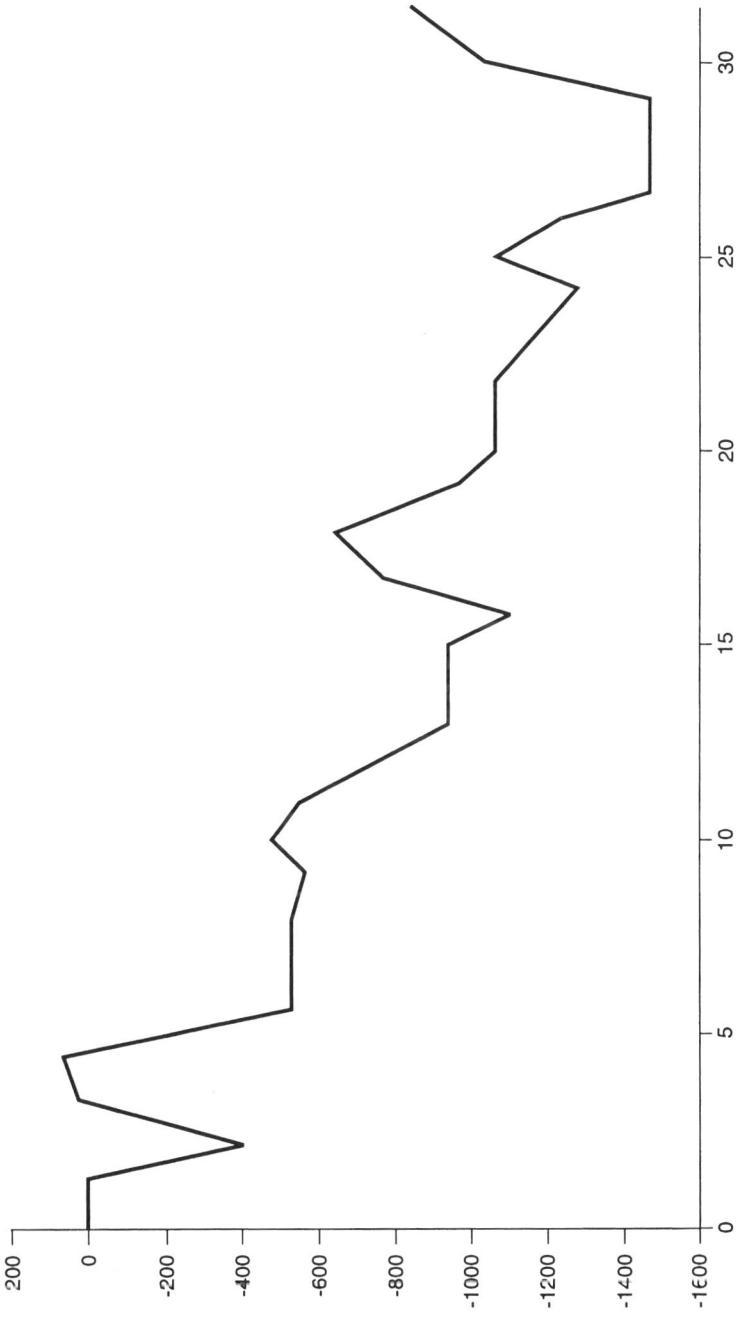

Quelle: K-Data Inc.

Abbildung 17.7 K-Data Timeline für Bonds Kontraktmonat Juni 1994 und
August 1993 im Detail

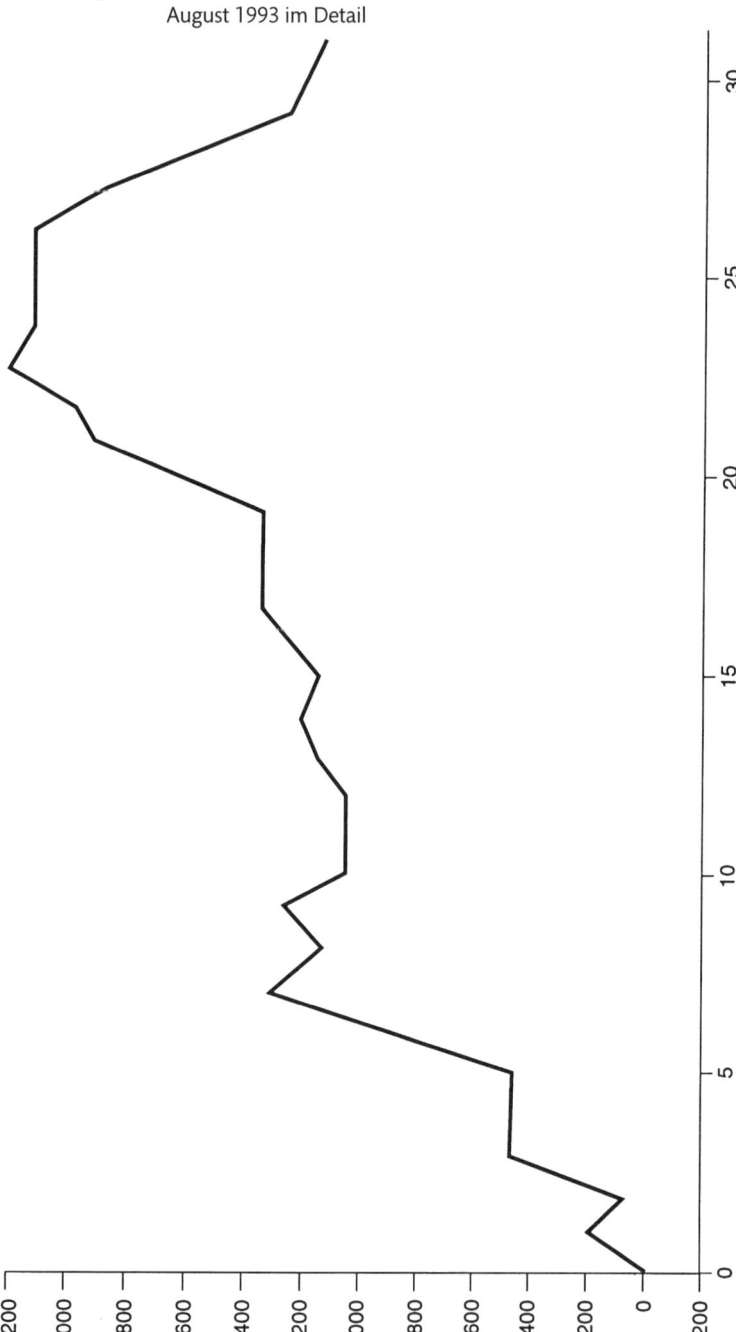

Abbildung 17.8 K-Data Timeline für Bonds Kontraktmonat Juni 1994 und Mai 1994 im Detail

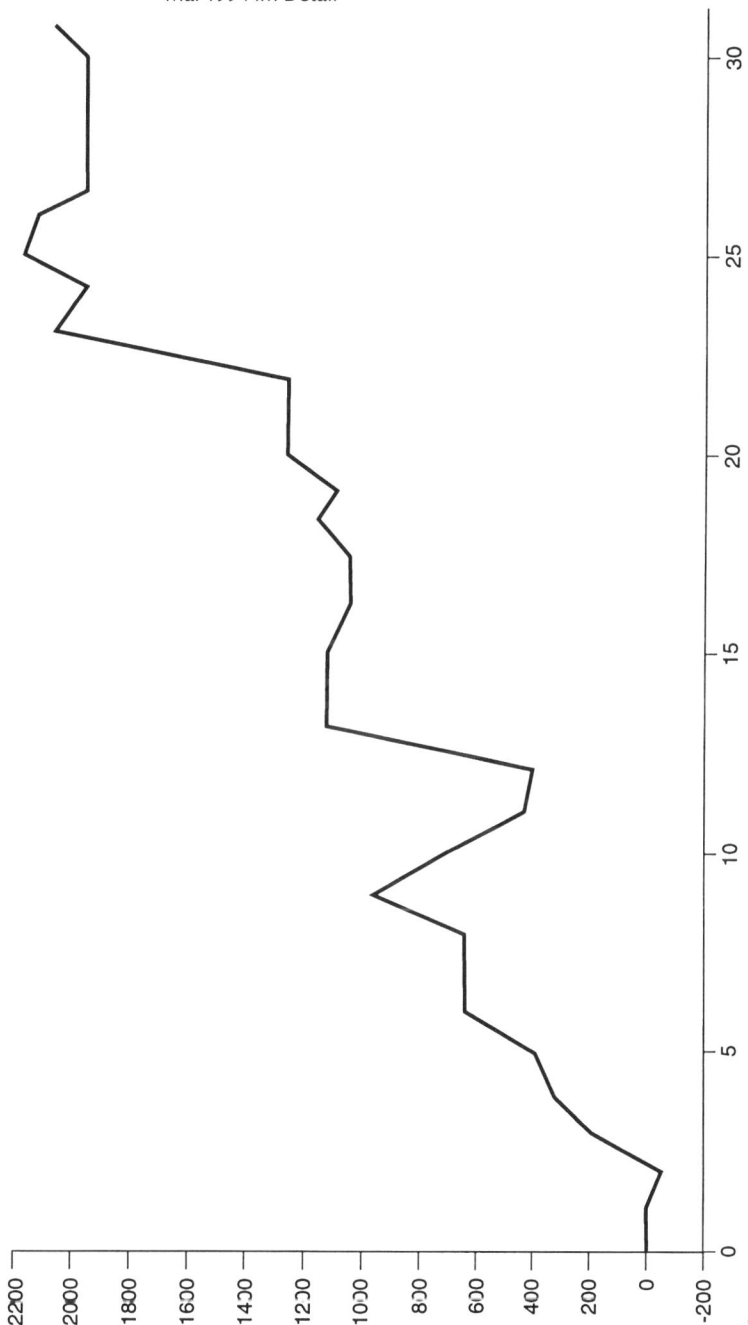

Quelle: K-Data Inc.

Abbildung 17.9 T-Bonds

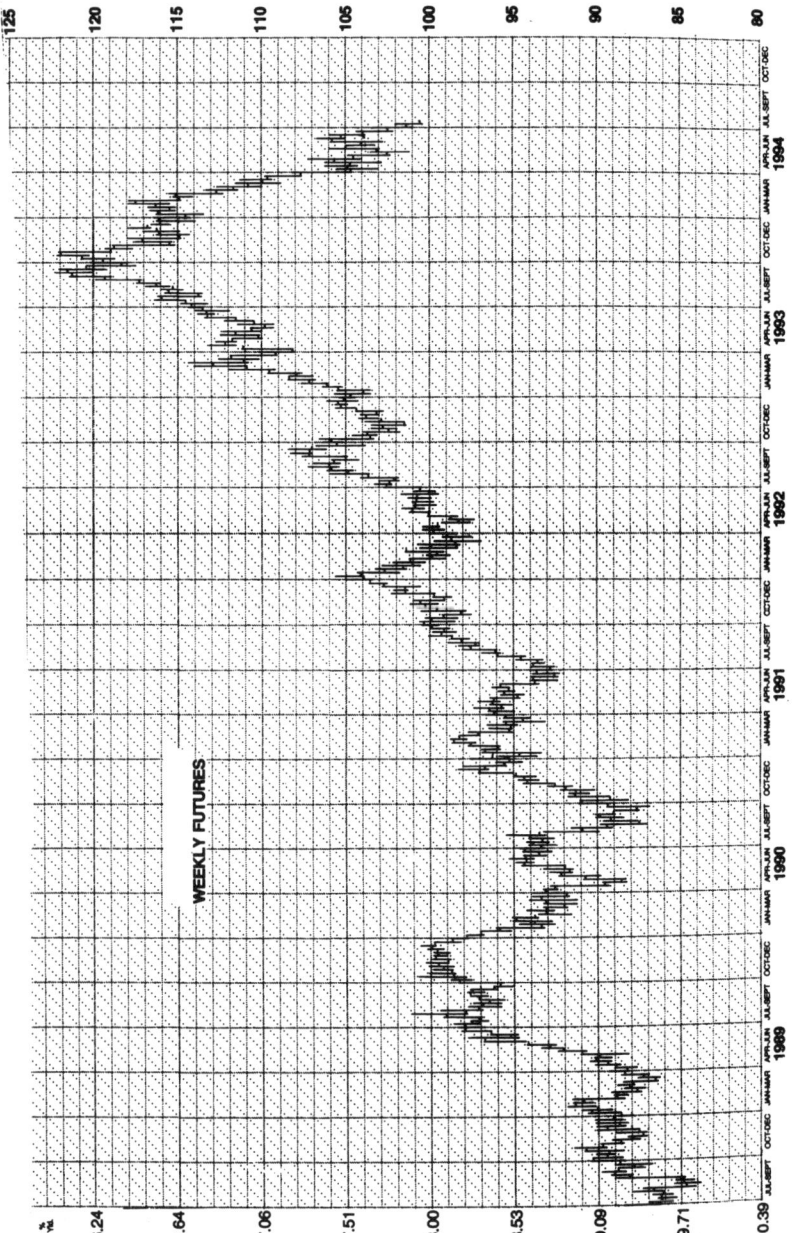

Quelle: Commodity Price Charts

Kapitel XVIII

Die Zyklen ausreiten

Wenn Sie auf irgendeinen traditionellen Rohstoff-Balkenchart einer beliebigen Zeitspanne schauen, bemerken Sie wahrscheinlich als erstes die hoch und runter laufenden Kurse. Sehen Sie ein bisschen genauer hin und Sie werden erkennen, dass sie es selbst innerhalb ausgeprägter Trends mit einiger Regelmäßigkeit tun. Wie wir früher zeigten, werden diese Schwankungen durch psychologische Stimmungsumschwünge der Marktteilnehmer verursacht. Aber sind diese Umschwünge etwas, was Sie erst nach der Kursbewegung herausfinden oder steckt irgendein großer Marktstruktur-Plan hinter der Kursentwicklung?

Obwohl es ein kleines Argument gibt, das die Kurse hoch unter runter gehen, erkennen einige überhaupt keine regulären Zyklen; andere sehen Zyklen in allem. Tatsächlich können die Zyklen-Verfechter Zyklen innerhalb von Zyklen innerhalb von Zyklen fast ohne Ende aufzeigen. Von der größten 500-Jahres-Klimaschwankung bis zu den winzigsten Bewegungen auf Tick-Charts.

Zum Beispiel können Sie mit einem Blick auf das große Bild häufig bedeutende politische Wenden aus 60 Jahren US-Geschichte parallel zu dem bestimmen, was woanders in der Welt passierte. Im späten 18. Jahrhundert war der Zyklus gegen die Vorherrschaft von Zentralregierungen gerichtet, wie es in der amerikanischen und französischen Revolution zum Ausdruck kam. Als die Stimmung ihren Siedepunkt erreichte, schien das Land im Chaos zu versinken. Die Krise um eine Verfassung, um das neue Land auf die Füße zu stellen, begann einen Pendelschlag bevor die Notwendigkeit einer Bundesregierung, die um 1800 begann, erkannt wurde.

Es gab Zyklen außerhalb vom Trend des größeren Zyklus, aber eine wachsende Zentralregierung bestand bis um 1860 bis zum Bürgerkrieg fort. In der Krise ging es damals um die Sklaverei, aber der Kampf ging ebenfalls um die Rechte der Staaten und aller Einzelpersonen, da einige glaubten, dass die Regierung ihre Grenzen überschritt.

Nach dem Krieg ging der Trend weg von der zentralisierten Kontrolle und hin zu privaten Unternehmen, die die Erschließung des Westens und das Wachstum von Industrien, die die Wurzeln von vielen heute bedeutenden Unternehmen bilden, förderten. Diese »freiere« Epoche führte zu wirtschaftlichem Wachstum, aber auch zu Missbräuchen im privaten Sektor und übertriebenen Spekulationen. Mit der nächsten Krise, der Großen Depression verfiel alles wieder.

1932 war das Land mit der Wahl von Franklin D. Roosevelt bereit, der Bundesregierung wieder eine stärkere Rolle zuzubilligen. (Es war nirgendwo eine besonders gute Periode für den Kapitalismus, private Unternehmen oder die Bürgerrechte im Allgemeinen, als weltweit mit der Sowjetunion und Deutschland als Hauptbeispiele die Regierungen an Dominanz gewannen) Dieser bedeutende Trend, inklusive kleinerer entgegen dem Haupttrend gerichteter Zyklen, dauerte bis in die 90er-Jahre.

Nun denken einige, dass die Wahl von 1994 das Signal gewesen sein könnte, dass eine neue Ära im Kommen ist, um die Rolle der Bundesregierung wieder zu reduzieren. Ob ein Kongress, der zum ersten Mal seit Jahren durch die Partei der Republikaner kontrolliert wird, den Gezeitenstrom wenden kann, bleibt abzuwarten. War eine Krise bedeutend genug gewesen, um zu einer Wende zu führen? Hat die Öffentlichkeit genug von der Einmischung in ihr Leben seitens der Regierung (Steuern, Umwelt- und andere Regelungen, die Gesetzgebung im Bereich der Bürgerrechte), um mit konkreten Schritten, die persönliche Opfer bedeuten, dagegen vorzugehen, um die Kontrolle der Regierung zu verringern? Verschiedene Länder brechen auseinander oder bekämpfen starke Zentralregierungen. Aber wird diese Einstellung auch die Vereinigten Staaten erfassen?

Das bleibt abzuwarten. Wenn die 90er-Jahre einen Wendepunkt markieren (das letzte Mal passierte das in den sechziger Jahren des 19. Jahrhunderts),so könnte dies der Beginn einer neuen Epoche mit weniger Staat, mehr privatem Engagement und verbesserten Aussichten für »reelle« Dinge, wie konkrete Rohstoffe an Stelle von »Papier«-Investitionen. Sie sollten jedoch beachten, dass – mit so wenigen Wiederholungen bis heute – die Stichhaltigkeit dieser Zyklen fraglich sein könnte.

Keiner dieser Umständen rechtfertigt für sich eine wirtschaftliche Abhandlung, sondern zeigt auf, dass es durchaus Zyklen auf einer breiten Skala geben kann und das dieser Teil Ihrer Marktanalyse sich mit dem wirtschaftlichen Klima zu der Zeit beschäftigen sollte, in der Sie handeln. Für einen Future-Händler liegt das Problem aber in der Größe eines Zyklus wie der Kondratieff-Welle (benannt nach dem Sowjet-Ökonomen, der eine wirtschaftliche Theorie entwickelte, die auf dem 60-Jahres-Zyklus basierte), die nicht viele gute Handels-Signale erzeugt. Sie kann vielleicht – plus zehn oder minus zehn Jahre – korrekt sein, aber für den Future-Händler ist sie kaum brauchbar. Das Klima ist wichtig, aber was ist mit dem heutigen Wetter?

Zyklen-Befürworter würden Kursbewegungen für jeden kleineren Zyklus analysieren, bis sie ähnlich der Elliott-Wellen-Analyse (siehe Kapitel 20) den Zyklus für die Zeitspanne definieren können, den sie handeln wollen. Aber obwohl Zyklen ein großartiges Werkzeug für das Timing zum Markteinstieg und -ausstieg zu sein scheinen, können Sie sich nicht nur auf Zyklen verlassen. Ein Elf-Jahres-Zyklus bei Rind oder ein Vier-Jahres-Geschäftszyklus erreicht seinen Tiefpunkt vielleicht einige Wochen oder selbst Monate vor oder nach dem vorhergesagten Ideal-Datum und kann noch innerhalb der Definition für den Zyklus liegen. Im Future-Handel können wenige Wochen einen großen Unterschied bedeuten.

Wenn Sie einen Kurschart nach Zyklen untersuchen, liegt der Schlüssel in der Entdeckung, wo sich die Kursbewegung immer wieder wiederholt und darin, das Intervall zwischen diesen ähnlichen

Mustern zu bestimmen. Der schwierigste Teil der Zyklenanalyse besteht darin, den Zyklus einfach zu erkennen. Wenn Sie einmal ein zyklisches Muster entdeckt haben, können Sie es als Ihr maßgebliches Kriterium zum Kauf oder Verkauf heranziehen. Es ist Ihr Timing- und Richtungsalarm, aber nicht Ihr Timing-Signal. Wenn Sie ein Engagement eingehen, sollten Sie andere technische Indikatoren betrachten.

Die Entdeckung von Kurs-Zyklen

Von Walter J. Bressert

Walt Bressert von HAL Commodity Cycles schrieb viele Artikel über Zyklen für das Commodities *Magazin Ende der siebziger und Anfang der achtziger Jahre. Er stellte zyklische Analyse-Techniken zum ersten Mal einer breiten Schicht einzelner Händler vor. Nun in Florida beheimatet, gibt er weiter einen Ratgeber heraus und entwickelt Programme, die auf Zyklen basieren. Obwohl es heute vielleicht ziemlich einfach aussieht, bietet das folgende Material eine fundierte Basis für jeden, der an der Zyklen-Analyse interessiert ist. Es enthält Informationen aus Artikeln, die in Commodities im Juli 1976 und Oktober 1980 erschienen. Es wird hier mit Genehmigung wiederabgedruckt.*

Alles in der Natur bewegt sich in Zyklen –, die saisonabhängigen Zyklen –, Nacht und Tag –, die Gezeiten, die mit vorhersehbarer Regelmäßigkeit wie der Vollmond auftreten. Jedes Jahr ziehen die Gänse Richtung Süden –, Tiere halten Winterschlaf –, Lachse schwimmen stromaufwärts, um zu laichen –, und alle drei Jahre schwimmen Lemminge in den Ozean.

Obwohl diese Zyklen klar sichtbar sind, sind viele andere Zyklen nicht so einfach feststellbar. Der Grund, dass diese Zyklen häufig nicht gesehen werden ist, dass die Wechselwirkung vieler großer und kleiner Zyklen, es schwer macht, die individuellen Zyklen zu erkennen. Aber wenn Sie alle Zyklen, die größer sind als derjenige, den Sie untersuchen, eliminieren, können Sie jeden individuellen Zyklus isolieren (detrending).

Um Kursdaten zu isolieren (detrend) wird ein Gleitender Durchschnitt derselben Länge wie der vermutete Zyklus in einem Chart mit den Kursdaten gezeichnet. Anstatt den Gleitenden Durchschnitt zum aktuellen Datum abzutragen, wird er zentriert oder in der Mitte der Zeitspanne, die benutzt wird, um den Gleitenden Durchschnitt zu errechnen, abgetragen. In Abbildung 18.1 sind die Kurse der letzten 20 Tage benutzt worden, um den Gleitenden Durchschnitt zu

Abbildung 18.1

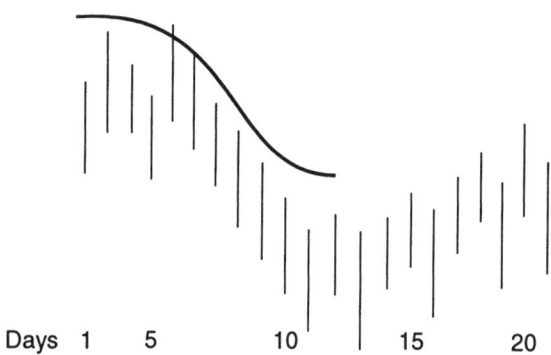

berechnen und der Gleitende Durchschnitt, der am 20. Tag errechnet wurde, wird am 10. Tag eingezeichnet. Der Gleitende Durchschnitt, der am Tag 15 (die vorherigen 15 Tage benutzend) berechnet wird, wäre am fünften Tag abgetragen worden.

Detrending-Methode
Nachdem der Gleitende Durchschnitt berechnet und zentriert worden ist, gibt es verschiedene Methoden des Detrending. Die einfachste ist es, den aktuellen Abstand der Kurse zum Gleitenden Durchschnitt abzutragen. Das hat den Vorteil, dass keine zusätzliche mathematische Berechnung verlangt wird, sobald der Gleitende Durchschnitt berechnet wird und die Distanz der Kurse vom Gleitenden Durchschnitt mit einem Lineal gemessen werden kann und für den einfachen Vergleich um eine Null-Linie direkt unter den Kurs gezeichnet wird, wie es in Abbildung 18.2 dargestellt ist. Die Entfernung der Kurse vom Zentrum des Gleitenden Durchschnitts AB wird gemessen und um die Gerade AB abgetragen. Das eliminiert den Einfluss von allen größeren Zyklen.

Diese Methode wird auch auf dem größeren Chart gezeigt (Abbildung 18.3). Die Durchschnitts-Linie schaut ein bisschen wie ein gewelltes Band aus; ziehen Sie es straff und die Tief- und Hochpunkte und die Zyklen treten sehr viel deutlicher hervor. (Siehe auch Kapitel 8 über Gleitende Durchschnitte, das zeigt, wie die Zentrums-Linie eines Gleitenden Durchschnitts benutzt werden kann, um

Abbildung 18.2

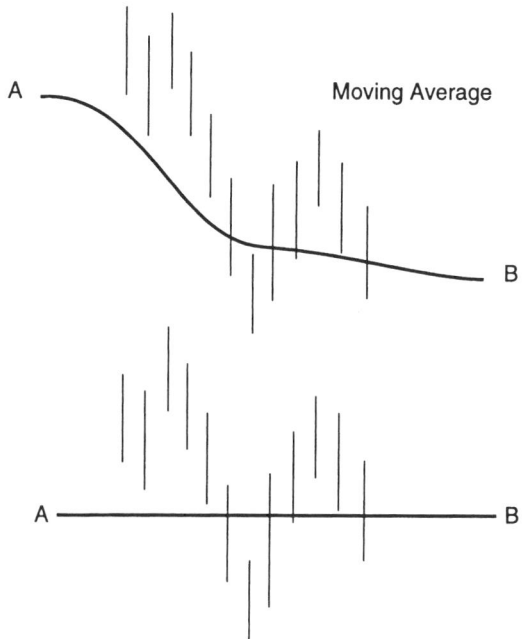

obere und untere Kanal-Linien oder -Bänder oder eine Hülle in ähnlicher Manier darzustellen.)

Außerdem können Sie Kurse durch die prozentuale Messung der
Distanz vom Gleitenden Durchschnitt (dividieren Sie die Kurse
durch den Gleitenden Durchschnitt) isolieren. Oder Sie können die
Kurse und den Gleitenden Durchschnitt in Logarithmen umwandeln
und auf logarithmischem Papier abtragen. Diese Methoden haben
den Vorteil der Beseitigung der breiten Verzerrungen, die durch die
großen Schwünge, die gewöhnlich bei hohen Kursen auftreten, verursacht worden sind. Sie haben aber den Nachteil, dass sie eine extra
Berechnung erfordern.

Der Aktionsplan

Zu wissen, dass Zyklen Kurse beeinflussen, ist eine interessante
Information, die aber in den Märkten nicht sehr viel Anwendung
findet, es sei denn, ein Rohstoff kann so analysiert werden, dass er

Abbildung 18.3

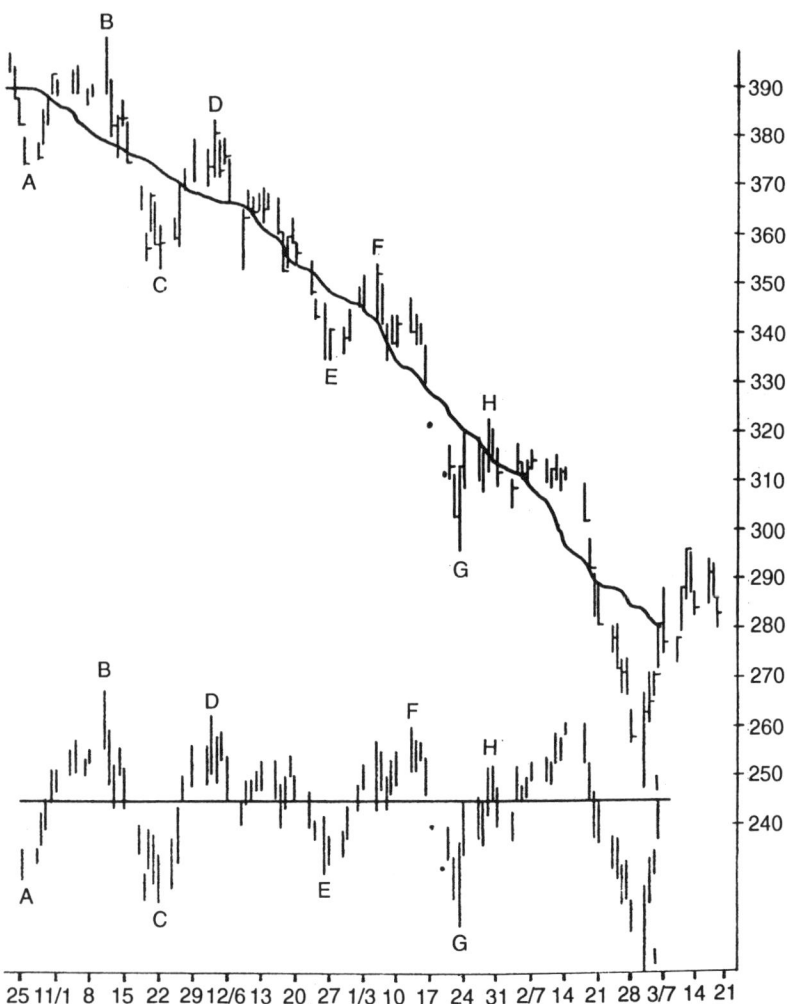

einen relativ genauen Hinweis der zukünftigen Kursbewegungen liefert. Zyklen können eines der mächtigsten Analyse-Werkzeuge zur Identifizierung und der Umkehr von Trends sein. Sobald ein Zyklus einen Boden gefunden hat, wird der Trend nach oben gerichtet sein, bis der Zyklus ein Top macht; Nachdem der Zyklus ein Top gemacht hat, wird der Trend nach unten gerichtet sein, bis der Zyklus einen Boden bildet.

Um einen speziellen Rohstoff zu analysieren, müssen Sie die vorherrschenden Zyklen, die sich auf die Kursbewegungen auswirken,
isolieren. Sobald diese dominanten Zyklen isoliert worden sind,
können durch die Kombination der Wirkungen der vorherrschenden
Zyklen Annahmen über die zukünftigen Kurse getroffen werden.
Kürzere Zyklen (wöchentliche und tägliche) können dann benutzt
werden, um genau zu bestimmen, wann langfristige Zyklen einen
Hoch- oder Tiefpunkt gefunden haben und wann man in einen
Markt hinein geht oder ihn verlässt.

Die zyklische Analyse von Terminmärkten nimmt an, dass – zu
irgendeinem Zeitpunkt – die dann verfügbaren aktuellen fundamentalen Informationen sich nur auf die gegenwärtige Kursstruktur
beziehen und dass sich die fundamentalen Neuigkeiten innerhalb
eines Zyklus ereignen werden, um die Kurse in die Richtung des
Zyklus zu bewegen. Um dieses Konzept auf längerfristige Zyklen
anzuwenden, müssen die aktuellen fundamentalen Informationen
ignoriert werden.

Das klingt vielleicht merkwürdig, aber überlegen Sie, dass einige der
größten Kurs-Bewegungen entstanden sind, als keine fundamentalen Informationen die folgende »Kette von Ereignissen« andeuteten
und die Kurse zwangen, sich so dramatisch zu bewegen. Das wird
nicht geschildert, um zu empfehlen, dass Sie aktuelle fundamentale
Nachrichten in Ihrem Handel ignorieren sollen, oder dass das Wissen um die Zyklen, die allein einen Rohstoff bewegen, Ihnen erlaubt,
den Kurs eines Rohstoffs in zwei Jahren zu kennen. Aber es wird
eine Zeitsequenz liefern, mit der sich künftige Kursziele innerhalb
und um jeden dominanten Zyklus bestimmen lassen.

Diese Planung schließt eigentlich die Analyse einer Folge von Zyklen
mit verschiedenen Zeitrahmen ein. Jeder Markt hat lang- und kurzfristige Zyklen. Langfristige Zyklen von zwei Jahren oder mehr legen
den langfristigen Trend eines Marktes fest. Saisonabhängige oder
jährliche Zyklen bestimmen den mittelfristigen Trend und ein
wöchentlicher Zyklus, der »Primär-Zyklus« genannt wird, determi-
niert den kurzfristigen Trend.

Abbildung 18.4

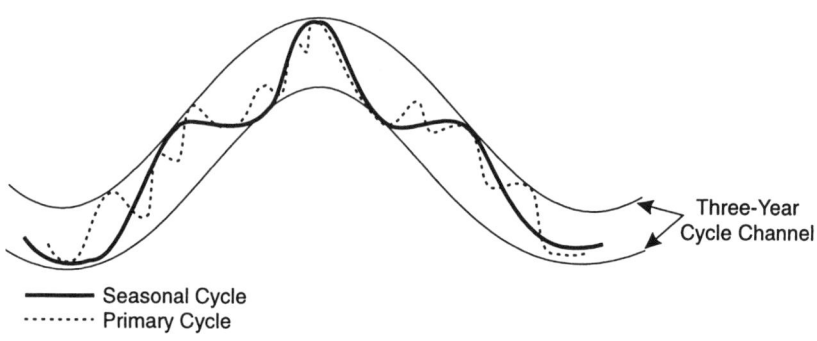

Three-Year
Cycle Channel

——— Seasonal Cycle
·········· Primary Cycle

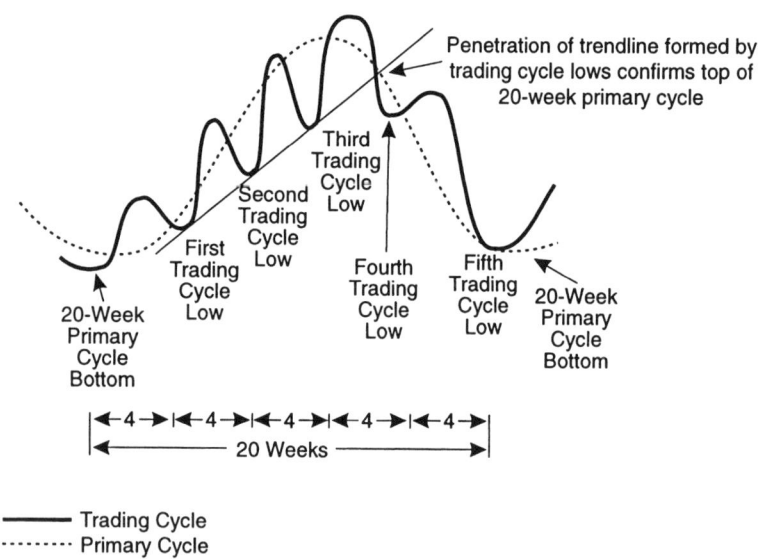

Penetration of trendline formed by
trading cycle lows confirms top of
20-week primary cycle

Third
Trading
Cycle
Low

Second
Trading
Cycle
Low

First
Trading
Cycle
Low

Fourth
Trading
Cycle
Low

Fifth
Trading
Cycle
Low

20-Week
Primary
Cycle
Bottom

20-Week
Primary
Cycle
Bottom

|←–4–→|←–4–→|←–4–→|←–4–→|←–4–→|
|←———— 20 Weeks ————→|

——— Trading Cycle
·········· Primary Cycle

Handels-Zyklen dauern im Schnitt 28 Tage oder vier Wochen bei
den meisten Rohstoffen. Sie können aber genauso kurz wie 21 Tage
bei Rind oder Gold oder genauso lang wie 44 Tage bei Weizen sein.
Der durchschnittliche 20-Wochen-Primär-Zyklus hätte ungefähr
fünf 28-Tage-Zyklen in sich (Abbildung 18.4).

Wann die richtige Zeit für einen Zyklus gekommen ist, ein Top oder
einen Boden zu bilden, helfen Trendlinien das Ende des längeren

Zyklus zu bestätigen. Wenn eine Trendlinie, die über die Tiefpunkte zweier Handelzyklen gezogen wird, durchbrochen wird (Abbildung 18.4), hat der nächst längere Zyklus, der häufig ein Primär-Zyklus ist, einen Hochpunkt gemacht. Die Verletzung einer Trendlinie über die Tops von zwei vorherigen Handels-Zyklen arbeitet ähnlich bei der Bestimmung, wann ein Primär-Zyklus einen Boden gemacht hat.

Natürlich können sich Zyklen für eine Zeit ausdehnen oder zusammenziehen oder selbst verschwinden, bevor sie später wieder auftauchen. In einer bullischen Situation neigen die Spitzen eines Zyklus dazu, später aufzutreten, als der ideale Zyklus das andeuten würde, während die Märkte weiter steigen. In einem Chart aufgezeichnet, liegen die Spitzen rechts vom Mittelpunkt des Zyklus, in etwas, das als »Rechtsausleger« (Abbildung 18.5) bezeichnet wird. In einer bärischen Situation, neigen die Spitzen dazu, früher zur linken des Mittelpunkts eines Zyklus zu kommen – »Linksausleger« –, während der fallende Teil des Zyklus sich ausweitet.

Zusätzlich zu dem 28-Tage-Zyklus können die kürzeren Zyklen –14-Tage, 7-Tage, 3 1/2-Tage –, bis zu einem Zyklus, der auf Minuten basiert – benutzt werden, um den Tag zu bestimmen, an dem der Trend umschlägt. In der Realität ist die Zyklus-Analyse natürlich komplexer, als dieses Idealbild. Viele andere Werkzeuge, einschließlich Chartmuster und Oszillatoren, werden gebraucht, um die zyklischen Tops und Böden zu bestimmen.

Abbildung 18.5

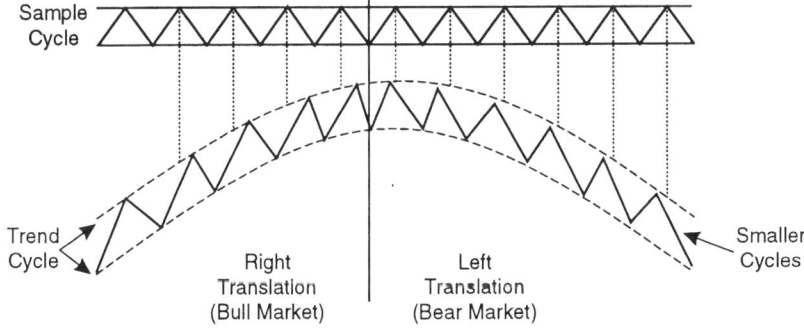

Kapitel XIX

Die Märkte miteinander verknüpfen

Von Glen Ring

Das vorherige Kapitel in diesem Abschnitt zeigt, dass Kurse häufig aus dem einem oder dem anderen Grund instinktiv in einem bestimmten Bereich notieren. Es unterstellt, dass diese Neigung, innerhalb einer Marktstruktur zu bleiben, die durch einen Spread, ein saisonbedingtes Muster oder einen Zyklus abgegrenzt wird, gut genug vorhergesagt werden kann, um bei den Handelsentscheidungen zu helfen.

Glen Ring nahm dieses Thema mit neuen Beobachtungen über die Beziehungen zwischen einzelnen Märkten, den Intermarket-Beziehungen auf, die miteinander verknüpft werden. Er schaut auf das große Bild und konzentriert sich auf die einzelnen Rohstoffe, mit denen getradet werden kann. Glenn ist Chefredakteur von *Trends in Futures*, einem wöchentlich erscheinenden technischen Informationsbrief, der von der *Oster Communications Inc.* in Cedar Falls, Iowa, herausgegeben wird. Er hat die Märkte seit mehr als 20 Jahren beobachtet und gehandelt.

Einzelne Märkte können als Teile eines gewaltigen Puzzlespiels gesehen werden: Jedes hat vielleicht eine besondere Form oder vage Markierungen. Doch wenn sie alle zusammengelegt sind, könnte das Gesamtbild des Marktes enthüllt werden.

Obwohl jeder Markt eine eigene Einheit ist, ist jeder auch ein Stück eines größeren Bildes. Folglich ist jeder Markt – zumindest in einem gewissen Ausmaß – mit dem Rest des Marktplatzes in Beziehung.

Einige haben vielleicht eine größere Gesamtwirkung als andere. Aber selbst der scheinbar unbedeutendste, unbestimmbarste Markt-Teil nimmt eine bestimmte Position in dem größeren Puzzle ein.

Über die Jahre und Jahrzehnte ist Geld von einem Investment-schauplatz zu einem anderen geflossen und wieder zu einem anderen und zurück und hinaus und so weiter. Dieses Kapitel konzentriert sich auf die einzigartige Position, die von einem eigentümlichen Objekt in diesem Gesamt-Marktplatz eingenommen wird: Der *Commodity Research Bureau (CRB) Futures Price Index*. Zeugenaussagen belegen, dass es gut sein könnte, dass er der Anführer der Rohstoffe ist.

Der CRB-Index ist ein geometrischer Durchschnitt von 21 Rohstoff-Terminmärkten. Die Teilbereiche umfassen Energie, Getreidesorten und Ölsaaten, internationale Nahrung und Fasern, Fleischsorten und Metalle. Obwohl er dazu neigt, stärker in die Richtung landwirt-schaftlicher Märkte gewichtet zu sein, könnte er der Dow Jones Industrial Average des physischen Rohstoff-Komplexes genannt werden. Aber wie Sie bald sehen werden, sind die Schlüsselbeziehungen zwischen den Märkten des CRB-Index nicht nur auf physische Rohstoff-Märkte begrenzt.

Bevor Sie über bedeutende Beziehungen zwischen Märkten weiter lesen, sollte man sinnvollerweise ein Wort darüber verlieren, wo oder wie diese Informationen im gesamten Analyse- oder Handels-programm nützlich sein könnten. Handel kann als ein aus mehreren Schritten bestehender Prozess gesehen werden. Ein Teil des Pro-zesses ist es, Gelegenheiten zu identifizieren. Beliebige Händler be-nutzen gewöhnlich irgendeine Form der Analyse – zumindest zum Teil –, die ihnen bei dieser Identifizierungs-Phase hilft. Das Ver-ständnis über die Beziehungen zwischen den einzelnen Märkten und der bedeutenden Rolle des CRB-Index könnte dabei helfen, bestimmte Handels-Chancen zu erkennen.

Außerdem kann die Rolle des Erkennens von Gelegenheiten in einem beliebigen Handel mechanisch, objektiv oder zuweilen sogar subjektiv sein. Da es die Rolle des Analysten ist, Chancen zu erkennen oder zu verstehen, wie Märkte funktionieren, ist ein gewisser Umfang an Subjektivität tolerierbar. Dies ist besonders dann legitim, wenn die Analyse bloß eine zweitrangige Pflicht in dem Prozess des Findens einer potentiellen Handels-Gelegenheit ist.

Die meisten der Beziehungen, die in diesem Kapitel diskutiert werden, sind tatsächlich getestet worden. Doch ein paar interessante Muster müssen noch bewiesen oder widerlegt werden, aber sie wurden als würdig erachtet, daran teilzunehmen. Als solche sollten diese Beziehungen als »Beobachtungen« oder als »subjektiv« angesehen werden, bis etwas anderes bewiesen ist und jene Punkte, die in diese Kategorie fallen, werden als solche zu beachten sein.

Viele erfolgreiche Händler handeln mit dem Trend. Das Wissen um die Beziehungen zwischen den Märkten, von denen sich einige stärker in irgendeine Richtung bewegen könnten, führt möglicherweise zu Signalen und das sollte sich als ziemlich nützlich für sie herausstellen.

Wenn nichts anderes bemerkt wird, sind die verschiedenen Beziehungen zwischen dem CRB-Index und anderen Märkten auf monatlicher Basis dargestellt. Dies wird gemacht, um Informationen bereitzustellen, die eine viel längere Zeitbasis für einen Vergleich haben als wöchentliche oder tägliche Schritte. Vergleiche zwischen dem CRB-Index und anderen Märkten, die in einem kürzerem Zeitrahmen stattfinden, haben einige interessante Beziehungen gezeigt, aber zahlreiche andere wöchentlichen oder besonders täglichen Beziehungen haben den Test der Zeit nicht bestanden.

Da der Getreide- und der Ölsaat-Komplex zu den größten Komponenten des CRB-Index gehören, kommt es nicht überraschend, dass die innigste Intermarket-Beziehung zwischen dem CRB-Index und Sojabohnen existieren dürfte. Da ist eine starke Tendenz, dass die Richtung der Kursbewegung im CRB-Index, entweder parallel zu der Kursbewegung im Sojabohnen-Markt verläuft, oder diese anführt (Abbildung 19.1). Obwohl Hoch- und Tiefpunkte beim CRB-

Abbildung 19.1

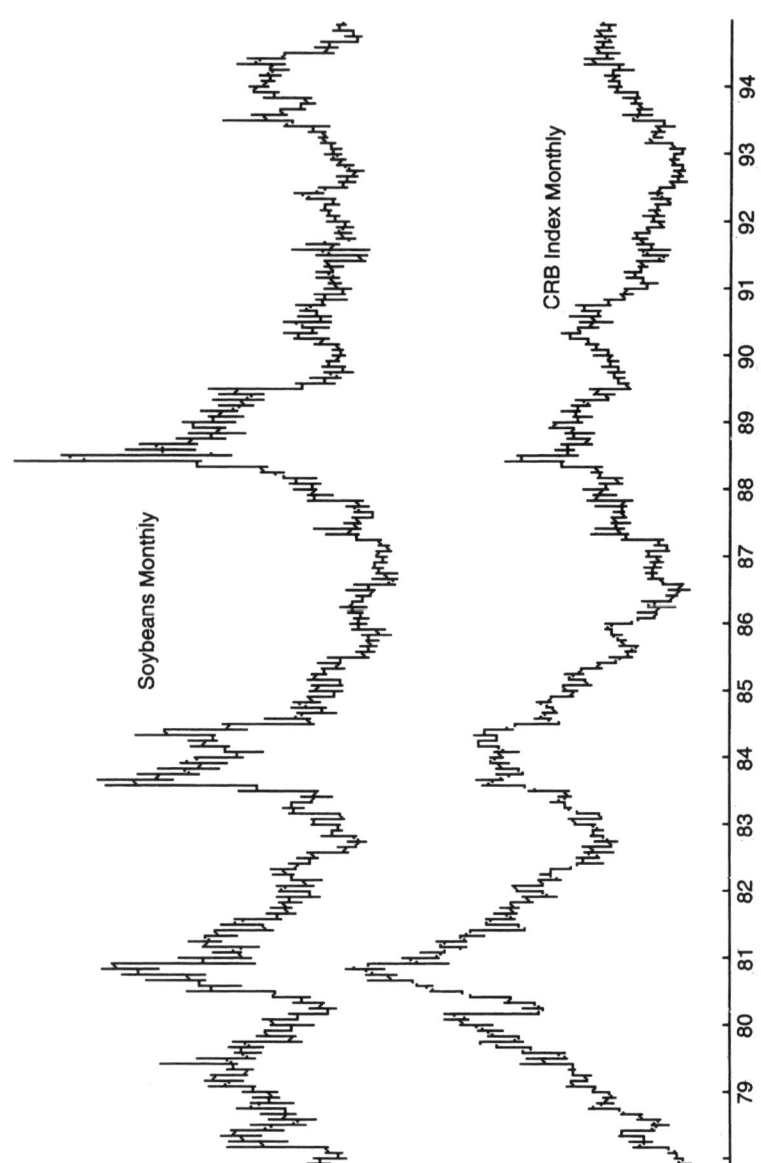

Quelle: FutureSource

Index vielleicht nicht mit den absoluten Hochs und Tiefs im Soja-bohnen-Markt zusammenfallen, sieht man in der Regel diese Elemente nicht länger als einen Monat in die entgegen gesetzte Richtung laufen.

Beachten Sie, dass diese Beziehung mit der *Richtung* der Kursbewegung zusammenhängt. Obwohl bedeutende Trends dazu neigen, sich praktisch zur gleichen Zeit sowohl im CRB-Index als auch im Sojabohnen-Markt zu entwickeln, muss das *Ausmaß* der Kursbewegung im CRB-Index nicht notwendigerweise dem Ausmaß der Kursbewegung bei Sojabohnen entsprechen. Dasselbe gilt für die meisten auf dem CRB-Index basierenden Intermarket-Beziehungen – die Richtung der Bewegung ist eine sehr viel zuverlässigere Korrelation als das Ausmaß der Bewegung.

Da Sojabohnen-Mehl ein Primärprodukt der Sojabohnen ist, ist es logisch, dass die Beziehung zwischen Sojabohnen-Mehl und dem CRB-Index sehr stark sein würde. Zyklen-Anhänger finden vielleicht, dass sich Sojabohnen-Mehl sowie Sojabohnen in ihrem Kursverlauf stark an den Schlüssel-Zyklen des CRB-Index zu orientieren pflegen (Abbildung 19.2).

Anbauflächen und Ernte-Jahreszeiten bei Mais und Sojabohnen überschneiden sich gründlich. Deshalb können Sie logischerweise erwarten, dass auch eine starke Korrelation zwischen der Kursbewegung in diesen Märkten und dem CRB Index besteht. Über die meiste Zeit pflegen der CRB-Index und der Mais-Markt miteinander ziemlich gut zu korrelieren. Aber es gibt einige bemerkenswerte Ausnahmen, als die Kurse beider Bereiche für mehr als einen Monat auseinander liefen. (siehe markierte Gebiete in Abbildung 19.3).

Gegen Ende 1979 und Anfang 1980 sackte der Maismarkt ab, während sich der CRB-Index weiter nach oben bewegte. Der CRB-Index verzeichnete Mitte 1986 eine bedeutende Aufwärtsbewegung, doch der Mais-Markt brauchte weitere sieben Monate, um einen Boden zu finden. Und als der CRB-Index während der meisten Zeit zwischen 1991 bis 1992 nach unten driftete, wechselte der Mais-Markt

Abbildung 19.2

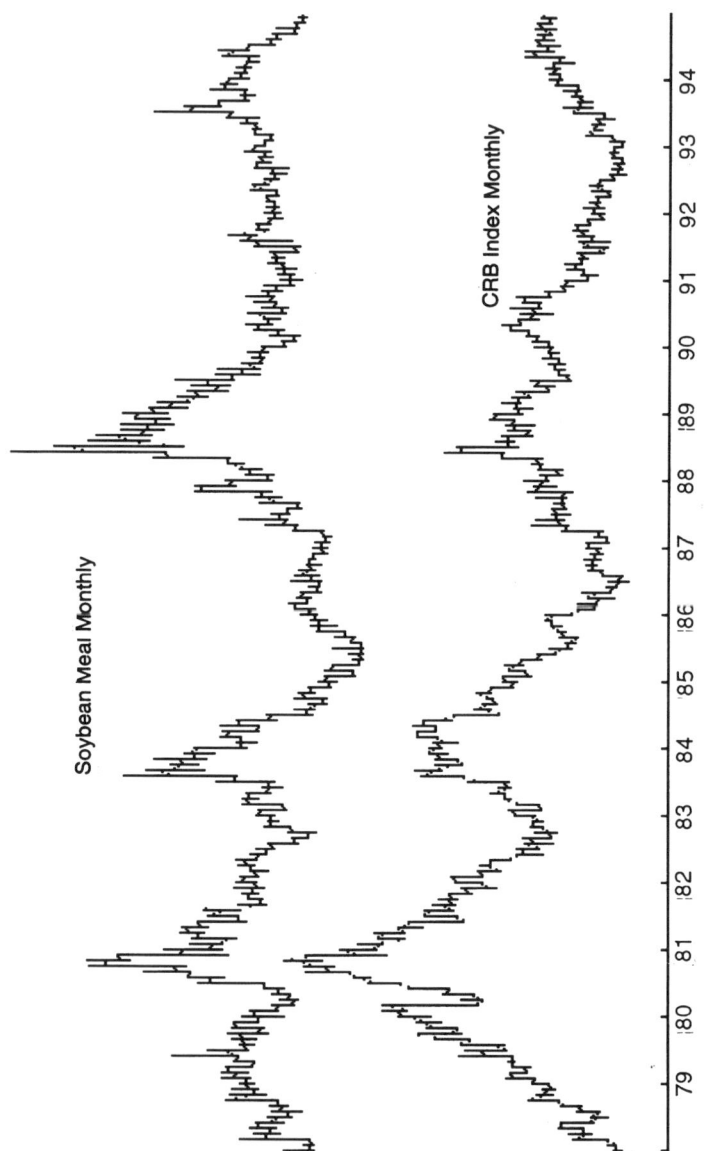

Quelle: FutureSource

Abbildung 19.3

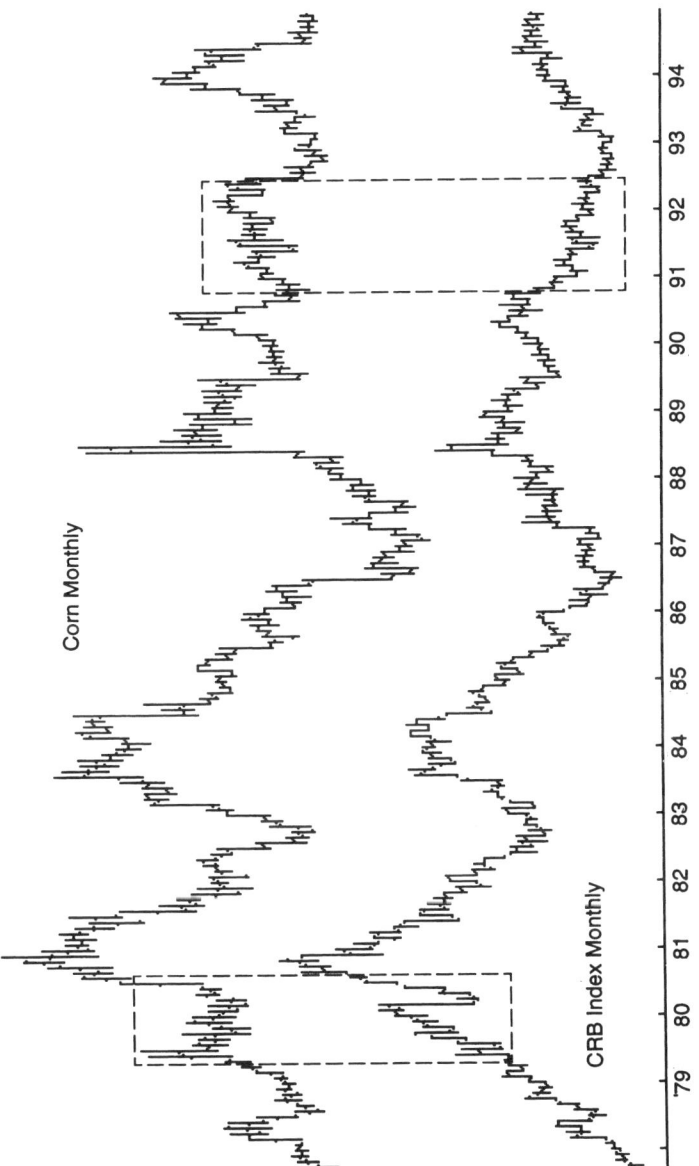

Quelle: FutureSource

Abbildung 19.4

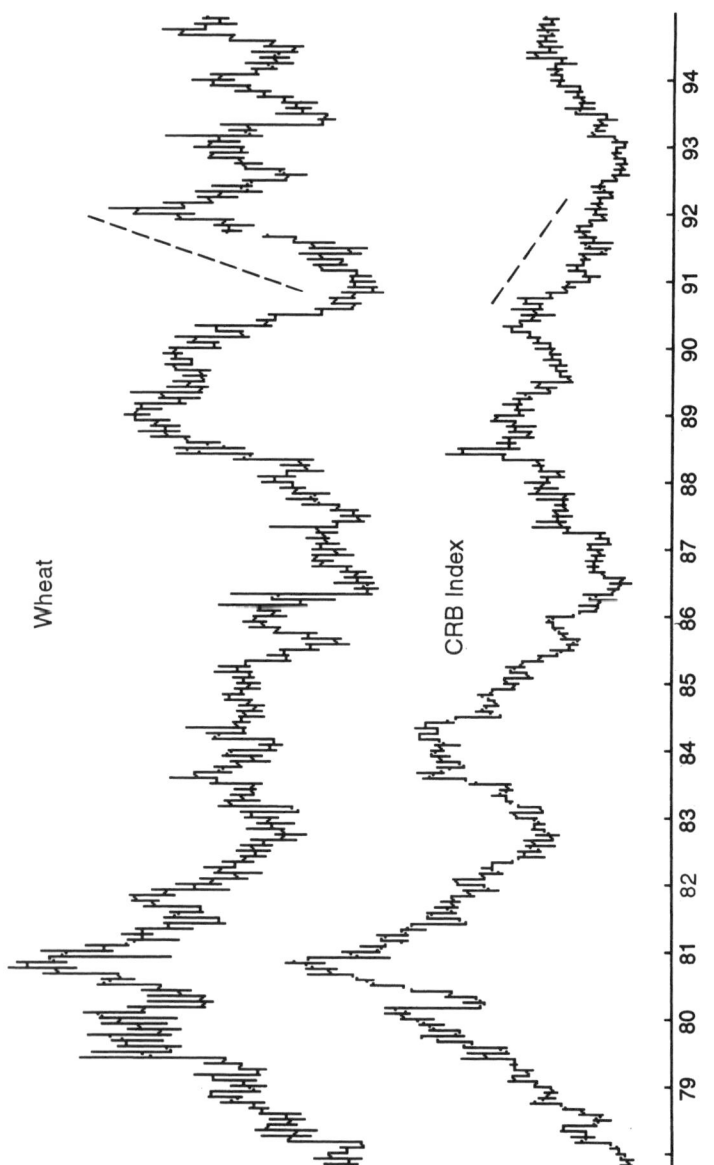

Quelle: FutureSource

erst März 1992 in den nächsten Liefermonat und schloss sich dann der Rutschpartie in Richtung des bedeutenden Tiefpunkts an.

Der CRB-Index und der Weizen-Markt bewegen sich ebenfalls häufig im Tandem. Aber der Weizenmarkt neigt mehr zum Einzelgängertum als der Mais- und der Sojabohnen-Markt. Der Weizen-Markt ließ sich über Jahre sehr gut mit der Richtung des CRB-Index verfolgen. Dann bewegt sich Weizen plötzlich, als ob es einen eigenen Willen hätte und startet in die entgegen gesetzte Richtung. Der Aufschwung 1991 und der scharfe Anstieg bei Weizen markierten eine starke Divergenz in den Kurs-Bewegungen dieser beiden Märkte. (Abbildung 19.4).

Obwohl die Mais- und Weizen-Märkte gelegentlich von alleine »losziehen«, zeigt die Vergangenheit, dass beide schließlich ihre rhythmische Beziehung mit dem CRB-Index erneuern. Trotzdem wird selten darauf gewettet, ob Mais und Weizen entweder vom CRB-Index abweichen oder ihm folgen.

Der Hafer-Markt wird nicht länger für die Berechnung des CRB-Index benutzt. Dieser Markt neigt jedoch dazu, dem CRB-Index in dem Mais-Markt ähnlicher Weise zu folgen.

Obwohl die Getreide- und Ölsaaten-Märkte die stärkste Korrelation zum CRB-Index aufzuweisen scheinen, haben drei andere Märkte im landwirtschaftlichen Rohstoffsektor in gewissem Grade zuverlässige Beziehungen.

Die Baumwoll- und Zucker-Märkte pflegen dem CRB-Index in etwa derselben Weise zu folgen, wie der Weizen-Markt. Stark verallgemeinert, folgen Zucker und Baumwolle den Gezeiten des CRB-Index, die mehrmals im Jahr stattfinden. Es gab allerdings bedeutende Perioden, in denen sich beide Märkte von der Führerschaft des CRB-Index entkoppelten, um in signifikante entgegen gesetzte Bewegungen einzumünden. Dieses Verhalten kann man besonders im Baumwoll-Markt feststellen, wo es gelegentlich zu ganz substanziellen Abweichungen gekommen ist.

Der andere landwirtschaftliche Markt, der häufig dem CRB-Index folgt, ist Kakao. Bei dieser Beziehung tendierte Kakao jedoch nicht, den übergeordneten Trends des CRB-Index zu folgen. Stattdessen folgt Kakao oft den monatlichen Schwüngen des CRB-Index. Ein positiver Monat im CRB-Index führt häufig zu einem freundlichen Monat bei Kakao, ein Monat mit fallendem CRB-Index entsprechend zu einem negativen Ergebnis im Kakao-Markt.

Mit einer beinahe verblüffenden Ausnahme scheint das Gleichgewicht der Agrarrohstoffe nur eine wenig zuverlässige Verbindung zum CRB-Index zu zeigen, obwohl einige Mitglieder dieses Komplexes wie der Rinder-Markt, eine leichte negative Beziehung zeigen.

Jedoch ist der Schweine-Markt eine Ausnahme. Es ist beobachtet worden, dass der CRB-Index dem Beispiel des Schweine-Marktes zu folgen scheint. Bedeutende Extrempunkte – jährliche oder mehrjährliche Hochs und Tiefs – im Schweine-Markt scheinen bis ungefähr zehn bis 18 Monate den entsprechenden Extrempunkten im CRB-Index vorauszugehen. Spätere Bewegungen neigen dazu, ähnlichen Wegen zu folgen – jedoch nicht unbedingt im gleichen Ausmaß.

Außerhalb der Landwirtschaft

Die hohen Inflationsraten der 70er-Jahre ließen den Markt bis Mitte der 80er-Jahre sehr volatil bleiben. Es überraschte nicht, dass der Edelmetall-Komplex und der CRB-Index stark miteinander korrelierten. Bis Mitte der 80er-Jahre leiteten die Edelmetall-Märkte gewöhnlich Bewegungen im CRB-Index ein oder bewegten sich parallel zu diesem. Aber als der Inflations-Druck gegen Ende der 80er-Jahre und Anfang der 90er-Jahre fiel, ließ die Führerschaft des Edelmetall-Komplexes nach.

Beginnend Ende der 80er-Jahre fielen die Edelmetallpreise in ein Muster, entweder die Richtung des CRB-Index (beachten Sie die Buchstaben in Abbildung 19.5, die Gold und den CRB-Index zeigen) anzuführen oder ihr zu folgen. Wenn mehr Jahre vergangen sind, werden die Daten verlässlicher werden. Es scheint jedoch ein übli-

Abbildung 19.5

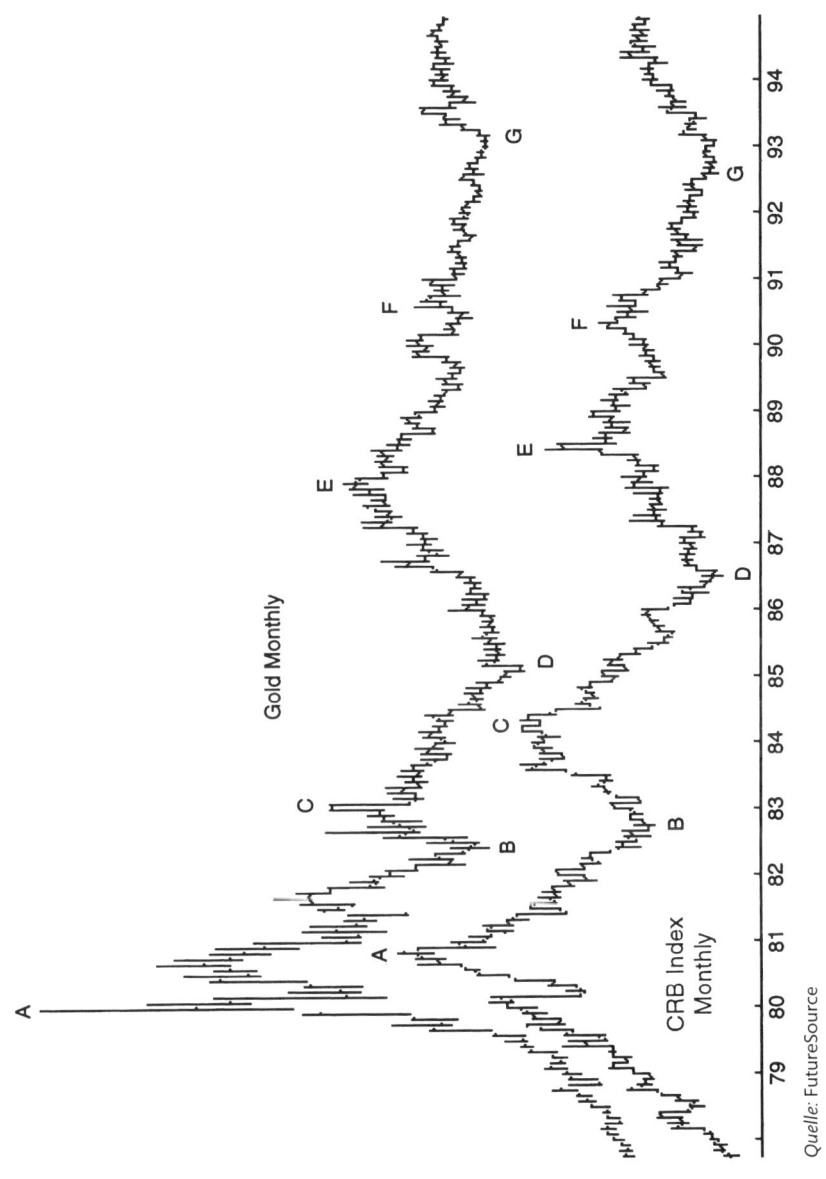

Quelle: FutureSource

ches Muster des CRB-Index zu sein, die Richtung der Edelmetall-Märkte in gewisser Weise anzuführen.

Ein Teil des Problems in der Bestimmung der Beziehung zwischen dem CRB-Index und den Edelmetall-Märkten auf Monatsbasis geht auf die Rolle maßgebender Edelmetalle in der US-Geschichte zurück. Vor den frühen 70er-Jahren wurden die Goldpreise durch die Regierung festgesetzt, was die Bewegung von verwandten Metallpreisen wirkungsvoll bändigte. Folglich gibt es nur wenig zuverlässige Daten freien Handels, um Vergleiche zwischen Edelmetallen und dem CRB-Index zu ermöglichen.

Subjektive Beobachtungen deuten jedoch stark an, dass eine starke Beziehung zwischen dem CRB-Index und den Edelmetall-Märkten existiert. An diesem Punkt wird sich der CRB-Index wahrscheinlich parallel zur Richtung des Goldes und Silbers bewegen oder diese schwach anführen.

Dies bringt eine Randgeschichte zur Sprache. Im Laufe der 70er- und frühen 80er-Jahre hätten Sie häufig gehört, dass »wenn Silber geht, gehen auch die Sojabohnen.« Die Studie der Beziehungen von CRB-Index und dem Sojabohnen-Markt und dem CRB-Index und Silber zeigt, dass sie miteinander korrelierten. Folglich kann man davon ausgehen, dass an dem alten Silber/Sojabohnen-Grundsatz doch etwas dran ist.

CRB-Index versus andere Märkte

Die übrigen Rohstoffmärkte zeigen auf Monatsbasis kaum tragfähige Beziehungen mit dem CRB-Index. Das bedeutet jedoch nicht das Ende der Intermarket-Beziehungen, die sich auf den CRB-Index beziehen. Tatsächlich gibt es einige bemerkenswerte Beziehungen zwischen dem CRB-Index und anderen Schlüssel-Märkten.

Eine der erstaunlicheren Intermarket-Beziehungen auf monatlicher Basis, die den CRB-Index betreffen, ist die mit dem Treasury-Bond-Markt. In diesem Beispiel ist die Beziehung aber vom Charakter her entgegengesetzt.

Abbildung 19.6

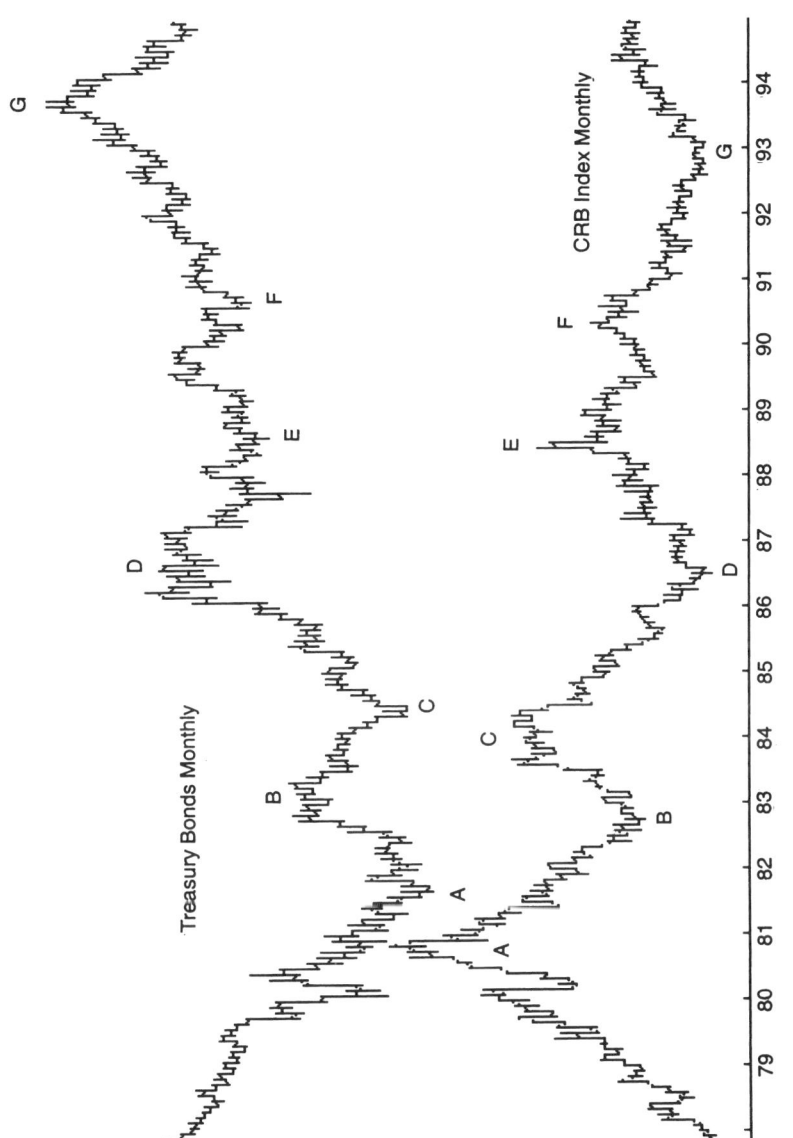

Quelle: FutureSource

Bedeutende Höhepunkte beim CRB-Index neigen dazu, größere Böden bei den T-Bonds einzuleiten, während große Böden beim CRB-Index, bedeutende Tops bei den Treasury-Bonds vorher-zusagen pflegen (beachten Sie diese Bereiche mit den Buchstaben in Abbildung 19.6). Historisch gesehen, haben bedeutende Um-schwünge beim CRB-Index entsprechende entgegen gesetzte Trend-wechsel bei den T-Bonds nach zwei bis zehn Monaten eingeleitet. Nur selten werden der CRB-Index und die T-Bonds ihre Trends mehr oder weniger zur selben Zeit ändern. Die meisten Wendepunkte beim CRB-Index sagen allerdings eine nachfolgende Trendumkehr beim Bond-Markt nach acht bis zehn Monaten voraus.

Genauso beeindruckend wie die Korrelation zwischen den Trend-wenden, sind die nachfolgenden Bewegungen, die die Beziehungen zwischen dem CRB-Index und den T-Bond-Märkten so bemerkens-wert machen. Bei dieser sichtbaren Beziehung hat das Ausmaß der Bewegung beim CRB-Index typischerweise Einfluss auf das Ausmaß der Bewegung bei den T-Bonds. Folglich pflegt ein längerer Auf-schwung beim CRB-Index eine starke Rutschpartie bei den T-Bonds auszulösen und umgekehrt.

Dies führt uns zu einer anderen Frage: Wie steht es mit dem CRB-Index und dem Aktien-Markt? Viele glauben, der Aktienmarkt folgt schließlich dem Beispiel des Anleihen-Marktes. Da der Anleihen-Markt aber eine starke entgegen gesetzte Beziehung mit dem CRB-Index hat, ist es denkbar, dass der CRB-Index letztendlich die Füh-rung übernimmt.

Es ist klar, dass der bedeutende Anstieg beim Aktienmarkt, der An-fang der 80er-Jahre begann und bis Anfang der 90er-Jahre reichte, mit entsprechenden Kursverlusten der Rohstoffe einherging. Und es gibt einen gewissen Gleichlauf zwischen den bedeutenden Wende-punkten beim CRB-Index und denen des Dow Jones Industrial Ave-rage. Also kann man sicherlich von einer inversen Beziehung zwi-schen dem CRB-Index und dem Aktienmarkt ausgehen (beachten Sie die langfristigen Trends in Abbildung 19.7). Wie auch immer: Jedoch gibt es tatsächlich eine stärkere Korrelation zwischen dem

Abbildung 19.7

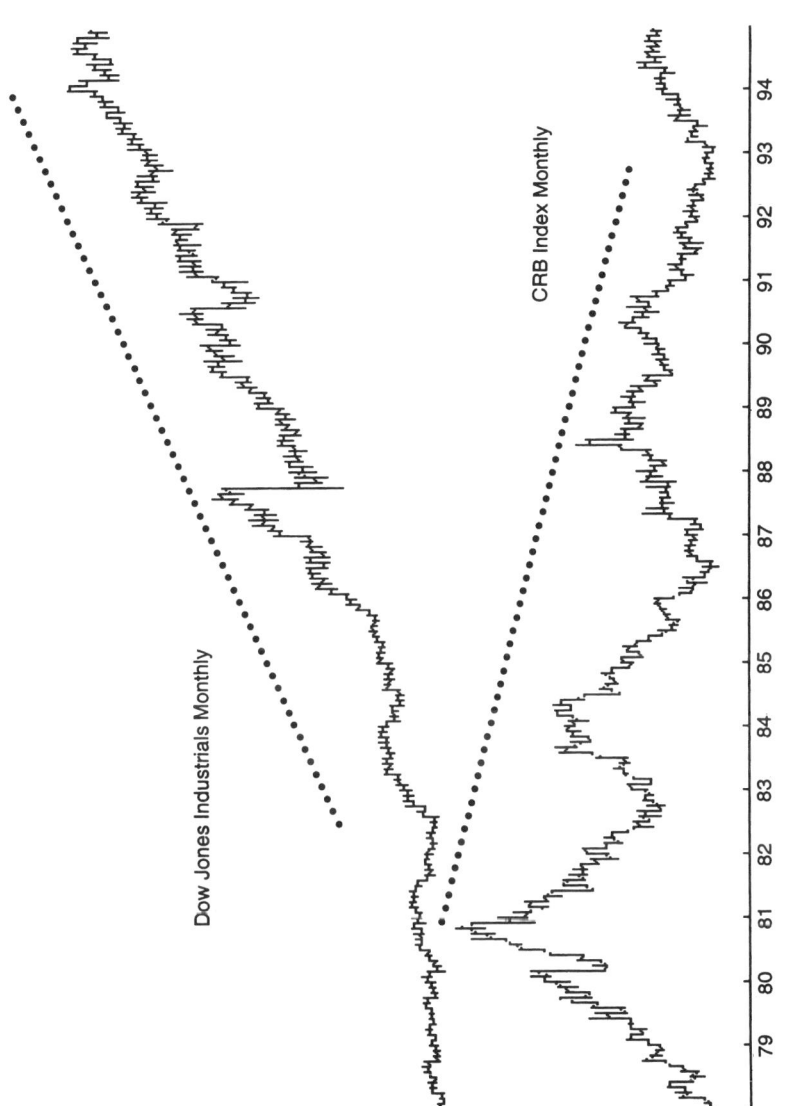

Dow Jones Industrials Monthly

CRB Index Monthly

Quelle: FutureSource

Aktienmarkt und den monatlichen Umschwüngen bei den T-Bonds, als bei den Schwüngen des CRB-Index.

Ein Blick in die Vergangenheit zeigt jedoch, dass Bewegungen im physikalischen Rohstoff-Komplex (CRB-Index) und im Aktienmarkt nicht immer entgegengesetzt verliefen. Vor der industriellen Revolution, war die US-Wirtschaft zum größten Teil rohstoff-, besonders landwirtschafts- und bergbaulastig. Wenn also die Rohstoffmärkte stiegen, ging es auch vielen Unternehmen gut.

Nach der industriellen Revolution hatte nur noch ein kleinerer Prozentsatz von Unternehmen mit der Produktion und dem Vertrieb von Rohstoffen zu tun. Stattdessen gaben die Fortschritte bei Technologie und Raffinierung den Ton an. Deshalb verursachte ein Anstieg der Rohstoffpreise statt den Nettogewinn der meisten Unternehmen zu erhöhen, eher einen bedeutenden Kostenanstieg bei den rohstoff-verarbeitenden Gesellschaften. In modernen Zeiten haben Trendwechsel in den Rohstoffpreisen tendenziell eine gegensätzliche Wirkung auch auf den Nettogewinn der meisten Unternehmungen – und beeinflussen die Aktienkurse entsprechend negativ.

Andere Märkte haben bedeutsame langfristige Beziehungen mit dem CRB-Index gehabt. Diese werden jedoch erst einmal nicht in diese Diskussion miteinbezogen, da sie diese in den letzten Jahren nicht zeigten oder den seit Jahren dominierenden Mustern zurzeit entgegenlaufen.

Ob Sie ein Händler, ein Analyst oder Volkswirt sind, es ist unwahrscheinlich, dass Sie ohne eine Marktmeinung einen Trade eingehen. Das Verständnis der Beziehungen zwischen dem CRB-Index und vielen Schlüssel-Märkten sollte sich als nützlich bei der Meinungsbildung erweisen. Eine umfangreiche CRB-Analyse auf Monatsbasis könnte eine solide Ausgangsbasis bei der Einschätzung der Perspektiven vieler anderer Märkte liefern!

Kapitel XX

Die Wellen zählen

Die meisten Analysten haben nur wenige Probleme, die Marktstruktur zu erkennen, die auf den Beziehungen basiert, die einige Märkte untereinander haben und auf der Tendenz einiger, sich in einem saisonalen und vielleicht sogar zyklischen Muster zu bewegen. Aber da besteht wenig Übereinstimmung über den Wert mehrerer anderer Methoden, um auf das große Bild der Marktstruktur zu sehen. Wenn Sie sich mit der Technischen Analyse der Märkte beschäftigen, kommen sich an diesen Konzepten einfach nicht vorbei:

- **Elliott-Wellen** – die Märkte bewegen sich in Wellen innerhalb von Wellen – fünf »Impuls« und drei »Korrektiv« – und spiegeln die Veränderungen in der Massenpsychologie der Leute wider.
- **Fibonacci-Zahlen und -Verhältnisse** – eine Zahlenfolge, die für Zeit- und/oder Kursziele benutzt werden kann.
- **Gann** – beinhaltet etwas, was einige als »mystische« Elemente und mathematische Techniken ansehen, um Kursziele zu einem genauen Zeitpunkt zu formulieren.

Einige Konzepte innerhalb dieses Ansatzes sind ziemlich esoterisch und Gegenstand vielschichtiger Interpretationen. Händler sind entweder ergebene Anhänger, zufällige Beobachter (»Hm, das ist interessant«) oder Enthüller, deren Reaktionen bestenfalls von »Warum Aufhebens machen?« im schlimmsten Fall zu »verrückte Ideen« reichen – da gibt es nicht viel in der Mitte.

Eines passiert aber ständig: Mehr Analysten auf diesem Gebiet als auf jedem anderen Feld der Technischen Analyse behaupten, das Thema zu kennen und es richtig anzuwenden, während sie behaupten, dass andere Analysten die Techniken nicht verstehen oder sie

einfach missbrauchen oder falsch darstellen. Wir hoffen, dass wir
eine »korrekte« Auslese von dem gemacht haben, was wir hier darstellen. Aber irgendjemand wird zwangsläufig zu dem Schluss kommen, dass das nicht Gann oder Elliott oder Fibonacci ist, so wie er es
kennt.

Nichtsdestotrotz – wenn Sie über einige Vorhersagen nachdenken,
die von Meistern gemacht worden sind, die diese Ansätze (siehe
unten) benutzen, erhalten sie Ihre Aufmerksamkeit. Sie sollten zweifellos Teil Ihres Technischen Analyse-Plans sein, auch wenn Sie entscheiden sollten, dass sie nicht zu Ihrem Stil gehören.

Wir werden die Elliott-Wellen und Fibonacci in diesem Kapitel
zusammen abdecken, da sie in der Analyse häufig ineinander grei-
fen, dass Sie das Hintergrundwissen für beide haben müssen, wenn Sie
mit einer Technik von beiden arbeiten. Wir werden die Grundlagen
zuerst liefern, dann mehrere Illustrationen, wie diese Konzepte
gewesen sind und wie sie im Markt benutzt werden.

Wie bei vielen Beispielen liegt die Gefahr natürlich darin, dass die
Illustrationen vielleicht nur das Ideal zeigen, das funktionierte und
nicht jenes, das es nicht tat. Manchmal scheint es, als ob die Analysten ihre Ergebnisse oder Zahlen, dem was tatsächlich passierte,
»anpassen« und dann verkünden, wie offenbar ihr Ansatz auf dem
Chart so genau funktionierte. Unsere Beispiele werden dies noch
aufzeigen.

Eine weitere Gefahr liegt wie bei unseren Kommentaren über Zyklen
darin, dass diese Werkzeuge für das Timing vielleicht keine sehr
guten Timing-Werkzeuge sind. Es ist eine Sache, bei einer Vorhersage »richtig« zu liegen, aber eine völlig andere, diese auch zu handeln, wenn sie drei Wochen, drei Monate oder drei Jahre früher oder
später als vorhergesagt kommt.

Aber ich glaube, Sie werden die folgenden Informationen interessant und nützlich finden. Nicht so sehr für die Vorhersage, die
gemacht worden wäre, sondern hauptsächlich für die Anwendung

der Theorie auf echte Marktsituationen. Ohne Beispiele können Sie diese komplizierten Konzepte fast nicht begreifen.

Elliott-Wellen

Ralph Nelson Elliott war Buchhalter und Unternehmensberater. Sein Studium der Aktienmärkte in den 20er Jahren überzeugte ihn, dass alles im Universum, einschließlich der Märkte, von Naturgesetzen beherrscht wird und »alles menschliche Handeln einem Gesetz folgt, dass diese veranlasst, sich nach einer ähnlichen und ständig wiederkehrenden Serie von Wellen oder Impulsen von klaren Zahlen und Mustern zu wiederholen« (zitiert aus dem 1938 geschriebenen Buch *The Wave Principle* von Elliott und Charles Collins, einem Kollegen, der einen Börsenbrief herausgab).

Bei der Weiterentwicklung seiner Idee erkannte Elliott, dass sich die Kursbewegungen in Mustern von fünf »Impuls«-Wellen – drei in die Richtung des Trends und zwei Reaktionen gegen den Haupttrend – und drei »Korrektur-« Wellen entwickeln. Jede Welle wird in ein ähnliches Muster von fünf und drei Wellen unterteilt, jede von diesen Wellen lässt sich in fünf und drei Wellen trennen (Abbildung 20.1). Elliott beschrieb neun Wellenarten, die von dem gewaltigen Superzyklus, der mehrere Jahrhunderte abdeckt, bis zum kleinsten Unterzyklus reichen.

Diese Wellen entstehen nicht zufällig, sondern aus einem sehr guten Grund zyklisch und vorherschbar: Menschen sind Menschen. Als Teil eines Naturgesetzes, nehmen menschliche Emotionen und Handlungen in regelmäßigen Mustern ab und wieder zu, folgerte Elliott. So wie die Stimmung dreht, wird das kollektive Verhalten der Masse in hohem Maße so sein, wie es in der Vergangenheit gewesen ist.

Das Marktverhalten ist nur ein Aspekt des Universums, das von vorherrschenden gesellschaftlichen Trend (Krieg, sozialer Aufruhr, Kreativität, Musikgeschmack) beeinflusst wird. Im Bemühen, zuverlässigere Vorhersage-Techniken zu entwickeln, studierte Elliott (und seitdem viele andere), wie der zyklische Rhythmus von

Abbildung 20.1 Basismuster der Elliott-Wellen

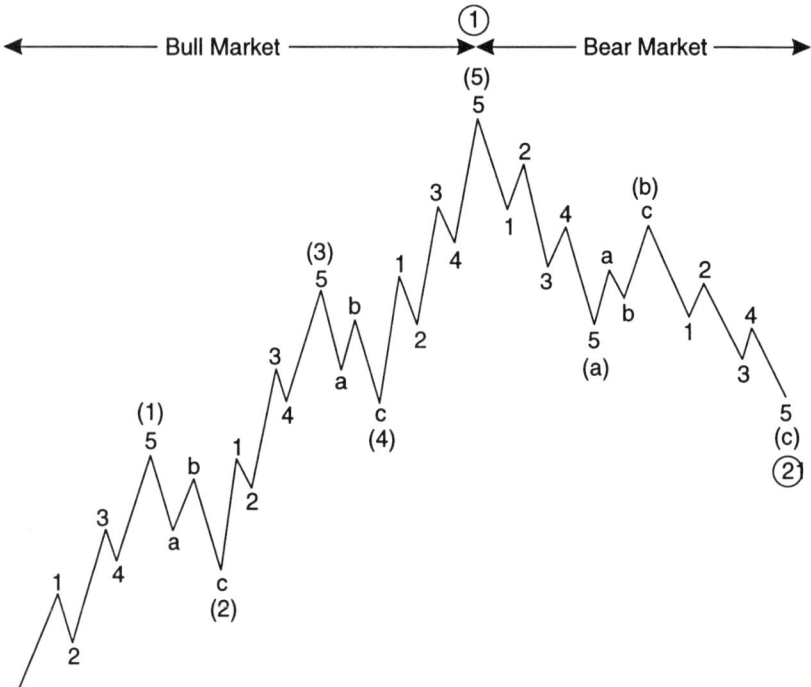

menschlichen Handlungen die Märkte bewegt. Das führte zu dem Wellen-Prinzip, einem ausführlichen Netzwerk von Zyklen, unter das alle Marktaktionen fallen.

Mehrere Probleme mit Elliotts Theorie tragen zweifellos zu der Meinung bei, dass andere Analysten nicht wissen, worüber sie reden. Erstens gibt es keine objektiven Messungen für Wellen – aber Regeln, was Wellen können und nicht können (zum Beispiel sollte Welle 4 nicht unter das Top von Welle 1 fallen), aber nichts, das klar definiert, was eine Welle und deren Ausmaß ist. Es ist fast eine Art »Entweder-Sie-sehen-es-oder-nicht« – Situation. Das lässt offensichtlich eine Menge Spielraum für Interpretationen und Diskussionen.

Zweitens können Wellen-«Erweiterungen«, »irreguläre Tops« oder andere Umsetzungen wie bei jedem Chartmuster oder bei jeder

Markttheorie die Entwicklung des Musters stören und so für Unsicherheit sorgen. Sie brauchen vielleicht einen »Sie sind hier« – Führer, wenn Sie zu verwirrt sind. Oder Sie denken vielleicht, dass Sie das ganze Problem gelöst haben, nur die Kurse tun das »Unerwartete« und zwingen Sie, Ihre Wellenzählung zu »berichtigen«. Sie brauchen lange, um mit diesem Konzept vertraut zu werden.

Fibonacci

Wie erwähnt, scheinen die Wellen in der Elliot-Wellen-Theorie in regelmäßigen, konsistenten Mustern aufzutauchen. Bei der Arbeit mit Collins begann Elliott seine Wellen-Theorie mit einer numerischen Folge zu verbinden, die Leonardo de Pisa, auch bekannt als Fibonacci, Jahrhunderte früher entdeckte.

Mit eins beginnend und sich unendlich ausdehnend, ist jede Nummer in Fibonaccis mathematischer Kette die Summe der zwei vorherigen Zahlen:

$$1 + 1 = 2$$
$$1 + 2 = 3$$
$$2 + 3 = 5$$
$$3 + 5 = 8$$
$$5 + 8 = 13$$

Und so weiter. Daraus ergeben sich die »Fibonacci-Zahlen« von 1, 2, 3, 5, 8, 13, 21, 34, 55, 89, 144, 233 –, Beachten Sie die Zahlen auf dem zugrunde liegenden Elliott-Wellen-Muster-Diagramm. »Fünf« Impuls-Wellen und »drei« regulierende Wellen sind beides Fibonacci-Zahlen, genauso wie ihre Summe »acht«. Wenn Sie vom Boden über die fünf Haupt-Wellen zum Top hochgehen, ist die Anzahl der Wellen 21; fügen Sie die Wellen der Korrektur-Wellen hinzu, und Sie erhalten insgesamt 34 Wellen. Innerhalb einer Haupt-Welle gibt es insgesamt 89 kleinere Wellen. Wie Sie unten sehen werden, taucht Fibonacci überall in der Elliott-Wellen-Theorie auf.

Wichtiger als die Zahlen selbst ist in vielen Fällen das Verhältnis zwischen den aufeinander folgenden Zahlen. Wenn Sie erst einmal über die ersten paar Zahlen hinausgekommen sind, beläuft sich das Verhältnis auf 0,618, wenn Sie die kleinere durch die nächst höhere Zahl teilen. Oder: Wenn Sie eine Fibonacci-Zahl durch eine vorausgehende Zahl dividieren, ist das Verhältnis 1,618. (Übrigens – wenn Sie Ihre Zahlenfolge mit einer anderen Zahl beginnen – 3, zum Beispiel, ergibt Fibonacci-ähnliche Zahlen von 6, 9, 15, 24, 39, 63 usw. – ist das Verhältnis immer noch 0,618 und 1,618).

Solche Zahlen sind wichtig bei der Berechnung, wie weit die Kurse gehen können oder im Timing (die Meinungen, ob Fibonacci nützlicher für den Kurs oder für die Zeit ist, gehen auseinander). Die Verhältnisse werden häufig benutzt, um mögliche Kursziele oder Korrektur-Niveaus zu berechnen, und ihr Gebrauch erstreckt sich weit über die Elliott-Wellen-Analyse hinaus.

Wenn die Kurse 100 Punkte von einem Boden bis zu einem Top steigen und dann zurückzufallen beginnen, würde eine Stelle, die als Ziel bei dieser Reaktion dient, 38 Punkte unter dem Top liegen (eine 0,382-Fibonacci-Reaktion der Aufwärtsbewegung); wenn die Kurse unter diesen Level fallen, wäre ein weiteres Ziel ein Rückgang um 62 Punkte (0,618 der Aufwärtsbewegung). Das sind nicht die einzigen Ziele, die Analysten sehen, aber es sind vielleicht die Bedeutendsten, besonders wenn Sie mit wichtigen Chartmarken oder Zielen, die durch andere Analysen ermittelt wurden, zusammenfallen. Oder der nächste Anstieg könnte 162 Punkte (1,618*100) oder ein anderes Fibonacci-Verhältnis der vorherigen Aufwärtsbewegung ausmachen.

Sie sollten nicht überrascht sein, Bewegungen zu sehen, die 34 Tage oder 21 Wochen oder eine andere Fibonacci-Zahl bis zu ihrer Vollendung brauchen. Oder Sie werden herausfinden, dass eine Aufwärts- oder Abwärtsbewegung 0,618 oder 1,618 mal so lange dauert wie die vorangegangene Aufwärts- oder Abwärtsbewegung.

Wenn Sie Ihre Elliott-Wellen-Analyse gründlich machen, kann der Vorgang kompliziert und manchmal verwirrend sein. Aber Sie dürften zu mindestens die bedeutendsten Wellen verfolgen wollen. Sie müssen sich nur daran erinnern, was Elliott sagte, dass die Kurse Mustern, Zeit und Verhältnis folgen und Sie jede dieser Funktionen mit Hilfe von Fibonacci vorhersagen können.

Elliott-Wellen und der Dow

Von Robert R. Prechter Jr.

Der erste Lehrer des Elliott-Wellen-Prinzips unserer Generation ist wahrscheinlich Robert Prechter, der Vorsitzende von Elliott Wave International in Gainesville, Ga. Als Verleger des Elliott Wave Theorist, *neben A. J. Frost Co-Autor von* Elliott Wave Principle – Key to Stock Market Profits *und Herausgeber von Elliotts gesammelten Werken, hat Prechter wahrscheinlich mehr über Elliott und seine Theorien gelernt und geschrieben, als irgendein anderer in der Welt. Als der Kenner der Elliott-Wellen traf er anfänglich auf viel Skepsis, erreichte dann aber in den 80er-Jahren mit seinen unheimlich korrekten Vorhersagen (dieser Begriff erscheint besser als ›Prophezeiung‹) für Aktien, Edelmetalle und Zinsmärkte und seinen Erwartungen einer desinflationären Ära faktisch selbst einen Guru-Status.*

Die folgenden Informationen sind Artikeln entnommen, die in den *Commodities* und *Futures* Magazinen erschienen. Sie werden nicht vorgestellt, um zu zeigen, wie großartig Elliott-Wellen und Prechter sind, sondern als Beispiel, wie komplex Elliotts Ideen interpretiert und auf einen Markt angewendet werden können, um Vorhersagen zu machen, die für den Händler/Anleger nützlich sein dürften.

Das Ende der Rohstoff-Hausse

Entnommen aus *Commodities* im April 1981, als der CRB-Index in der 300er-Zone verharrte. Der CRB-Index sank 1986 und erneut 1992–1993 auf 200 Punkte. Das Material wird hier mit freundlicher Erlaubnis wiedergegeben.

Es gibt reichlich Anzeichen, dass der gewaltige Anstieg der Rohstoff-Kurse, der 1968 begann, aus Sicht der Elliott -Wellen beendet ist.

Nach den Regeln Elliotts sollte jede echte Hausse die Form von fünf Aufwärts-Wellen haben und einen Kanal zwischen Parallel-Linien bilden. Die Wellen zwei und vier berühren dabei die untere Grenze und die Wellen drei und fünf die obere Grenze. Genauso wichtig:

Ferner muss jede Unterwelle bei dem Anstieg in fünf Wellen, die dieselben Eigenschaften haben, unterteilt werden.

Bei der Untersuchung der lang-, mittel- und kurzfristigen Charts des *Commodity Research Bureau (CRB) Futures Price Index* kam ich zu dem Schluss, dass – obwohl eine Ausdehnung der fünften Welle nicht ausgeschlossen werden konnte – ein perfekter Elliott-Wellen-Bullenmarkt in den Rohstoffmärkten stattgefunden hat.

Die Aufgliederung der Wellen ist ziemlich klar ersichtlich (Abbildung 20.2) und der Kurskanal ist vollkommen parallel. Jede nach oben gerichtete Impulswelle gliedert sich gemäß den Elliott-Regeln in fünf Wellen auf. Wie durch die Richtlinien Elliotts vorgeschrieben, ist die dritte Welle der größte prozentuale Anstieg und die dynamischste Welle.

Fibonacci-Zahlen und -Verhältnisse sind ebenfalls in einem bemerkenswerten Ausmaß vorhanden:

- Welle V ist fast genauso lang wie die Distanz vom Beginn der Hausse bis zu der Spitze von Welle III – eine übliche Elliott-Beziehung.
- Der Gewinn in Punkten lag bei insgesamt 246 – fast exakt 2,618mal soviel, wie beim Startpunkt des Index bei 92. Der Punktgewinn von 246 liegt auch nur 13 Punkte über 233, einer Fibonacci-Zahl.
- Die Entfernung vom Beginn des Bullenmarktes bis zum Höhepunkt von Welle III und die Länge von Welle V sind beide ungefähr 0,618mal so lang wie der gesamte Bullenmarkt und 1,618mal so lang wie die Distanz zwischen dem Top von Welle IV und dem Top von Welle V.
- Der Startpunkt bei 92 ist die Messdistanz für den Rest der Struktur. Mit einem kleinen prozentualen Fehler ist es deshalb von der Spitze von Welle IV bis zum Top von Welle V 92 Punkte. Vom Beginn der Hausse bis zum Höhepunkt von Welle III ist gleich 92mal 1,618. Die Länge von Welle IV kommt 92mal 0,618 nahe. Die Länge von Welle V gleicht 1,618 und der gesamte Anstieg ist 92mal 2,618.

Abbildung 20.2 Klare Aufgliederung einer langfristigen Welle

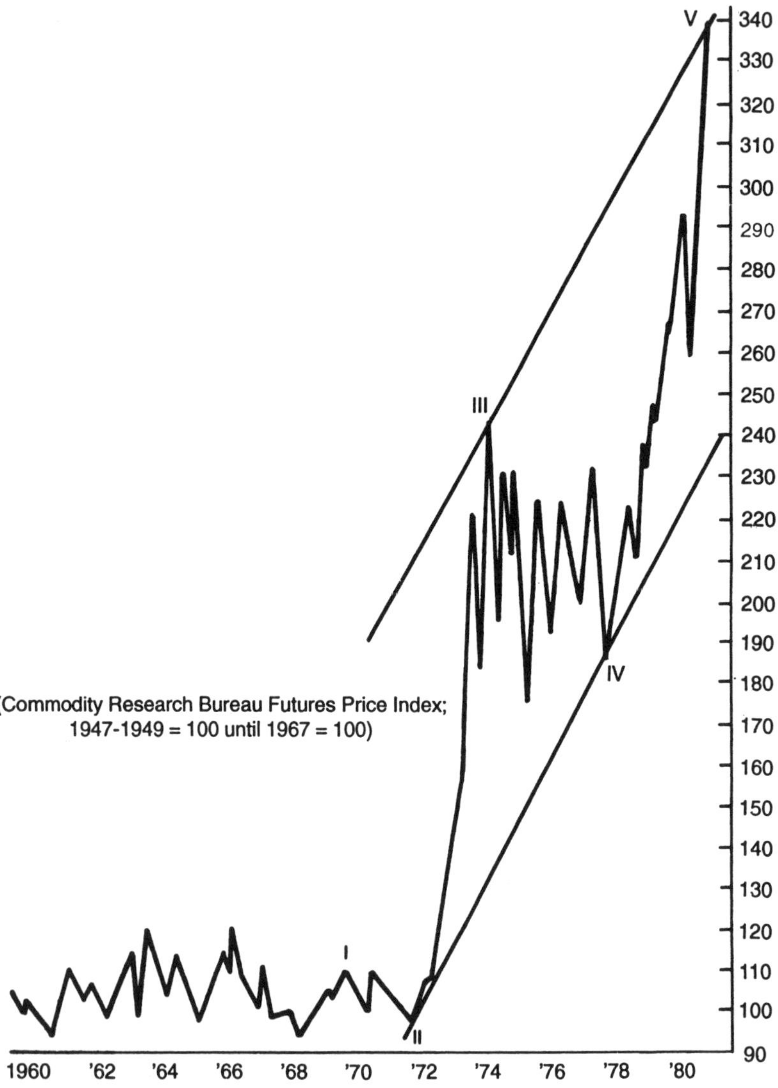

Der gesamte Anstieg dauert in etwa 13 (Fibonacci) Jahre oder etwas mehr als 144 (Fibonacci) Monate.

Insgesamt unterstützt das aktuelle Beweismaterial die Annahme, dass eine neue Epoche der Deflation begonnen hat. Diese Schlussfolgerung passt in die Deflations-Erwartungen, die von der gegenwärtigen Position der Kondratieff – Welle, die sich noch in der mittleren Phase der »Plateau-Periode« befindet, befürwortet wird. Die Deflation setzt während dieser Periode ein und fördert eine euphorische Phase, die der Euphorie im Anfangsstadium der Inflation ähnlich ist. Diese Euphorie gibt schließlich den Weg für den deflationären Kollaps frei.

Ich habe es immer eine faszinierend gefunden, in kritischen Augenblicken der Wellenzählung einen Blick auf das »große Bild« zu werfen. Eine Elliott-Analyse zu dieser Zeit sollte dem langfristigen Anleger ein Gefühl für die Perspektiven vermitteln und dem Day-Trader einen ausgezeichneten Blick auf den Wald, während er die fallende Bäume umgeht.

Der letzte wilde Ritt mit Aktien?

Aus einem Artikel, der im September 1983 in *Futures* erschien – ein Jahr, nachdem der von der Elliott Wellen Analyse vorhergesagte Bullenmarkt begonnen hatte. Der Dow Jones Industrial Average lag zu der Zeit zwischen 1200 und 1300 und man brauchte wirklich einige Phantasie, um sich den DJIA bei 2000 vorzustellen, noch weniger bei 3000 oder 3700. Das Material wird mit Erlaubnis wieder abgedruckt.

Als A. J. Frost und ich 1978 die *Elliott Wave Principle* schrieben, war es die herrschende Meinung dass sich der Kondratieff – Wellen-Zyklus drehte und die »schrecklichen 80er« gebären würde.

Bücher wie *How to Survive the Coming Depression* und *The Crash of '79* waren auf den Bestseller-Listen. Gold und Inflation schossen in den Himmel. Jimmy Carter rang mit Herbert Hoover darum, wer als der schlechteste Präsident des Landes in die Geschichte eingehen wird.

Beim Schreiben eines Buchs über die Anwendung von Elliott-Wellen, war es praktisch unmöglich, eine Prognose zu umgehen: Eine Wellen-Interpretation der Vergangenheit deutet fast immer etwas für die Zukunft an. Zu dieser Zeit waren die Anzeichen überwältigend, dass der Aktienmarkt am Beginn einer enormen Hausse stand.

Just zu dieser Zeit offenbarte das Wellen-Prinzip einige Einzelheiten, wie der Bullen-Markt aussehen könnte: eine klassische Fünf-Wellen-Form des Kursverlaufs, ein Anstieg des Dow Jones Industrial Average um 400 Prozent innerhalb einer kurzen Zeitspanne von fünf bis acht Jahren und ein Kursziel, das bei 3000 liegt.

Obwohl diese Zahlen zu dieser Zeit für Spott selbst heute für eine gehörige Skepsis sorgten, kann die auf Elliott-Wellen basierende Vorhersage (selbst die kompetente) häufig extrem erscheinen Der Grund ist, dass das Wellen-Prinzip dem Analysten helfen kann, Trendwechsel vorauszuberechnen. Dazu gehören auch Trends, die so langfristig sind, dass sie als der Normalzustand akzeptiert worden sind.

Mit der Zeit endet diese Hausse. Kein Zweifel: Unsere Warnung vor einem gewaltigen Crash und einer Wirtschaftskrise wird von der Wall Street belächelt werden. Tatsächlich es genau das zu erwarten, wenn nur irgendeine Möglichkeit besteht, dass wir recht haben.

Wenn unsere laufende Analyse korrekt ist, bietet das derzeitige Umfeld gerade eine einmalige Gelegenheit, Geld zu machen. Diese Chance zu ergreifen, ist von größter Wichtigkeit, da sie nicht bloß eine Kondratieff-Abwärtswelle einleitet, sondern auch die größte finanzielle Katastrophe seit der Gründung der Republik.

Mit anderen Worten: Wir hätten unser Vermögen besser jetzt gemacht. Nur für den Fall, dass »Elliott« mit dem was kommt, recht hat. Aber lassen Sie uns den Crash-Teil der Vorhersage in diesem Artikel vergessen und uns auf die Aufwärtsbewegung konzentrieren, die den Dow 1987 auf unser vor kurzem angehobenes Kursziel von 3600 bis 3700 Punkten bringen könnte.

Im Gegensatz zu Rohstoffen »kündigt« der Aktienmarkt gewöhnlich den Beginn einer riesigen Hausse an. Er tut es durch die Schaffung eines sehr überkauften Zustands bei den Momentum-Indikatoren zu

Beginn des Anstiegs. Obwohl diese Neigung bei allen Stufen eines Trends zu erkennen ist, ist die »jährliche Veränderungsrate« für den Standard & Poor's (S&P) 500 Index besonders bei der Beurteilung der Kraft eines »Anstoss«- Momentums bei großen Wellen vom Ausmaß eines Zyklus und Superzyklus nützlich.

Dieser Indikator wird durch Ermittlung der prozentualen Differenz zwischen dem durchschnittlichen Tages-Schlusskurs des S&P 500 im laufenden Monat und seinem Wert für denselben Monat im vergangenen Jahr erzeugt. Der Höhepunkt des Momentums wird wegen der Konstruktion des Indikators typischerweise etwa ein Jahr nach dem Start der Bewegung registriert.

Wichtig ist das Niveau, das der Indikator erreicht. Wie Abbildung 20.3 zeigt, ist die Schätzung für den »überkauften« Level gegen Ende Juli 1983 – etwa ein Jahr nach dem Start des laufenden Bullenmarktes – die höchste seit Mai 1943, ungefähr ein Jahr nach dem Beginn der Zyklus-Welle drei.

Die Tatsache, dass sie das 50-Prozent-Niveau treffen, ist eine starke Bestätigung, dass sie den Beginn von Wellen gleichen Ausmaßes markieren. Mit anderen Worten: Der August 1982 markierte den Start von etwas anderem als den zwei Jahre andauernden Bullenmarkt, dem ein zweijähriger Bärenmarkt folgte.

Auf der anderen Seite, hat es auch nicht den Beginn einer herrlichen »neuen Epoche« eingeläutet. Wenn eine Welle vom Ausmaß eines Superzyklus angefangen hätte, würden wir erwarten, die Sorte von Überkauft zu sehen, die 1933 erreicht worden ist. Damals erreichte der Indikator ein Jahr nach dem Beginn der Welle (V) im Jahre 1932 124 Prozent. Da gibt es keine Chance, dass er sich so einem Niveau noch einmal nähert. Folglich signalisiert der höchste überkaufte Zustand in den 40 Jahren, dass unsere Elliott-Wellen-Prognose, die den Start der Welle V ankündigt, genau eintrifft.

Elliott Wave Principle machte folgende Beobachtung: »Einer unserer Einwände gegen die »Killer-Welle«, die sich – wie die meisten

Abbildung 20.3 Die Momentum-Signale bestätigen die Wellenstruktur

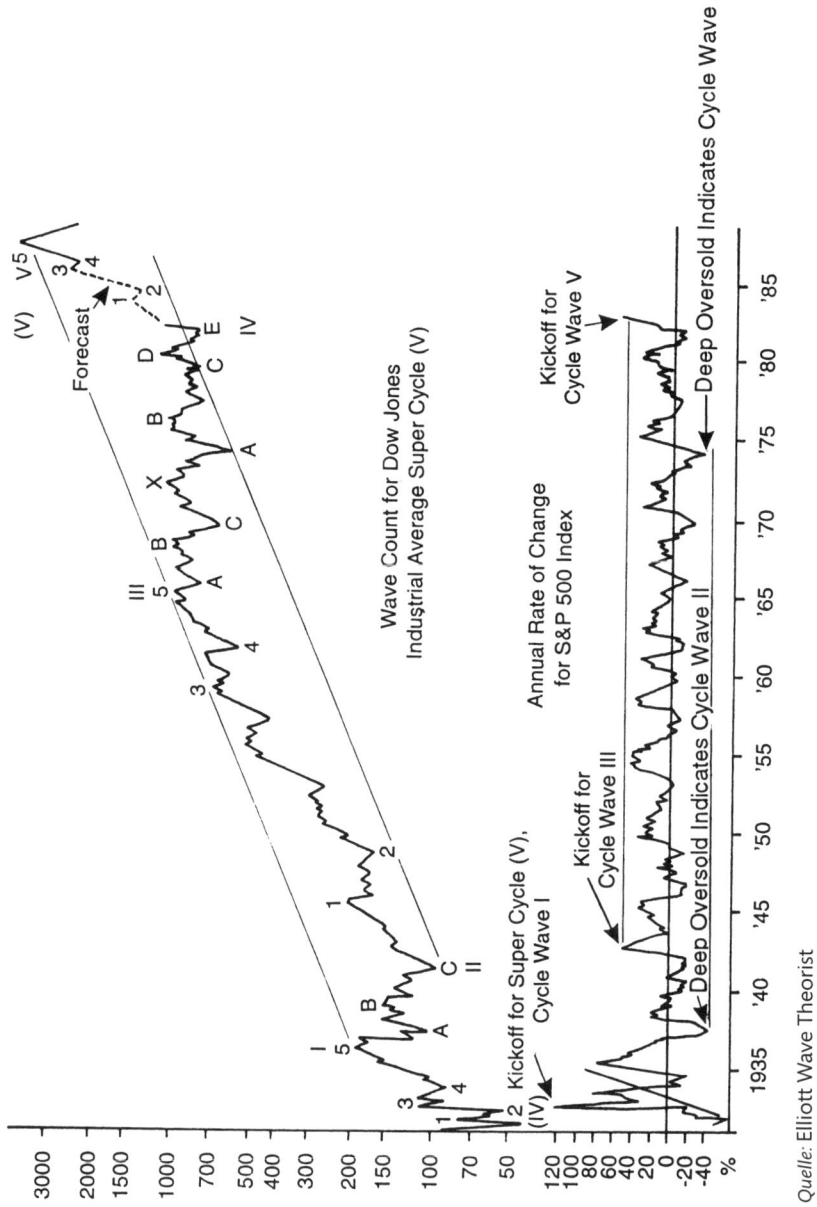

Quelle: Elliott Wave Theorist

Zyklen-Theoretiker unterstellen – nun oder 1979 ereignet, ist, dass der psychologische Zustand des Durchschnitts-Investors auf keinen Schock ausgerichtet zu sein scheint. Die meisten großen Börsenzusammenbrüche traten in optimistischen, hoch bewerteten Perioden auf. Solche Bedingungen herrschen derzeit nicht vor, da acht Jahre tobender Bullenmarktes den heutigen Anleger gelehrt haben, vorsichtig, konservativ und zynisch zu sein. Defensives Verhalten ist kein Beweisstück für ein Top.

Deshalb machte die Einschätzung der Psychologie des Anlegers in der Vergangenheit einen Sinn. Wie ist es heute? Warum lagen im letzten Dezember die Ratgeber, die behaupteten, dass »alle zu optimistisch sind« mit ihrem Ruf nach einer »bedeutenden Korrektur« richtig? Oder im Januar, März oder Mai?

Noch einmal – es ist eine Frage des Ausmaßes der Welle. Basierend auf der Schlussfolgerung, dass Welle V begonnen hatte, sagte ich im Oktober 1982, dass die »Stimmungsindikatoren – verglichen mit den 70er Jahren – absurde Niveaus erreichen werden, die Händler sollten sie ignorieren.« Diese Beurteilung ist mit einem Dow, der jetzt 300 Punkte höher steht, als zu der Zeit, als die Stimmungs-Zahlen anhand der alten Parameter erste Verkaufssignale gaben, bewiesen worden.

Alle Bausteine der Wellen-Struktur, die während der Bodenbildung im August 1982 entstanden, sind auffallend deutlich, verglichen mit der Bummelei der Korrektur-Welle, die sie einleitete. Dies unterstützt in starkem Maße den Umstand, dass eine Hausse im Gange ist.

Bei den Momentum-, den Stimmungs- und den Wellen-Charakteristika, die unsere ursprüngliche Vorhersage unterstützen, ist das Umfeld an der Wall Street für einen spekulativen Wahn empfänglich? 1978 hatte ein Elliott-Analyst keine Möglichkeit zu wissen, was der Mechanismus für eine wilde Spekulation sein würde. »Wo ist die Zehn-Prozent-Grenze, die die 20er-Jahre möglich machte?« war eine häufige Widerlegung.

Um ehrlich zu sein, wir wissen es nicht. Aber sehen Sie nun! Die ganze Struktur ist gebaut wie geplant. Optionen auf hunderte von Aktiengesellschaften erlauben es dem Spekulanten tausende von Aktien dieser Gesellschaften für einen Bruchteil ihres Wertes zu handeln. Futures auf Aktienindizes (1982 eingeführt), die nichts zu liefern versprechen, sind lediglich als spekulative Vehikel mit einem gewaltigen Hebel hervorgebracht worden. Optionen auf Future führen die Möglichkeiten noch einen Schritt weiter. Und da hört es nicht auf.

Bedeutende Finanzzeitungen rufen nach einem Ende irgendwelcher Einschussforderungen bei Akien. S&L (Saving & Loan)-Sparkassen springen reihenweise in das Broker-Geschäft hinein und verschicken Spezialkataloge für waghalsige Spekulationen an alte Damen. Und New Yorker Banken entwickeln bereits Kioske für Maschinen, an den sich die Aktienkursentwicklung ablesen lässt, so dass Kunden ihr Mittagessen kurz unterbrechen und den Verlauf ihrer Lieblings-Aktien verfolgen können.

Die Finanzarena wird das Zentrum des Seins. Erinnern Sie sich. Dies ist nur die Aufbauphase. Bis der Dow 2000 Punkte überspringt wird der Durchschnitts-Typ wahrscheinlich nicht an der Party teilnehmen. Ab dann wird die Marktstimmung zweifellos absolut euphorisch werden. Dann können Sie beginnen, dem regen Treiben der Öffentlichkeit zuzuschauen, als wäre es ein gewaltiger Stimmungs-Indikator. Am Höhepunkt der fünften Welle könnte das Spektakel mit der Tulpenzwiebelmanie und der Südsee-Blase konkurrieren.

Teil des Charakters der fünften Welle irgendwelchen Ausmaßes ist das Auftreten der psychologischen Leugnung auf einer Massen-Skala. Mit anderen Worten: Die fundamentalen Probleme sind offensichtlich und für jeden, der die Situation eiskalt analysiert bedrohlich. Die Durchschnittsperson aber zieht es vor, sie zu rechtfertigen, zu ignorieren oder sogar ihre Existenz zu leugnen.

Die fünfte Welle sollte keine Ausnahme sein und baut mehr auf unbegründeten Hoffnungen, als auf deutlich verbesserten Fundamentaldaten, wie denen, die die Vereinigten Staaten in den 50er-und frühen 60er-Jahren erlebte, auf. Da diese fünfte Welle als fünfte innerhalb einer größeren fünften Welle, die bis 1789 zurückgeht, bekannt ist, sollte das Phänomen im Laufe der Zeit nur noch größer werden, bis die Spitze erreicht ist.

Verlieren Sie nicht die Perspektive aus den Augen, wenn die Zeit kommt. Es wird großen Mut erfordern, während dieses Bullenmarktes Geld zu machen, da man zu Beginn leicht zu vorsichtig sein kann. Es wird jedoch noch größeren Mut erfordern, nahe dem Top auszusteigen, da das der Zeitpunkt ist, an dem die Welt Sie einen Narren nennen wird, weil Sie verkaufen.

Trotz des Potenzials der Aktienbörse, wird der Ausflug auf den Gipfel keine Einbahnstraße ohne Zwischenstopps. Kein Markt war das je. Die Kombination mittel- und langfristiger Trendzyklen wird, Anfang 1984 einen weiteren Ansturm in Richtung neuer Hochs auslösen. Von da an wird der Markt unruhig und entmutigend wie die Primär-Welle (2) und eine seitwärts- bis abwärtsgerichtete Korrektur beginnt.

Wie es bei den zweiten Wellen normalerweise so geschieht, könnte die Anleger-Psychologie fast zum negativen Extrem des vorherigen Boden zurückkehren. Die angenehme Überraschung ist, dass 1985 ein Jahr mit dramatischen neuen Hochs in den Indizes sein sollte, als sich die Primärwelle (3) entfaltete, anstatt gemäß dem allgemein anerkannten Vier-Jahres-Zyklus zufolge, ein Bärenmarkt zu sein.

Elliott in den 90er-Jahren

Schauen Sie auf Abbildung 20.4, um zu sehen, wie es Bob Prechters Vorhersage aus den frühen 80er Jahren im Laufe der Jahre tatsächlich erging: Nach dem Oktober-Crash 1987 nahm das Vertrauen in die Elliott-Wellen-Theorie für eine Weile ab, der Aktienmarkt nahm seinen Aufwärtstrend wieder auf und erreichte Prechters Ziel bei 3700 Punkten erst nach 1993, ein paar Jahre nach seiner 87er-Projektion.

Abbildung 20.4 Dow Jones Industrial Average Index

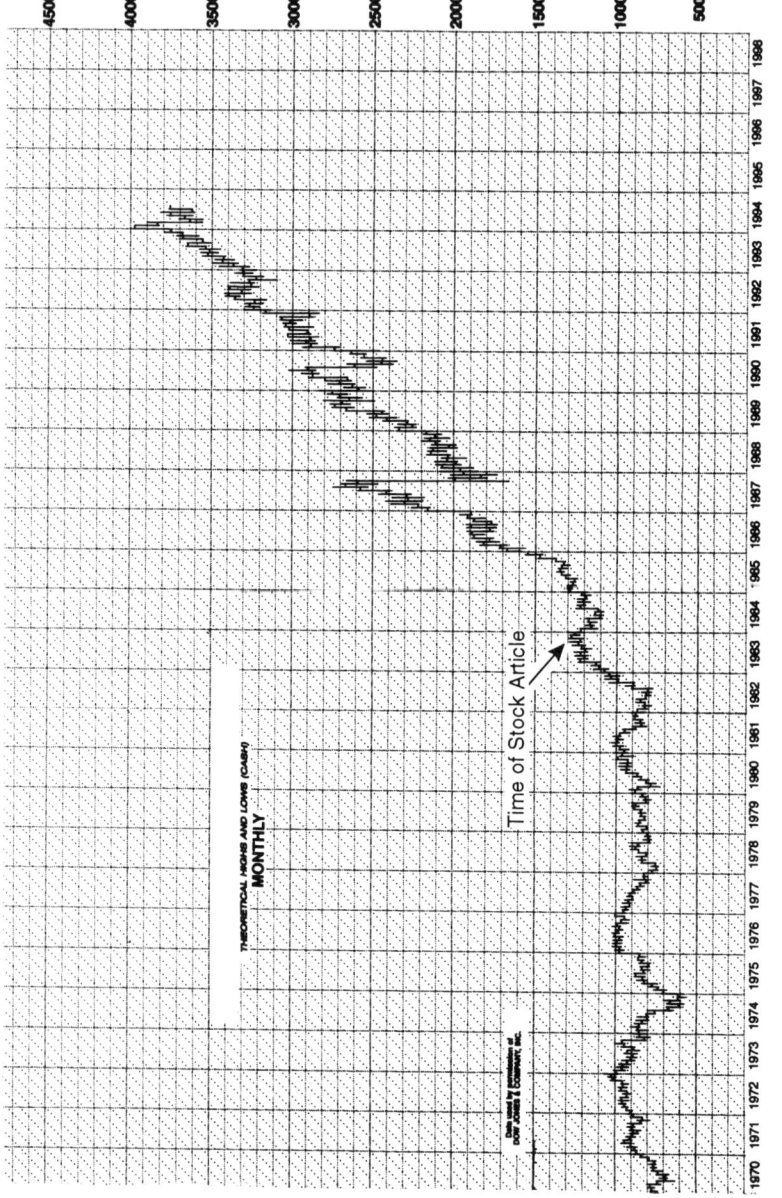

Quelle: Commodity Price Charts

Obwohl das ein Buch über die Technische Analyse ist und die Artikel Prechters hauptsächlich aufnimmt, um Ihnen zu zeigen, wie Elliott-Wellen- und Fibonacci-Analyse unter realen Marktbedingungen angewendet werden kann, wollen wir Sie nicht in den 80er-Jahren hängen lassen. Wenn Sie ein Händler oder Aktienanleger sind, dürften Sie sich wahrscheinlich fragen, »Ist dies die Zeit, um ein Narr zu sein und zu verkaufen?« Hier lesen Sie ein paar Abschnitte der aktualisierten Elliott-Wellen-Analyse von Prechter aus der ersten Hälfte der 90er Jahre, die in der Januar-Ausgabe des *Future*-Magazins erschien (wiederabgedruckt mit Genehmigung).

Ein weiterer finanzieller Wechsel des Seegangs findet statt, einer, der genauso wichtig ist wie der von 1980-1981. Die Kursmuster deuten an, dass dieses elementare Ereignis ein Rückgang historischen Ausmaßes bei Aktien- und Anleihenkursen sein wird, der dann zu einer Depression führt. Wenn, was höchst wahrscheinlich ist, eine globale Deflation kommt, werden genauso die Immobilien und die Rohstoffe fallen. Eine große Abwärtsbewegung in den Aktienindizes wird das große Ereignis sein, das den bedeutenden Konjunkturabschwung der Wirtschaft ankündigt ...

(Messungen der Zykluswellen innerhalb der Superzyklus-Welle (V), die 1933 begann, zeigen ein fast ideales Verhältnis für ein Dow-Top in der Nähe von 4000 Punkten.) Und 1995 ist eine Fibonacci-Zahl, ermittelt aus den Jahreszahlen der wichtigsten Marktböden der vergangenen zwei Jahrzehnte: 21 Jahre seit 1974, 13 Jahre seit 1982, acht Jahre seit 1987 und fünf Jahre seit 1990. Sie deuten darauf hin, dass sich der Aktienmarkt nicht über 1995 hinaus halten kann ...

Das Ausmaß des finanziellen Schicksalsschlags, der die Baisse bei Aktien, Bonds und der Wirtschaft begleiten wird, wird alle Schwierigkeiten übersteigen, die dieses Land erlebt hat –, Ihre richtige Einstellung wäre es, Ihre Vermögenswerte zu retten. Und das in einem Investment-Umfeld, das das schwierigste in der Geschichte unseres Landes sein wird.

Das Nikkei Top
Von Rick Lorusso

Rick Lorusso, Technischer Analyst für Shearson Lehman Hutton Inc. in New York, veranschaulicht die Fibonacci-Verbindung mit der Zeit ausführlicher in seinem Artikel über den Nikkei 225. Das Folgende stammt aus einem Artikel, der 1989 in der Juni-Ausgabe von Futures *erschien, als der Nikkei um 34.000 Punkte schwankte. Er erreichte acht Monate später seinen Höhepunkt oberhalb von 39.000 Punkten. Beachten Sie auf dem Monatschart was danach geschah.*

Die Elliott-Wellen-Analyse, gekoppelt mit Fibonacci-Zeit-Messungen, deutet auf eine hohe Wahrscheinlichkeit hin, dass der japanische Nikkei irgendwann Mitte 1989 ein Top ausbilden wird.

Der Nikkei-Monatschart begann 1983 gleichzeitig mit der Bodenbildung des japanischen Yen gegen den US-Dollar rapide zuzulegen. Mit der Elliott-Wellen-Analyse und der Fibonacci-Zahlenfolge ist es möglich, einige neue Erkenntnisse über die Frage, wohin dieser Index geht, zu gewinnen. Und was noch wichtiger ist – wann er das Ziel erreichen wird.

Zeit ist wichtiger als Kurs. Nur wenn Zeit verstrichen ist, kann der Haupttrend wechseln. Einige interessante Schlussfolgerungen über die Zeit und ihre Beziehung zum Nikkei können gezogen werden. Aber nur nach einer kurzen Elliott-Wellen-Analyse und Interpretation.

Wenn wir zum April 1989 gehen, zeigt der monatliche Chart vier bedeutende oder Primär-Stufenwellen, die abgeschlossen worden sind (Zahlen in einem Kreis auf Abbildung 20.5). Primär 5 begann Ende 1982 und ist noch im Gang. Sie wird in Wellen geringeren Ausmaßes unterteilt. Der Schwerpunkt sollte an diesem Punkt auf der Kursbewegung vom Tiefpunkt Ende 1982 liegen, um zu bestimmen wann und wo die fünfte Welle stattfinden wird.

Abbildung 20.5 NIKKEI STOCK AVERAGE

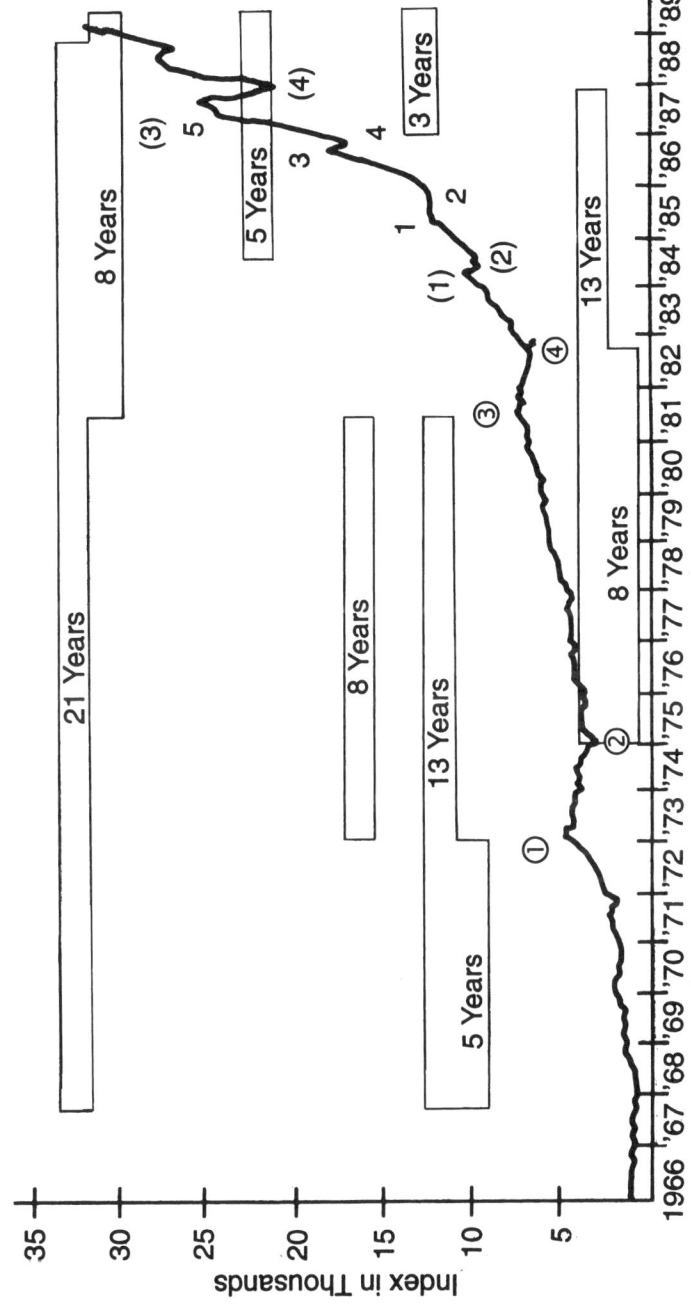

Quelle: Shearson Lehman Hutton, Inc.

Von 1982 ausgehend können zwei mögliche Zählungen gemacht werden. Beide sind identisch hoch bis zu dem ersten Kursgipfel 1987. Der Chart zeigt die bevorzugte Zählung.

Die mittelfristige Welle 3 (auf dem Chart in Klammern) von Primär 5 ist eine verlängerte Welle, die einige starke Zusammenhänge dafür zeigt, wie groß die Welle (5) der Primärwelle 5 schließlich sein wird. Wenn die dritte Welle einer Fünf-Wellen-Bewegung verlängert wird, entspricht Welle 5 sowohl im Ausmaß als auch in der Zeit normalerweise der Welle 1 oder sie wird zu Welle 1 in einem Fibonacci-Verhältnis stehen.

Eine weit verbreitete Beziehung, die ein Kursziel ergibt, das nicht weit von den aktuellen Niveaus entfernt liegt, entsteht, wenn Welle (5) bei 1,618 mal der Welle (1) enden würde. Wenn Sie mir eine annähernde Schätzung wegen des Mangels an Genauigkeit in diesem monatlichen Chart gestatten, so entspricht Welle (5) 1,618 mal der Welle (1) und kommt auf 33.800 Punkte (Monatsschlusskursbasis). Der Index schloss im April bei 33.713,35 Punkten und erreichte Anfang Mai 1989 mit 34.100 Punkten einen Höchststand.

Bei bedeutenden langfristigen Bewegungen können die internen Wellen-Beziehungen mehr eine Funktion der prozentualen Gewinne als eine Funktion der Punktgewinne sein. Zum Beispiel: Welle (1) von Primär 5 (von 1982 bis 1984) gewann ungefähr 169 Prozent. Wenn Welle (5) von Primär 5 Welle (1) von Primär 5 bei dem prozentualen Gewinn gleicht – die bekannteste Beziehung, wenn Welle (3) verlängert wird –, dann wird Welle (5) von Primär 5 auf Monatsschlusskursbasis von etwa 36.445 Punkten seinen Höhepunkt erreichen.

Ein höchst interessantes Netz von Fibonacci-Zeit-Verbindungen besteht zwischen den Wellen dieser bevorzugten Zählung. Beginnend ungefähr mit dem dritten Quartal 1967 im Chart, erreicht die Primär-Welle 1 fünf Jahre (eine Fibonacci-Zahl) später ihr Top. Primär-Welle 3 bildet 13 Jahre (eine weitere Fibonacci-Zahl) später ihr Top aus.

Abbildung 20.6 NIKKEI 225 CASH INDEX

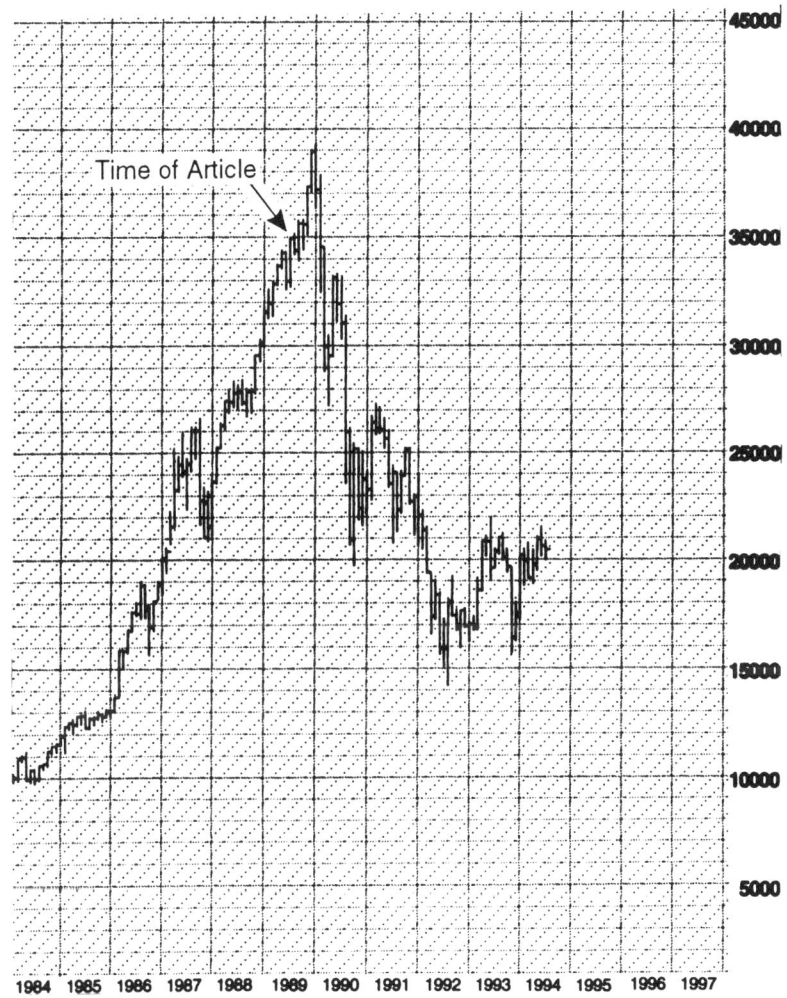

Quelle: Commodity Price Charts

Ausgehend vom Boden der Primär-Welle 2 Ende 1974, erreicht Primär-Welle 4 den ihrigen acht Jahre später. Acht Jahre sind es vom Top der Primär-Welle 1 zur Spitze von Primär 3. Das ist ebenfalls eine Fibonacci-Zahl. Der Boden der Welle (4) von Primär 4 Ende 1987 ereignete sich 13 Jahre nach dem Boden von Primär 2. Das ist schon wieder eine Fibonacci-Zahl.

Dies sind historische Beziehungen, die den Zweck dieser Art der Wellen-Zählung bestätigen. Aber was ist mit der Zukunft? Die folgenden Beobachtungen sind zweifellos von einiger Bedeutung:

1. Mitte 1989 werden acht Jahre seit dem Top von Primär-Welle 3 vergangen sein.
2. Mitte 1989 werden fünf Jahre seit dem Boden von Welle (2) der Primär 5 vergangen sein.
3. Mitte 1989 werden drei Jahre seit dem Top von Welle 3 der Welle (3) von Primär-Welle 5 vergangen sein.
4. Und in einer wirklich langfristigen Perspektive der vielleicht wichtigste Punkt: Ausgehend vom dritten Quartal 1988 bis September 1989 werden 21 Jahre seit dem 1967er-Tief vergangen sein.

Alles sind Fibonacci-Zeit-Perioden und scheinen mehr zu sein, als bloß Zufall.

Als Schlussfolgerung bleibt, dass Welle (5) von Primär 5 – ein bedeutendes Top markierend – höchstwahrscheinlich in der Zeit zwischen Anfang Juni und Ende September dieses Jahres enden dürfte. In dieser Analyse ist das Kursziel für ein mögliches Top weniger wichtig als die Gestalt der Welle und das Element der Zeit.

Kapitel XXI

Den richtigen Winkel finden

Die Magazin-Artikel von Phyllis Kahn von der *Gannworld Inc.* in Seaside, Kalif., Robert Miner von den *Gann/Elliott Educators* in Tuscon, Ariz. und Jim Hyerczyk vom *Gann Research and Trading* in Chicago steuerten den Hintergrund für dieses Kapitel bei.

Bei allem, was über W. D. Gann geschrieben und gesagt worden ist, könnten Sie denken, dass da nicht viel sein dürfte, was von ihm und seine Techniken nicht bekannt geworden wäre. Für viele Händler bleiben aber seine Ideen und ihre Anwendung auf den praktischen Handel bis jetzt Geheimnisse.

Teil des Problems ist, dass es so viele Aspekte beim Handel mit Gann-Techniken gibt, es schwierig ist, alles im Kopf zu behalten. Infolgedessen haben sich Analysten und Händler mal dies, mal das herausgepickt, es mit ihren eigenen Handelsprogrammen verbunden und es als »Gann-Technik« bezeichnet. Aber für einige andere Studenten Ganns ist es vielleicht nicht der »echte Gann.«

Gann selbst war sich nicht ganz sicher, was »echtes« Gann-Handeln ist. Er war ein höchst erfolgreicher Händler und hatte einige viel Aufmerksamkeit erregende Handels-Ergebnisse. Unter den wachsamen Augen eines Anleger-Magazins gehörten im Oktober 1909 auch 264 Gewinne bei insgesamt 286 Aktienengagements dazu. Er war berühmt für seine genauen Vorhersagen, wie weit sich ein Markt bewegen würde. Bis heute herrscht gewisse Uneinigkeit, ob er ein reicher Mann geworden ist.

Er schrieb viele Bücher und veranstaltete hochpreisige Aktien- und Rohstoffseminare (5000 US-Dollar für den am Wochenende statt-

findenden *Master Time and Price Calculator*-Kurs) über seine Ana-
lyse- und Handelsmethoden. Sagte Gann bis jetzt alles? Abhängig
von der Quelle offenbarte Gann entweder alles, was er wusste und
wie er es tat oder er präsentierte viele interessante Konzepte, gab
aber niemals seine echten Geheimnisse des Handels heraus. Es ver-
kompliziert die Situation, dass vieles von dem, was er schrieb, über
nur von unbedeutenden Punkten und Details handelt.

Einige glauben, dass – wenn Gann nicht über etwas geschrieben hat –
es nicht Teil seiner Analyse war. Andere behaupten, dass die Nicht-
erwähnung eines Themas in seiner Arbeit, wahrscheinlich der beste
Anhaltspunkt dafür ist, dass es für Gann innerhalb seines Handels-
Ansatzes eigentlich unerlässlich WAR. Ein Beispiel ist die Fibonacci-
Folge, die in dem vorherigen Kapitel beschrieben wurde. Gann
erwähnte sie anscheinend nie, obwohl sie perfekt mit einigen seiner
eigenen Ideen zusammenzupassen scheint und er von den Fibonac-
ci-Konzepten gewusst haben muss.

Er scheint wirklich ein geheimnisvoller Mann gewesen zu sein und
wenn irgendjemand eine klare und einfache Antwort auf den Gann-
Handel hat, hat er sie meines Wissens die Welt bislang noch nicht
wissen lassen. Wir wissen, dass er die Zeit als genauso wichtig wie
den Kurs ansah, kleiner werdende Tiefs und Hochs und Zyklen
wichtige Punkte für ihn waren und er einige Zahlen als wesentlich
wichtiger als andere ansah.

Für diejenigen, die Gann verfolgen, gibt es jede Menge Gann-Spezia-
listen, Finanzdienstleister und Computerprogramme. Wir können in
einem Kapitel nicht jeden, der sich mit Gann beschäftigt, berück-
sichtigen. Nichtsdestotrotz werden wir das anpacken, was ein
bedeutendes Gann-Konzept zu sein scheint.

Gann-Winkel

Das mag eine der bekanntesten Gann-Techniken und vielleicht die
wichtigste für die Analyse und die Vorhersage von Kursbewegungen
an einem speziellen Zeitpunkt sein. Das Grundkonzept dreht sich
um die Einheiten von Kurs und Zeit.

Die Märkte bewegen sich mit verschiedenen Geschwindigkeiten nach oben oder unten. Ein Markt, der in einem Monat von 1,10 Dollar auf 1,20 Dollar steigt, wird auf einem Chart etwas anders aussehen, als ein Markt, der die gleiche Bewegung an einem Tag macht. Was Sie kennen müssen, ist die Kursdifferenz dividiert durch die Anzahl der Zeit-Einheiten, um herauszufinden, wie die Größe der Kurs-Zunahme oder -Einheit für jede Zeit-Einheit sein sollte. An diesem Punkt stehen Sie demselben Dilemma gegenüber wie der point-and-figure-Chartist (siehe Kapitel 5): Wie sollte der Wert oder die Skala des Kurs-Kästchens oder der Kurs-Einheit sein?

Idealerweise brauchen Sie eine Kurs-Einheit, um zu der entsprechenden Zeit-Einheit zu kommen. Wenn sich der Kurs eine Einheit nach oben oder unten bewegt, während die Zeit um eine Einheit fortschreitet, dann würden die Kurse einer Gerade folgen, die durch einen 45-Grad-Winkel markiert wird. Wenn die Kurse eine Einheit steigen, aber sie brauchen dafür zwei Zeit-Einheiten, haben Sie eine 1×2-Linie, die einem 26,5-Grad-Winkel entspricht. Wenn die Kurse zwei Einheiten in einer Zeit-Einheit steigen, haben Sie eine steilere 2×1-Gerade mit einem 63,5-Grad-Winkel.

Das Basis-Diagramm (Abbildung 21.1) zeigt, wie sich diese Linien von einem Tief fächerförmig ausbreiten. Dieselben Arten von Fächer-Linien können von bedeutenden Tops gezogen werden und dann haben Sie natürlich Myriaden anderer Geraden von niedrigeren Böden und Tops, die für kürzere Bewegungen verwendet werden. Ein Gann-Chart mit all solchen Linien kann sehr verwirrend, für einen Gann-Verfechter aber für die Identifikation des Kursverlaufs oder der Zeitziele sehr erhellend aussehen.

Der 45-Grad-Winkel ist der bedeutendste – Es werden natürlich keine 45 Grad sein, wenn Sie nicht die richtige Kurseinheit benutzen. Aber es ist das Ziel, dem so nahe wie möglich zu kommen. Eine Rallye oberhalb dieses Winkels wird als stark angesehen, eine darunter ist schwach. Wenn ein Markt unter die 1×1-Linie fällt, ist das ein Schwächezeichen. Wenn einer unter die 1×2-Gerade sinkt, ist er noch schwächer.

Abbildung 21.1

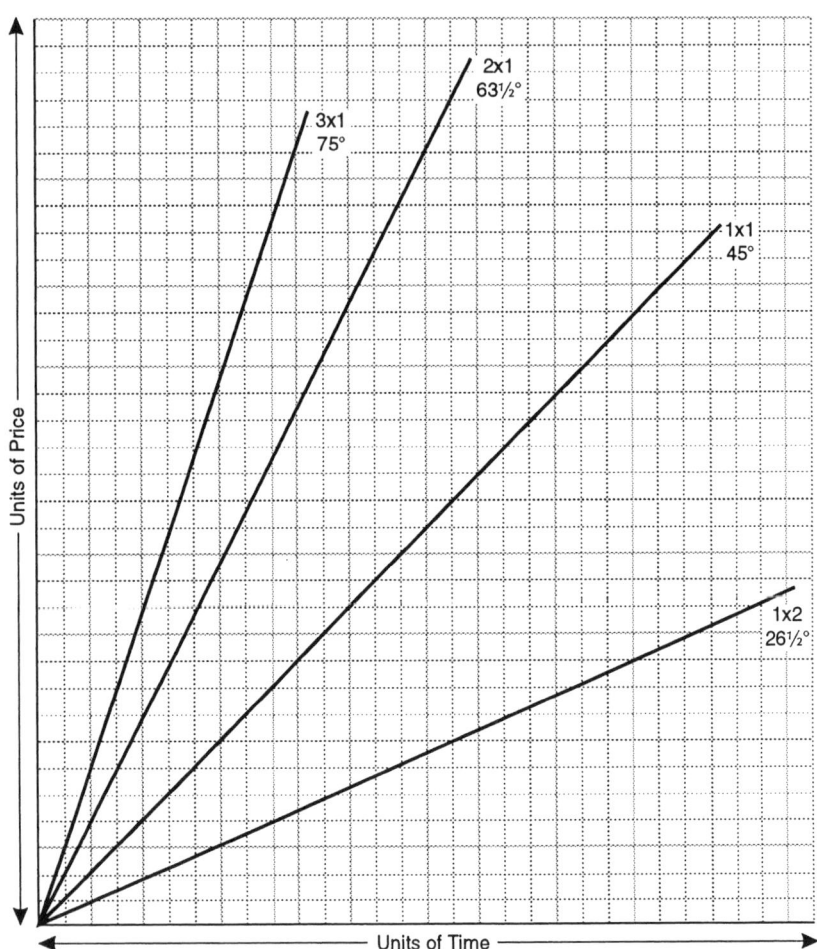

Jim Hyerczyk (*Futures*, März 1994) zeigt auf, dass diese geometrischen oder Gann-Winkel »lediglich als Verlängerungen von Top und Böden dienen. Jeder Winkel repräsentiert den Schwung, mit dem sich der Boden oder das Top mit einer konstanten Geschwindigkeits-Rate nach oben oder unten bewegt. Selbst wenn Sie ein Top oder einen Boden verpassen – es ist nie zu spät einzusteigen, da die Winkel Ihnen bindende Unterstützungs- und Widerstands-Punkte liefern, wenn sich die Bewegung von dem Hoch- oder dem Tiefpunkt weg bewegt, an dem sie entstanden ist.

»Die Winkel, die man von den Hoch- und den Tiefpunkten aus in den Charts einzeichnet, werden die Bewegungen des Marktes in der Zukunft vorgeben. Das trifft besonders auf Winkel zu, die von Kontrakthochs und -tiefs und von Tops und Böden auf Schlusskursbasis aus gezogen werden. Gleiches trifft auch auf Winkel zu, die von Drei-Perioden-Tops und -Böden gezogen werden. Sie neigen dazu, stärker als Ein- oder Zwei-Perioden-Tops und -Böden zu sein. Dass vergangene Tops und Böden zukünftige Tops und Böden voraussagen können, ist der Kern von Gann's Theorie.«

Die Auswahl des richtigen Maßstabs für die Kurseinheit, der auf jeden Markt zutrifft, ist nach Hyerczyk »der Schlüssel zur Vorhersage und Entwicklung von Handels-Strategien, die geometrische Winkel benutzen. Der Maßstab ist wichtig, da er hilft, die richtige Geschwindigkeit zu bestimmen, der der Markt folgen sollte.« Der Maßstab ist natürlich Gegenstand von Veränderungen, doch Anfang 1994 lagen Hyerczyks Richtlinien für den Aktienmarkt bei:

Tageschart	– 0,20 – 0,40
Wochenchart	– 0,40 – 0,80
Monatschart Chart	– 0,80 – 1,60 – 3,20

»Ein gemeinsamer Faktor, der durch Kurs und Zeit verursacht wird, ist das Phänomen der »verlorenen Bewegung« oder »Momentums,« fuhr Hyerczyk fort. »Um eine Veränderung innerhalb des Trends von einem Boden aus zu bestimmen, müssen Sie sehen, wie weit sich der Markt von einem Boden entfernt hat, bevor er nachließ, um wieder nach unten zu streben. Deshalb können Kauf- und Verkauf-Signale auf Charts ausgelöst werden, wenn der Markt diese festen Punkte überschreitet. Diese Regel auf Winkel angewandt: Wenn der Kurs einen Winkel mit einem Betrag durchstößt, der einen vorangegangenen Durchbruch übersteigt, zeigt das wahrscheinlich eine Veränderung im Trend. Dies sagt Ihnen, wo Sie Ihren Stopp-Kurs zu platzieren haben.«

Die Voraussetzung ist, dass der Markt entweder nicht tief genug fallen wird (in diesem Beispiel), um den Stopp zu erreichen, bis er zum

Trend in dem bestimmten Winkel zurückkommt. Oder: Wenn der Markt weiter fällt, wird Ihr Stopp ausgelöst und Sie werden bei dem nächsten Rückgang bis zum nächsten Ziel – der nächsten tiefer liegenden Winkel-Linie – dabei sein.

Wie Sie sich vorstellen können, eröffnen Ihnen Gann-Winkel allein schon eine Vielzahl von Analyse-Möglichkeiten.

Gann-Quadrat, Kardinal-Kreuz, Kardinal-Punkte

Wenn Sie das Allzeit-Tief eines Rohstoffs kennen, können Sie in Übereinstimmung mit der Gann-Theorie (Abbildung 21.2) auch wei-

Abbildung 21.2

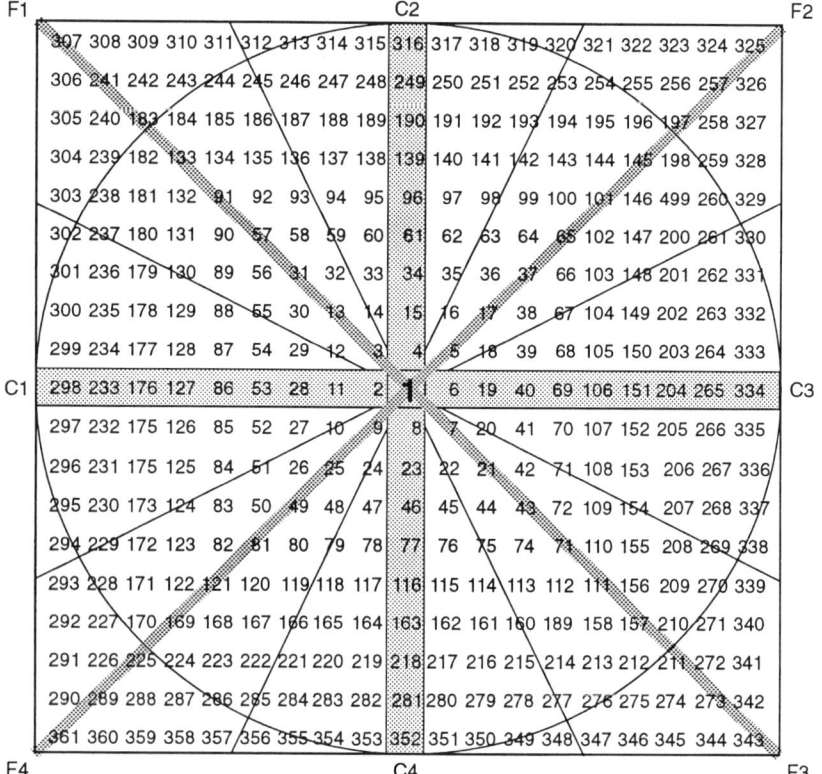

Quelle: Lambert-Gann Publishing Co.

tere Schlüsselpunkte finden, die als Kursziele dienen. Die Abbildung mag mehr wie eine Dart-Scheibe als eine Handels-Hilfe aussehen, aber die Zahlen-Scheibe veranschaulicht, wie Schlüssel-Zahlen auf dem Kardinal-Kreuz (die senkrechte C2-C4- und die waagerechte C1-C3-Linien) und dem festgesetzten Kreuz (diagonale F1-F3- und F2-F4-Linien) auftauchen.

(Beachten Sie, dass das F4-Ende des ersten Zyklus auf neun, dem Quadrat von drei, endet; das nächste endet bei 25, dem Quadrat von fünf; das nächste bei 49, dem Quadrat von sieben, usw. Beachten Sie ferner, dass eine Linie oberhalb der F2-Zahlen-Reihe, die Quadrate der gleichen Zahlen enthält: Vier ist das Quadrat von zwei, 16 das Quadrat von vier, 36 das Quadrat von sechs, usw.)

Setzen Sie den niedrigsten Kurs, der je für einen Rohstoff bezahlt wurde, auf den zentralen Platz bei eins und platzieren Sie weitere Kurse um diesen herum. Zum Beispiel: Das Allzeit-Tief für Schweinebäuche lag im August 1971 bei 19,75 Cent. Also setzen Sie 19,7 in Quadrat eins, 19,8, wo die zwei zur linken von Quadrat eins liegt, 19,9, wo die drei ist, 20 in Quadrat vier, 20,1 in Quadrat fünf, usw., usw. immer im Quadrat herum. (Wenn Sie das bis zum 15ten Zyklus oder »Kreis« weiterführen, werden Sie das Allzeit-Hoch von 1,0510 US-Dollar im Jahre 1975 übrigens nur einen Tick vom C1-Kardinal-Punkt entfernt finden).

Phyllis Kahn veröffentlichte die Kardinal-Punkt-Tabelle für lebendes Rind (Abbildung 21.3) mit den wichtigsten Kurs-Punkten des Jahres 1980. Sie können es noch heute anwenden. Die Zahlen werden um den niedrigsten Kurs für den Future auf Rind von 22,90 Dollar herum ausgestrahlt. Zum Zeitpunkt, als das hier geschrieben wurde, lag das Kontrakthoch für den Rind-Future Juni 1995 bei 72,50 US-Dollar und das Tief bei 64 US-Dollar. Diese Zahlen liegen beide nur 20 Cents vom C3-Kardinal-Kreuz-Punkt des zehnten und elften Zyklus entfernt. Wenn der Kurs von 72,50 Dollar im elften Zyklus überschritten wird, liegt das Kursziel des zwölften Zyklus nach der Gann-Theorie bei 81,80 Dollar (die 81,60 Dollar aus C2, Spalte 12, plus 20 Cents).

Abb 21.3 Kardinal-Punkte beim lebenden Rind

Live cattle cardinal points													
Cycle	1	2	3	4	5	6	7	8	9	10	11	12	13	14
C-1	229	238	255	280	313	354	403	460	525	598	679	768	865	970
F-1	230	240	258	284	318	360	410	468	535	608	690	780	878	984
C-2	231	242	261	288	323	366	417	476	543	618	701	792	891	998
F-2	232	244	264	292	328	372	424	484	552	628	712	804	904	1012
C-3	233	246	267	296	333	378	431	492	561	638	723	816	917	1026
F-3	234	248	270	300	338	384	438	500	570	648	734	828	930	1040
C-4	235	250	273	304	343	390	445	508	576	658	745	840	943	1054
F-4 END CYCLE	236	252	276	308	348	396	452	516	588	668	756	852	956	1068

Gann-»Zahlen«

Praktisch jeder Rohstoff hat seine unvergesslichen Kurs-Bewegungen gehabt – solche, an die sich jeder noch Jahre später erinnert, da sie so aufregend waren. Sojabohnen im Jahr 1973 ist ein Beispiel und Gann-Jünger würden Ihnen sagen, dass die Schlüssel-Kurse und -Zeiten eindeutig waren. Hier ist ein Beispiel für angewendeten Gann, geschrieben von Phyllis Kahn (*Commodities,* Januar 1980):

»Eine von Gann's Techniken, Topps und Böden zu ermitteln, ist es, den Kurs mit der Zeit in ›ein Quadrat zu bringen‹ – wenn eine Kurseinheit einer Zeiteinheit entspricht, so ist das ein Quadrat.«

»Das historische Hoch des Sojabohnen-Futures Juli vor dem Maximum im Juni 1973 lag bei 4,33 Dollar je bushel (1 bushel = 35,24 l, d. Ü.) im Juni 1948 – also 25 Jahre von Spitze zu Spitze. Ein Seminar von Gann hat eine Tabelle von wöchentlichen Zeitperioden, die zeigt, dass das Ende des 25-Jahres-Zyklus in Wochen 1300 ist. 1973 lag der Höchstkurs von Juli-Sojabohnen bei 12,90 US-Dollar nur zehn Cents niedriger als das genaue Quadrat von Kurs und Zeit.

Mit dem verbunden ist der Kurs- und Zeit-Rechner, das ›Quadrat von 144‹, eine von Gann's mächtigsten Werkzeugen. Der Kurs von Juli-Sojabohnen 1948 war 4,33 US-Dollar:

Drei Zyklen von 144 entsprechen 433.
Drei Zyklen von 433 entsprechen 1296.
(Das Quadrat von drei) Neun Zyklen von 144 entsprechen 1296.

Könnte irgendjemand, der 1973 mit Sojabohnen handelte, geglaubt haben, daß ein Leerverkauf von Sojabohnen unterhalb der 13-US-Dollar-Marke ein Engagement mit geringem Risiko ist? Bis jetzt deutete alles auf einen Höhepunkt hin, als Kurs und Zeit auf drei verschiedenen Arten auf einmal im Quadrat' waren.

An diesem Top sind 17 Zyklen auf dem Sojabohnen-Kardinal-Quadrat von 12,89 US-Dollar.

Ein Gann-Anhänger könnte sagen, »Vorhersehung.« Sie könnten sagen, »Zufall.« Ich gehöre zu der Gruppe, die sagen könnte, »Hmmm, interessant.«

Skeptikern mag es scheinen, als ob fast jede Zahl entweder eine Gann oder eine andere ist. Aber Gann hatte einige Zahlen, die besonders wichtig schienen. Unter ihnen die acht und die 144 (oder acht multipliziert mit 18?).

Gann unterteilte die Kursspanne vom Top bis zum Boden oder vom Boden zum Top in Achtel. Der bedeutendste Punkt, der die stärkste Unterstützung oder den stärksten Widerstand bot, lag bei vier Achtel oder 50 Prozent. Dann kamen das Fünf-Achtel-Niveau und das Drei-Achtel-Niveau. Beachten Sie, da fünf Achtel bei 62,5 Prozent und drei Achtel bei 37,5 Prozent, sehr nahe bei den Fibonacci-Verhältnissen von 0,618 und 0,382 liegen.

Wenn Kurse insgesamt 100 US-Dollar steigen oder fallen, kann erwartet werden, dass sie ungefähr 50 Prozent der Bewegung wieder rückgängig machen. Wenn die Reaktion oder Korrektur 50 Prozent übersteigt, liegt der nächste logische Stopp-Punkt bei 62,5 Prozent oder dem fünf Achtel-Niveau. Wenn dieser Level überschritten wird, liegt das Ziel bei 75 Prozent (sechs Achtel). Und so weiter.

Schluss

Man sollte nicht schlussfolgern, dass dieses kurze Kapitel alles über Gann oder auch nur den Kern von ihm enthält. Da gibt es sehr viel mehr über Gann – und, was das anbelangt, viel mehr über Elliott, Zyklen, Oszillatoren, Charts und all die anderen Themen, die wir in diesem Buch abgedeckt haben.

Für einige Personen und einige Themen gilt, dass alles was Sie in diesem Handbuch sehen, auch alles ist, was Sie wissen wollen. Aber für die ernsthaften Händler und Analysten ist dieses Buch nur der Beginn und bloß eine Informationsquelle. Gerade die Analyse der Analyse-Techniken ist bereits ein Studium für sich.

Referenzen

Futures Magazine, 219 Parkade, Cedar Falls, IA 50613 kann Sie mit Kopien der in diesem Buch erwähnten Artikel sowie mit weiterer für technische Analysten geeigneter Literatur versorgen.

Bücher

Arnold, Curtis. *Timing the Market* (Chicago: Probus, 1993).

Bierovic, Tom. *A Synergetic Approach to Profitable Trading* (Wheaton, IL: Synergy Futures, 1992).

Bernstein, Jake. *Timing Signals in the Futures Market: The Trader's Definitive Guide to Buy-Sell Indicators* (Chicago: Probus, 1990).

DeMark, Tom. *The New Science of Technical Analysis* (New York: Wiley, 1994).

Edwards, Robert D. and John Magee. *Technical Analysis of Stock Trends* (Englewood Cliffs, N.J.: Prentice-Hall, 1991).

Elder, Alexander. *Trading for a Living* (New York: Wiley, 1993).

Frost, A.J. and Robert Prechter. *Elliott Wave Principle: Key to Stock Market Profits* (Gainesville, GA: New Classics Library, 1990).

Hill, John. *Stock and Commodity Market Trend Trading by Advanced Technical Analysis* (Hendersonville, N.C.: Futures Truth Co., 1978).

Kaufman, Perry. *The New Commodity Trading Systems & Methods* (New York: Wiley, 1987).

Krutsinger, Joe. *The Trading Systems Toolkit* (Chicago: Probus, 1994).

Murphy, John J. *Technical Analysis of the Futures Markets: A Comprehensive Guide to Trading Methods & Applications* (New York: New York Institute of Finance, 1986).

Murphy, John J. *Intermarket Technical Analysis: Trading Strategies for the Global Stock, Bond, Commodity & Current Markets* (New York: Wiley, 1991).

Nison, Steve. *Japanese Candlestick Charting Techniques* (Englewood Cliffs, N.J.: Prentice-Hall, 1991).

Schwager, Jack D. A. *Complete Guide to the Futures Markets: Fundamental Analysis, Technical Analysis, Trading, Spreads & Options* (New York: Wiley, 1984).

Steidlmayer, J. Peter. *Steidlmayer on Markets: A New Approach to Trading* (New York: Wiley, 1989).

Wilder, J. Welles, Jr. *New Concepts in Technical Trading* (McLeansville, NC: Trend Research Ltd., 1978).

Williams, Bill. *Turning »Chaos« into Cash* ((New York: Wiley, 1995).

Williams, Larry and Michelle Noseworthy. *Sure Thing Commodity Trading* (Brightwaters, NY: Windsor, 1977).

Williams, Larry. *The Secret of Selecting Stocks.*

Williams, Larry. *How I Made a Million Trading Commodities.*

Videos

Briese, Steve. *The Inside Track to Winning,* Financial Trading Seminars, New York.

Bierovic, Tom. *Synergetic Technical Analysis,* Futures Learning Center, Cedar Falls, IA.

Krutsinger, Joe. *Trading Systems Development,* Futures Learning Center.

Ring, Glen. *How to Profit from Trends in Futures*, Futures Learning Center.

Seehusen, Ken. *How to Profit from Chart Patterns and Technical Studies*, Futures Learning Center.

Williams, Bill. Profiting from »Chaos« – A New Map for Traders, Futures Learning Center.

William, Larry. The Future Millionaires' Confidential Traning Course, Karol Media, Wilkes-Barre, PA.

Register

   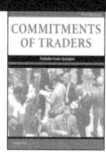  

Der Börse voraus

Marcus C. Zschaber

Erfolg an der Börse – das wünscht sich jeder Anleger. Einer, der es
geschafft hat, ist Markus Zschaber. Seine Trefferquote ist legendär:
Markus Zschaber hat mit seinen Prognosen auf n-tv so oft ins Schwarze
getroffen wie kaum ein anderer. Wer dem Profi sein Geld anvertraute,
machte selbst im großen Börsencrash im Jahr 2000 keine Verluste.
Zschaber wich noch vor der großen Krise geschickt in Renten und
Geldmarktpapiere aus. Wie Markus Zschaber solche herausragenden
Erfolge erreicht und wie auch Privatanleger Fallen vermeiden und
dem Markt voraus sein können, zeigt er in seinem neuen Buch »Der
Börse voraus«. Der Leser erfährt, wie er in der Fülle der Geldanlagepro-
dukte in Deutschland die richtige Auswahl trifft. Die Anleger lernen,
echte von lediglich marketinggetriebenen Trends zu unterscheiden
und zu nutzen, um ihr eigenes Vermögen zu mehren.

227 Seiten, Hardcover; Preis € 24,90 (D); € 25,60 (A); SFr 44,00; ISBN 978-3-89879-401-5

Alles, was Sie über Rohstoffe wissen müssen

Udo Rettberg

Rohstoffe sind hochaktuell. Egal ob Gold, Nickel, Zucker oder Öl, immer mehr private Investoren interessieren sich für diese Form der Geldanlage. Beim derzeitigen Ungleichgewicht zwischen Angebot und Nachfrage auf den Weltmärkten können die Preise nur in eine Richtung gehen: nach oben. Doch vielen fehlt das Hintergrundwissen, um an der momentanen Rohstoffrallye erfolgreich partizipieren zu können. Hierbei unterstützt den interessierten Leser dieses Buch, das fundiert und verständlich in die nicht immer leicht zu überblickende Welt der Rohstoffe einführt.

451 Seiten, Hardcover; Preis € 34,90 (D), € 35,90 (A); SFr 59,00; ISBN 978-3-89879-309-4

Anlegen in Hedge-Fonds

Markus Sievers

Markus Sievers beschränkt sich auf die nötigen Grundlagen für Privatanleger und führt Schritt für Schritt an Hedge-Fonds heran. Der Anleger erfährt, welche Strategien Hedge-Fonds auszeichnen und wie er diese für die eigene Anlage nutzen kann. Eine leicht verständliche Sprache und ausführliche Checklisten komplettieren diesen praxisnahen Leitfaden.

171 Seiten, Hardcover; Preis € 24,90 (D); € 25,60 (A); SFr 44,00; ISBN 978-3-89879-353-7

Die 222 wichtigsten Fragen zu Derivaten

Volker U. Meinel

Ob Optionen, Futures oder Swaps – die Welt der Derivate ist vielfältig und für Privatanleger nicht immer leicht zu durchschauen. Der Informationsbedarf zu den immer noch recht jungen Investmentprodukten ist groß. Aber: Wie lange benötige ich, um mich in das komplexe Thema Derivate einzuarbeiten? Wie viel Prozent meiner freien Mittel sollte ich in Derivate investieren? Kann ich Derivate auch für die Altersvorsorge heranziehen? Oft können bei Fragen wie diesen auch Banken und Anlageberater nicht weiterhelfen. Volker U. Meinel hat in seinem Buch seine jahrelangen Erfahrungen mit Derivaten in 222 Fragen und Antworten zusammengefasst. Der Leser erhält einen optimalen Überblick über die Märkte und ist in der Lage, selbst erfolgreich an den weltweiten Finanzmärkten zu bestehen. Dieses Buch beantwortet nahezu alle grundsätzlichen Fragen zu Derivaten.

147 Seiten, Hardcover; Preis € 24,90 (D); € 25,60 (A); SFr 44,00; ISBN 978-3-89879-211-0

Wenn Sie **Interesse** an
unseren Büchern für z.B.

Ihre Kundenbindungsprojekte als

Geschenk haben, fordern Sie unsere

attraktiven Sonderkonditionen an.

Weitere Informationen erhalten Sie bei

Stefan Schörner unter 089/65 12 85-0

oder schreiben Sie uns per E-Mail an:

sschoerner@finanzbuchverlag.de